Joe McGinniss

Das Wunder von Castel di Sangro

JOE McGINNISS

DAS WUNDER VON CASTEL DI SANGRO

Ein italienisches Fußballmärchen

Aus dem Amerikanischen
von Harald Hellmann

Kiepenheuer & Witsch

1. Auflage 2000

Titel der Originalausgabe: *The Miracle of Castel di Sangro*

Aus dem Amerikanischen von Harald Hellmann

Umschlaggestaltung: Rudolf Linn, Köln
Umschlagfoto oben: Ulrike Molitor
Umschlagfoto unten: Rudolf Linn
Gesetzt aus der Garamond Stempel (Berthold)
bei Kalle Giese, Overath
Druck und Bindearbeiten: Franz Spiegel Buch GmbH, Ulm
ISBN 3-462-02888-X

VORWORT

Von einer neuen Leidenschaft besessen reiste ich 1994 nach Italien. In der ersten Dezemberwoche saß ich im Zug von Padua nach Rom, wo vier Tage später mein neuer Freund Alexi Lalas Fußball spielen würde.

Lalas war der große, bärtige Rotschopf, der bei der Weltmeisterschaft 1994 in den USA der Star der amerikanischen Mannschaft gewesen war. Lalas hatte so gut gespielt, daß er das Interesse von Padua geweckt hatte, das in der höchsten Spielklasse der besten Fußballiga der Welt zu Hause war, der italienischen Seria A. Er hatte bei Padua unterschrieben und war im August nach Italien gezogen. Drei Monate später reiste ich ihm in der Hoffnung nach, einige Zeit in seiner Nähe verbringen zu dürfen, um mehr über diesen Sport zu erfahren, der erst vor kurzem mein leidenschaftliches Interesse geweckt hatte.

Alexi und seine Freundin Jill McNeal waren überaus gastfreundlich gewesen und hatten mir viel Zeit gewidmet. Aber nun war Dezember, und demnächst, wenn ich Lalas noch dies eine, letzte Mal spielen gesehen haben würde, war für mich die Zeit zur Heimreise gekommen.

Ich hatte gerade erst im Zug nach Rom meinen Platz eingenommen, als ein Mitreisender entdeckte, daß ich in der *Gazzetta dello Sport* las. (Sie öffentlich zu lesen ist ein unfehlbares Mittel, Italiener kennenzulernen, wie ich feststellen sollte. Ihre rosafarbenen Seiten machen sie unverwechselbar, während mein eindeutig unitalienisches Aussehen genug Neugier weckte, um jede Zurückhaltung fahren zu lassen.)

So fragte mich denn der Mann – er war etwa Ende Dreißig, mittelgroß, hatte braunes Haar, trug einen Busineßanzug mit konservativer Krawatte und sprach hervorragendes Englisch –, ob ich Engländer sei. Nein. Holländer? Nein. Norweger? Nein. Doch sicherlich nicht Deutscher? Nein, Amerikaner.

Ich hätte ihm genausogut ein Glas Eiswasser ins Gesicht kippen können. »No!« rief er aus. »Non è possibile!« Ein Amerikaner könne nicht die *Gazzetta dello Sport* lesen, wo doch alle Welt wisse, daß sich Amerikaner nicht für Fußball interessierten.

Zwangsläufig kamen wir ins Gespräch. Er war Kommandant einer Fallschirmjägereinheit und hatte sich gerade in Padua wegen Unterschlagung vor einem Militärgericht verantworten müssen. Er war in Grosseto an der thyrrhenischen Küste südwestlich von Siena stationiert. Vor einer Stunde erst war er in allen Punkten freigesprochen worden und über das Urteil verständlicherweise erleichtert. Doch dies alles verblaßte bereits neben der Tatsache, einen Amerikaner getroffen zu haben, der tatsächlich Fußball mochte.

Und nicht nur mochte, sondern, schon damals, einiges davon verstand, insbesondere vom italienischen Fußball. Vor knapp drei Monaten waren meine Frau Nancy und ich zum erstenmal bei einem Spiel gewesen, im San Siro in Mailand – der Scala unter den Fußballstadien der Welt –, aber bereits zuvor hatten wir den Weg der italienischen Mannschaft bei der WM interessiert verfolgt, so daß ich diesen Fallschirmjäger mit einer für einen Amerikaner erstaunlichen Fülle von Namen und obskuren Informationen verblüffen konnte (auch wenn jeder achtjährige Italiener das alles im Schlaf hätte herunterbeten können).

Vor seiner Versetzung nach Grosseto war er Berater des italienischen NATO-Kommandanten in Portugal gewesen. (Während der Vorbereitung auf diesen Posten hatte er so gut Englisch gelernt.) Er sei jetzt mit der Frau verlobt, die bei der Wahl der »Miss Portugal« 1992 den vierten Platz belegt hatte, wie er mir stolz erzählte, doch den aufregendsten Moment seines Lebens (vor der Begegnung mit mir) hatte er erlebt, als er während einer Weihnachtsparty in der US-Botschaft in Lissabon auf der Toilette gewesen war und der Klopapierhalter »The Star-Spangled Banner« gespielt hatte. Seitdem betrachtete er Amerika als ein Wunderland, in dem es nicht allein Disney World, Hollywood und Las Vegas gab, sondern das sogar seine Botschaften mit Toilettenpapierhaltern ausstatten konnte, die die Nationalhymne spielen.

Und ich war offensichtlich ebenso sensationell. Er erklärte, nein, nein, ich sollte nicht direkt nach Rom fahren – bis zum Spiel wären ja noch vier Tage Zeit. Ich sollte mit ihm nach Orbetello, südlich von Grosseto, kommen, wo er jetzt lebe, damit er seinen Freunden und Kollegen diesen Amerikaner vorführen könne, der etwas von Fußball verstünde.

Und so ging er, als wir in Bologna umsteigen mußten, gleich zu einem Münzfernsprecher und rief erst mein Hotel in Rom an, um meine Reservierung abzusagen, und anschließend acht Personen in Grosseto und Orbetello, um die Science-fiction-Geschichte zu erzählen, daß er mich getroffen hätte und mich tatsächlich mitbrächte, um sie kennenzulernen! Ganz nebenbei erwähnte er auch noch, daß er freigesprochen worden war und die nächsten zwanzig Jahre nicht im Gefängnis verbringen mußte.

Ich sollte hinzufügen, daß seine Begeisterung noch beträchtlich durch meine Milan-Reisetasche gesteigert wurde, denn dieser Mann – der für mich immer »Der Major« blieb, obwohl er mir schon bald seinen Namen genannt hatte – war ein tifoso, ein fanatischer Anhänger des AC Milan, der drei Jahre hintereinander die italienische Meisterschaft gewonnen hatte.

Darüber hinaus spielte just an diesem Tag der AC Milan in Tokio gegen Velez Sarsfield aus Argentinien um die Weltmeisterschaft der Clubmannschaften, die in einer Begegnung zwischen dem Sieger der europäischen Champions League und dem des südamerikanischen Pendants ausgetragen wird.

Für die Spieler, die zusätzlich zum normalen Spielbetrieb mitten in der Woche nach Tokio und zurück fliegen müssen, stellt dieser Cup eine enorme Strapaze dar, aber das Preisgeld ist derart hoch, daß sich kein Clubmanagement dieses lukrative Geschäft entgehen lassen würde.

In Italien betrachtete man den sogenannten »Toyota Cup« allerdings eher als Kuriosität denn als eine Partie, die Leidenschaft und Hysterie entfesseln konnte ... doch das galt nicht für den Major, wie ich rasch merkte. Er nahm nichts, was der AC Milan tat, getan hatte oder was ihm jemals angetan wurde, auf die leichte Schulter.

Wie der Zufall es wollte, hatte ich die erste Halbzeit des Spiels vor der Abreise im Hotel verfolgt, daher wußte ich, daß es zur Pause 0:0 gestanden hatte. Doch die Begegnung sollte zur Hauptsendezeit noch einmal für jene schrecklich benachteiligten Italiener wiederholt werden, die wie der Major vor einem Militärgericht stehen mußten oder aus anderen Gründen nicht in der Lage waren, an einem Werktag den Vormittag freizunehmen, um sich ein Fußballspiel in Japan anzusehen (ebenso wie für die Millionen, die bei einem Sieg von Milan das Spiel noch einmal sehen wollten.)

Ich erwähnte gegenüber dem Major, daß ich die erste Halbzeit vor meinem Aufbruch noch gesehen hätte und daß – »NEIN!« schrie er. »Nein, nein, nein, nein, nein! Sie dürfen mir nichts verraten, denn heute abend schauen wir uns das Spiel gemeinsam bei mir in Orbetello an, und ich darf noch nichts wissen!«

Aber wir würden doch sicherlich, meinte ich, ob wir wollten oder nicht, irgendwo unterwegs das Endergebnis mitbekommen, denn schließlich seien wir in Italien, und die Leute würden im Zug oder auf dem Bahnhof, wenn wir umstiegen (wir mußten in Florenz den Zug wechseln), über das Spiel reden.

»Nein, nein, nein, nein! Nicht unbedingt! Es ist mitten in der Woche, es ist Dezember, der Zug ist nicht voll, und Sie und ich sitzen abseits und werden uns pausenlos unterhalten, um nicht zufällig das Ergebnis zu hören. Und auf dem Bahnhof in Florenz werde ich mir die Ohren verstopfen, auf den Boden gucken und mich von Ihnen führen lassen, während sie aufpassen, daß nirgendwo das Resultat zu sehen ist.«

Und das tat er dann auch: Er riß Stückchen aus meiner *Gazetta* und knüllte sie sich in die Ohren, eine, wie mir schien, nicht eben bequeme oder besonders effektive Ohrstöpselvariante. Aber ich hatte bereits eine leise Ahnung von dem Wahnsinn, den der Fußballvirus auslöst – er hatte mich ja mittlerweile selbst gepackt, sonst wäre ich gar nicht hier gewesen. Also ließ ich ihn seine Ohren verstopfen, wie es ihm beliebte.

Als wir in Florenz aus dem Zug stiegen, trottete er wie ein Blinder hinter mir her, eine Hand umklammerte meine Schulter, und Fetzen des rosa Zeitungspapiers lugten aus seinen Ohren. Und kein Mensch schenkte uns einen zweiten Blick: dem eins neunzig großen Amerikaner, der einen Italiener im Businessanzug und Krawatte, dem rosa Zeitungspapier aus den Ohren hing, durch den Bahnhof von Florenz lotste. Es ist kein bloßes Klischee, daß Florentiner nicht leicht zu irritieren sind.

Es fuhren keine D-Züge nach Orbetello, und so fanden der Major und ich uns schließlich in dem bummeligsten Bummelzug ganz Italiens wieder. Von der Hitze in den schäbigen Abteilen und der Kälte draußen waren die Fenster beschlagen, was der Major als beinah gottgesandte Gnade betrachtete, denn so konnte er, während er mir von den großen Momenten in der Vereinsgeschichte des AC Milan erzählte (was er mit Inbrunst und ohne Unterlaß tat), seinen Vortrag über berühmte Spiele des Vereins durch Diagramme auf den beschlagenen Scheiben illustrieren.

Wir fuhren und fuhren und fuhren, und er zog mit dem Finger Linien auf dem Fenster und sagte unentwegt: »Sehen Sie hier, sehen Sie hier!«, aber er geriet durch seine Kreuzchen und Nullen so in Erregung, daß er ins Italienische verfiel, das ich damals weder sprach noch verstand. Endlich, um 19.30 Uhr, erreichten wir Orbetello.

Durch die ganze Umsteigerei waren wir nicht zum Essen gekommen, und ich hatte fürchterlichen Hunger. Doch die

Wiederholung des Spiels sollte um 20.30 Uhr beginnen, und der Major meinte, für ein anständiges Abendessen hätten wir vorher keine Zeit – abgesehen davon wäre ein Restaurant der gefährlichste Ort, wenn man das Ergebnis nicht hören wollte. Sobald das Spiel aber vorbei sei, versprach er mir ein fürstliches Mahl im besten Restaurant von Orbetello (wo es insgesamt wohl ganze drei gab). Jetzt allerdings müßten wir umgehend in seine Wohnung.

Sein Wagen stand direkt vor dem Bahnhof, und die Fahrt dauerte nur zehn Minuten. Seine Wohnung war eine typische, unpersönliche Junggesellenbude. Nachdem wir uns frisch gemacht hatten, war es 20.00 Uhr, und der Major begann nervös vor seinem Fernseher auf und ab zu tigern, während ich mir gut fünftausend Fotos von der Frau ansah, die den vierten Platz bei den Miß-Portugal-Wahlen von 1992 belegt hatte und wirklich etwas für's Auge war, wenn auch nicht unbedingt fünftausendmal. Etwa zu diesem Zeitpunkt kam ich auf die Idee, den Major zu fragen, warum wir das Spiel nicht in einem Restaurant gemeinsam mit seinen zahlreichen Freunden und Kameraden anschauen würden, wo es doch in Italien stets ein bedeutendes Gemeinschaftserlebnis ist, sich ein wichtiges Spiel zusammen anzusehen.

Weil dies, erklärte mir der Major, der AC Milan sei. Und wenn der AC Milan spiele, schaue er sich das alleine an oder höchstens gemeinsam mit jemandem wie mir, der klug genug wäre, während des Spiels den Mund zu halten und ihn nicht zu stören.

Das Spiel fing an. Während der Major gebannt vor dem Bildschirm hing, begann er zu schwitzen. Innerhalb von fünfzehn Minuten tropfte ihm – obschon überhaupt nichts Entscheidendes passiert war – der Schweiß von der Stirn, und unter seinen Achseln begannen sich auf dem gerade frisch angezogenen blauen Hemd große Flecken zu bilden. Nach einer halben Stunde war es komplett durchweicht, so als habe er selber mitgespielt.

Zur Halbzeit blickte er mich mit einem Ausdruck totalen Elends an: 45 Minuten waren verstrichen, und Milan hatte immer noch kein Tor gegen diese Argentinier geschossen! Er erklärte, er müsse sich hinlegen. Als er Sekunden vor Beginn der zweiten Halbzeit wieder erschien, bemerkte ich, daß er sich das Gesicht abgetrocknet und das Hemd gewechselt hatte.

Er nahm seinen Platz etwa einen Meter vor dem Bildschirm auf einem wackligen, unbequemen Holzstuhl wieder ein. (Ich saß in einem komfortablen Sessel, etwa drei Meter entfernt und etwas seitlich vom Fernseher.) In der sechsten Spielminute der zweiten Halbzeit foulte Milans Verteidiger Costacurta einen Spieler von Velez innerhalb des Strafraums, und die Argentinier verwandelten den fälligen Strafstoß zur 1:0-Führung. Da es in dem Wohnzimmer abgesehen vom Leuchten des Bildschirms stockfinster war, konnte ich nicht sehen, aber zum ersten und einzigen Mal in meinem Leben tatsächlich spüren, wie jemand erblaßte. Und zu allem Übel war das Foul so offensichtlich gewesen, daß er noch nicht mal den Schiedsrichter verfluchen konnte!

Sechs Minuten später versuchte derselbe Costacurta (ein Mitglied der italienischen Nationalelf), den Ball zu Rossi, dem Schlußmann, zurückzuspielen, dies aber mit so haarsträubender Nachlässigkeit, daß ein vorstürmender Spieler von Velez Sarsfield, den Costacurta offensichtlich übersehen hatte, schneller am Ball war und ihn umgehend zum 2:0 im Netz versenkte.

Und so lautete schließlich auch der Endstand.

Beim Abpfiff lehnte sich der Major vor und schaltete den Fernseher aus. Dann nahm er seinen unbequemen Stuhl und stellte ihn so hin, daß er mir aus etwa anderthalb Metern direkt ins Gesicht blicken konnte.

»Im Frühjahr«, sagte er, »hat es in Turin eine Überschwemmung gegeben. Sie hat mir alles genommen. Das Haus, in dem ich geboren wurde und aufwuchs, ist verschwunden.

Zerstört durch das Hochwasser. Und meine Mutter bekam die Nervenkrise, so schlimm, daß ich sie ins ... manicomio ... bringen mußte, im Englischen, ja, okay, das Krankenhaus für Leute, die den Verstand verloren haben. Die Verrückten. So hat mir das Hochwasser alles genommen, was ich besaß.«

Er warf einen Blick über die Schulter zum Fernseher. Dann schaute er wieder mich an. »Und nun das«, sagte er. »Und nun das.«

Er holte tief Luft. »Es tut mir leid, aber ich kann Sie nicht zum Essen begleiten. Doch Orbetello ist klein, Sie werden das Restaurant ohne Schwierigkeiten finden. Wie auch immer, ich muß jetzt unbedingt allein sein. Es tut mir leid. Ich werde spazierengehen. Ich werde alleine einen langen Spaziergang machen. Sie werden ein gutes Essen bekommen. Sie werden gut schlafen. Vielleicht ist morgen alles besser. Wir werden sehen.«

»Es tut mir wirklich leid«, sagte ich. »Wegen des Hochwassers. Und wegen heute abend.«

»Danke sehr. Aber in Wirklichkeit muß es mir leid tun. Ein Mann sollte seine Freunde nicht mit seinen Sorgen belasten. Und Sie sind bereits ein Freund. Ich hätte das Ergebnis bereits in Bologna in Erfahrung bringen sollen.«

Damit verließ er die Wohnung. Und kam nicht mehr zurück. Ich wartete den ganzen Samstag auf ihn und blieb auch die Nacht noch in seiner Wohnung. Ich wußte nicht, wen ich anrufen oder was ich tun sollte, um herauszufinden, ob mit ihm alles in Ordnung wäre, und ich sprach auch kein Italienisch, das dafür nötig gewesen wäre, denn Orbetello war kein Ort, in dem Englisch verstanden wurde.

So stieg ich am Sonntag in den einzigen Zug nach Rom und hinterließ eine Nachricht für den Major, in der ich ihm für seine Gastfreundschaft dankte und meiner Hoffnung Ausdruck verlieh, daß es ihm gutginge und wir miteinander in Kontakt bleiben könnten.

Am Tag nach dem Spiel mußte ich zurück in die Staaten und hörte nie wieder etwas von ihm. Obwohl ich den Militärbehörden in Grosseto und später auch in Rom schrieb und seinen Namen angab, außerdem auch der Stadtverwaltung von Orbetello und sogar den Behörden in Turin, gelang es mir niemals, herauszufinden, was aus ihm geworden war.

Als der Juni kam, begann ich das Schlimmste zu fürchten und das tue ich immer noch. Vielleicht hat der Major das Wochenende überlebt, aber in Anbetracht der traumatischen Folgen des Hochwassers bezweifle ich, daß er eine Saison überlebt haben kann, in der der AC Milan nicht nur die Meisterschaft verpaßte, sondern auch noch schmählich auf den vierten Platz abrutschte.

TEIL 1

KAPITEL 1

Einen Tag vor meiner Abreise nach Italien erhielt ich ein Fax von einem Mann namens Giuseppe. Es enthielt schlechte Neuigkeiten.

Wie versprochen, ich schreibe Details über deine Ankunft. Man kommt nicht leicht von Rom nach Castel di Sangro: Es ist im Gebirge (900 Meter über Meeresspiegel; über 200 km von Rom fort), und du mußt mit die Zug fahren, um anzukommen.

Wenn du um 7.35 Uhr am Flughafen Fiumicino in Rom ankommst, mußt du mit Taxi zu die Bahnhof Termini, für Zug um 11.50 Uhr nach SULMONA zu nehmen. Die Ankunft ist um 15.06. Sulmona liegt 150 km von Castel di Sangro fort, und ich werde an die Bahnhof von Sulmona warten. Entschuldige, aber ich bin in diese Tage vor erste Spiel der Meisterschaft sehr mit Manifestationen über Castel di Sangro beschäftigt und kann nicht in Rom sein wie versprochen ... Aber wir sind eine Bergvolk und gewöhnt, mit Schwierigkeiten fertig zu werden. So wie Liliputaner in eine Welt von Riesen.

Also würde mich Giuseppe doch nicht vom Flughafen abholen. Natürlich flog ich trotzdem nach Rom. Doch kaum daß ich mit meinem Gepäckkarren durch den Zoll war und eine Horde von Taxifahrern auf mich zustürzte, nahm ich den erstbesten.

»Wieviel nach Sulmona?«

»Fünfhunderttausend.«

»Vier«, sagte ich.

Er gab mir mit dem Daumen ein Zeichen. »Kommen Sie.« Und so war ich lange vor dem Zug um 11.50 Uhr auf dem Weg in die Abruzzen.

Italien ist in zwanzig Regionen aufgeteilt. Manche sind berühmt, andere bei ausländischen Touristen überaus beliebt, und weitere werden, wiewohl bei Touristen kaum bekannt, von den Italienern selbst überaus geschätzt. Und dann gibt es noch die Abruzzen.

Frommers Italienführer von 1996 beschreibt sie als »ärmste und am seltensten besuchte Region« des Landes. »Trocken und sonnenverbrannt ... häufig von Erdbeben heimgesucht, sind die Abruzzen ... ein ärmlicher und eintöniger Landstrich.« Es ist eine Gegend, so heißt es in einem anderen Handbuch, »in der es wenig zu sehen und noch weniger zu tun gibt«.

Diesen Ruf hat man sich nicht über Nacht erworben.

Nathaniel Hawthorne besuchte die Region im 19. Jahrhundert und beschrieb sie bereits damals als »ohne hinreichend Saft und Kraft, um sich dem Verfall noch länger zu widersetzen. Nur ein Erdbeben könnte sie noch mehr verwüsten, als sie es ohnehin schon ist.«

Und das war noch während der Saison. Der englische Dichter Swinburne versuchte aus niemals einleuchtend geklärten Gründen, im Winter 1879 in die abweisende Bergwelt der Abruzzen einzudringen, wurde aber von dem »unglaublichsten Schneesturm, den ich je erlebt hatte«, zurückgetrieben. Er kehrte nach Rom zurück und versuchte es kein zweites Mal.

Was die Bewohner der Abruzzen anbelangt, so führten sie, wie der englische Reiseschriftsteller Norman Douglas zu Beginn unseres Jahrhunderts schrieb, ein Leben in »jämmerlichem, abstoßendem Elend«. Und »Frommer's« wies in jüngerer Zeit darauf hin, daß viele Menschen in wohlhabendere Gegenden abwanderten und nur ansässige Familienclans zurückblieben, die ein anderes Buch als »atavistisch und introspektiv« beschreibt.

»Dies ist immer noch ein Landstrich«, so der Autor Tim Jepson, »der mit seinen Wölfen, Bären und stämmigen Dorfbewohnern den Hintergrund für zahllose Märchen abgeben könnte ... Dörfer auf schneebedeckten Hügeln liegen von Nebel umhüllt inmitten wilder Berge, tiefer Täler und finsterer Wälder; uraltes Handwerk dient hier noch dem Lebensunterhalt und nicht als Touristenattraktion.«

Aber ich war kein Tourist. So oder so, ich hatte eine Aufgabe in den Abruzzen zu erfüllen. Mein Ziel war das abgelegene Städtchen Castel di Sangro, was im dortigen Dialekt angeblich »Burg des Blutes« bedeutet.

Das Dorf ist derart unzugänglich gelegen, daß es, so ein Nachschlagewerk, »selbst für die Verhältnisse in den Abruzzen als extrem gelten kann«. Es liegt in knapp neunhundert Metern Höhe. Der Winter dauert von Oktober bis Mai, und während des gesamten Jahres stürzen wütende Winde von den umgebenden Bergen auf das Dorf hinab.

An der einen Seite stößt Castel di Sangro an den Abruzzen-Nationalpark, in dem immer noch Wölfe und Braunbären leben und mehr als 30 Reptilienarten. An der anderen Seite liegt das riesige, schweigende Valle della Femmina Morta, das »Tal der toten Frau«. Auswärtige, die sich erkundigen, warum diese riesige und wüste Gegend diesen Namen trägt, bekommen, so hört man, nur ein Schulterzucken oder Kopfschütteln zur Antwort.

Jenseits des Tales erhebt sich La Maiella, ein gigantisches Kalksteinmassiv, das von tiefen und tückischen Schluchten durchschnitten wird und mehr als 50 Berggipfel zählt, von denen der höchste, der »Monte Amaro«, der »Bittere Berg«, sich mehr als 3000 Meter über den Meeresspiegel erhebt. Auch hier ist die Herkunft des Namens im Nebel der Zeit und der Legenden verloren.

»Dies ist eine Gegend«, warnt wiederum ein anderer Reiseführer, »der man sich nur mit Vorsicht nähern sollte.« Oder aber überhaupt nicht. Ich jedoch war so von meiner Leidenschaft besessen, daß ich mich ihr nicht nur näherte, sondern auch Anstalten machte, in ihr Herz vorzustoßen: allein, ohne jemanden zu kennen und ohne ein Wort Italienisch zu sprechen, aber dennoch entschlossen, mehr als neun Monate dort zu leben.

Meine Ankunft fiel auf einen warmen, sonnigen Samstag im frühen September. Der Fahrer setzte mich kurz vor Mittag an dem menschenleeren Bahnhof von Sulmona ab. Alles wirkte ruhig und friedlich. Nachdem ich meine Unmengen an Gepäck in der Obhut eines schläfrigen Schalterbeamten gelassen hatte, ging ich ein paar hundert Meter ins Zentrum des Ortes (Einwohnerzahl 25 000), nahm ein bescheidenes Mittagsmahl zu mir und kehrte dann zum Bahnhof zurück. Den Kopf auf einen Matchbeutel gebettet, döste ich ein oder zwei Stunden auf dem Bahnsteig vor mich hin, während die Sonne durch das herbstliche Laub fiel und ein Muster auf mich malte.

Am Nachmittag hörte ich in der Ferne einen Zug pfeifen. Meinen Zug! Der 11.50 Uhr von Rom. Ich schaute auf meine Uhr: drei Uhr nachmittags. Pünktlich auf die Minute. Ich ließ mein Gepäck wieder zurück und trat vor den Bahnhof, um nach jemandem Ausschau zu halten, der Giuseppe sein könnte. Ich hoffte, daß ihn nicht irgendeine neue »Manifestation« davon abgehalten hatte, nach Sulmona zu kommen.

Just in diesem Moment sauste ein kleines, ramponiertes Auto mit Höchstgeschwindigkeit auf den Parkplatz und bremste ruckartig. Heraus sprang ein Mann, der wie Mitte Zwanzig wirkte, schwarzes Haar und einen wachsamen Blick hatte.

»Giuseppe?« rief ich.

Er blickte zu mir herüber und erkannte sofort, daß ich der scrittore americano sein müßte. Aber er sah verwirrt aus. »Joe?« fragte er und schaute auf seine Armbanduhr.

»Ja, ja, mein Gepäck ist gleich auf der anderen Seite.«

»Aber der Zug. Noch nicht da.«

»Nein, nein, aber ich Taxi. Ist egal. Ich hol das Gepäck nach vorne.«

Giuseppe sah konsterniert aus, verfolgte das Thema aber nicht weiter. Wenn ein Mann allem auf den Grund gehen wollte, das offensichtlich keinerlei Sinn macht, käme er zu gar nichts mehr.

Sobald die Koffer sicher verstaut waren – die letzten beiden türmten sich auf meinen Knien bis über meinen Kopf, nachdem ich mich in das winzige Auto gequetscht hatte –, fuhren wir los Richtung Castel di Sangro, so glaubte ich zumindest. Giuseppe fuhr in einem Tempo, das mir halsbrecherisch schien, doch ich sollte schnell lernen, daß das für italienische Verhältnisse noch gar nichts war. Ich wußte nicht, ob es ein Nachteil oder eher ein Vorteil war, daß ich zwischen meinen Koffern nichts von der Straße sehen konnte.

Bevor ich auch nur den Versuch machen konnte, ein Gespräch zu beginnen, hörte ich neben mir ein schrilles Piepsen. Giuseppe zog ein Handy aus seiner Tasche und begann noch schneller zu reden, als er fuhr. Sobald das Gespräch beendet war, machte er selbst einen Anruf, wobei er konzentriert auf die Tasten, die er in rascher Folge drückte, starrte anstatt auf die Straße. Er sprach nur zehn Sekunden und beendete das Gespräch abrupt mit einem Stakkato von »ciaos«. Doch umgehend machte er noch einen weiteren Anruf. Dann erhielt er zwei. Dann wieder er, dann erhielt er drei hintereinander. Ich versuchte mitzuzählen. Zwei weitere empfangen, drei geführt. Giuseppe: 5, Anrufer: 9. »Ciao«, sagte er stets am Schluß. »Ciao ... ciao, ciao, ciao ... ciao ciao ciao ... ciaociaociaociaociao.«

Wie ich bald erfahren sollte, führen Italiener, die mit Handys telefonieren, tagtäglich einem erbitterten Wettstreit, wer die meisten »ciaos« ans Ende eines Telefonats packen kann. Um als eindeutiger Sieger hervorzugehen, muß man das Wort nicht nur häufiger als der gegnerische Gesprächspartner hervorstoßen, man muß auch das letzte »ciao« von allen plazieren und in dem Moment, in dem man es ausstößt, das Handy ausschalten.

Schließlich schob er das Handy wieder in seine Tasche, blickte mich an und sagte: »Verzeihen.« Offensichtlich war nun der Moment für unsere Unterhaltung gekommen. Giuseppe starrte mich konzentriert an. Das bedeutete natürlich, daß er nicht auf die Straße blickte, die ich zwar wegen meinem Gepäck auch nicht sehen konnte, die aber den Bewegungen des Wagens und dem Keuchen seines schwächlichen Motors nach nun einen Berg hinaufzuführen schien.

»Ich verstehe das Englisch nicht viel, nicht? Keine viele Übung. Ist leichter gewesen schreiben, ja? Nicht dann sprechen.«

»Sì«, sagte ich. »No. Doch Castel di Sangro. Noch weit?«

»Castel di Sangro?« Er sprach den Namen so ungläubig aus, als höre er ihn zum ersten Mal.

»Sì. Wir nach Castel di Sangro, ja? Ich meine sì?«

»No, no, no, no, no. Ich bringe dich zu Ankunft Roccaraso.«

»Wohin?«

»Roccaraso. Mußt nicht sorgen. Nicht weit.«

»Aber ich muß nach Castel di Sangro.«

Giuseppe schüttelte den Kopf. »Nicht möglich«, sagte er. »Nicht abgesprochen.«

»Was soll das heißen?«

»Castel di Sangro kein Hotel. Roccaraso viele. Für viel schee. Du magst schee?«

»Schee?«

»Wenn alles mit Schnee. Schee. Wie Tomba.«

»Ach so, Ski! Verstehe. Tja, nein, eigentlich nicht. Ich nicht schee. Aber was ist denn mit Castel di Sangro, Giuseppe?«

»Keine Problem. Ich sage dir – mußt nicht sorgen. Du *Best Western* Roccaraso. Du schlafen. Später ich telefoniere dich. Viele zu tun diese Tage. Aber *Best Western* okay, okay? Keine Problem. Kein Sorgen.«

Dann bekam er noch ein halbes Dutzend Anrufe, seine ciaos ciaos ciaos ciaos ciaos knatterten wie sein Automotor, und schließlich fuhr er von der Straße auf einen Parkplatz. Ich lugte aus dem Seitenfenster und sah tatsächlich ein *Best Western*-Motel.

Als ich aus dem Wagen kletterte, während um mich herum die Koffer herauspurzelten, erkannte ich, daß wir an einer Straße waren, die von Motels gesäumt war, unterbrochen nur von Sportgeschäften mit Schaufenstern voller Skier und farbenfroher Skianzüge.

»Keine Sorge. Keine Problem. Keine Sorge«, sagte Giuseppe. »Viele Veranstaltungen jetzt für mich. Du jetzt schlafen. Ich telefonieren später. Keine Problem.«

»Um wieviel Uhr, Giuseppe?« Ich wies auf meine Uhr. »Um wieviel Uhr wirst du anrufen?«

Er warf beide Arme gen Himmel und prustete laut. Ich glaube, das sollte bedeuten, daß meine Frage unmöglich zu beantworten war. Wie konnte er wissen, wann er anrufen würde, wo er doch so viele Veranstaltungen und so viel zu tun hatte? »Keine Sorge«, sagte er. »Keine Problem.«

»Okay, Giuseppe. Kein Problem. Und ... danke fürs Abholen. Ich mein: grazie.«

»Prego. Du weißt, schreiben ist viel leichter wie sprechen, nicht?«

»Ja. Ich meine: sì. Aber, Giuseppe. Habe ich hier ein Zimmer reserviert?«

»Sì, sì, ich sage dir, keine Problem.«

»Okay. Schön. Kein Problem. Aber, Giuseppe, wo ist Castel di Sangro?«

»Du keine Sorge. Nicht weit. Ciao, ciao.«

»Okay. Ciao.«

»Ciao, ciao, ciao.«

»Ciao, ciao, ciao, Giuseppe.«

»Sì. Ciao ciao ciao ciao ciao.« Dann rollte er das Wagenfenster hoch. Er hatte schon wieder das Telefon am Ohr, als er Gas gab.

KAPITEL 2

Ich erinnere mich noch deutlich, wie mein Leben früher ausgesehen hat. In vielerlei Hinsicht war es besser, schätze ich. Meine Kinder respektierten mich. Meine Frau und ich hatten zahlreiche gemeinsame Interessen. Ich hatte Freunde. Ich liebte Musik. Ich las Bücher. Daß ich mich plötzlich in einen Fußballbesessenen verwandeln könnte, wäre mir ebenso unvorstellbar erschienen, wie Astronaut zu werden.

Und es begann nicht einmal schleichend. Ich wachte einfach eines Morgens im späten Frühjahr 1994 auf und war hellauf begeistert, daß die USA Gastgeber für die Weltmeisterschaft sein würden. Daß ich noch nie auch nur ein einziges Spiel gesehen hatte, schien dabei keinerlei Rolle zu spielen.

Um in jenen Prä-Internet-Tagen meinen brennenden Wissensdurst zu stillen, unternahm ich Expeditionen in obskure, abgelegene Buchhandlungen und kehrte an erfolgreichen Tagen mit Büchern zurück, die nicht nur statistische Angaben zu allen Weltmeisterschaftsbegegnungen seit dem ersten Turnier von 1930 enthielten, sondern auch Beschreibungen und Analysen aller 24 Nationalmannschaften, die in den USA antreten würden. Ich begann mit Namen wie »Frank de Boer«, »Gheorghe Hagi« oder »Gabriel Batista« und bald auch mit Äußerungen wie »Wußtest du, daß sich Norwegen erstmals seit 1938 wieder qualifiziert hat?« um mich zu werfen.

Mein Hausarzt, der gleichzeitig ein guter Freund von mir ist, sah sich einmal ein Spiel mit mir an und führte meine Verfassung nach dem Abpfiff nur halb im Scherz auf einen leichten Schlaganfall zurück, einen Schlaganfall, der zwar alle motorischen Funktionen intakt gelassen, aber offensichtlich jene Hirnregion ausgeschaltet hatte, die den Durchschnittsamerikaner vor jedweder Fußballbegeisterung oder auch nur oberflächlichem Interesse an diesem Sport schützt.

Im nachhinein erscheint mir die weniger beunruhigende Erklärung plausibel, daß ich aus Gründen, die für diese Geschichte nicht weiter wichtig sind, einfach seelisch reif für eine verzehrende Leidenschaft war, die völlig jenseits meines bisherigen Erfahrungshorizonts lag. Wie auch immer, das spielt nun keine Rolle mehr. Wie Kierkegaard einmal bemerkte: »Das Absurde gehört nicht zu den Unterscheidungen, die innerhalb des dem Verstande zugehörigen Bereichs liegen.«

Keine zwei Wochen später begann die Weltmeisterschaft. Vom ersten Tag an hing ich wie gefesselt vor dem Fernseher und sah mir pausenlos die Spiele an, Live-Übertragungen wie Aufzeichnungen. Daß meine neue Leidenschaft manische Züge hatte, war von Anfang an unübersehbar.

Deutschland, der Titelverteidiger, eröffnete das Turnier mit einem Spiel gegen Bolivien. In der zweiten Halbzeit wechselte Bolivien einen Spieler mit wildem Blick ein, Etcheverry, der schon nach sechzig Sekunden vom Platz flog, weil er nach Ansicht des Schiedsrichters ein extrem brutales Foul begangen hatte.

Ich faßte es nicht. »Wie bitte?!« schrie ich meinen Fernsehapparat an. »Das kann doch wohl nicht wahr sein! Dafür stellt man doch keinen vom Platz!« Ich war so wütend, als sei ich in La Paz zur Welt gekommen und aufgewachsen (daß ich zu diesem Zeitpunkt nur eine äußerst rudimentäre Vorstellung von den Fußballregeln hatte und somit keinerlei Basis, die Entscheidung des Schiedsrichters mit lautstarker Empörung anzuzweifeln, machte meine Reaktion noch absurder).

Schlimmer noch: zwischen den Spielen faselte ich vor Familienmitgliedern und Freunden zusammenhangloses Zeug über mir bis dato unbekannte Größen wie Stoichkov aus Bulgarien, Dahlin aus Schweden, Bergkamp aus Holland, Bebeto aus Brasilien, Oman-Biyik aus Kamerun und sogar über einen Knaben namens Said Owairan aus Saudi-Arabien. »Hast du dieses Tor gegen die Belgier gesehen?!«

Die USA nahmen teil, aber ich muß gestehen, daß meine Begeisterung frei von patriotischem Überschwang war. Ich war von dem Unentschieden zwischen Spanien und Süd-Korea gleichermaßen hingerissen wie von dem unerwarteten Sieg der USA über Kolumbien. Und als ich kurz vorher erfuhr, daß es noch Karten für ein Spiel am 26. Juni im Foxboro Stadion nahe Boston gab, nur drei Stunden von meinem Wohnsitz in West-Massachusetts entfernt, störte es mich wenig, daß die beiden Mannschaften Nigeria und Argentinien hießen.

Obwohl ich die Nigerianer überaus bewunderte, war ich auch nicht übermäßig betrübt, als die Argentinier schließlich gewannen. Was die Welt, die ich kannte, für immer verändert hatte, war nicht das Ergebnis, sondern das grandiose Spektakel des Ereignisses an sich: die Leidenschaft auf den Rängen und dem Spielfeld, die Farben, das Flair, die Intensität ebenso wie die Eleganz, Athletik und Subtilität der Sportart selbst.

Bis zu diesem Zeitpunkt hatte es mir vollauf genügt, Spiele im Fernsehen zu verfolgen. Aber diese erste Erfahrung mit dem einzig Wahren eröffnete mir schlagartig eine ganz neue Welt. Um eine sexuelle Metapher zu bemühen (amerikanische Leser mögen mir verzeihen, doch abgesehen von den USA und vielleicht noch Kanada ist man sich auf der ganzen Welt bewußt, daß nichts Männer mehr erregt als Sex und Fußball): Der Unterschied zwischen selbst Miterleben und am Fernseher Zuschauen ist beim Fußball der gleiche wie beim Sex.

Die Umstände erlaubten mir nur ein weiteres Spiel in Foxboro am 5. Juli live zu erleben. Wieder war die eine Mannschaft Nigeria, das trotz seiner Niederlage gegen Argentinien weitergekommen war. Diesmal allerdings hieß der Gegner Italien, das, obgleich es vor dem Turnier als einer der Favoriten gehandelt worden war, anfangs so schwach gespielt hatte, daß es sich nur hauchdünn in die zweite Finalrunde gerettet hatte.

Die Italiener schienen sich zudem über die größte Strecke des unerträglich heißen und schwülen Nachmittags nicht einen Deut gesteigert zu haben. Tatsächlich sah es so aus, als würde sich mein zweites Live-Spiel zu einer der bemerkenswerteren Überraschungen in der Geschichte des Fußballs entwickeln. Zwei Minuten vor Schluß führte Nigeria 1:0. Als der Schlußpfiff nahte, hatten sich die 55.000 Zuschauer im ausverkauften Foxboro Stadion heiser geschrien, die gesamte Skala menschlicher Emotionen durchlebt, und sie waren ebenso schweißdurchtränkt wie die erschöpften Akteure auf dem Platz.

Aber gerade als es ausgemacht schien, daß in beiden Teams niemand mehr physische oder mentale Reserven mobilisieren konnte, schlenzte ein zierlicher und graziöser Italiener namens Roberto Baggio den Ball geschickt mit rechts ins gegnerische Tor. Derselbe Baggio traf noch einmal in der Verlängerung, und Italien hatte gewonnen.

Der siebenundzwanzigjährige Baggio, ein Buddhist mit Pferdeschwanz, der nur eins siebzig groß war und ganze 72 Kilo auf die Waage brachte, hatte die Ehre seiner Nation gerettet.

Ich war begeistert. Jetzt hatte meine Leidenschaft ihr Objekt der Verehrung gefunden. Baggio hatte diesem Sport eine Eleganz, eine Anmut und ein magisches Flair verliehen, wie ich es in noch keiner anderen Sportart gesehen hatte.

Vier Tage später im Viertelfinale gegen Spanien schaffte Baggio es wieder und verhalf Italien zwei Minuten vor Schluß zum 2:1-Sieg. Und im Meadowlands in New Jersey schoß er am 13. Juli innerhalb von vier Minuten zwei tolle Tore und sicherte Italien so ein triumphales 2:1 über die verbissen kämpfenden Bulgaren.

Baggio hatte in drei der wichtigsten Begegnungen seiner bisherigen Karriere fünf Tore geschossen. Er hatte eine Vorstellung geboten, die zu den exzellentesten in der Geschichte dieses Wettbewerbs zählte.

Unglücklicherweise verletzte er sich gegen Ende des Bulgarien-Spiels so schwer an der Achillessehne, daß er tränenüberströmt den Platz verließ – weil er überzeugt war, vier Tage später im Endspiel gegen Brasilien im Rose Bowl nicht auflaufen zu können.

Tatsächlich war er nicht in der Verfassung zu spielen. Aber da es um einen so hohen Einsatz ging, lief er trotzdem auf, auch wenn das kein seriöser Sportmediziner (oder Trainer) hätte zulassen dürfen. Er humpelte wacker durch die 90 torlosen Minuten der Begegnung und anschließend auch noch durch die Verlängerung, die ebenfalls torlos blieb. Das Spiel und damit die Weltmeisterschaft mußte nun im Elfmeterschießen entschieden werden.

Von den ersten vier Spielern beider Mannschaften verwandelten drei Brasilianer, aber nur zwei Italiener. Baggio trat als fünfter und letzter Italiener an. Auch er vergab, und Brasilien war Weltmeister. Das Bild, wie er einsam mit gesenktem Kopf inmitten der Rose Bowl stand und die Hände vor sein tränenüberströmtes Gesicht schlug, wirkte auf mich so ergreifend und herzzerreißend, daß ich noch Tage später kaum fähig war, zu essen oder zu sprechen. Und ich war nicht einmal Italiener!

Im September, zwei Monate vor meinem Aufenthalt in Italien mit Alexi Calas, reisten Nancy und ich in der Hoffnung, ein Wanderurlaub in den Alpen würde mich wieder auf andere Gedanken bringen, in die Schweiz. Aber als wir eines Nachmittags in ein kleines Dorf am Ufer des Vierwaldstätter Sees kamen, erspähte ich aus einer Entfernung von fast fünfzig Metern an einem Kiosk eine Ausgabe der *Gazzetta dello Sport*.

La Gazzetta ist die beste der drei italienischen Tageszeitungen, die sich fast ausschließlich Nachrichten und Gerüchten aus der Welt des Fußballs widmen, der in Italien »il calcio« heißt. Sie ist auf kreischend rosafarbenem Papier gedruckt, mit pechschwarzen Schlagzeilen, die einen übergroß anspringen, damit der Leser einen Adrenalinstoß bekommt, noch bevor er weiß, ob er nun Zorn oder Begeisterung empfinden soll. Das entspricht genau der theatralischen Hysterie, die dieser Sport noch in den hintersten Winkel des Landes trägt.

Und an jenem verschlafenen Samstagnachmittag am Vierwaldstätter See wirkte sie auf mich elektrisierend. Ein rascher Blick auf die Titelseite verriet mir, daß der AC Milan am nächsten Tag ein Heimspiel gegen das starke Lazio Rom bestreiten würde. Danach brauchte ich nur noch fünf Minuten Fahr- und Flugpläne studieren, um zu entdecken, daß es zu schaffen wäre.

Wenn wir um halb sechs aufstünden, erklärte ich Nancy, und die erste Fähre nach Luzern nähmen, von dort mit dem IC nach Zürich fahren und dort in den Zug zum Zürcher Flughafen umsteigen würden, könnten wir eine Maschine um 12.30 Uhr nehmen, die um 14.00 Uhr in Mailand landen würde, wo wir vom Flughafen mit einem Taxi zum Stadion San Siro pünktlich zum Spielbeginn um 16.00 Uhr kämen. Später könnten wir mit dem Taxi zurück zum Flughafen, würden die letzte Maschine nach Zürich erwischen und am nächsten Tag schon wieder oben in den Alpen sein.

Und genau so geschah es. Wir erreichten das San Siro Stadion – einen vielstöckigen Tempel, in dem dem Fußball und seiner zentralen Bedeutung für die italienische Gesellschaft gehuldigt wird – eine ganze Stunde vor Spielbeginn. Ungläubig staunend erlebten wir zum ersten Mal im Leben echte Massenhysterie. Welle um Welle brennender, aufgepeitschter, rasender Leidenschaft, die sich in rot auflodernd bengalischen Feuer, wogenden orangefarbenen Rauchwolken und ohrenbetäubenden Gesängen der 70.000 Milan-Fans um uns herum entlud, brandete über uns hinweg und brach sich an den Rängen des Stadions.

Dies war etwas völlig anderes als die WM-Spiele in den USA, wo es üblich gewesen war, den Präferenzen des Nebenmannes mit höflichem Respekt zu begegnen. Dies hier war Krieg! Und Lazio war der Feind, ungeachtet der Tatsache, daß drei Spieler von Lazio keine zwei Monate zuvor auch in der

Nationalmannschaft gespielt hatten und mit derselben Inbrunst angefeuert worden waren, mit der man sie jetzt verhöhnte.

Die etwa tausend Lazio-Fans, die Karten erhalten hatten und von Rom hochgekommen waren, wurden von mindestens ebenso vielen Polizisten eskortiert und von allen Seiten abgeschirmt in eine entlegene Ecke des Stadions gepfercht, damit keiner der Feuerwerk abbrennenden und singenden Milanisti zu ihnen gelangen und ihnen etwas antun konnte.

Denn man muß wissen, daß Italiener nicht nur besser Fußball spielen können als praktisch alle anderen Menschen auf der Welt, sie leben diesen Sport mit einer wilden und fanatischen Leidenschaft, die sich – wie wir es gerade im San Siro erlebten – jede Woche mit einer Wucht entlädt, gegen die die Summe aller Emotionen, die in den USA jemals bei Sportereignissen, Rockkonzerten, politischen Protestveranstaltungen, Treffen Wiedergeborener Christen, Bürgerrechts- und Friedensdemonstrationen oder anderen Gelegenheiten öffentlich zur Schau gestellt wurden, verblaßt.

Die Spannung erreichte ihren ersten Höhepunkt kurz vor dem Anpfiff um 16.00 Uhr, als der AC Milan in seinen unverwechselbaren rot- und schwarzgestreiften Trikots auflief. Die zweite und dritte Welle der Begeisterung, jede doppelt so stark wie die vorhergehende, wurde durch die Genialität eines Holländers mit Rastalocken, dessen Vorfahren aus Sumatra stammten, ausgelöst, eines gewissen Ruud Gullit, der zwei phantastische Tore für Milan schoß; das zweite, der 2:1-Siegtreffer, fiel erst wenige Sekunden vor dem Abpfiff.

Als wir später auf dem zum Bersten gefüllten Parkplatz ausgelassen inmitten Tausender Italiener aller Altersgruppen herumtanzten, die offensichtlich von Geburt oder zumindest vom Tag ihrer Taufe an Milanisti waren (in vielen italienischen Familien ist es Brauch, dem Neugeborenem bei der Taufzeremonie nicht nur seinen Namen zu geben, sondern auch festzulegen, welchen Fußballverein er zeitlebens unterstützen wird), stießen Nancy und ich auf einen besonders überschwenglichen Taxifahrer. Nachdem er herausgefunden hatte, daß wir Amerikaner waren und extra für das Spiel den weiten Weg nach Mailand gekommen waren, bestand er darauf, uns kostenlos zum Flughafen zu fahren.

In jenem ersten ungebremsten Anfall wilder Fußballbegeisterung konnten wir die zukünftigen Schattenseiten nicht voraussehen: daß meine Besessenheit sich bis zu einem Punkt steigern würde, an dem das, was eigentlich der Zerstreuung dienen sollte, mein ganzes Leben beherrschen würde und mich zwangsläufig von den Höhen der Glückseligkeit an einem wunderbaren Nachmittag im San Siro in die fernen, windgepeitschten Ebenen von Castel di Sangro hinabschleudern würde.

KAPITEL 3

Das Telefon läutete. Eine Stunde später? Oder zwei? Ich vermochte es nicht zu sagen.

»Hallo?«

»Hallo, Joe.« Es war eine Frauenstimme, die ich nicht kannte. Sie sprach Englisch.

»Barbara hier.« Sie sprach mit einem kaum merklichen italienischen Dialekt.

»Ja?«

»Nun, ich bin in der Lobby. Möchten Sie, daß ich hier auf Sie warte?«

Durch einen dicken Nebel aus Übermüdung, Jetlag und Verwirrtheit suchte ich nach einem Anhaltspunkt, aber vergebens.

»Ja, klar. Warten Sie dort auf mich. Aber wieso eigentlich? Ich meine: Wer sind Sie?«

»Oh, erinnern Sie sich nicht? In Ihrem Fax schrieben Sie, daß Sie es schön fänden, wenn La Società einen Dolmetscher für Sie finden könnte.«

»Ach ja, sì, sì, sì, sì, sì. Sie müssen entschuldigen, ich habe geschlafen.« Ich erinnerte mich. La Società war das Unternehmen, das Castel di Sangro Calcio, den örtlichen Fußballverein, besaß und führte, und Signor Gabriele Gravina war der Präsident. In einem meiner Faxe entweder an ihn oder an Giuseppe, den frisch ernannten »Assistenten für äußere Beziehungen«, hatte ich gefragt, ob es möglich wäre, einen Ortsansässigen als Dolmetscher für mich zu engagieren, wenigstens für den Anfang. Offensichtlich war es möglich gewesen. Und nun wartete sie in der Lobby, auch wenn mir im Moment nichts einfiel, was es zu übersetzen gälte, ausgenommen vielleicht meine wirren Träume.

»Es tut mir schrecklich leid«, sagte sie. »Wenn es Ihnen jetzt nicht paßt, können wir uns später treffen. Aber Giuseppe schlug vor, daß ich Sie anrufe. Weil Präsident Gravina Sie um 21.00 Uhr zum Essen in die Pizzeria eingeladen hat, dachte ich, ich könnte Ihnen vorher kurz Castel di Sangro zeigen.«

»Ja, natürlich. Sie könnten mir zumindest zeigen, wo es liegt.«

»Oh, machen Sie sich keine Sorgen«, lachte sie. »Es ist nicht weit.«

Ich traf sie in der Lobby. Meine immer noch geröteten und verquollenen Augen erblickten eine attraktive und schick gekleidete Frau von vielleicht 40. Sie begrüßte mich mit einem herzlichen Lächeln und festem Händedruck. Ich muß etwas verwirrt ausgesehen haben, denn sie fragte sofort: »Ist etwas nicht in Ordnung?«

Ich schüttelte den Kopf: »Nein, nein. Es ist nur – ach, ich weiß nicht. Ich habe nicht mit Ihnen gerechnet. Ich meine, mit jemandem wie Ihnen. Sie müssen entschuldigen ... ich bin immer noch etwas durch den Wind.«

Sie lächelte erneut. »Oh«, meinte sie, »Sie haben nicht mit jemandem gerechnet, der selbstsicher, gebildet und anständig gekleidet ist und Englisch mit nur leichtem Akzent spricht?«

»Genau. Ich hatte erwartet, Sie wären vielleicht, na ja ... atavistisch und introspektiv.«

»Atavistisch nicht«, sagte sie. »Manchmal kann ich allerdings introspektiv sein.«

»Entstammen Sie einem hiesigen Familienclan?«

»Ja. Ich denke, so könnte man das ausdrücken.«

»Und führen Sie auch ein jämmerliches, eintöniges Leben im Elend?«

»Nicht mehr seit dem College. Aber eine Frage: Ist das ein Vorstellungsgespräch?«

»Aber, nein. Verzeihung. Verstehen Sie mich nicht falsch. Wissen Sie, ich bin immer noch groggy vom Flug und habe es noch nicht mal ganz bis Castel di Sangro geschafft, und schon gehen meine ganzen Vorurteile den Bach runter.«

Sie lachte. »Tja, tut mir leid, daß ich zu einem so traumatischen Vorgang beitrage, aber ich bin in Castel di Sangro aufgewachsen, dann zur Universität gegangen, um anschließend viele Jahre im Ausland, in England, Tunesien und sogar einige Zeit in den USA zu leben. Ich bin vor zwei Jahren zurückgekommen, weil meine Mutter schon recht alt und nicht mehr gut beieinander ist und ich mit meinem Faxgerät, meinen Sprachkenntnissen und meinem Auto auch von Castel di Sangro aus problemlos als Übersetzerin für medizinische Texte und Magazinbeiträge für diverse englische und amerikanische Firmen mit Vertretungen in Rom arbeiten kann. Ich verbringe vielleicht drei Arbeitstage in Castel di Sangro und zwei in Rom.«

»Wow.«

»Nein, gar nicht so ›wow‹. Es ist einfach das Beste, was ich zur Zeit tun kann. Aber um Sie und Ihre Vorurteile zu beruhigen: Viele Leute wie mich gibt es nicht in Castel di Sangro. Ich glaube, ich kann ohne Übertreibung sagen, daß ich am Ort die besten Qualifikationen besitze, was Englischkenntnisse anbelangt. Wenn Sie also mit der Vorstellung hergekommen sind, daß wir hier in den Abruzzen in feuchten Löchern leben und die Frauen Buckel haben, dunkle Schleier tragen und einen zahnlos mit mißtrauischen Augen anstarren, dann ist das nicht die ganze Wahrheit, vielleicht etwas antiquiert und sicherlich übertrieben, aber auch nicht ganz falsch.«

»Ich hoffe, ich habe Sie nicht beleidigt.«

»Natürlich nicht. Eine Klischeevorstellung kann mich nicht beleidigen. Das ist auch nicht schlimmer, als wenn die Zeitungen uns als Fußballzwerge bezeichnen, deren Leben ein wahrgewordenes Märchen ist. Und wenn ich nun schon in einem Märchen lebe, dann möchte ich zumindest den schönen Prinzen bekommen und vielleicht auch noch den großen Topf mit Gold. Aber die sind bis jetzt noch nicht aufgetaucht.«

»Aber das Wunder«, fragte ich, »das Wunder hat doch stattgefunden?«

»Oh, ja. Das Wunder hat stattgefunden. Das ist seit drei Monaten das einzige, worüber alle reden. Ich selbst glaube, daß es sich am Schluß als etwas Schlechtes entpuppen könnte, falsche Hoffnungen weckt und mit bitteren Enttäuschungen endet, aber ich gehöre einer verschwindenden Minderheit an. Für die meisten ist das Wunder der erste Silberstreif seit vielen Jahren. Es weckte Hoffnung. Es brachte Zuversicht. Es brachte Selbstachtung. Und nun hat es noch etwas anderes gebracht.«

»Und das wäre?«

»Sie. Den Amerikaner. Nun werden auch Sie Teil dieses Märchens: der geheimnisvolle Fremde aus der Ferne. Wir hoffen, daß er uns noch mehr Glück bringt, aber sicher sind wir uns dessen nicht.«

»Und wenn nicht?« fragte ich.

Sie zuckte die Schultern. »Non si sa mai«, sagte sie. »Man weiß nie.«

Als wir in der Abenddämmerung nach Castel di Sangro fuhren, das, wie sich herausstellte, nur zwölf Kilometer die Straße herunter lag, war es dunstig und trüb – genauso, wie es sich in meinem Kopf anfühlte –, und neben der Straße öffneten sich weite Ausblicke auf noch höhere, schneebedeckte Berge in der Ferne.

»Es ist atemberaubend«, sagte ich.

»Bellissimo«, stimmte Barbara zu. »Unglücklicherweise trifft das auf die Stadt nicht unbedingt zu. Im Krieg wurde sie zuerst von den Deutschen und dann von den Amerikanern bombardiert. Und als die Deutschen abzogen, sprengten sie alles, was noch übriggeblieben war, in die Luft. Daher haben wir nur noch eine Kirche, die alt ist. Alles andere wurde nach dem Krieg erbaut. Und da hat man nicht auf Schönheit, sondern nur auf Zweckmäßigkeit geachtet. Aber wir sind da: sehen Sie selbst.«

Barbara bog nach links in eine schmalere, engere Straße ab, die plötzlich auf beiden Seiten von kleineren Geschäften gesäumt war. »Wir sind nur ein kleiner Ort«, sagte Barbara, »aber für viele Meilen im Umkreis der einzige. Daher kommen die Leute aus dem Umland zum Einkaufen her. Außerdem sind gelegentlich Skitouristen« – sie sprach das Wort mühelos englisch aus – »aus Roccaraso hier, um etwas zu kaufen. Und an Wochenenden und in den Ferien kommen Tagesgäste aus Neapel, die saubere Straßen und frische Luft suchen. Es reicht also gerade zum Überleben für unsere kleinen Läden. Nur wenige von uns sind reich, aber niemand muß hungern.«

»Aber wo, als ich ein kleines Mädchen war, unsere Seele war, da ist jetzt nichts mehr. Die Landschaft, die Berge, das ist wunderschön. Aber das ist nur das, was um uns herum ist. Für viele von uns, fürchte ich, ist das Leben wie diese kleinen Läden hier: besser als gar nichts, aber kaum der Beachtung wert. In gewisser Weise haben wir uns nie vom Krieg erholt, auch wenn er schon über fünfzig Jahre zurückliegt. Zu viele von unseren Leuten sind geflohen, zu wenige sind zurückgekehrt. Und wer zurückkehrte, fand nur Trümmer. Und aus den Trümmern haben wir nicht mehr als das gebaut. In dieser Stadt sollten eigentlich fünfundzwanzigtausend Menschen leben, aber es sind nur fünftausend.«

»Aber vielleicht ändert das Wunder ja alles.«

»Ja, das sagt Gabriele – Signor Gravina – auch immer. Aber ich wüßte nicht wie. Wissen Sie, auch ein Wunder währt nicht ewig.«

Sie parkte dort, wo offensichtlich der Ortskern war. Er war so unscheinbar, wie sie gesagt hatte. (Mit der Zeit sollte ich feststellen, daß beinahe alles so war, wie Barbara sagte. Außerdem fand ich heraus, daß sie schwieg, wenn sie etwas nicht wußte – das allein machte sie schon einzigartig, und das nicht nur für Castel di Sangro.) Die Stadt war nicht häßlich – keine Beleidigung fürs Auge, wie so viele italienische Städte, durch die ich in den nächsten neun Monaten kommen sollte –, aber sie war unbestreitbar trist.

Doch das störte mich nicht. Ich war nicht hergekommen, um Postkarten zu kaufen. Was mir gefiel, war ihre Größe: klein und überschaubar. Man konnte ohne Auto zurechtkommen. Mit einem Paar guter Schuhe, einem warmen Mantel und einer Regenhaut für schlechtes Wetter war jeder Punkt innerhalb der Stadt zu Fuß erreichbar.

Tatsächlich waren die Bürgersteige voller Spaziergänger, die bis auf die Fahrbahn drängten. »Jetzt ist die Zeit der passeggiata«, sagte Barbara. »Überall in Italien machen die meisten Menschen am frühen Abend einen Spaziergang. Ohne Ziel und ohne besonderen Grund. Nur um ein wenig herumzuschlendern, sich umzuschauen und hier und da mit einem Freund zu plaudern. Vielleicht kaufen sie auch etwas ein, das ist dann aber spontan und nicht das eigentliche Ziel. Daß die passeggiata reiner Selbstzweck ist, macht ihren Charme aus.«

»Aber wann üben sie ihre altertümliche Handwerkskunst für den eigenen Bedarf aus?«

»Wie bitte?«

»Ach, nicht wichtig. Nur noch etwas, was ich aus den Reiseführern habe.«

»In keinem Buch steht die Wahrheit über die Abruzzen. Denn hier gibt es viele verschiedene Wahrheiten und außerdem – oh, sehen Sie, da ist Signor Rezza!«

Ich starrte einen Pulk Leute an.

»Der untersetzte Mann. Mit dem langen Mantel und der dicken Zigarre. Er ist der Besitzer des Castel di Sangro Calcio. Gabriele Gravina, der Präsident, ist mit seiner Nichte verheiratet. Und die beiden großen Männer neben ihm? Das sind seine Leibwächter.«

»Moment mal: der Besitzer der Fußballmannschaft braucht Leibwächter?«

»Er hat Leibwächter. Ich habe nicht gesagt, daß er sie braucht.«

»Aber warum hat er die? Und wer ist er?«

»Sie haben noch nicht von ihm gehört? Das werden Sie noch. Er ist la presenza occulta, die graue Eminenz hinter allem. Nicht nur hinter dem Wunder, sondern hinter allem in Castel di Sangro.«

»Aber was macht er eigentlich?«

»Signor Rezza? Es kommt nicht darauf an, was er macht. Es kommt darauf an, was er machen könnte. Und darauf, daß er viel Geld besitzt.«

»Und wie ist er zu so viel Geld gekommen?«

»Keine Ahnung«, sagte sie gelassen. »Es geht mich nichts an, wie ein Mann zu Geld kommt. Er ist Geschäftsmann. Vielleicht hat er ja hart gearbeitet.«

»Schön, aber dann sagen Sie mir wenigstens, warum er – wie sagten Sie? – eine graue Eminenz ist?«

»Signor Rezza wünscht aus zahlreichen Gründen keine Publicity. Er möchte den Eindruck erwecken, daß er mit La Società nichts zu tun hat. Denn das Wunder ist eine schlichte, rührende Geschichte für die Zeitungen und das Fernsehen, und vielleicht ist Signor Rezza nicht ganz so schlicht gestrickt.«

»Sie sagten Geschäftsmann. Was für Geschäfte?«

»Diverse. Ursprünglich war er Bauunternehmer. In Neapel. Einen Kommentar können Sie sich schenken.«

Sie lächelte erneut. Dann schlossen wir uns den Hunderten von Leuten zur passeggiata an.

Fünf Minuten später erspähte ich ein Schild an einem rechteckigen Betonklotz, der die benachbarten Gebäude noch in den Schatten stellte, zumindest was Häßlichkeit anbelangte. Auf dem Schild stand »albergo«. Selbst ich wußte, daß dies »Hotel« bedeutete.

»Barbara, sehen Sie mal dort. Am Ende der Häuserzeile. Ein Hotel. Ich dachte, es gäbe keine Hotels in Castel di Sangro.«

Barbara blieb stehen. Sie verschränkte die Arme vor der Brust. Sie schaute zu dem Gebäude hinüber. Sie seufzte.

Dann blickte sie mich an. »Signor Gravina«, sagte sie, »kennt es natürlich, aber er zog es vor, das *Best Western* zu buchen. Damit Sie mehr Komfort haben.«

»Nun, das weiß ich zu würdigen. Und ich werde ihm natürlich dafür danken. Aber ich kann einfach nicht zwölf Kilometer außerhalb der Stadt wohnen.«

»Wenn Sie darauf bestehen, gehen wir hinein, und Sie sehen es sich an. Aber ich muß Ihnen eines verraten: Unsere Behörden klassifizieren alle Hotels im Land. Fünf Sterne, vier Sterne und so weiter.«

»Ja, klar. Und wie viele hat dieses?«

»Gar keinen.«

Ein abweisender Betonwürfel, mit einer grauroten Farbe gestrichen, die man vielleicht »bröckliger Ziegel« nennen konnte: Das war das Hotel *Coradetti*, und für den Besitzer war Freundlichkeit ein Fremdwort. Er wirkte eher verärgert, als Barbara ihm erklärte, ich wünschte ein Zimmer für ein oder zwei Wochen, während derer ich nach einer dauerhafteren Unterkunft suchen wollte. Schließlich nickte er und brummelte ein paar Worte. Barbara lächelte mir zu, aber ich sah, daß es ihr schwerfiel. Das Zimmer sollte 40 Dollar pro Nacht kosten, und ich würde im voraus bar für zwei Wochen bezahlen müssen.

»Keine Kreditkarten?« fragte ich.

Sie verdrehte die Augen.

Also stimmte ich zu und begann das Geld abzuzählen, während Barbara dem Besitzer erklärte, daß ich am Montag einziehen würde. Ich fragte Barbara, ob es Telefon in meinem Zimmer gäbe. Sie sagte nein, ohne sich erst die Mühe zu machen, sich zu erkundigen. Aber sie hakte bezüglich eines Telefons nach, was den Besitzer veranlaßte, seinen dicken Schädel zu schütteln und noch etwas zu murmeln.

»Er sagt, das einzige Telefon gäbe es hier am Empfang, aber das dürften Sie nicht benutzen.«

»Ach, wie praktisch.«

»Jetzt sehen Sie«, sagte Barbara, »warum Signor Gravina nicht wollte, daß dies hier Ihr erster Eindruck von Castel di Sangro wird.«

»Ja, Barbara, aber die Lage am Ort. In meinem Geschäft ist es wie in der Gastronomie: die Lage am Ort ist das Entscheidende.«

Als es draußen dunkel wurde, ging die passeggiata zu Ende. Die schmalen Straßen leerten sich rasch, die Läden schlossen, die Lichter gingen aus, und nach nur fünf Minuten sah es aus, als wäre es drei Uhr nachts.

»Wo sind alle hin?«

»Nach Hause. Das Nachtleben hier ist nicht wie in Rom.«

»Und was machen wir?«

»Wir gehen ins *Marcella's*. Signor Gravina wird schon dort sein.«

»Oh. Ich hoffe, es wirkt nicht unhöflich, ihn warten zu lassen.«

»Er wartet nicht. Gabriele ist nicht der Typ, der wartet. Er wird in großer Gesellschaft sein. Schließlich ist er der Präsident der Società, der gerade ein Wunder gelungen ist, und heute ist die Nacht vor dem ersten Spiel der neuen Saison.«

Wir gingen eine Gasse entlang, die von etwas abzweigte, das wohl die Hauptstraße von Castel di Sangro sein mußte. Am Ende des Sträßleins bogen wir nach rechts ab. Dort lag ein kleiner Parkplatz, der so mit Autos vollgestopft war, daß es aussah, als käme keines je wieder dort heraus. Auf der einen Seite floß der Sangro, eher ein Rinnsal denn ein Fluß, träge dahin. Auf der anderen lag das *Marcella's*.

Früher am Abend hatte Barbara vom *Marcella's* als einer Pizzeria gesprochen, aber es wirkte wie ein richtiges Restaurant. Dort fand ich auch meine Frage beantwortet, wohin all die Leute verschwunden waren. Jeder, der nicht zu Hause war, schien hier zu sein, denn der einzige Speisesaal war lärmerfüllt, verraucht und so voller Menschen, daß ich bezweifelte, daß Barbara und ich uns einen Weg hindurch bahnen oder gar einen Platz finden konnten.

Aber sie schlängelte sich durch die Menge, als wäre sie hier zu Hause, was sie ja auch war, und ich folgte ihr und murmelte immerzu »Scusi«, wenn ich jemanden anrempelte oder ihm auf den Fuß trat, was praktisch bei jedem Schritt passierte. Erstaunlicherweise schafften wir es bis ans andere Ende, unmittelbar neben der Küche. Neben uns standen in einer Ecke Pizzaöfen, die auf Hochtouren liefen. Auf der anderen Seite war eine kleine Theke, hinter der ein junger Mann Bier in Krüge zapfte. Die Wand daneben stand voller Weinflaschen. Durch eine Schwingtür zur Küche trugen schwitzende und atemlose junge Männer und Frauen Tabletts und Teller mit Speisen herein. Es müssen etwa 500 Menschen in dem Raum, der für höchstens 100 ausgelegt war, gewesen sein, und alle schienen gleichzeitig zu rauchen, zu essen, zu trinken und so laut zu sprechen, wie sie nur konnten.

Eine Woge von Jetlag schlug über mir zusammen, und ich merkte, wie ich den Bezug zur Realität zu verlieren begann. Dann spürte ich, wie Barbara mich am Arm zog. Wir standen neben einem einzelnen, langen Tisch, der den hinteren Teil das Saals beherrschte. Von irgendwoher erschienen zwei leere Stühle. Barbara bedeutete mir, mich hinzusetzen.

Nachdem ich das getan hatte, erschien wie durch Zauberei eine Pizza vor mir. Unmittelbar darauf füllte jemand ein Glas mit Rotwein und stellte ein leeres Glas und eine Flasche Mineralwasser daneben.

»... nor Gravina vorstellen.« Das war Barbaras Stimme in meinem rechten Ohr. Ich wandte mich in ihre Richtung und sah mich einem gepflegten, eleganten Mann mittleren Alters gegenüber, der ein Wildledersakko und Jeans trug. Er rauchte, sprach in ein Handy, nippte an einem Weinglas, redete mit einer Frau an seiner Seite und biß ein Stück von seiner Pizza ab, alles gleichzeitig. Irgendwie schaffte er es auch noch, mir zuzulächeln und grüßend eine Hand zu heben.

Ich grinste und winkte zurück. Dann hörte ich in meinem linken Ohr eine warme weibliche Stimme und wandte mich dorthin, um eine kleine, blondhaarige Frau neben mir stehen zu sehen. Sie trug eine Schürze, strahlte mich an und ergriff meine Hände. Ihre Lippen bewegten sich so schnell, daß ich wohl erkennen konnte, daß sie mir einiges sagte, aber in all dem Lärm konnte ich kaum ihre Stimme hören, geschweige denn etwas verstehen.

»Marcella«, sagte Barbara. »Sie sagt, sie möchte Sie hier wie einen Sohn willkommen heißen.«

Ich schaute zu ihr auf. »Danke schön«, sagte ich laut. »Vielen Dank!« Sie nickte lächelnd. »Sagen Sie ihr ›vielen Dank‹«, forderte ich Barbara auf.

»Nein, sagen Sie es selbst. Irgendwann müssen Sie ja anfangen. Es ist ganz einfach: Grazie. Molto grazie.«

Ich versuchte es.

Die Frau namens Marcella strahlte. »Ah, prego!« erwiderte sie, beugte sich vor und umarmte mich. Dann sagte sie etwas zu Barbara, was Barbara zum Lachen brachte.

»Was hat sie gesagt?«

»Sie meint, jetzt, wo sie Sie richtig sieht, sind Sie natürlich zu alt, um ihr Sohn zu sein. Daher sollte sie Sie vielleicht wie ihren Vater willkommen heißen.«

»Augenblick mal! So alt bin ich nun auch wieder nicht. Und sie ist nicht so jung.«

Barbara übersetzte dies offensichtlich, denn einen Augenblick später warf Marcella den Kopf zurück und lachte schallend. Dann beugte sie sich vor, umarmte mich noch mal und sagte: »Mangia! Mangia!«

»Morgen können sie sich offizieller miteinander bekannt machen«, meinte Barbara. »Jetzt sollen Sie erst mal essen. Aber vorher, Sie verzeihen, ich glaube, Gabriele ist gerade frei.«

Also wandten wir uns wieder dem Kopf des Tisches zu. Signor Gravina war tatsächlich gerade frei oder zumindest so frei, wie er es an diesem Abend anscheinend sein konnte. Immer noch rauchend und in ein Handy sprechend, streckte er eine Hand aus, schüttelte meine und nickte mir zu. Er hielt die Hand über das untere Teil des Handys und sagte rasch etwas zu Barbara. Dann nickte er mir erneut zu, nahm einen Schluck Wein und stand immer noch in sein Handy redend auf, um einen Mann zu umarmen, der gerade an ihn herangetreten war, um ihn zu begrüßen.

Barbara erhob sich umgehend und erklärte: »Gut. Jetzt können wir gehen.«

»Sie meinen, das war's schon?«

»Das war was schon?«

»Das war meine Einführung bei Signor Gravina?«

»Nun ja, schon. Zumindest für heute abend, denn Sie sehen ja, wie beschäftigt er ist. Aber er hat mir gerade erzählt, daß er Sie morgen um zehn Uhr persönlich im *Best Western* abholen will. Ich werde auch da sein. Im Wagen wird genug Zeit für eine Unterhaltung sein.«

»Schön, schön. Aber einen Augenblick: im Wagen nach wohin? Und was meinen Sie mit ›jetzt gehen‹? Wir sind doch gerade erst gekommen. Und was ist mit dem ganzen Essen?«

»Das ist ja das Problem. Sie können es nicht essen.«

»Aber ich sterbe vor Hunger.«

»Ich werde es Ihnen erklären. Oh, gut, nehmen Sie ein oder zwei Stück Pizza mit, und essen Sie sie im Wagen. Aber jetzt sollten wir gehen, denn morgen ist ein sehr wichtiger Tag.« Barbara wandte sich flugs um und bahnte sich ihren Weg zurück durch den Saal.

Und so stand ich mit einem weiteren linkischen Winken zu Signor Gravina, der es nicht zu registrieren schien, und einem verlegenem Grinsen zu den Leuten, zwischen denen ich kurz gesessen, die ich aber nicht kennengelernt hatte, wieder auf und stolperte, unentwegt »scusi ... scusi ... scusi« hervorstoßend, wieder aus dem *Marcella's* hinaus.

Endlich draußen, sagte ich ein weiteres Mal scusi, diesmal zu Barbara, und fügte hinzu: »Ich glaube, ich bin nicht nur müde, sondern auch ziemlich verwirrt.«

»Natürlich«, sagte sie. »Das war eine unerwartete Entwicklung. Ich muß gestehen, ich bin selbst ausgesprochen überrascht. Und für Sie ist es eine sehr, sehr große Ehre.«

»Was bitte?«

»Ich erkläre es Ihnen im Auto«, meinte sie. Und schon waren wir auf dem Rückweg zum *Best Western.*

»Wegen seiner historischen Bedeutung«, erklärte Barbara, »möchte Signor Rezza – nicht bloß Signor Gravina – den morgigen Tag mit einem besonderen Essen im Kreis seiner Familie und engster Freunde in seinem Club in Pescara feiern, und Gabriele hat mir vorhin erzählt, daß Sie dazu eingeladen sind.«

»Das ist ja wunderbar. Wie großzügig von ihm.«

»Ja«, sagte Barbara, »das ist ein großes Kompliment. Von fünftausend Menschen in Castel di Sangro haben vermutlich viertausendneunhundertundneunzig noch nie gemeinsam mit Signor Rezza getafelt.«

»Ich fühle mich wirklich geehrt.«

»Wichtiger, als sich geehrt zu fühlen«, entgegnete Barbara, »ist es, hungrig zu sein. Signor Rezza wird sehr ärgerlich – sehr, sehr ärgerlich –, wenn jemand an seiner Tafel den Teller nicht ganz leer ißt.«

Ich lachte.

»Das ist kein Scherz«, sagte Barbara. »Sie riskieren es, Signor Rezza ernsthaft zu beleidigen, wenn Sie nicht alles aufessen, was serviert wird. Und so etwas ausgerechnet beim morgigen Mittagessen zu tun, tja, das darf einfach nicht passieren.«

»Das meinen Sie ernst.«

»Aber todernst.«

Wir waren am *Best Western* angelangt, und Barbara fuhr auf den Parkplatz.

»Als ich klein war«, erzählte ich ihr, »versteckte ich immer Erbsen und grüne Bohnen unter dem Teppich im Eßzimmer.«

Barbara lächelte, schüttelte aber energisch den Kopf. »Versuchen Sie solche Scherze nicht morgen. Signor Rezza sieht alles. Und wenn nicht er, dann einer seiner Leibwächter. Gute Nacht.«

KAPITEL 4

In den ersten Monaten nach dem Zweiten Weltkrieg wurde ein junger Priester namens Don Arbete damit betraut, in Castel di Sangro eine neue Gemeinde aufzubauen, denn langsam kehrten die Menschen, die vor den Schrecken des Krieges geflohen waren, demoralisiert zurück in die Ruinen, die einmal ihr Städtchen gewesen waren.

Der Priester begann mit dem einzigen, was ihm einfiel: mit Kindern, die heiß darauf waren, Fußball zu spielen, und einem »Ball« aus alten Socken, die mit einer Kordel zusammengehalten wurden. Im Herbst war er bereits so stolz auf seine Schützlinge, daß er ein benachbartes, doch weniger verwüstetes Dorf zu einem Spiel herausforderte. Die Herausforderung wurde angenommen, und an einem frühen Oktobermorgen des Jahres 1945 – die Straßen waren durch Bombenschäden noch unpassierbar, aber ein Stückchen Gleis einer Eisenbahnlinie war intakt geblieben – lud er seine barfüßigen ragazzi und ihren Fußball aus Socken und Kordel auf ein Draisine und pumpte eigenhändig die zehn Kilometer zu dem graslosen und steinübersäten campo. Dort wartete ein Gegner von kaum zu überbietender Arroganz: denn er besaß nicht nur Schuhe, sondern auch einen Fußball aus Vorkriegstagen, dem allerdings etwas die Luft ausgegangen war.

Ungeachtet dieser Nachteile trugen die Jungs aus Castel di Sangro den Sieg davon – die Betonung liegt auf »davon«, denn sie rannten barfuß um ihr Leben der rettenden Draisine zu. Don Arbetes schwarze Soutane flatterte um seine Beine, als er neben ihnen hersprintete. Einer herkulischen gemeinsamen Kraftanstrengung an der Draisine (und einem leichten Gefälle beim Start) verdankten sie es, ihren wütenden Verfolgern zu entgehen und mit der unglaublichen Nachricht von ihrem Triumph in ihr verwüstetes Dorf zurückzukehren. Und hätte nicht der Priester die Geschichte bezeugt, so hätten viele ihr niemals Glauben geschenkt.

Im Laufe der Jahre wurde der Sockenball durch einen regulären Fußball aus Leder ersetzt, aber die Heldentat jener ersten »Mannschaft« von Castel di Sangro nach dem Krieg bestimmte fortan das Verhältnis der Einwohner zum Fußball. Die Einwohnerzahl war niedrig, aber die Meßlatte lag hoch.

Ein offizieller Verein wurde 1953 gegründet, und in den folgenden Jahrzehnten sollte sich Castel di Sangro den Ruf eines ruppigen und äußerst unangenehmen Gegners erwerben (zumindest in den südlichen Abruzzen). Der Klub spielte recht erfolgreich auf der lokalen Amateur- und Halbprofi-Ebene.

Diese Spielklassen sind – wie man zur Würdigung des späteren Wunders verstehen muß – klar voneinander abgegrenzt. Aufgrund seiner einzigartigen, zentralen Bedeutung für die sozialen Beziehungen hat sich im italienischen Fußball eine ähnlich komplexe, ausgedehnte und strenge Struktur und Hierarchie entwickelt wie etwa im Vatikan oder bei der Mafia. Es gibt zahllose Ligen, und jede Liga ist unterteilt und noch mal unterteilt. Am besten stellt man sich das Ganze als eine Pyramide vor, auch wenn besonders an deren Fuß das Ebenmaß etwas verlorengeht und die typische Unordnung einreißt, die auch für andere Bereiche der italienischen Kultur so charakteristisch ist.

An der Spitze der Pyramide stehen die 18 Mannschaften, die jedes Jahr in der Seria A spielen. Bei der zweiten Liga, der Seria B, handelt es sich mit 20 Mannschaften noch um eine nationale Liga, während die Seria C1 mit 36 Teams in eine nördliche und eine südliche Gruppe unterteilt ist. Unterhalb der C1 liegen die niederen Gefilde der C2, deren 54 Teams sich auf drei regionale Spielklassen verteilen. Italienischer Profifußball besteht also aus 128 Mannschaften. Wer auch noch aus der C2 absteigt, landet in der »Campionato Nazionale Dilettanti«, der nationalen Amateurliga, die in neun gironi oder »Kreise«

mit jeweils 18 Mannschaften unterteilt ist (wie in Dantes »Kreise der Hölle«). Trotz ihres Namens erhalten auch hier die Spieler ein gewisses Salär; also kommen zu den 128 professionellen noch 112 semi-professionelle Vereine.

Doch selbst aus diesen Niederungen kann man noch absteigen: Die letzten vier Teams aus jeder Dilettanti-Gruppe müssen in die fast unvorstellbar niedrige »Campionati di Eccellenza Regionale«, ein Name, der schon an Euphemismus grenzt. Und noch tiefer geht es hinunter: durch die »Campionato Promozione« und schließlich ins Land der Namenlosen, wo die hierarchischen Stufen nur noch »Prima Categoria«, »Seconda Categoria« und ganz, ganz unten »Terza Categoria« heißen. Jenseits davon gibt es keine Vereine mehr, nur noch unorganisierte Fabrikarbeiter, die Sonntag morgens lieber bolzen anstatt zur Kirche gehen.

Castel di Sangro hatte ganz unten angefangen: »Terza Categoria«. Das war ein passendes Niveau für den Verein eines Abruzzenstädtchens mit fünftausend Einwohnern, das sich immer noch im Wiederaufbau befand.

Unter den Neuhinzugezogenen war ein kräftiger junger Mann aus dem Süden namens Pietro Rezza, der eines Tages auf einem Esel in den Ort geritten war und sofort begonnen hatte, dringend benötigte Wohnungen zu bauen. Außerdem heiratete Rezza bald die Tochter einer der wohlhabendsten Familien, die nach dem Krieg nach Castel di Sangro zurückgekehrt waren.

Durch seine Ehe mit finanzieller Rückendeckung versehen, begann Rezza seine Bautätigkeit gen Süden und schließlich bis nach Neapel hin auszudehnen, wo Neulinge, die auf das große Geld hofften, von der Camorra, den neapolitanischen Verwandten der sizilianischen Mafia, nicht gerade herzlich aufgenommen wurden. Die Bezeichnung »Baugewerbe« beschreibt hier eine Vielzahl von Aktivitäten, bei denen Unstimmigkeiten zwischen den Beteiligten häufig dazu führen, daß

Leute schneller unter die Erde (oder auf den Grund des Hafenbeckens) kommen, als sie neue Häuser darauf erbauen können.

Rezza allerdings – und wer hier nach Details fragt, wird schnell belehrt, dies besser zu unterlassen – hielt sich nicht nur über Wasser, sondern wurde so wohlhabend, daß er sich oberhalb von Castel di Sangro ein Anwesen à la Jurassic Park errichten konnte. Darüber hinaus erwarb er ebenso feudale Ferienwohnsitze an der Küste in Pescara und in Lugano in der Schweiz, wo sich viele führende Köpfe des organisierten Verbrechens Refugien kauften oder bauten.

In der Zwischenzeit hatte die Elf von Signor Rezzas Wahlheimat Castel di Sangro den Aufstieg aus der Terza in die Seconda Categoria geschafft, was zu diesem Zeitpunkt das wahrscheinlich größte Ereignis in der dürftigen Nachkriegsgeschichte des Städtchens gewesen war. Unglücklicherweise waren Verein und Stadt pleite. In der Seconda Categoria zu spielen, würde nicht viel Geld kosten – eine kleine Verwaltungsgebühr an den Verband, ein paar Tausend Lire Sieg-Prämie für jeden Spieler, ein bißchen was für neue Ausrüstung und etwas Bares, um den Spielern, die mit dem eigenen Wagen zu Auswärtsspielen fuhren, die Fahrtkosten zu ersetzen.

Doch der Unterschied zwischen »nicht viel Geld« und »alles Geld der Welt« existiert praktisch nicht, wenn man überhaupt keins hat. So sah es im Sommer 1982 also einige Wochen ganz so aus, als müßte Castel di Sangro den Aufstieg tatsächlich ablehnen, weil man ihn sich nicht leisten konnte. Die Hälfte der Spieler besaß nicht mal ein komplettes Paar Stutzen. Doch mit ihren begrenzten Mitteln hatten sie etwas erreicht: das Anrecht, eine Stufe auf der riesigen, wenngleich etwas windschiefen Fußballpyramide emporzuklettern, die sich aus Hunderten regionaler Ligen von den Alpen bis praktisch zur Küste Nordafrikas zusammensetzt.

Signor Rezza, der bis dato kein besonderes Interesse am Fußball hatte erkennen lassen, löste das Problem im Nu, indem er den Klub kurzerhand kaufte. Zu diesem Zeitpunkt war er 62 Jahre alt, kinderlos und lebte von seiner Frau getrennt, die in Castel di Sangro in einem eigenen Appartement wohnte. Einige Mitbürger meinten, diese Tat beweise Gemeinsinn. Andere wiesen darauf hin, daß in Italien die laxen Finanzpraktiken bei den Lizenzen in unteren Spielklassen einem solchen Mann die günstige Gelegenheit böten, zumindest kleinere Summen am Finanzamt vorbeizuschleusen.

Nach seiner Heirat begann Gravina sowohl im Baugewerbe als auch in den damit verbundenen Geschäftszweigen eng mit Signor Rezza zusammenzuarbeiten. Die Mannschaft von Castel di Sangro fiel unter »damit verbundene Geschäftszweige«. Rezza machte Gravina zum Chef des Vereins, den er damit umgehend aus seinen Gedanken strich.

Die erste Saison in der Seconda Categoria beendete Castel di Sangro als Tabellenzweiter. Im folgenden Jahr wurden sie Erster und stiegen in die Prima Categoria auf. Selbst in dieser niedrigen Spielklasse war es unmöglich, nur aus den Männern, die in Castel di Sangro geboren und aufgewachsen waren, ein konkurrenzfähiges Team auf die Beine zu stellen. Daher lockte der sparsame Gravina, der immer noch keine Gehälter zahlte, ein paar besser qualifizierte Spieler in die Mannschaft, indem er ihnen Jobs und Saisonunterkünfte besorgte.

Derart verstärkt, erreichte Castel di Sangro bald Promozione-Niveau, eine Spielklasse, in der die meisten Mannschaften aus Städten mit wenigstens 20.000 Einwohnern kommen und einige aus noch weit größeren.

Und so ging es in den achtziger Jahren weiter; Castel di Sangro kletterte beständig höher. Immer mehr Spieler von immer entfernteren Vereinen kamen hinzu, bis Castel di Sangro schließlich zum (wenn auch milden) Erstaunen der Nation 1989 in die Seria C2 und echte Professionalität vorstieß.

C2 war allerdings mehr als nur ein weiterer Schritt nach oben. Es war ein Quantensprung in gänzlich neue und unsichere Höhen. Durch die C2 konnte man nicht glatt durchmarschieren, wie man es auf dem Amateur- und Semiprofessionellen-Niveau getan hatte. Die ersten beiden Jahre waren ein steter Kampf gegen den Abstieg. Von 1991 an allerdings brachte Gravinas scharfes Auge für nützliche Talente zum Schnäppchenpreis aufeinanderfolgende Plazierungen als Fünfter und Vierter ein. Doch dann ging, wie so oft in der nervenaufreibenden Welt des Fußballs, gegen Ende der Saison der Trainer, und sein Nachfolger war gar nicht nach Gravinas Geschmack.

Während zwei Dritteln der Saison 93/94 war Castel di Sangro tatsächlich Schlußlicht der Liga, und seine Profi-Ära schien einem schnellen und schmählichen Ende entgegenzusteuern. Unmittelbar nach Weihnachten feuerte Gravina den Mann, der ihm so mißfiel, und übergab die schlaffen Zügel einem stellungslosen Trainer namens Osvaldo Jaconi, einem Mann aus dem Norden Italiens, dem seine Biographie wie ein Klotz an den kräftigen Ex-Spielerwaden hing.

Jaconi lebte ungefähr drei Fahrstunden entfernt an der Adriaküste in der C2-Stadt Civitanova. Beruflich kannte er nichts anderes als Fußball. Nach fünfzehn Jahren als Spieler, vornehmlich in den unteren Spielklassen und in erster Linie für ihn unvergeßlich, hatte er mit 34 die Stiefel an den Nagel gehängt und eine Trainerkarriere in Angriff genommen.

In dieser Mission war er die nächsten zehn Jahre von den Seen hoch im Norden bis ins siedend heiße Städtchen Lentini, tief im Innersten Siziliens, durchs Land gezogen. Er wurde in allen Spielklassen von der C1 bis hin zu den halbprofessionellen geheuert und wieder gefeuert, überall war ihm nur sporadischer Erfolg beschieden.

Jaconi war verheiratet und Vater zweier Töchter im Teenageralter. Außerdem war er zielstrebig, egoistisch, autoritär, stur, stämmig, mit einer Stimme gesegnet, die sich am besten mit einem Nebelhorn vergleichen ließe, und er besaß einen unersättlichen Arbeitshunger.

Er konnte fröhlich sein, sogar ausgelassen, und im Freundeskreis zeigte er echte Herzenswärme. In seinem Job allerdings war er nicht eben ein Mann, der etwas auf die Meinung anderer gab. Jahre später sollte er stolz verkünden, daß er nur ein einziges englisches Worte kenne: »bulldozer«. Dabei zeigte er dann auf seinen mächtigen Brustkorb und erklärte: »Ich Bulldozer«. Dies war für eine Selbsteinschätzung bemerkenswert genau und brachte nahezu alle professionellen Stärken und Schwächen Jaconis auf den Punkt.

Als Gravina ihn anstellte, stand Jaconi kurz vor seinem 46. Geburtstag, und er war zum erstenmal, seit er mit 19 Jahren Profikicker geworden war, sechs Monate arbeitslos gewesen. Viele Trainer hätten sich Castel di Sangro kurz angeschaut und abgelehnt, und viele andere hätten abgelehnt, ohne sich den Verein erst anzusehen. Aber Jaconi war verzweifelt und sagte zu.

Er hatte sofort Erfolg. Seine entschlossenen Methoden (andere würden sie rüpelhaft nennen) brachten die Mannschaft aus dem Keller der Liga schlußendlich auf den siebten Platz. Im folgenden Jahr verblüffte er alle, indem er Castel di Sangro aus der sechs Jahre währenden Sackgasse der C2 heraus und in die C1 führte.

Es mag schwierig sein, den Unterschied zwischen der C2, Gruppe Mitte, und der C1, Gruppe Süd, zu erfassen, doch er ist immens. Die C2 ist zwar eine Profi-Liga, aber nur gerade so mit Ach und Krach. Die Mehrzahl der Vereine stammt aus Städten und Städtchen, die so unbekannt sind, daß selbst Italiener sie nur mit Mühe auf der Landkarte finden. Ternana, Fermana, Giorgione, Sandona, Forli, Tolentino, Imola: Das ist das rückständige, eintönige, provinzielle Italien. Tourismus ist dort nicht unbedingt die Haupteinnahmequelle.

Nichtsdestotrotz war es erstaunlich, daß ein 5000-Seelen-Nest wie Castel di Sangro in den tiefsten Abruzzen es geschafft hatte, dieses Niveau zu erreichen und sich dort sieben Jahre zu halten. Aber daß sie nun noch weiter aufsteigen sollten, in die C1, war wie die unendlichen Weiten zwischen den Galaxien: jenseits aller Vorstellungskraft.

In der Saison 95/96 würde Castel di Sangro in der Seria C1, Gruppe B, Gegnern wie Ascoli gegenüberstehen, die 18 Jahre in der Seria A gespielt hatten, zuletzt erst 1990. Oder Lecce, der weit entfernten Metropole im Süden mit einer Einwohnerzahl von 100.000; eine Mannschaft, die erst zwei Jahre zuvor in der Seria A gekickt hatte.

Allein schon die geographischen Dimensionen waren entmutigend. Von Lecce im Absatz des italienischen Stiefels reicht die südliche Gruppe der C1 bis nach Siena in der Toskana. Von Castel di Sangro aus war keiner der zukünftigen Gegner leicht zu erreichen. Man würde einen Mannschaftsbus anmieten und das Geld für das Benzin aufbringen müssen. Man würde Verpflegung und Hotelzimmer für die Spieler bezahlen müssen. Signor Rezza, so hieß es, wäre gar nicht begeistert. Er hatte nie vorgehabt, mit seiner Mannschaft Miese zu machen, aber mit einem Stadion für nur 4.000 Zuschauer (und das waren schon 80 % der Einwohner) würde es nicht leicht werden, Profit aus dem Erfolg zu schlagen.

Nicht, daß mit einem Erfolg in der C1 gerechnet wurde. Gravina, der jeden Pfennig so oft umdrehte, daß Daumen und Zeigefinger schon ganz wund waren, weigerte sich, die Mannschaft in irgendeiner Weise zu verstärken. Die Leute aus dem Ort hatten allerdings ein fast kindliches Vertrauen in Jaconis anscheinend magische Fähigkeiten gefaßt. Vielleicht schaffte er es durch irgendwelche Zaubertricks, vielleicht durch reine Willenskraft (die Spieler fürchteten seinen Zorn so sehr, daß sie es gar nicht wagten, zu verlieren), oder vielleicht war er einfach ein Geschenk des Himmels. Jedenfalls erzielte er gute Resultate, und das ausschließlich mit Spielern, die keine besondere Begabung besaßen.

Bei dem Abenteuer C1 mußte Jaconi mit dem zurechtkommen, was ihm zur Verfügung stand. Ganz im echten Abruzzen-Stil. Einige wenige in der Stadt glaubten, daß er es schaffen könnte, den sofortigen Wiederabstieg zu vermeiden, aber niemand sah voraus, was tatsächlich geschehen sollte: Castel di Sangro beendete die Saison als Tabellenzweiter. Es macht keinen Sinn, danach zu fragen, wie dies zustande kam, denn das war der Anfang des Wunders, und das Wunderbare entzieht sich per definitionem jedem Erklärungsversuch.

Lecce, der Erstplazierte, würde automatisch in die Serie B aufsteigen, aber ein neues Reglement sah vor, daß die vier Nächstplazierten im Playoff-Verfahren einen zweiten Aufsteiger ermitteln sollten.

In der ersten Runde der Playoffs traf Castel di Sangro auf den Tabellenfünften Gualdo, einen Verein aus der Stadt Macerate nördlich der Abruzzen.

Beim Hinspiel in Gualdo am Sonntag, dem 16. Juni 1996, kassierte Castel di Sangro sechs Minuten vor dem Abpfiff ein Tor und verlor 0:1. Ein Woche später, in Castel di Sangro, traf Jaconi beim Stande von 0:0, was das Aus für Castel di Sangro bedeutete hätte, in der 90. Minute eine bizarre Auswechsel-Entscheidung. Er schickte einen Verteidiger auf den Platz, der in der ganzen Saison nur siebenmal gespielt und noch nie ein Tor geschossen hatte. Sieben Sekunden nach seiner Einwechslung traf der Verteidiger zum 1:0 ins Netz.

Als man Jaconi später fragte, wieso er ausgerechnet diesen Ersatzspieler ausgerechnet in dieser Situation eingewechselt habe, zuckte er nur mit den Schultern, schlug die Augen gen Himmel, hielt seine offenen Handflächen hin und meinte: »Wer weiß?« Der Gesamtstand aus beiden Partien lautete nun 1:1, aber da Castel di Sangro den besseren Tabellenplatz hatte, kam man ins Finale.

Das sollte am 22. Juni auf neutralem Boden in Foggia stattfinden, einer Stadt etwa 150 Meilen südöstlich von Castel di Sangro. Der Gegner kam aus Ascoli, einer Provinzhauptstadt in der Region Marche nördlich der Abruzzen, einer Stadt mit zehnmal so vielen Einwohnern wie Castel di Sangro und einer Mannschaft, die Castel di Sangro in beiden Saisonspielen geschlagen hatte.

Zu diesem Zeitpunkt befand sich ganz Castel di Sangro in einem Zustand der Erregung, wie es ihn seit dem Beginn des Zweiten Weltkrieges nicht mehr gegeben hatte, oder für einige Ältere nicht mehr seit dem großen Erdbeben von 1915, das etwa die Hälfte der Bevölkerung getötet hatte. Doch zum ersten Mal war diese Aufregung nicht von Furcht, sondern von Hoffnung geprägt.

Gravina kündigte an, daß er jedem Anhänger, der mit nach Foggia fahren wollte, um die Mannschaft anzufeuern, einen Platz in einem gecharterten Bus spendieren würde. Er hatte dabei an einen oder zwei Busse gedacht. Doch sobald sie begriffen hatten, daß er es ernst meinte, stellten sich die braven Leute aus Castel di Sangro vor dem Büro der Società an, um sich einen Platz im Bus zu sichern. Die Schlange wurde schnell länger: Erst waren es Hunderte, dann Tausende.

Entsetzt starrte der Clubpräsident aus seinem Fenster und entdeckte mittlerweile fast die gesamte Stadtbevölkerung, singend, jubelnd, lachend, aber eben auch um einen Sitzplatz im Bus bittend, ja, ihn einfordernd. Am Schluß mußte Gravina mehr als 30 Busse bezahlen, verbrauchte dafür praktisch den gesamten Gewinn, den der Verein während der Saison erwirtschaftet hatte, und brachte Signor Rezza damit an den Rand der Verzweiflung.

Zu dem Spiel gibt es nicht viel zu sagen. Die Bedingungen auf dem Platz ähnelten denen in einem Treibhaus. Die Hitze und die Luftfeuchtigkeit eines schwülen süditalienischen Sommertages raubten den Spielern beider Teams jede Kraft – Spielern, die im bangen Bewußtsein, daß der kleinste Fehler das Aus für die Träume Tausender bedeuten könnte, praktisch paralysiert waren.

Nach 90 Minuten stand es noch 0:0, und auch in der Verlängerung wollte kein Tor fallen. Jaconi hatte während der gesamten Spielzeit seine dritte Auswechslung zurückgehalten. Das verwirrte die Anhänger von Castel di Sangro, denn es war klar, daß von ihren Spielern nur der Torhüter, der als einziger keine Laufarbeit unter strapaziösen Bedingungen hatte leisten und sich nicht bei jedem Schritt heftigen Attacken des Gegners hatte erwehren müssen, noch einigermaßen Kondition hatte.

Dennoch wartete Jaconi ab. Dann, in der 119. Minute, erfolgte der Schachzug dieses Zauberkünstlers. Und was für ein unbegreiflicher Schachzug! Denn der Spieler, den er an die Seitenlinie winkte, war keiner seiner ausgepowerten und halbverdursteten Verteidiger, Mittelfeldspieler oder Stürmer, sondern Roberto de Juliis, der hochtalentierte und zumindest an diesem Tag absolut fehlerfreie 24jährige Torhüter.

An seiner Stelle trottete der 34 Jahre alte Reservetorhüter Pietro Spinosa aufs Feld, der während der ganzen Saison nicht einmal gespielt hatte. Obschon Spinosa zehn Jahre als Profi hinter sich hatte, war er nie über das Niveau der C2 hinausgekommen, und selbst in dieser Liga lag sein letzter Einsatz zwei Jahre zurück.

Und doch war er nun plötzlich Castel di Sangros Schlußmann für das alles entscheidende Elfmeterschießen. Der junge De Juliis ging taub für den stürmischen Applaus, mit dem er verabschiedet wurde, tränenüberströmt vom Platz.

Was hatte sich Jaconi bloß dabei gedacht? Erfahrung vor Jugend? Daß sich Ascoli durch die Überraschung irritieren ließ? War es ein Zittern beim jungen De Juliis gewesen, das nur der mit übersinnlicher Wahrnehmungsgabe ausgestattete Jaconi hatte wahrnehmen können? Oder war es vielmehr, wie die Dorfbewohner später glauben sollten, ein Moment göttlicher Erleuchtung? Chissà! Wer weiß?

Einer nach dem anderen traten die Spieler an. Nach dem fünften Durchgang stand es unentschieden, vier Spieler von jeder Mannschaft hatten verwandelt, und beide Torhüter hatten je einmal gehalten.

Nun kam die entscheidende Phase des Sudden Death. Castel di Sangro schoß und traf. Ascoli schoß und traf. Immer noch Gleichstand. Castel di Sangro schoß und traf. Dann trat ein Spieler namens Milana für Ascoli an und schoß einen wunderbaren Elfer: ein präziser, harter Schuß, der unmittelbar neben dem rechten Pfosten einschlagen würde. Das Elfmeterschießen würde weitergehen.

Aber mitnichten!

Denn der begnadete Spinosa, mit der geballten Erfahrung aus seinen vielen Jahren als Keeper, demonstrierte die katzengleiche Gewandtheit eines zehn Jahre jüngeren Mannes, flog genau in dem Moment, in dem der Ball getreten wurde, mit maximal gestrecktem Körper nach links und schaffte es, den Ball, der aus kurzer Distanz mit fast 100 km/h auf ihn zuschoß, mit den Fingerspitzen ins Toraus zu lenken.

Dies war der Moment, an dem alle Dämme brachen. Dies war der Augenblick, der als »Wunder von Castel di Sangro« in die Geschichte einging.

Das winzige, unbekannte und abgelegene Castel di Sangro würde in die Seria B aufsteigen! Ein Wunder? Assolutamente! Tatsächlich war der italienischen Presse diese Bezeichnung noch zu bescheiden: »Di miracolo in miracolo!« – das Wunder aller Wunder! – verkündeten die Zeitungen.

Castel di Sangro aus den oft verspotteten Abruzzen, aus dem Lande Liliput, würde in der Seria B spielen und in der nächsten Saison gegen Mannschaften aus Großstädten wie Turin, Genua, Padua, Palermo, Verona, Bari und Venedig antreten.

Das war jenseits aller Vorstellungskraft, mehr als man sich in den wüstesten Fieberphantasien hätte ausmalen können. Und in der Minute, in der ich davon las – im Juni 1996 im *Guerin Sportivo*, einem italienischen Fußballmagazin, das ich abonniert hatte –, wußte ich, daß ich nach Castel di Sangro fahren und über das Wunder und was immer darauf folgen mochte, schreiben mußte.

»So wie manche Menschen über Fußball reden«, hat ein Manager des FC Liverpool mal gesagt, »könnte man meinen, dabei ginge es um Leben und Tod. Sie haben keine Ahnung. Es geht um weitaus mehr.«

Das zumindest hatte ich verstanden.

KAPITEL 5

Der Sonntagmorgen war kühl, doch es herrschte strahlender Sonnenschein. Es war einer dieser Tage, an denen man hingehen und sich ein neues Paar Skier kaufen möchte. Doch ich widerstand der Versuchung. Ich schlug mir auch jeden Gedanken an Frühstück aus dem Kopf. Ich wagte nicht einmal, Wasser zu trinken.

Und wieder einmal war ich verwirrt. Ich hatte auf einer Landkarte nachgesehen und entdeckt, daß Pescara, wo wir laut Barbara mit Signor Rezza zum Mittagessen verabredet waren, mehr als 100 Kilometer von Castel di Sangro entfernt war. Tatsächlich lag es an der Adriaküste. Das schien ein schrecklich weiter Weg für ein Mittagessen zu sein, besonders, da wir vermutlich direkt nach dem Essen zurück ins Gebirge rasen würden müssen, um rechtzeitig zum Spielbeginn um 16 Uhr wieder in Castel di Sangro zu sein.

Es war 10.00 Uhr, als Signor Gravina am *Best Western* eintraf. Seine Reifen schleuderten einen Hagel von Schotter hoch, als er mit gut 100 Sachen in die Auffahrt des Hotels einbog. Er fuhr einen dunkelblauen Lancia, trug eine Sonnenbrille in noch dunklerer Tönung, rauchte eine Zigarette und sprach in ein Handy. Auch jetzt trug er ein Wildledersakko und Jeans. Nun, wo ich den Präsidenten des Vereins zum ersten Mal bei Tageslicht sah, war ich noch beeindruckter von seiner sportlichen Erscheinung: ein Typ wie Kirk Douglas etwa. Seine Gattin, die Nichte von Signor Rezza, saß neben ihm. Sie war eine kleine und ziemlich dralle Frau mit einem ausgesprochen reizenden Lächeln. Barbara saß auf dem Rücksitz.

Die Gravinas, so erklärte sie mir, hätten zwei Söhne im Teenageralter, die aber zum Essen nicht mitkommen könnten, weil im Wagen nicht genügend Platz sei. Gabriele hatte darauf bestanden, mich statt seiner Söhne nach Pescara mitzunehmen, um so zu unterstreichen, wie herzlich er mich in Castel di Sangro willkommen heiße. Und mich mitzunehmen hieß natürlich auch, Barbara mitzunehmen, denn weder Gabriele noch seine Frau sprachen ein Wort Englisch.

Nachdem sie mir das erklärt hatte, stupste mich Barbara an und wies zum Fahrersitz: Ich sollte meine Dankbarkeit gegenüber Signor Gravina zum Ausdruck bringen.

Ich beugte mich vor. »Grazie mille, signor. Lei è molto gentile.« Seit sechs Uhr morgens war ich auf und hatte diesen Spruch immer wieder laut geübt. Ich hoffte, daß das zusammen mit »Mangio! Mangio!« genug wäre, um mich über den Tag zu bringen.

»Niente«, sagte Signor Gravina mit einer wegwerfenden Bewegung der Hand, die nicht das Handy hielt. Er hatte mich nicht angesehen, seit ich eingestiegen war, aber nun drehte sich seine Frau um und lächelte mich an. Ich lächelte zurück. Das Handy piepte. Gravina begann mit leiser Stimme zu sprechen, und seine Lippen berührten die Sprechmuschel, als wolle er nicht, daß man mithörte. Von meiner Seite hatte er in dieser Hinsicht nichts zu befürchten.

»Da die Fahrt nach Pescara doch recht lang ist«, sagte Barbara – ein neuer formeller Ton hatte sich in der Gegenwart des Präsidenten in ihre Syntax geschlichen, obwohl er kein Wort von dem verstehen konnte, was sie sagte –, »hat Signor Gravina darum gebeten, daß ich Sie begleite, um eine Unterhaltung zu ermöglichen.«

»Gut, aber ich kann nicht mit ihm reden, solange er telefoniert.«

»Das stimmt, aber Sie könnten sich gegenüber Signora Gravina über die Reize der Landschaft und das herrliche Wetter äußern. Sie könnten ihr außerdem – wie gestern bereits mir – Ihren Zeitplan erklären: Daß Sie in drei Wochen zurück in die Staaten müssen, aber so schnell wie möglich zurückkommen werden und bis Weihnachten bleiben und anschließend die Mannschaft bis zum Saisonende im nächsten Juni begleiten werden.«

»Scusi.« Ich beugte mich vor und tippte Signora Gravina auf die Schulter. Sie drehte sich erschrocken über die Berührung wieder zu mir um.

»Das hier ist herrlich!« sagte ich und machte eine Handbewegung, die alles umschließen sollte. »Und das Wetter erst. Kann gar nicht besser sein!« Ich grinste. »In drei Wochen muß ich nach Hause, dies und das erledigen, aber dann komme ich wieder und bleibe bis Weihnachten.« Ich strahlte sie an.

Barbara sagte ein paar Worte auf italienisch, vermutlich die Übersetzung meiner zwanglosen Bemerkungen. Darauf ein rasendes Stakkato in italienisch über Gravinas rechte Schulter, das anscheinend an die Rückbank adressiert war.

Barbara hörte aufmerksam zu. »Mister Gravina wüßte gerne, ob Ihre Unterbringung letzte Nacht zufriedenstellend war«, erklärte sie.

»Oh, ja. Absolut. Aber Sie informieren ihn besser, daß ich morgen in diese Bruchbude von *Coradetti* umziehen werde.«

Barbara tat wie geheißen und löste damit einen heftiges Hin und Her kurzer Dialogsalven aus. Anschließend sagte sie: »Signor Gravina bedauert Ihren Entschluß, denn seiner Meinung nach ist das *Coradetti* eines Mannes Ihres Standes nicht angemessen. Deswegen hat er Ihnen ja ein Zimmer im *Best Western* gebucht.«

»Schon, Barbara, aber bitte erklären Sie es ihm. Daß ich nah am Zentrum des Geschehens sein muß. Vor allem nah am Stadion. Ich habe auf der Karte nachgesehen und festgestellt, daß das *Coradetti* nur drei oder vier Straßen vom Stadion entfernt ist.«

Barbara schüttelte den Kopf. »Heute, an diesem ganz besonderen Morgen, wäre es gar nicht angebracht, das Stadion zu erwähnen.«

»Wie bitte? Warum das denn nicht?«

»Das ist etwas, was Sie, glaube ich, einen wunden Punkt nennen würden.«

»Wir werden heute um 16.00 Uhr in diesem Stadion sitzen, Barbara. Vorausgesetzt, wir sind rechtzeitig vom Mittagessen zurück.«

»Ich hätte eigentlich gedacht«, entgegnete sie, »daß jemand, der eigens aus Amerika kommt, um ein Buch über unser Wunder zu schreiben, vorher etwas Recherche betrieben hätte.«

»Ich hatte es eilig, herzukommen. Aber was soll das überhaupt heißen?«

»Dies ist nicht der rechte Zeitpunkt für dieses Thema. Nicht hier im Wagen von Signor Gravina, der uns liebenswürdigerweise zu dem Essen fährt, das Signor Rezza gibt.«

Als er den eigenen Namen und den von Rezza in einem Satz hörte, drehte Gravina sich fast ganz zum Rücksitz um.

»Grazie mille, signor. Lei è molto gentile«, sagte ich.

Ich sollte erwähnen, daß Gravina seinen Lancia die ganze Zeit über mit 200 Sachen eine zweispurige Straße hinunterjagte. Ich hatte als einziger den Sicherheitsgurt umgelegt.

»Es gibt kein Stadion«, sagte Barbara.

»Was? Was haben Sie da gesagt?«

»Nun ja, ein Stadion gibt es schon. Aber es kann nicht benutzt werden. Die Vorschriften für die Seria B besagen, daß ein Stadion wenigstens 10.000 Sitzplätze haben muß. Unser altes Stadion hatte aber nur 4.000, daher wurden umfangreiche Bauarbeiten eingeleitet. Unglücklicherweise ist man noch nicht fertig geworden. Daher findet das heutige Spiel nicht in Castel di Sangro, sondern in Chieti, nicht weit von Pescara, statt, wo sich Gabriele in weiser Voraussicht die Nutzungsrechte für ein Stadion gesichert hat. Aus diesem Grund hat Signor Rezza auch ein Restaurant in Pescara ausgesucht.«

»Das ist ja wohl ein starkes Stück. Erst gibt es kein Hotel, und nun erzählen Sie mir, daß es auch kein Stadion gibt?«

»Auch in Castel di Sangro halten das viele für ein starkes Stück. Die Situation ist nicht sehr erfreulich.«

»Aber wie kann das sein? Sie hatten doch den ganzen Sommer Zeit, 6.000 Plätze anzubauen, wenn das nun mal nötig war. Wieso ist das nicht geschehen?«

»Wie ich bereits sagte, wird diese Frage häufig gestellt. Es herrscht da einige Verwirrung, was natürlich Spekulationen Vorschub leistet, die zum großen Teil zweifellos aufgrund mangelnder Sachkenntnis zustande kommen. So sollten zum Beispiel von der Region und von der Provinz Gelder für den Umbau kommen. Gabriele sagt, daß dieses Geld nie angekommen sei. Andere behaupten, es wäre angekommen, aber möglicherweise in andere Kanäle geflossen. Signor Rezza und Gabriele haben nämlich neben Fußball noch viele andere Geschäftsinteressen.«

»Wollen Sie damit sagen, daß sie das Geld, das für den Stadionumbau bestimmt war, veruntreut haben?«

»Natürlich nicht. Ich würde weder gegen Signor Rezza noch gegen Gabriele jemals eine solche Anschuldigung erheben. Ich schildere Ihnen zur Hintergrundinformation nur die Mutmaßungen Dritter.«

»Aber wieso kann Rezza nicht ein paar von seinen eigenen Millionen nehmen, um die 6.000 zusätzlichen Plätze zu bauen? Und Sie sagten doch, Rezza wäre eine große Nummer im Baugeschäft in Neapel gewesen. Ein Anruf, und ein solcher Mann hat seine 6.000 Plätze am nächsten Morgen! Kein Stadion? Das ist das Lächerlichste, das ich je im Leben gehört habe.«

»Ich muß doch bitten!« sagte Barbara. »Wenn Sie in diesem Tonfall reden und dabei auch noch den Namen von Signor Rezza erwähnen, dann beunruhigen Sie unsere Gastgeber vorne. Außerdem sollten Sie berücksichtigen, daß das Stadionproblem für Sie zwar überraschend kommt, in Castel di Sangro und den ganzen Abruzzen aber zur Genüge bekannt ist. Es wäre ausgesprochen unangebracht, gegenüber unserer gegenwärtigen Begleitung oder gegenüber unserem Gastgeber beim Essen dieses Thema anzusprechen.«

Dann verfiel Barbara wieder in einen muntereren Tonfall, lächelte fröhlich und überschüttete die Gravinas mit einem Redeschwall. Signor und Signora Gravina nickten beide, lächelten mir zu und wandten sich wieder nach vorne, als Gravina scharf beschleunigte, eine Zigarette anzündete und einen weiteren Anruf mit seinem Handy tätigte.

»Na gut«, sagte ich, »was haben Sie ihnen erzählt?«

»Ich habe lediglich gesagt, daß Sie noch mal betonen wollten, wie wichtig es Ihnen ist, daß Signor Gravina und Signor Rezza wissen, wie überaus dankbar Sie für die Ihnen entgegengebrachte große Gastfreundschaft sind. Außerdem habe ich gesagt, daß es eine regionale Eigenart in manchen Gegenden Amerikas ist, daß der Tonfall der Menschen, wenn sie besonders angenehm berührt sind, als entrüstet mißverstanden werden kann.«

»Wow! Ich wette, so was lernt man nicht auf der Schule.«

»Was bitte?«

»So einen Quatsch zu erzählen. Aber wenn es stimmt, was Sie mir da sagen, dann machen Sie Ihren Job wirklich klasse.«

»Gern geschehen«, sagte Barbara und errötete ein klein wenig.

Ich beugte mich erneut nach vorne. »Grazie mille«, sagte ich wieder.

Gravina nickte kurz. Seine Frau lächelte.

»Mangio! Mangio!« fügte ich hinzu. Sie starrten mich an.

»Was haben Sie gerade gesagt?« fragte Barbara.

»Nichts weiter, Barbara. Ich übe nur.«

In Pescara war es mindestens zehn Grad wärmer als draußen vor dem *Best Western*. Ich schätze, daß fünf Grad Unterschied daher rührten, daß es jetzt Mittag und nicht mehr 10.00 Uhr war, die restlichen fünf Grad aber vom Höhenunterschied herrührten: von Castel di Sangros 900 Metern hinab auf die Höhe des Meeresspiegels. Anfang September sagte das nicht viel, aber als ich an den kommenden langen, kalten und windigen Winter dachte, verspürte ich zum ersten Mal echten Respekt für Swinburne.

Nachdem wir die autostrada verlassen hatten, steuerte Gravina geschickt durch ein Labyrinth von Seiten- und Einbahnstraßen zu dem luxuriösen und idyllischen *Sea River Club.*

»Warum hat es einen englischen Namen?« fragte ich Barbara, als wir das Restaurant betraten.

»Sie meinen, dann würde es vornehmer klingen. Viele Italiener glauben törichterweise, es sei ein Zeichen von Kultiviertheit, englische Bezeichnungen zu benutzen.«

»Spricht Signor Rezza Englisch?«

Ihre Lippen preßten sich zusammen, als sie sich ein Grinsen verkniff: »Signor Rezza spricht nicht einmal Italienisch. Signor Rezza guckt nur, Signor Rezza macht eine Handbewegung, und Signor Rezza bekommt, was er will.«

In diesem Augenblick fiel Signor Rezzas Blick auf mich. Eigentlich »fiel« der Blick des alten Knaben weniger, als daß er das Objekt seines Interesses ansprang. Er rauchte eine Zigarre, die mindestens zwanzig Zentimeter lang war. Er selbst konnte kaum größer als eins fünfundsechzig sein, ging etwas gebeugt und hatte einen dicken, runden Bauch. An den Weihnachtsmann erinnerte er trotzdem nicht. Rezzas borstiges, graues Haar war kurzgeschoren wie bei einem Gefängnisaufseher, sein Gesicht eher rechteckig denn rund, und seine Lippen formten eine Linie so dünn und stählern wie eine Garrotte.

Flankiert wurde er von Männern, die vermutlich seine Leibwächter waren. Der eine, Mitte Zwanzig, mußte gut 150 Kilo wiegen und bestand nur aus Muskeln. Er trug ein kurzärmliges Hemd, und ich sah, daß seine Unterarme etwa denselben Umfang hatten wie meine Oberschenkel. Der andere, wesentlich ältere Mann, war spindeldürr, hatte eine leicht gebeugte Haltung und trug paradoxerweise nicht nur eine Sonnenbrille, sondern auch einen dunkelbraunen Trenchcoat.

»Der Ältere sieht gar nicht aus wie ein Leibwächter«, flüsterte ich Barbara zu. »Er sieht eher so aus, als bräuchte er einen.«

»Ja«, meinte sie, »aber er ist ein ehemaliger Carabiniere. Mit denen ist nicht zu spaßen. Und er ist auch der mit der Kanone.«

Barbara machte drei Schritte nach vorn. Die Leibwächter traten zur Seite und gaben ihr Gelegenheit, erst Signor Rezza auf beide Wangen zu küssen und dann auf mich zu zeigen. Der Kerl mit den Muckis ließ mich nicht einen Moment aus den Augen. Der andere vermutlich auch nicht, aber bei der Sonnenbrille konnte ich das nicht erkennen.

Falls Rezza mir zugenickt hatte, dann hatte er den Kopf nur um Millimeter bewegt. Doch wahrscheinlich hatte er das gar nicht. Seine Miene veränderte sich jedenfalls nicht. Seine Lippen blieben stumm, sein Blick starr. Mit der Zigarre in der Hand stand er einfach da.

»Bitte erklären Sie Signor Rezza«, sagte ich zu Barbara, »daß ich mich überaus geehrt fühle, zu einem so feierlichen Anlaß in einen derart illustren Kreis aufgenommen zu werden, und daß ich ihm und seiner Mannschaft allen erdenklichen Erfolg nicht nur für den heutigen Tag, sondern für die ganze kommende Saison wünsche. Sie könnten ihm ferner sagen, wie froh ich bin, daß wir in einem Restaurant namens ›Sea River Club‹ speisen, nicht wegen des englischen Namens, sondern weil ich eine Vorliebe für Fisch hege und es schwierig ist, so weit weg vom Meer, wie ich in den USA lebe, guten, frischen Fisch zu bekommen. Außerdem ...«

Ich wurde von einem Knurren unterbrochen. Von Rezza. Er blickte mich mit einem, sollte das überhaupt möglich sein, noch abweisenderen Gesichtsausdruck an.

»Er möchte, daß Sie aufhören zu reden«, sagte Barbara. »Er mag Männer nicht, die zuviel reden. Er mag Männer, die richtig zu essen wissen und wissen, wie man schweigt.«

»Wann hat er das alles gesagt? Er hat doch nur geknurrt.«

»Ich kenne Signor Rezza seit vielen Jahren«, erklärte Barbara. »Ich weiß, wie man sein Knurren zu interpretieren hat.«

Dann wandte sie sich an Signor Rezza, sagte vielleicht sechs kurze Worte, lächelte breit und führte mich weg.

»So«, meinte sie anscheinend erleichtert, »damit wären die Formalitäten vorbei.«

»Was haben Sie zu ihm gesagt?«

»Nur, daß er Sie entschuldigen müsse; daß Sie ganz einfach nervös wegen des Spiels wären.«

»Trotzdem, was Sie gesagt haben, klang anders. Das war sehr schnell, aber klang doch anders.«

»Ja, ich habe nicht Italienisch gesprochen. Ich habe in einem Dialekt mit Signor Rezza gesprochen.«

»Einem Dialekt?«

»Dem Dialekt der Abruzzen. Den versteht er am besten. Er hat stets die Dialekte aus Puglia und den Abruzzen gesprochen. Italienisch wurde nur in der Schule unterrichtet, und Signor Rezza hat nur sehr wenig Bildung genossen.«

»Im herkömmlichen Sinne«, meinte ich.

Barbara grinste. »Ja, im herkömmlichen Sinne.«

Glücklicherweise war die Gesellschaft groß genug, um sich auf mehrere Tische zu verteilen, und ich saß an dem Tisch von Gravina, was mir ermöglichte, während des Essens mit ihm nicht zu sprechen anstatt nicht mit Signor Rezza.

Statt dessen aß ich. Ich aß jeden Krümel von jedem Gang, der mir serviert wurde, und es gab mindestens acht. Ich ließ nicht eine Gräte übrig. Der Fisch und die Meeresfrüchte – die Palette reichte von Austern bis zum Hummer und enthielt mindestens ein halbes Dutzend Fischarten, die mir noch nie begegnet waren – waren vom Besten, was ich je gegessen hatte. Dazu gab es drei verschiedene Weißweine und anschließend Champagner.

Am Schluß zündete sich Signor Rezza eine neue Zigarre an und erhob sich. Seine Leibwächter sprangen auf. Signor

Rezza schaute auf seine Uhr. Sofort nickte der ältere Leibwächter dem jüngeren zu, der fast in Laufschritt verfiel, als er das Restaurant verließ, um Signor Rezzas Auto vom Parkplatz zu holen.

Im ganzen Saal hörten die Gespräche mitten im Satz auf. Alle standen auf. Dem geflissentlich dabeistehenden Oberkellner zunickend und – knurrend setzte sich Signor Rezza in einem langsamen Watschelgang nach draußen in Bewegung, während von seiner Zigarre Rauch wie von einem Buschfeuer emporstieg. Hinter ihm drängelten sich die Leute, um ihm so dicht wie möglich zu folgen, ohne dabei den Eindruck zu erwecken, daß sie eben dies vorhatten.

Gravina murmelte im Laufen hastig in sein Handy. Er hatte nicht für eine Sekunde die Sonnenbrille abgesetzt, daher ließ nur das Zucken um seinen Mund erahnen, daß er, als die Stunde des Anpfiffs heranrückte, seine nächste Zigarette vor Nervosität eher zerbeißen denn rauchen würde.

Es war 15.30 Uhr, und Castel di Sangros historisches, ja an ein Wunder grenzendes Debüt in der Seria B würde schon in einer halben Stunde beginnen – unglücklicherweise weit weg von Castel di Sangro.

KAPITEL 6

Falls Chieti (Einwohnerzahl: 50.000), ein paar Kilometer landeinwärts von Pescara, irgendwelche reizvollen Seiten haben sollte, dann sind sie mir während der rasenden Fahrt zum dortigen Stadion, einem reizlosen Betonklotz mit den erforderlichen 10.000 Sitzplätzen, entgangen.

Das Wetter war phantastisch. Noch gegen vier Uhr brannte die Sonne von einem strahlend blauen Himmel herab. Der Rasenplatz, der sich vor uns ausbreitete, war von einem tadellosen Grün. Dennoch – und das war eine neue Erfahrung für mich – war das Stadion nur zur Hälfte gefüllt.

Da ich bislang nur Weltmeisterschaftsspiele und Begegnungen der Seria A gesehen hatte, war ich nie auf die Idee gekommen, daß in einem Fußballstadion Plätze frei bleiben könnten. Doch jenseits unseres VIP-Bereiches erstreckten sich über die ganze Stadionlänge gähnend leere Reihen von Betonsitzbänken.

Nur in den Kurven ging die Post ab: zu unserer Linken schwenkten Fans von Castel di Sangro rotgelbe Fahnen und jagten rote Leuchtraketen in die Luft, während zur Rechten eine wesentlich kleinere Schar von Kalabresen, die aus dem Süden hochgekommen waren, um unseren Gegner Cosenza anzufeuern, ihre blauweißen Flaggen entrollten und blaue Leuchtfackeln abbrannten.

»Wo sind die ganzen Leute?« fragte ich Barbara, die eine Reihe hinter mir saß. »Am Strand?«

»Viele ja. Da wäre ich jetzt auch, hätte ich nicht zugesagt mitzukommen.«

»Aber dies ist ein historischer Tag.«

»Ja, und wahrscheinlich sind sogar 3.000 Menschen aus Castel di Sangro da, was sechzig Prozent der Bevölkerung wären. Wären sechzig Prozent der Einwohner von Turin zu diesem Spiel gekommen, wären das mehr als eine halbe Million. Sie dürfen nicht vergessen, wie klein unser Ort ist.«

In diesem Moment kam die Mannschaft auf den Platz, und zum ersten Mal sah ich die Wundertäter, mit denen ich die nächsten neun Monate verbringen würde.

Ich wußte bereits, daß die Vereine in Europa und Südamerika auf ihren Trikots nicht den Vereinsnamen tragen, sondern den des Hauptsponsors. Beim AC Milan war das beispielsweise Opel, und Juventus lief mit dem Sony-Logo auf. Dennoch kam es etwas überraschend für mich, daß die Spieler von Castel di Sangro, als sie zu ihrem historischen Debüt in der Seria B auf den Platz kamen, Trikots mit der Aufschrift »SOVIET JEANS« trugen.

Ich drehte mich zu Barbara um. »*Soviet* Jeans?«

Sie lachte. »Das muß einem Amerikaner komisch vorkommen. Aber das ist ein Hersteller von Freizeitmoden aus Neapel.«

»Aber es gibt nicht mal mehr eine Sowjetunion!«

»Genau, und deswegen ist der Name so angesagt.«

»Wo? Das klingt ja nicht gerade wie Calvin Klein.«

»Nein, aber wenn Castel di Sangro noch berühmter wird, werden sich die Leute den Namen merken. Außerdem muß man nehmen, was kommt. Die großen Marken wollen berühmte Klubs.«

»Und was ist mit den Jeans? Taugen die was?«

»Na ja, ich würde sie nicht anziehen«, meinte sie.

Wichtiger war natürlich, ob die Mannschaft von Castel di Sangro etwas taugte. Bislang hatte ich noch keine Gelegenheit gehabt, jemanden zu fragen, der davon Ahnung haben könnte – die Antwort würde zwangsläufig mehr als alles andere den Verlauf der nächsten neun Monate bestimmen.

Sollte der Verein in der Seria B chancenlos sein und jede Woche eine Packung kassieren, würde mein Aufenthalt zwar nicht uninteressant sein, aber doch von anderer Natur, als wenn sie es irgendwie fertigbrächten, la salvezza zu schaffen, das heißt, dem Abstieg zu entgehen.

Für Castel di Sangro gab es in der kommenden Saison nur ein Ziel: den Klassenerhalt. Die paar Zeitungen und Fußballmagazine, in die ich bislang einen Blick hatte werfen können, waren sich anscheinend darin einig, daß la salvezza weit jenseits aller Möglichkeiten Castel di Sangros lag, wie bewegend il miracolo auch immer gewesen sein mochte.

Die Seria B, hieß es, sei eine nüchterne Malocherliga, ein steiniger Acker, auf dem Märchen nicht gedeihen könnten. So nah am Ruhm und Glanz der Seria A und doch so weit davon entfernt, stellte sie eher einen Boulevard der gescheiterten Träume denn eine Zuflucht für Träumer dar. Auf diesem Niveau konnte ein Verein weder durch Taschenspielertricks des Managements noch durch eine Kombination von Herz und Schneid überleben. In der Seria B zeigt sich das wahre Talent, und diese Art von Talent kam nicht billig.

Als Aufstiegsbonus hatte Castel di Sangro mehr als fünf Millionen Dollar vom italienischen Fußballverband erhalten, dennoch war Gravina in der *Gazetta dello Sport* mit den Worten zitiert worden: »Wir sind nur ein armer Verein aus einem kleinen Abruzzen-Ort und können uns Stars nicht leisten.« Offensichtlich wollte er sich im wesentlichen mit der Truppe durchschlagen, die den Aufstieg verwirklicht hatte, und diese wiederum bestand zum großen Teil aus den Spielern, die im Vorjahr auch den Sprung in die C1 geschafft hatten. Was immer ihnen auch an fußballerischer Klasse fehlen mochte, so erklärte Gravina, würde man durch »la potenza della speranza«, durch die Kraft des Glaubens, wettmachen.

Cosenza, das am Ende der letzten Saison Platz 12 belegt hatte und eine verarmte, kalabresische Stadt von 100.000 Einwohnern vertrat, versprach nun, die wahre Stärke dieser doch recht unzuverlässigen Kraft zu prüfen. Es handelte sich um eine Mannschaft ohne Stars, aber mit einer Mischung aus vermutlich abgezockten Altstars und harten, wenn auch nur mäßig talentierten Youngstern, die sich bereits mit der traurigen Wahrheit abzufinden begannen, daß sie den Zenit ihrer Karriere wahrscheinlich schon erreicht hatten.

Wir hingegen (und mit »wir« meine ich Castel di Sangro, denn sobald die Elf aufs Feld gekommen war, hatte ich jede Objektivität und Distanz verloren: zum Guten oder zum Schlechten, dies war nun meine Mannschaft, so wie es noch nie eine Mannschaft in einer anderen Sportart gewesen war) traten nicht einmal in unserer C1-Bestbesetzung an.

Ich hatte aus der Morgenzeitung erfahren, daß Torwart De Juliis, der – obschon er in Foggia für Spinosa vom Platz hatte gehen müssen – während der gesamten letzten Saison anscheinend exzellent gehalten hatte, wegen einer Reihe kleinerer Regelverletzungen in der letzten Spielzeit für diese Begegnung gesperrt war. Ebenfalls nicht dabei war ein 32jähriger Mittelfeldspieler namens Michelini, der seit neun Jahren, von der Dilettanti-Liga an, für den Verein spielte.

Zusätzlich fielen verletzungsbedingt ein erstklassiger Verteidiger namens Fusco und der 24jährige Mittelfelspieler Claudio Bonomi aus, der als bester Spieler der Mannschaft galt und im letzten Jahr nur ein Spiel gefehlt hatte. Außerdem würden wir noch einige Wochen auf den verletzten Stürmer Giacomo Galli verzichten müssen, dessen neun Tore den Weg in die C1 geebnet hatten.

Gravina hatte die Kraft des Glaubens nur im bescheidenen Maße verstärkt und lediglich einen teuren Neueinkauf getätigt: einen dreißigjährigen Stürmer namens Pistella vom Seria-B-Team Lucchese aus der Stadt Lucca in der Toskana. Wesentlich preiswerter war Danilo Di Vincenzo, ebenfalls ein Stürmer, der im Vorjahr in der C1 zum »besten Spieler des Jahres« gewählt worden war; dazu einen jungen Verteidiger namens Luca D'Angelo hier aus Chieti und einen alternden Mittelfeldler namens Di Fabio, dessen letzter Einsatz in der Seria B bereits fünf Jahre zurücklag.

Ach ja, und zwei Wochen vorher hatte Gravina offensichtlich beschlossen, den mittlerweile legendären Pietro Spinosa im makellosen Glanz seiner Wundertat in den Ruhestand gehen zu lassen. Darum hatte er als Ersatztorwart für De Juliis einen gewissen Massimo Lotti geholt, 27 Jahre alt, der die letzten drei Jahre bei einem mittelmäßigen Klub aus der Nähe von Neapel in der C2 gespielt hatte.

Lotti sollte ganz offensichtlich nur im Notfall eingesetzt werden – De Juliis war die Nummer eins. Dummerweise trat dieser Notfall wegen der Sperre von De Juliis gleich heute ein, in unserem allerersten Seria-B-Spiel.

Und dann legte der Schiedsrichter ohne viel Federlesen den Ball auf den Anstoßpunkt, und das Leben von Castel di Sangro – und meines auch – in der Seria B begann. Wie ich bald lernen sollte, zählt Spielkunst jedenfalls nicht zu den Qualitäten, die man in dieser Liga häufig zu sehen bekommt. Tatsächlich erlebte ich meine erste große Ernüchterung, als ich die glanzlosen ersten Spielminuten verfolgte: Nichts von all dem, was mein Fußballfieber ausgelöst hatte, war hier in Chieti zu sehen.

Dafür aber erlebte ich einen ungestümen Anfall von Parteilichkeit und fühlte mich, als hätte ich mir gerade eine Ampulle Adrenalin eingepfiffen. Von der ersten Sekunde an konnte ich nur noch schreien und stöhnen, jubeln und fluchen (auf englisch, aber das sollte nicht lange so bleiben), wenn Castel di Sangro stürmte oder, was häufiger geschah, sich in offensichtlicher Auflösung in die eigene Hälfte zurückzog.

Ich wollte keine hohe Spielkunst, ich wollte keine spektakulären Kabinettstückchen, ich wollte keine erhabenen Momente: Ich wollte nur, daß wir Cosenza putzen! Und dabei hatte ich noch nicht einmal unsere Spieler kennengelernt.

Schließlich konnte ich meine Erregung nicht mehr zügeln. Um genau zu sein: in der 19. Minute. Di Vincenzo, der mit Pistella (für den verletzten Galli) einen Angriff gestartet hatte, wurde von einem Verteidiger von Consenza im Strafraum gefoult und bekam einen Elfer zugesprochen. Er verwandelte ihn problemlos und schoß so sein und Castel di Sangros erstes Tor in der Seria B.

Begeistert aufschreiend hüpfte ich auf und ab und begann hysterisch am Arm von Gravina, dem Clubpräsidenten, zu zerren. Er rührte sich nicht einen Millimeter und starrte mich kalt an.

»Gabriele! Gabriele!« schrie ich. »Wir haben ein verdammtes Tor gemacht! Wir gewinnen!« Ich drehte mich wieder zum Spielfeld und stieß meine Faust in die Luft. »Bravvvoooo, Di Vincenzo!«

Gravina blieb immer noch stumm und gab mir so die Gelegenheit, die Unbotmäßigkeit meines Verhaltens zu überdenken. Vielleicht zerrt man als Gast nicht einfach an einem Vereinspräsidenten herum, egal was auf dem Spielfeld passiert. Als der Halbzeitpfiff ertönte, nutzte ich die Gelegenheit, mich zu entschuldigen: »Scusi. Grazie mille. Lei è molto gentile.« Er blieb stumm. Er zündete sich einfach eine Zigarette an, stand auf und ging weg.

Als die zweite Hälfte begann, war nicht zu übersehen, daß sich Cosenza während der Halbzeitpause darüber klargeworden war, was für eine Schmach es wäre, gegen Castel di Sangro zu verlieren. Sie gingen sofort in die Offensive und zeigten die Entschlossenheit, die Konzentration und das Selbstvertrauen, das man von einem erfahrenen Seria-B-Team von Beginn an erwartet hätte.

Schnell wurde deutlich, daß Castel di Sangro möglicherweise nur vorgetäuscht hatte, der Seria B würdig zu sein. Jaconi erkannte die drohende Gefahr und stellte die Mannschaft ganz auf Defensive um, um seine – unsere – unerwartete 0:1-Führung zu verteidigen.

Mit dieser Mauertaktik kämpften wir eine Weile hartnäckig im Mittelfeld, aber schließlich brach Cosenza durch und schoß aus jeder Entfernung und jedem Winkel plaziert aufs Tor.

Vor Wut und Sorge sprang Jaconi, der aus meiner Perspektive wie ein Amboß mit Krawatte aussah, vor der Auswechselbank auf und ab, rannte hierhin und dorthin und versuchte anscheinend allein durch die Kraft seiner Stimme einen Verteidigungswall um unser Tor zu errichten. Die Frage lautete bald nicht mehr, ob, sondern wann und schließlich wie oft Cosenza treffen würde.

Aber da hatte man die Rechnung ohne Lotti gemacht. Während die Minuten verstrichen und die Sonne langsam nach Westen wanderte, schien dieser Lückenbüßer aus der C2 über sich hinauszuwachsen, so daß schließlich alle anderen auf dem Platz gegen ihn verblaßten. Er spielte nicht wie ein Neuzugang, sondern wie ein alter Hase aus der Nationalelf.

Ein ums andere Mal überrannte und versetzte Cosenza die bis zur Erschöpfung kämpfenden Verteidiger von Castel di Sangro, dennoch wehrte Lotti, der mit seinen eins achtundachtzig dastand und wirkte, als würde er einen schönen Nachmittag im Park genießen, jeden Angriff ab. Er hielt Eckbälle, Freistöße, Schüsse aus kurzer Distanz, 110-km/h-Knaller aus zwanzig Meter Entfernung – er ließ nichts und niemanden durch, selbst als sich Cosenzas Angriffe zum Trommelfeuer steigerten.

Exakt in der 90. Minute entschied der Schiedsrichter auf Eckstoß für Cosenza. Obschon Lotti bereits eine wahre Glanzvorstellung geboten hatte, zeigte er bei dieser Ecke eine Klasse, die niemand erwartet hatte. Sein spektakulärer Einsatz rettete unsere knappe Führung.

Während der folgenden vier Minuten Nachspielzeit rannte Cosenza wie besessen gegen unseren Kasten an, Chance folgte auf Chance, und dabei verwandelte sich der bis dato unbekannte Lotti endgültig von einem Bolzplatzkeeper zu einem Akrobaten und Zauberkünstler von Weltklasse.

Die vier Minuten erschienen wie vierzig, aber dann kam endlich der Schlußpfiff. Es war vorbei. Castel di Sangro 1, Cosenza 0.

Ich konnte mich nicht zurückhalten und umarmte Gravina. »Bravo, Gabriele!« rief ich.

»Grazie«, brummelte er, zündete sich eine neue Zigarette an und stand auf.

Ich hingegen kletterte auf meinen Sitz und brüllte so laut ich konnte: »Bravo, Lotti! Bravo, Lotti! Bravo, Castel di Sangro!«

Ich sah, daß mich Hunderte von Castel-di-Sangro-Fans anstarrten, all die, die sich die teuren Plätze auf der Tribüne hatten leisten können und nicht aus der weiter entfernten Kurve zusehen mußten. Nachdem sie mein letztes »Bravo!« gehört und meine hochgereckten Arme gesehen hatten, begannen auch sie, zu rufen und zu jubeln, und winkten und grinsten mir dabei zu.

Mein Herz tat einen Sprung. Zu guter Letzt, im Alter von 53 Jahren, hatte ich doch noch meine Familie gefunden.

KAPITEL 7

Am Montag um 10.00 Uhr morgens half mir Giuseppe bei meinem Umzug ins *Coradetti*. Der Inhaber, glatzköpfig und stämmig, wirkte ungeachtet des Sieges von Castel di Sangro so mißmutig wie am Samstag.

Ich wurde in Zimmer 8 untergebracht, das vier Treppen hoch lag. Natürlich gab es keinen Lift, dies war ja ein Hotel mit null Sternen. (Außerdem gab es keine weiteren »Gäste«, daher hätte mir der Besitzer auch problemlos ein Zimmer im ersten Stock geben können, doch das Motto des *Coradetti* war anscheinend »Für den Gast nur das Schlechteste«.)

Nachdem er mir meinen Schlüssel gegeben hatte, kehrte der Besitzer zu dem Resopaltischchen zurück, an dem er im *Corriere dello Sport* gelesen hatte. Der *Corriere* ist die in Bologna und weiter südlich beliebteste Fußballzeitung, da sie in Rom verlegt wird und somit für zuverlässiger als die *Gazetta dello Sport* aus Mailand gilt, die zweifelsohne täglich neue Boshaftigkeiten über den Süden verbreitet und voller Ungenauigkeiten steckt.

Der Besitzer murmelte etwas zu Giuseppe.

»Ach ja«, sagte Giuseppe, »ich solle dich erinnern, daß die Hotel ist zu am Mittwoch.«

Die tiefergehende Bedeutung dieser Mitteilung blieb mir schleierhaft. »Am Mittwoch geschlossen? Na so was. Im Moment sieht es auch nicht besonders geöffnet aus.«

»Nein, nein, nein«, sagte Giuseppe. »Heute ist auf. Sonst du könntest nicht hinein, sì? Wenn er hat zu wie Mittwoch, du kommst nicht hinein.«

»Aber ich bin doch bereits drin.«

»Sì, sì. Aber Mittwoch: Wenn du gehst raus, du kommst vielleicht nicht mehr hinein.«

»Willst du behaupten, daß ich vielleicht nicht mehr ins Hotel reinkomme, wenn ich nächsten Mittwoch einmal rausgehe?«

»Nein, nein, nein. Nichte nächsten Mittwoch. Jeden Mittwoch ist zu. Mercoledi. Ogni volta. Chiuso. Ecco fatto!« Er machte eine ausholende Bewegung mit dem Arm und forderte mich auf, Barbara um »genauere Angaben« zu diesem Sachverhalt zu bitten. Dann entschuldigte er sich, nicht ohne darauf hinzuweisen, daß er nun »Sachen mit Gewicht« zu tun habe, da Castel di Sangro nicht nur in der Seria B, sondern – für wie lange auch immer – auch der Tabellenführer sei.

Wie ich noch erfahren sollte, erfüllte der junge Giuseppe zahlreiche Funktionen. Er war nicht nur der Beauftragte der Società für »äußere Beziehungen«, sondern auch der Castel-di-Sangro-Korrespondent für *Il Centro*, die Tageszeitung der Abruzzen, für die *Gazetta dello Sport* und für *Guerin Sportivo* und schließlich auch noch Moderator einer Sendung über den Verein, die wöchentlich im Lokalfernsehen ausgestrahlt wurde.

Das bedeutete im Grunde, daß alles, was die Mannschaft von Castel di Sangro betraf, so lange nicht stattgefunden hatte, bis Giuseppe sagte, daß es stattgefunden hatte, und das tat er erst, wenn Gravina ihm die Anweisung dazu gab. In den USA hätte man dies vielleicht als Interessenkonflikt bezeichnet, aber in den USA machen ja auch die Hotels mittwochs nicht zu.

Mein Berg von Koffern und Taschen verstopfte förmlich das Vorzimmer des *Coradetti*, das gleichzeitig als Lobby und Bar diente. Ich überschlug im Kopf: 360 Kilo mal 4 Etagen wären 1440 Treppen-Kilo.

»Da wär es«, sagte ich zum Besitzer und wies auf meine zahlreichen Gepäckstücke.

Er nickte wortlos und sah dabei kaum von seiner Zeitung auf. Also fing ich an. Zuerst trug ich die beiden kleinsten Taschen hoch, denn ich vertraute darauf, daß der Hotelbesitzer, wenn er erst mal registriert hätte, was für eine Plackerei mir da bevorstand, sofort aufspringen und mit einem strahlenden, fröhlichen Lächeln nicht allein darauf bestehen würde, mir zu helfen, sondern sogar alle Taschen selbst hinauftrüge.

Ich, der Gast, könnte mich derweil in die Lobby setzen und etwas Zeitung lesen, und vielleicht dürfte es auch ein Täßchen Kaffee sein.

Das blieb ein Wunschtraum. Eine halbe Stunde später stolperte ich erschöpft, keuchend und mit klatschnassem Hemd zurück in den Vorraum, ließ mich auf einen Stuhl fallen, zeigte auf die kleine Bar an der einen Seite, hinter der eine Espresso-Maschine und eine Auswahl verschiedener Flaschen stand, und japste: »Una Coca-Cola, per favore.«

Er schüttelte kurz den Kopf und widmete sich dann wieder dem Studium des *Corriere dello Sport*. Wie ich verbittert bemerkte, war er immer noch auf derselben Seite wie vor einer halben Stunde.

»Nicht?« fragte ich ungläubig. »Keine Coca-Cola? Wieso nicht? Heute ist doch nicht Mittwoch.«

Er schüttelte erneut den Kopf, sichtlich verärgert über diesen plötzlichen Redeschwall in einer fremden Sprache.

»Scusi«, sagte ich und erinnerte mich daran, daß dies schließlich nicht das *Four Seasons* in Beverly Hills war. »Keine Coca Cola. Schön. Un' acqua minerale, per favore.« Ein Glas Wasser würde es ja wohl geben.

Diesmal lehnte sich der Hotelbesitzer tatsächlich vor – das erste Mal, daß er etwas anderes als seinen Kopf bewegte.

»Chiuso!«

»Wie bitte?«

Er zeigte auf die Bar, die so nah bei ihm war, daß er sie hätte berühren können, wenn er sich etwas zurückgelehnt hätte.

»Chiuso!« wiederholte er. Ich begriff langsam, daß dieses Wort »geschlossen« bedeutete. Dann stand er betont verärgert auf und ging in die Räume, die, wie mir bereits erklärt worden war, »nur für die Familie und für Gäste verboten« waren und aus denen ich einen Fernseher plärren hören konnte.

Ich wartete ungefähr 30 Sekunden und folgte ihm dann. Wenn ich nicht in weiteren 30 Sekunden etwas Kaltes zu trinken bekäme, würde die Saison wohl nur sehr kurz sein.

Er saß an einem Tisch und glotzte immer noch: dieselbe Zeitung, dieselbe Seite. Eine dicke Frau stand an einem Bügelbrett. Zwei dicke Kinder im Grundschulalter lagen auf dem Fußboden und stierten mit glasigen, weit aufgerissenen Augen auf den Fernseher.

Er blickte auf. Die Frau stellte ihr Bügeleisen ab und funkelte mich wütend an. Die Kinder blickten weiter gebannt auf den Fernseher. Ich schätzte auf die mir eigene Art blitzschnell die Lage ein, und anstatt weiter nach der Möglichkeit zu forschen, ob ich eine Coca Cola oder ein Mineralwasser bekommen könnte, sagte ich schlicht »scusi« und ging wieder.

Ich torkelte benommen die vier Treppen hoch in mein Zimmer. Das Leitungswasser aus dem Kaltwasserhahn war lauwarm. Ja, tatsächlich hatte es exakt die gleiche Temperatur wie das Wasser aus dem Warmwasserhahn: zum Trinken nicht kalt genug, zum Duschen nicht heiß genug. Kein Mann der großen Worte, dieser Hotelbesitzer, aber von satanischer Schläue.

Ich stürzte trotzdem acht oder zehn Gläser davon herunter und brach auf der schmalen Pritsche von Bett zusammen, bis sich Puls und Atmung wieder normalisiert hatten. Dann zog ich ein trockenes Hemd an und machte mich auf, das verwunschene Bergdorf zu erforschen, das die nächsten neun Monate mein Zuhause sein sollte.

Mein erstes Ziel war der Zeitschriftenladen drei Straßen weiter auf dem Marktplatz. Da Montag war, hatten die Spieler heute wie stets am Tag nach einem Spiel trainingsfrei. Ich entdeckte Gravina, der gegenüber dem Zeitschriftenkiosk auf der anderen Straßenseite stand. Er trug immer noch Sonnenbrille, Wildledersakko, Jeans und Lederstiefel, rauchte immer noch und sprach auch wieder in sein Handy, obwohl er sich gleichzeitig mit jemandem unterhielt, der ihm direkt gegenüberstand. Er rief mir zu, und ich überquerte die Straße.

»Die Kraft des Glaubens«, sagte er zur Begrüßung. Das war eindeutig die Losung für dieses Jahr. Als er das sagte, lächelte er sogar. Erleichtert, daß mein Exzeß vom Vortag offensichtlich verziehen war, ging ich weiter in ein Café, in dem ich zusätzlich zu einem Espresso sechs Gläser Mineralwasser trank.

Ich hatte mir nicht nur den *Corriere dello Sport* gekauft, sondern auch die hiesige *Il Centro* und aus sturer Loyalität auch noch die *Gazetta dello Sport*. Alle drei Zeitungen betonten die Bedeutung des Sieges von Castel di Sangro (wir waren nun – und sollten es möglicherweise ewig bleiben – der Verein aus dem kleinsten Ort, der jemals ein Spiel in der Seria B gewonnen hatte) und die dramatische Offenbarung, die in Gestalt von Torwart Massimo Lotti erschienen war.

In Italien bewerten die Zeitungen nach jedem Spiel die Leistungen aller Spieler auf einer Skala von 0 bis 10, der pagelle. Man sieht praktisch nie niedrigere Noten als 4 und höhere als 8, und die meisten liegen so bei 5,5 – 6,5, wobei 6 »ausreichend« meint.

Lotti erhielt eine 7 und zweimal 7,5. Das wäre für jeden ein tolles Ergebnis, doch für einen Ersatzkeeper bei seinem Debüt in dieser Liga war das absolut umwerfend. Di Vincenzo, der den Elfer verwandelt hatte, lag im Bereich 6 bis 6,5, auch das jederzeit ein respektables Ergebnis, und für einen Spieler, der ebenfalls aus der C2 stammt, sogar ein wenig mehr als das.

Schlecht benotet wurden ein Verteidiger und ein Mittelfeldspieler, die beide auf die Ersatzbank wandern würden, jetzt wo Fusco als Verteidiger und Bonomi fürs Mittelfeld zurückkamen. Pistella, der teure Neueinkauf für den Sturm, erhielt ebenfalls schlechte Noten, aber ich hatte den Eindruck gehabt, daß er in der ersten Halbzeit lediglich damit beschäftigt war, richtig Tritt im Spiel zu fassen, und in der zweiten hätte er gar nicht auf dem Platz zu sein brauchen, so sehr war Jaconi auf Defensive bedacht gewesen.

Aber der Sieg war das Wichtigste. Die Zeitungen waren einhellig der Meinung, daß das Märchen weitergeschrieben wurde. Außerdem hatten sie auch die Ankunft des famoso scrittore americano, »Alex Guiness«, registriert.

Am Nachmittag nahm ich das erste Mal das Stadion in Augenschein. Oder besser das, was einmal das Stadion gewesen war und vermutlich eines Tages auch wieder sein würde. Irgendwo in einem Meer von Schlamm und Schutt standen die Überreste der alten Arena. Ansonsten herrschte das reinste Chaos. Bulldozer, Kräne, Tieflader, Zementmixer, Stahlträger und riesige Betonplatten, die aussahen, als wären sie von Stonehenge rübergeflogen worden, standen in einer Baugrube im Kreis und schienen über ihren nächsten Schritt zu beraten.

Wie immer der auch aussehen mochte, es machte nicht den Eindruck, als wäre er in nächster Zukunft zu erwarten. Ich war mir sicher, daß hier in den nächsten zwei oder selbst in vier Wochen kein Spiel stattfinden würde, wie oft Gravina auch das Gegenteil versichern mochte.

So wie die Dinge standen, nämlich untätig herum, würde hier vielleicht niemals gespielt werden. Obschon heute Montagnachmittag war, dazu noch ein sehr schöner mit prallem Sonnenschein und makellos blauem Himmel, lehnte nur eine Handvoll lustlos wirkender, Zigaretten rauchender Jungs und Männer an dem schweren Gerät, während draußen vor dem Bauzaun an die 100 Einheimischen herumstanden, in die stillliegende Baustelle starrten und sich tuschelnd unterhielten.

An diesem Abend erhob sich, kaum daß die Sonne hinter den Berggipfeln im Westen verschwunden war, ein starker Wind und wurde stärker ... und stärker ... und stärker. In meinem Zimmer im *Coradetti* stellte ich die Heizung hoch. Oder vielmehr, ich versuchte es.

Es gab ein antiquiertes Thermostat und auch Radiatoren, doch weder das eine noch das andere funktionierte. Egal, welche Einstellung ich wählte oder an welchem Absperrhahn ich drehte, nichts geschah, außer daß der Wind-Chill-Faktor im

Zimmer weiter fiel. Ich blickte auf die beiden dünnen Decken auf meiner Pritsche. Nein, nein, das würde niemals genügen.

Ich stieg die vier Etagen in den Vorraum hinunter, der natürlich unbesetzt war. Wieder konnte ich von jenseits der Schwingtüren den Fernseher plärren hören. Zudem konnte ich Essen riechen, in dem Spalt zwischen den Türen Licht sehen und – ich schwöre! – Wärme verspüren.

Ich klopfte an die Tür. Der Hotelbesitzer stieß sie so schnell von innen auf, daß sie gegen mich knallte, bevor ich zurückspringen konnte. Er war lediglich mit Unterhemd und dunkler Hose bekleidet, während ich lange Unterwäsche, ein Baumwollhemd und eine dicke Thermojacke trug.

Er starrte mich schweigend an.

»Ziemlich kalt«, sagte ich.

Er zuckte die Schultern.

»Keine Heizung?« fragte ich.

Der Hotelbesitzer schüttelte seinen dicken Kopf. »Ottobre.«

Oktober. Egal wie kalt es werden mochte, die Heizung würde im *Coradetti* erst im Oktober angestellt. Außer in den Privaträumen natürlich. Ich nickte und trottete wieder die Treppen hoch. Die Nacht würde ich in meinen Parka eingewickelt verbringen müssen.

Ich konnte soviel speranza haben, wie ich wollte, aber die potenza gehörte dem Hotelbesitzer und nur ihm allein.

KAPITEL 8

Am Dienstagnachmittag kamen Osvaldo Jaconi und seine Spieler zurück in die Stadt, um sich den Aufgaben der zweiten Saisonwoche zu stellen. Der Höhepunkt würde die Partie gegen Foggia am Sonntag sein; just in dem Stadion, in dem das Wunder geschehen war. Diesmal allerdings wäre es kein neutraler Austragungsort, denn der Gegner war Foggia selbst, das am ersten Spieltag zwar 0:2 verloren, aber vor zwei Jahren noch in der Seria A gespielt hatte.

Der Platz, auf dem Castel di Sangro trainierte, lag abgesondert vor der chaotischen Baustelle, die irgendwann einmal das neue Stadion werden mochte, und war ungewöhnlich pittoresk: Während er selbst in der warmen Septembersonne lag, flankierten ihn auf zwei Seiten schneebedeckte Berge.

Zwar ließen die Häuser in der Stadt jeglichen historischen Charme vermissen, doch dies wurde durch die umgebende Landschaft mit den im Westen eng heranreichenden Bergen und den im Norden gut zu erkennenden, noch höheren Gipfeln mehr als wettgemacht. Es war eine perfekte Märchenkulisse, eine Landschaft, die das Übernatürliche förmlich anzulocken schien.

Meine Ankunft lockte allerdings nur Journalisten an. Ich war auch zu der Mannschaftsbesprechung gegangen, weil ich hoffte, ein paar der Spieler kennenzulernen, aber in erster Linie, um mich Jaconi vorzustellen und vorzufühlen, inwieweit er meine Anwesenheit dulden würde. Das Letzte, was ich wollte, war, seine Trainingsroutine zu stören.

Unglückseligerweise stürzten sich Pressevertreter und Fernsehleute auf mich, kaum daß ich mich dem Rasen näherte. Der Amerikaner war da. Es war wahr. Ich war – zumindest für einen Tag – etwas Besonderes, ein neuer Aspekt. Daher war es unabdingbar, mit mir zu sprechen, selbst wenn eine echte Kommunikation unmöglich war. Giuseppe versicherte mir, daß es kein Problem wäre, wenn ich die Fragen, die man mir stellen würde, nicht verstehen könnte, oder selbst wenn ich sie verstehen würde, nicht in der Lage wäre, sie zu beantworten. »Keine Problem«, versicherte er mir. »Keine Problem.«

Also kamen die Zeitungs- und Fernsehreporter der Reihe nach dran. Ein paar sprachen etwas Englisch und konnten so zumindest ansatzweise ein Interview führen. Warum ich hergekommen sei, fragten sie. Meine Antwort war schlicht und einfach: so unwahrscheinlich es auch klingen mochte, ich sei ein fußballbegeisterter Amerikaner und wäre gekommen, um die nächste Saison in Castel di Sangro zu verbringen und zu sehen, wie das Leben nach dem Wunder weiterginge.

Bei den anderen Fragen hörte ich einfach mit ausdruckslosem Gesicht zu, und wenn sie nicht mehr weiterredeten, lächelte ich, nickte und verkündete: »La potenza della speranza. Sì, sì, grazie a Lei. Ciao, ciao, ciao, ciao, ciao.«

Es war ganz lehrreich, am Abend und am nächsten Tag zu sehen, was dabei herausgekommen war. Im Fernsehen wurde mein unverständliches Gemurmel schnell durch einen Off-Kommentar ersetzt, der meine angeblichen Äußerungen und Eindrücke zusammenfaßte, während man mich hilflos in die Kamera starren sah.

Den Vogel aber schossen die Zeitungen ab. Aus meinen ein, zwei Brocken übelstem Italienisch waren auf geheimnisvolle Weise ganze Absätze in Anführungszeichen geworden, die nicht nur grammatisch makellos wirkten, sondern auch von außerordentlichem Wortschatz zeugten und einem Sprachstil, der schon an Eloquenz heranreichte.

Als ich Giuseppe darauf hinwies, sagte er: »Aber sicher. Da du unsere Sprache nichte sprichst, müssen sie dasse schreiben, was sie gerne wollen, daß du sagst.«

»Aber die haben das frei erfunden.«

»Sì, aber keine Problem, denn iste gut.«

»Aber dann hätten sie auch zu Hause bleiben können. Wenn sie es sowieso erfinden, hätten sie ja nicht mal mit mir sprechen müssen.«

Jetzt guckte Giuseppe verwirrt. Er schüttelte den Kopf. »Nein. Das gehte nicht. Erst man interviewt. Dann man erfindet.«

Jaconi, den ich sofort als einen wenig geduldigen Mann einschätzte, lächelte mir während dieses ersten Nachmittages unentwegt gütig zu. Mit Giuseppe als Dolmetscher gewährte er mir sogar einen herzlicheren Empfang, als ich hatte erhoffen können. Er versicherte mir, daß er meine Anwesenheit als ein Geschenk für seine Mannschaft und nicht als Last für sich betrachten würde; daß ich mich völlig frei bewegen und ihn oder die Spieler jederzeit sprechen könne, außer während des eigentlichen Trainings. (Dummerweise sprach keiner der Spieler ein Wort Englisch, und seine eigenen Kenntnisse beschränkten sich auf »Ich Bulldozer« – daher würden diese Gespräche, bis ich mir wenigstens rudimentäre Italienischkenntnisse angeeignet hätte, notgedrungen kurz ausfallen.)

Aber ich wäre in seinem Büro, in seiner Wohnung (die nur drei Häuser neben dem *Coradetti* lag) und in der Mannschaftskabine willkommen. Außerdem habe er für die Mahlzeiten, die die unverheirateten Spieler gemeinsam im *Marcella's* einnahmen, am Kopf des Tisches den Platz zu seiner Seite für mich reserviert. Und während von den Spielern erwartet wurde, daß sie ihn mit »Mister« anredeten, ein Überbleibsel aus der Zeit, als die Engländer den Fußball nach Italien brachten, könnten wir uns mit Vornamen ansprechen.

»Ich Osvaldo«, sagte er. »Du Joe.«

»No, Signor«, erwiderte ich. »Du Bulldozer, ich Joe.«

Er warf den Kopf zurück und lachte schallend. Und dann klopfte er mir auf die Schulter und gab mir mit einer ausholenden Armbewegung über den Trainingsplatz zu verstehen, daß ich nach Belieben umherschlendern könnte.

Da er abgesehen vom kürzlich beförderten Spinosa, ohne dessen wunderbare Rettungstat nichts von alldem hier möglich gewesen wäre, keinen Assistenten hatte, fungierte Jaconi als Mädchen für alles: von der Planung der Taktik über die Leitung des Konditionstrainings bis hin zum Schleppen der Netze mit den Bällen. Auch wenn dies die Seria B war, nur eine Stufe unter der höchsten Spielklasse, schien ein AC Milan doch Lichtjahre entfernt.

Ich ging zum Trainingsplatz und tauschte freundliche Grüße und Ciaos mit einer kleinen Gruppe von Spielern aus, die Stretching-Übungen machten. Meine erste Aufgabe war es, mir ihre Namen zu merken. 21 Spieler gehörten zum Kader, und ich erkannte an diesem ersten Nachmittag nur drei: Lotti, den Ersatztorwart, der so hervorragend gehalten hatte, Galli, weil er auf Krücken ging, und Di Vincenzo, der das Tor geschossen hatte und dessen typisches Grinsen unverkennbar war.

Alle Spieler waren Italiener. Teure ausländische Stars gibt es fast nur in der Seria A; in der Seria B bedienten sich lediglich ein paar der Spitzenklubs wie Turin, Genua oder Bari auf dem internationalen Markt.

Das Altersspektrum der Spieler von Castel di Sangro reichte von 19 bis 36 Jahre, ihre Größe von 1,68 bis bis 1,88 m. Alle waren offenbar in guter Kondition, obwohl mehr als die Hälfte von ihnen rauchte (Jaconi erklärte, er würde diese Angewohnheit unterstützen, da sie den Spielern helfe, sich zu »entspannen«). Die meisten wirkten gutgelaunt und gesellig.

Ich spürte gleich, daß man meine Anwesenheit wie selbstverständlich hinnahm. Daß ein 53jähriger Amerikaner plötzlich mitten unter ihnen erschienen war und erklärte, er wolle ein Buch über sie schreiben, war auch nicht ungewöhnlicher als alles andere, was ihnen seit Juni – oder auch während der letzten drei Jahre – widerfahren war.

Der erste, der mich ansprach, war ein großgewachsener, kräftiger und schon fast absurd attraktiver Mann, der sich mir als Mannschaftskapitän vorstellte. Es war Davide Cei aus Pisa, der bereits seit acht Jahren für Castel di Sangro spielte und den ganzen Weg aus der C 2 miterlebt hatte. Nun, im Zenit seiner Laufbahn, fand er sich plötzlich als Dreh- und Angelpunkt einer Seria-B-Mannschaft wieder, womit er sicherlich nie gerechnet hatte.

»Die steigende Flut hebt alle Boote« war eine Redensart, die ich auf italienisch lernen sollte, dachte ich mir, denn sie paßte mindestens auf die Hälfte der Mannschaft. Sie waren C2-Spieler, die für sich allein niemals genügend Talent oder Potential gezeigt hätten, um das Interesse eines Vereins aus der C1, geschweige denn der Seria B zu wecken. Doch gemeinsam hatten sie es geschafft, das Unmögliche möglich zu machen und dieses unglaubliche Niveau zu erreichen.

Praktisch vom ersten Moment an fiel mir auf, welchen ungeheuren Stolz sie empfanden, Castel di Sangro zur kleinsten Stadt Italiens zu machen, die jemals die Seria B erreicht hatte – sie würden bis zum letzten kämpfen, um dort oben zu bleiben.

Davon war bei der ersten Begegnung mit Cei natürlich nicht die Rede. Er erklärte lediglich – mutmaßte ich zumindest – in einem Italienisch, dessen Stakkatorhythmus er offensichtlich mir zuliebe gedrosselt hatte, daß er mich im Namen der Mannschaft willkommen heiße und ich mich gleich als einer der ihren fühlen sollte, wofür ich ihm angemessen zu danken versuchte.

Anschließend entschuldigte er sich tatsächlich dafür, daß er und seine Kameraden kein Englisch sprächen (als hätten sie ihre Sommerferien damit verbringen sollen, extra für mich Englisch zu lernen!). Dann machte er mir gestenreich klar – so wies er auf seinen Ehering und zeichnete einen runden Bauch in die Luft –, daß er seine Mahlzeiten zwar nicht im *Marcella's* einnähme, aber daß wir uns sicherlich gelegentlich in der Stadt begegnen würden, wo ich ihn höchstwahrscheinlich in Begleitung seiner schwangeren Frau sehen würde.

Es ist wirklich erstaunlich, wieviel konkrete Informationen auch bei einer noch so unüberwindbaren Sprachbarriere übermittelt werden können, wenn man es nur wirklich will und die Geduld und den Einfallsreichtum aufbringt, es immer wieder zu versuchen, egal wie begriffsstutzig der Zuhörer auch zu sein scheint. Ich schätzte mich außerordentlich glücklich, an einen Trainer und einen Mannschaftskapitän geraten zu sein, die willens waren, sich mir zuliebe diese eigentlich unzumutbare Mühe zu machen.

Als ich dann feststellte, daß es ihnen praktisch alle Spieler bereitwillig gleichtaten und dies – egal aus welchem Teil des Landes sie kamen und wie dürftig ihre Schulbildung war – mit so selbstverständlicher und spontaner Liebenswürdigkeit, gewann ich die Überzeugung, daß Italien in dieser Hinsicht zwar schon einzigartig auf der Welt ist, diese Mannschaft von Castel di Sangro aber wohl einzigartig unter allen Profiteams war.

Nach und nach lernte ich dank der Hilfe zweier begabter Lehrer, den Spielern nicht nur halbwegs sprachlich entgegenzukommen, sondern gelegentlich auch zur allgemeinen Belustigung beizutragen.

Cei beendete unsere erste »Unterhaltung«, wenn man das so nennen will, indem er einen weiteren Spieler hinzurief. Es war Danilo Di Vincenzo, der 28jährige gebürtige Römer, der unser erstes Tor in der Seria B geschossen hatte. Anscheinend wollte Cei, daß ich einer derartigen Persönlichkeit anständig vorgestellt wurde.

Di Vincenzo hatte bemerkenswert helle Augen und ein strahlendes Lächeln, das sich bei jeder sich bietenden Gelegenheit zu zeigen schien. »Grande Joe«, sagte er ohne große Formalitäten. »Tu porti bene.« Du bringst Glück.

»Speriamo«, erwiderte ich; das hoffe ich.

Unglücklicherweise vermittelte ich Di Vincenzo dadurch, daß ich eins der wenigen Wörter benutzte, die ich bislang gelernt hatte, den Eindruck, ich könne Italienisch. Als echter

Römer war er schon fünf, sechs Sätze weiter, bevor Cei ihn stoppen und ihm erklären konnte, daß meine Antwort bloß ein Glückstreffer war. Dennoch fühlte ich mich gleich zu dem temperamentvollen neuen Stürmer hingezogen.

Sieben Jahre zuvor hatte Di Vincenzo bereits eine halbe Saison in der Seria B gespielt – kurioserweise ausgerechnet für Cosenza. Ohne auch nur ein einziges Tor erzielt zu haben, war er allerdings wieder in der Drittklassigkeit verschwunden, und sein Karriereweg machte den Eindruck, als habe ihn jemand ersonnen, der volltrunken Dartpfeile auf eine Landkarte wirft: Lodigiani, Civitavecchia, Arezzo, Carrarese, Pavia, Pistoiese, L'Aquila und Giulianova. Nicht gerade eine Route, auf der man vielen amerikanischen Touristen begegnet.

Mit 28 war er deutlich über das Alter hinaus, in dem normalerweise noch großartige Leistungssteigerungen zu erwarten sind, doch in der vorangegangenen Saison hatte er mit 18 Treffern den Gipfel seiner bisherigen Laufbahn erklommen und war zum Spieler des Jahres in der C2 gewählt worden. Und wer weiß? Vielleicht sollte auch Danilo mit dem strahlenden Blick seinen Platz in der fàvola finden.

Besonders begierig war ich auf die Bekanntschaft mit Lotti. Er hatte blaue Augen und gelocktes, sandfarbenes Haar, war eins achtundachtzig groß, halb so alt wie ich und in besserer Kondition, als ich es seit langem, oder ehrlich gesagt jemals gewesen war.

»Piacere«, sagte er und schüttelte mir die Hand. Ich hatte den ganzen Morgen über Vokabeln gepaukt und wußte, daß das »freut mich« hieß.

»Molto bravo domenica«, sagte ich und wies auf ihn. »Molto bravo.« Ich hoffte, dies würde ausdrücken, daß er meiner Meinung nach eine tolle Leistung am Sonntag gezeigt hätte. Er war natürlich viel besser als »bravo« gewesen, aber bei diesem frühen Stand der Dinge wollte ich noch keinen Superlativ riskieren.

»Per te«, sagte ich und wußte dann nicht weiter, »war es un bel pasticcio.« Ein tolles Spiel.

Er sah mich merkwürdig an und neigte den Kopf zur Seite. »Sì davvero?« fragte er, »perche?« »Tatsächlich, wieso?« Ich bemerkte zu spät, daß ich Mist gebaut hatte. »Ah, scusi, scusi, per favore. Bello. Bella. Lei è molto gentile e molto bravo. Bravo! Bravo! Ciao!«

Dann drehte ich mich um und ließ den verwirrten Torwart stehen, um ein stilles Plätzchen zu suchen, an dem ich in meinem Wörterbuch nachsehen konnte, welchen Fehler ich gerade gemacht hatte.

Verdammt! Das war ein derber Schnitzer. Ich hatte das falsche Wort für »Spiel« benutzt. »Una bella partita« hätte ich sagen sollen; »un bel pasticcio« bedeutete unglückseligerweise: »eine schöne Schweinerei«.

Nur ein paar Stunden später patzte ich im *Marcella's*, wo ich während der nächsten neun Monate mehr Zeit als irgendwo sonst einschließlich meines Zimmers verbringen sollte, auch bei der Nummer eins im Tor, bei Roberto De Juliis.

Er war 24 und kam aus Teramo, einer Stadt mit 50.000 Einwohnern in den nördlichen Abruzzen. Keeper bei Castel di Sangro, seinem ersten Profiteam, war er im letzten Jahr geworden und hatte abgesehen von den letzten Sekunden der allerletzten Partie während der gesamten Saison im Tor gestanden.

Als ich mich auf den freien Stuhl links von Jaconi setzte, war mir nicht bewußt, wem ich da den Platz stahl. Ich sollte aber schnell erfahren, daß De Juliis dort gesessen hatte, bevor er meinetwegen einen Platz weiter gerutscht war. Außerdem lernte ich, daß man die Sitzordnung durchaus als Fall moderner Kreml-Astrologie betrachten konnte, da man – ob berechtigt oder nicht – viel daraus ablas, wie weit entfernt von Jaconi jemand saß. Es gab keine feste Sitzordnung, doch änderte sich die Plazierung nie, und es waren die »Goldjungs«, die Jaconi am meisten schätzte (oft mehr wegen ihrer Loyalität als wegen ihres Talentes), die die begehrten Plätze direkt neben ihrem Meister für sich beanspruchten.

Daher saßen zu Jaconis Linken De Juliis und Giacomo Galli, sprich der Stammkeeper und der Torschützenkönig der letzten Saison, zu seiner Rechten der Mittelfeldspieler Tonino Martino und der beinharte Verteidiger Pietro Fusco, zwei enge Freunde, die gemeinsam zu Beginn der 92er Saison zum Verein gekommen waren, noch vor Jaconi selbst. Die Neuzugänge nahmen die Plätze weiter unten am Tisch ein.

Die anderen altgedienten Veteranen des Wunders, in vielen Fällen auch alte Kämpen vieler trostloser Spielzeiten mit Castel di Sangro, waren verheiratet und aßen daher nicht regelmäßig im *Marcella's*.

Neben Cei zählten dazu die Verteidiger Prete und Altamura, die Mittelfeldspieler Bonomi, Alberti und Michelini und natürlich Spinosa, der mit seiner Frau und seinem kleinen Sohn nur einen Eckstoß weit von der Kirche aus dem 13. Jahrhundert, die im Zweiten Weltkrieg verschont geblieben war, in einem alten Haus lebte. Es schien durchaus passend, daß der Mann, der das Wunder eigentlich bewirkt hatte, in unmittelbarer Nähe der Kirche wohnte.

Meine Ankunft brachte das geordnete Universum im *Marcella's* aus dem Gleichgewicht. Hätte ich damals schon gewußt, was ich später wußte, dann hätte ich Jaconi für das Angebot, direkt neben ihm sitzen zu dürfen, gedankt, aber hinzugefügt, daß ich als Neuling eigentlich an das andere Ende des Tisches gehörte.

Statt dessen hatte ich das Angebot unbesehen angenommen, ohne mir Gedanken darüber zu machen, welche Konsequenzen das haben mochte, nicht allein für De Juliis seelisches Gleichgewicht, der nach Lottis tollem Einstand um seinen Stammplatz bangte, sondern auch für seine Freunde und langjährigen Teamkameraden.

Ich muß gestehen, daß ich mir an diesem ersten Abend einfach den freien Stuhl nahm, als stünde er mir zu, und als De

Juliis, der unmittelbar links von mir saß, nur einen äußerst knappen Gruß murmelte, tat ich ihn als ziemlich rüpelhaften Kerl ab.

Grenzenlos ist die Arroganz der Unwissenden! Aber niemand (schon gar nicht De Juliis) verlor jemals ein Wort darüber, und es dauerte fast zwei Wochen, bis ich begriff, wie ungehobelt ich gewesen war. Dann kam ich eines Abends einfach etwas früher und suchte mir einen Platz an der Mitte des Tisches. Als De Juliis erschien, wies ich auf den Platz, an dem ich bislang gesessen hatte, und sagte: »Per te.« Er sagte danke, nickte mir zu, und damit war die Sache erledigt. Dies war eine meiner ersten Lektionen in dem den Italienern eigenen Fingerspitzengefühl, wenngleich wahrlich nicht die letzte. Leider muß ich einräumen, daß ich nicht alle mit ebensoviel Anstand und Geistesgegenwart meisterte.

Marcella war eine kleine, blonde Frau in den Vierzigern. Vor 15 Jahren war sie mit ihrem Mann und drei kleinen Kindern aus einem der umliegenden Dörfer nach Castel di Sangro gezogen. Zuerst hatten sie und ihr Mann als Hausmeisterehepaar in der Schule gearbeitet, aber schon bald darauf die Pizzeria eröffnet. Das *Marcella's* war während der letzten zehn Jahre zur vielleicht einzigen echten Attraktion von Castel di Sangro geworden. Das hatte weniger mit der Qualität des Essens zu tun als mit der besonderen Qualität von Marcella.

In den letzten Jahren hatte sie nach Absprache mit Gravina den Mittagstisch und das Abendessen für die unverheirateten Spieler und für Jaconi ausgerichtet, dessen Frau und Kinder während der Saison in Civitanova wohnen blieben. Das hieß, daß sich stets dieselben 13 oder 14 Männer zweimal täglich und fünfmal in der Woche an dem langen, rechteckigen Tisch nah der Küche versammelten, immer das gleiche aßen und Jaconis krächzender Stimme lauschten; Woche um Woche, von September bis Juni. Ein Journalist beschrieb das einmal als »Essen in klösterlichem Stil«, und wäre da nicht Marcella mit ihrem goldenen Herzen gewesen, dann hätte es sich vielleicht um eine trostlose und anstrengende Prozedur gehandelt.

Aber wegen Marcella, ihrer Spontaneität, ihrem Einfühlungsvermögen und ihrer natürlichen Herzenswärme kamen selbst die verheirateten Spieler mit ihren Frauen und Kindern am Wochenende zum Abendessen. Und Gravina gab hier regelmäßig große Parties für die Familie, für Geschäftspartner und Freunde. Die Wäsche wurde im *Marcella's* abgegeben und abgeholt. Die Post für die Spieler ging an das *Marcella's*. Die internationalen Pokalspiele wurden auf dem Fernseher im *Marcella's* verfolgt. Telefonische Wetten bei ausländischen Buchmachern wurden im *Marcella's* abgeschlossen. An ihrem Münztelefon erblühten Romanzen, verkümmerten und wurden wiedererweckt, und ein gutes Dutzend Handys wurde in ihren Räumlichkeiten Tag und Nacht benutzt.

Mit ihrem Ehemann, ihren beiden mittlerweile erwachsenen Söhnen Christian und Giovanni, mit ihrer Tochter Rosita (die zwischen der Pizzeria und der Universität in Perugia pendelte, an der sie Pharmazie studierte) und dem fünfjährigen Gianmarco, dem wohl goldigsten Kerlchen der Welt, hatte Marcella der Mannschaft weitaus mehr zu bieten als nur Essen und Trinken.

Sie war allen wie eine Mutter, verströmte selbst an den düstersten Tagen Wärme und gute Laune und bot über die ganze Saison ein Maß an emotionaler Zuwendung, ohne das man die zahllosen Entbehrungen, die einem Castel di Sangro abverlangte, wohl kaum heil überstanden hätte. Von Zuneigung und bedingungsloser Loyalität erfüllt, duldete Marcella kein schlechtes Wort über »ihre Jungs«, geschweige denn, daß ihr selbst je eins über die Lippen kam.

Dank ihr war das *Marcella's* die Quintessenz meines Castel-di-Sangro-Erlebnisses. Für Jaconi und jeden Spieler – und vom ersten Abend an auch für mich – war hier unser wahres Zuhause.

Als ich zwischen den alten Veteranen saß, registrierte ich schnell, daß De Juliis, obwohl er seines Platzes beraubt worden war, einen privilegierten Status genoß. Er hatte sogar einige Ehrenämter übernommen, deren vornehmstes das Vorkosten des Käses war.

Anscheinend herrschte weitverbreitete Furcht, daß Marcella aufgrund ihrer zahllosen anderen Aufgaben den Käse, eine Art Parmesan, zu lange in den offenen Gläsern auf dem Salatbuffet neben unserem Tisch stehenlassen könnte. Daher trug De Juliis, sorgsam darauf bedacht, seine langen, lockigen Haare nicht hineinhängen zu lassen, vor dem Essen jedes Gefäß an den Tisch und schnupperte daran, ähnlich einem Sommellier, der an dem Korken einer soeben geöffneten Weinflasche riecht.

Mitunter kam es vor, daß er mißbilligend den Kopf schüttelte, das Gesicht verzog und von Marcella oder einem ihrer Söhne verlangte, das inkriminierte Gefäß zu entfernen und in der Küche frischen Käse zu reiben.

Der Platz zu seiner Linken wurde vom 25jährigen Giacomo Galli eingenommen, dem die Fans wegen der neun Treffer, mit denen er in der letzten Saison vereinsinterner Torschützenkönig geworden war, und seines überschwenglichen Temperaments den Spitznamen »Bumm Bumm« gegeben hatten. Wie Di Vincenzo war auch Galli gebürtiger Römer. Sein Ego war so ausgeprägt, daß es das strahlendste bengalische Feuer in den Schatten stellte, und sein Mundwerk dementsprechend locker. Obwohl er sich wie Di Vincenzo mehrere Jahre ohne nennenswerten Erfolg in der C1 und C2 herumgetrieben hatte, platzte Galli förmlich vor Selbstbewußtsein und erklärte mir gleich bei unserer ersten Begegnung, daß ich – wäre erst mal sein Knöchel verheilt – ein Feuerwerk an Offensivfußball erleben würde, wie ich es mir in meinen kühnsten Träumen nicht vorstellen könnte.

Ganz nach römischer Art elegant und vornehm, litt Galli allerdings an einem unkontrollierbaren Kopfzucken, einem

Tic, der zusammen mit seiner Manie, sich unentwegt mit den Händen durch das kräftige, braune Haar zu fahren, und seiner Unfähigkeit, still zu sitzen oder weniger als 30 Worte pro Sekunde zu reden, in mir den Verdacht aufkommen ließ, daß seine Schulzeit für die Lehrer nicht gerade ein Zuckerschlekken gewesen sein konnte.

Mir gegenüber saßen die beiden Spieler, die neben dem quirligen Mittelfeldmann Claudio Bonomi, der eine Zahnspange trug und, da er ein Mädchen aus Castel di Sangro geheiratet hatte, nur selten im *Marcella's* aß, die Lieblinge von Jaconi waren, was zu verhehlen sich der Trainer auch keine Mühe gab.

Obwohl sie ganz unterschiedliche Charaktere waren, hatten Fusco und Martino schon so lange in einer Mannschaft gespielt (ein Jahr in der C2 mit Lanciano, bevor sie vor fünf Jahren gemeinsam zu Castel di Sangro kamen), daß sie in der turbulenten, schnellebigen Welt der unteren Ligen praktisch als siamesische Zwillinge gelten konnten.

Pietro Fusco war ein untersetzter, muskulöser 25jähriger Verteidiger, der in Neapel geboren und aufgewachsen war, und das nicht gerade in einem der vornehmeren Viertel. Ein lakonischer, junger Mann mit müden Augen, die oft wirkten, als hätten sie bereits mehr gesehen, als sie sollten. Er signalisierte einem, daß man ihn entweder so nehmen müsse, wie er war, oder es besser bleiben ließe; und selbst dann gab es keinen Grund zur Annahme, daß er einen akzeptieren würde.

Tonino Martino hätte kein größerer Gegensatz sein können. Er hatte kurze, lockige Haare, die er blond färbte; in seinem linken Ohr trug er einen großen, goldenen Ring; mittags wie abends trank er Rotwein zum Essen, bestand aber darauf, ihn mit Sprite zu verdünnen. Wie De Juliis und ein neuer Verteidiger namens Luca D'Angelo stammte er aus den Abruzzen, aus einer kleinen Stadt bei Pescara.

Tonino, der stets wenn er mich begrüßte, erst einmal den Namen seines Lieblingssportlers aus den USA jodelte –

Karrreeeeeem Aaabdddullll Jabbbaaarrrrrrrr! – und dabei das letzte »r« besser rollen konnte als jeder andere Italiener, war zweifellos das extrovertierteste, warmherzigste und geselligste Mitglied einer bemerkenswert aufgeschlossenen und geselligen Mannschaft. Als Intellektuellen hätte ihn jedoch wohl niemand bezeichnet.

Eines Abends, als meine Sprachkenntnisse schon bedeutend besser geworden waren, traf ich ihn, wie er über einem neuen Nintendo-Spiel brütete, das er sich ausgeliehen hatte. »Gibt's ein Problem, Tonino?« fragte ich ihn. Er blickte bekümmert hoch. »Ach, Joe, das hier ist bislang das schwierigste Spiel. Ich verstehe nicht mal die Spielanleitung!« Er gab mir die Packung, damit ich es selber sehen konnte. Ich warf nur einen Blick darauf und gab sie ihm zurück. »Tonino«, sagte ich, »das ist in Spanisch.«

Und dann war da natürlich Jaconi. Nach fünf Minuten hatte ich begriffen, daß er mir den Platz direkt zu seiner Linken nicht nur aus Höflichkeit angeboten hatte, sondern auch, damit er mir um so leichter und häufiger seine philosophischen Ansichten zum Thema Fußball und zum Leben allgemein erläutern konnte, wobei er sich von Nebensächlichem wie Verständigungsschwierigkeiten nicht beeindrucken ließ.

Das erste Thema, das zur Sprache kam, war Knoblauch. Er war an seinem Tisch strengstens verboten. Er hielt Knoblauch für extrem ungesund, insbesondere für den Verdauungsapparat von Leistungssportlern. Weder Knoblauch noch auch nur leicht mit Knoblauch gewürzte Speisen waren während der Saison erlaubt. Wie man in Japan von einem »Westler« erwartet, daß er die Schuhe auszieht, bevor er sich zum Essen setzt, so wurde von mir erwartet, das Knoblauch-Verbot mit der gleichen Ehrfurcht zu befolgen, wie es auch die Spieler taten.

Darüber hinaus waren Chilischoten zwar nicht verboten, aber ebenfalls nicht gern gesehen. Jaconi schmeckten sie nicht, und er konnte auch nicht einsehen, wozu sie gut wären.

Marcella verwendete sie nicht beim Kochen, und obwohl eine Schüssel mit in Olivenöl eingelegten Chilischoten für uns auf der Salatbar stand, hatte Jaconi deutlich gemacht, daß er ihre Verwendung als persönlichen Affront auffassen würde.

Nur qualmen durfte man ununterbrochen. Die Spieler durften vor, während und nach dem Essen rauchen und auch zu jeder anderen Tageszeit. Die Ansicht, daß diese Angewohnheit der Gesundheit der Spieler abträglich sein könnte, ganz zu schweigen von ihrer Kondition, wurde von Jaconi mit Nachdruck als Firlefanz aus Amerika abgetan, vergleichbar der absurden Vorstellung, daß tierische Fette in großen Mengen schädlich sein könnten.

An jenem ersten Abend kam Jaconi direkt auf das Thema Fußball zu sprechen, wegen dem wir schließlich beide hier waren. »Nein, nein, nein, nein!« Er wollte keinen Blödsinn über la potenza della speranza hören. Sollte Gravina das der Presse verkaufen. Die Wahrheit sähe betrüblicherweise ganz anders aus.

»In der Seria B«, sagte er, mich aus kurzer Distanz fixierend, »ist die Saison lang und hart.« Er sagte es einmal, noch einmal und ein drittes Mal. Dann tippte er mit den dicken Fingern seiner Rechten auf mein Notizbuch, und für einen Moment dachte ich, er würde mich jetzt auffordern, mich an einen anderen Tisch zu setzen und diesen Satz hundertmal hinzuschreiben, bevor ich wieder zum Essen zurückkehren durfte.

Klar, sie hatten das erste Spiel gewonnen. Aber das hieß gar nichts. Niente! Was war schon ein Spiel von 38? Sie hatten drei Punkte gemacht. Aber vielleicht blieben das die einzigen Punkte in der ganzen Saison. Und was wäre dann mit dem Märchen? Was, wenn das Wunder nur ein grausamer Scherz gewesen war? Eins mußte ich begreifen: Dies war die Seria B! Und sie waren nur Castel di Sangro. Nicht Turin, nicht Palermo, nicht Padua, und auch nicht Genua, Bari, Brescia oder Venedig. Nicht einmal Foggia, der Verein, dem sie in ihrem ersten Auswärtsspiel am nächsten Sonntag gegenüberstehen würden. Dies war kein Kinderspiel. Dies war nicht irgendein Spaß. Das war die Seria B, verdammt, und in seiner fünfzehnjährigen Karriere als Trainer im Profifußball war Osvaldo Jaconi noch nie hier gewesen, und egal was passieren würde – egal was! –, niemand würde ihm vorwerfen können, daß er die Sache auf die leichte Schulter genommen hätte.

Der ganze Monolog erfolgte natürlich in italienisch. Und doch waren Jaconis Gesten so eindeutig, sein Tonfall so unmißverständlich, seine Stimme so ausdrucksstark, daß ich keinen Zweifel hegte, den Sinn voll erfaßt zu haben, auch wenn ich gerade mal zehn Prozent der Vokabeln verstanden hatte.

Es gab nichts, was ich bislang dazu sagen konnte, aber Jaconi erwartete auch gar keine Antwort. Wie ich noch lernen sollte, sagte Jaconi nur sehr selten etwas in der Absicht, jemandem eine Entgegnung zu entlocken. Nur was *er* sagte, zählte. Er war es, der Bescheid wußte, sich auskannte und sagte, wo es langging. Daher war eine Erwiderung selten angebracht, ob es nun um Knoblauch oder eine Umstellung vom 4-5-1-System auf das 4-4-2-System ging.

Ob es nun um Fußball, Essen, Musik, Autos, Frauen, Psychologie, Geschichte oder Quantenmechanik ging – Jaconi zu widersprechen war etwa so, als würde man mit Steinchen nach einem Bulldozer werfen. Eine Weile wäre es vielleicht ganz unterhaltsam, und wenn man eine ganze Handvoll direkt auf die Windschutzscheibe schmiß, würde der Fahrer vielleicht kurz den Kopf bewegen, aber das wäre auch alles: Von seiner einmal eingeschlagenen Bahn war der Bulldozer durch nichts und niemanden abzubringen.

Ich lauschte wie gebannt und einigermaßen eingeschüchtert, dabei war ich nicht mal Spieler. Das war natürlich genau die Reaktion, die Jaconi erzielen wollte. Nachdem er gesehen hatte, wie erfolgreich er damit gewesen war, lehnte er sich zurück, schlug mir kameradschaftlich auf die Schulter und bestellte bei Marcella einen Limonenlikör, der nur zu ganz besonderen Anlässen gereicht wurde.

»Benvenuto a Castel di Sangro!« sagte er. »A casa mia tu sei sempre il benvenuto. Sarò lieto di poterti essere utile in qualsiasi cosa, e anche i presenti sono invitati a rispondere sempre alle tue domande!«

Für diesen ausführlichen Willkommensgruß hatte Marcella ihren Sohn Christian aus der Küche holen müssen, der ein zwar rudimentäres, doch noch verständliches Englisch sprach.

»Mister Jaconi«, übersetzte Christian, »sagt zu dir willkommen, no? Aber weiter sagt er, du bist willkommen in seine Wohnung. Und alle Hilfe, die du willst, er macht. Und alle deine Fragen er wird glücklich sein für die Antwort, um zu helfen, daß du lernst.«

»Christian«, erwiderte ich, »bitte erkläre Mister Jaconi, daß mich seine Gastfreundlichkeit sprachlos macht. Er ist überaus freundlich und macht mich überaus glücklich, und ich wünsche ihm und der Mannschaft den allergrößten Erfolg und werde ihr allergrößter Fan sein. Ich fühle mich durch diesen herzlichen Empfang überaus geehrt, und eines Tages werde ich mich für seine außergewöhnliche Gastfreundlichkeit angemessen revanchieren.«

Christian nickte verstehend, doch wie mir schien auch mit zunehmender Skepsis, während ich vor Dankbarkeit übersprudelte.

Aber noch bevor er Anstalten machen konnte, das zu übersetzen, sagte Jaconi wieder etwas, lachte dann laut auf und klopfte mir noch härter als beim ersten Mal auf die Schulter.

»Mister sagt, das geht okay. Er sieht schon, du bist Quatschkopf. Keine Problem. Er freut sich, daß du da bist. Und er sagt dir: warte mit die Rest, bis du Quatsch auf italienisch kannst.«

KAPITEL 9

Als ich am nächsten Morgen die Treppen im *Coradetti* hinunterkam, merkte ich sofort, daß etwas nicht stimmte. Die Tür zu dem kleinen Raum mit dem Empfangstisch war zu. Aber nicht nur das, sie war auch abgeschlossen.

»Mamma mia«, stöhnte ich. Heute war Mittwoch. Chiuso! Barbara arbeitete bis Donnerstag in Rom, und ich war noch nicht dazu gekommen, sie zu fragen, was Giuseppe und der Hotelbesitzer mir über den Mittwoch hatten erklären wollen. Jetzt fiel es mir wieder ein: geschlossen!

Egal, das *Coradetti* wirkte ohnehin nie, als habe es geöffnet, und da ich nichts am Empfangstisch wollte, ging ich einfach zu der Glastür, die direkt vom Fuß der Treppe auf die Straße führte.

Aber die Tür ließ sich nicht öffnen. Sie war abgeschlossen und sowieso nur von außen zu öffnen. Ich konnte den Empfang nicht anrufen, um mich zu beschweren, weil der Empfang nicht besetzt war und ich auch gar kein Telefon auf dem Zimmer hatte.

Es dauerte noch einen Moment, bis mir klar wurde, daß ich eingesperrt war. Ich trat an die verschlossene Tür zum Empfangsraum und begann, zu rufen und dagegen zu trommeln. Keine Reaktion. Ich rief und trommelte zehn Minuten lang, ohne auch nur einen Muckser von innen zu hören.

Was, wenn ein Feuer ausbräche? Mercoledi. Chiuso. Diese Wörter nahmen eine neue und unheilschwangere Bedeutung an. Ich war in dieser verwanzten Tiefkühlkammer mit null Sternen eingesperrt, während der fette Dreckskerl von Besitzer wahrscheinlich mit seiner griesgrämigen Familie zum Picknick gefahren war, verdammt noch mal! Ich würde hier vor morgen nicht rauskommen! Ach, hätte ich doch nur schon ein paar anständige Verwünschungen auf italienisch gelernt. Statt dessen ließ ich eine Reihe englischer Flüche vom Stapel.

Das zeigte Wirkung. Meine Schimpfkanonade änderte nichts an der Grabesstille hinter der Tür zum Empfangsraum, doch sie war bis auf die Straße zu hören und erregte die Aufmerksamkeit einiger Teenager, die auf dem Weg zu ihrer Oberschule waren.

»Aiuto!« rief ich ihnen zu; das italienische Wort für »Hilfe« war mir eingefallen. Dazu trommelte ich gegen die Glastür. »Fuori! Fuori!« schrie ich, denn ich erinnerte mich an das Wort für ›draußen‹.

Aber die Hurensöhne und Hurentöchter, denn es waren auch zwei, drei Mädchen in der Gruppe, begannen bloß zu lachen. Dachten die vielleicht, Amerikaner würden den weiten Weg nach Castel di Sangro auf sich nehmen, nur um sich hier in zweisprachiger Stand-Up-Comedy zu üben?

»Io sono il famoso scrittore americano, zum Teufel!« brüllte ich. Dann fiel mir ein, daß ich ja wie immer mein Wörterbuch dabeihatte.

»Einen Augenblick! Einen Augenblick!« rief ich mit erhobenem Finger. Glücklicherweise schienen sie Gefallen an der Vorstellung zu finden und es nicht eilig zu haben, zur Schule zu kommen.

Ich blätterte wie wild in dem Wörterbuch und suchte das Wort für »eingesperrt«. Verdammter Mist! Das war ein schwerer Brocken: im-pri-gion-are. Und das war erst der Infinitiv. Mamma mia, warum hatte ich die Sprache nicht gelernt, bevor ich herkam? Egal, ich würde es auf gut Glück versuchen. Immer noch besser, als wenn die Kids ihr Interesse verlören und weitergingen.

»Sono imprigionato in questo albergo!« rief ich und rüttelte dabei zur Demonstration an der Türklinke.

Diese verdammten Blagen hatten ihren Heidenspaß! Ich konnte ihr Gelächter durch die Glastür hören, die ich auf der Stelle eingeschlagen hätte, wäre ein geeignetes Werkzeug zur Hand gewesen.

Schön, da konnte ich auch gleich in die Vollen gehen. Ich sank auf die Knie und streckte flehend die Hände aus: »Aiuto! Aiuto! Per piacere!«

Ungerührt lachten sie bloß.

Ich schaute erneut ins Wörterbuch. Mein Blick fiel auf ein Wort, daß vielleicht Wirkung zeigen mochte.

»Aiuto! Subito!« rief ich das größte der Mädchen an und zeigte auf sie: »Oppure ti ingravido!« Hilf mir sofort, oder ich schwängere dich! Wenn das nicht den Hotelbesitzer hervorlocken würde, dann vielleicht die Polizei. Zu diesem Zeitpunkt war mir bereits alles egal.

Der Rest des Trüppchens lachte das große Mädchen aus, und selbst sie begann zu grinsen. Dann gingen sie weiter. Anscheinend in die richtige Richtung, denn keine fünf Minuten später hörte ich Schritte aus dem Empfangsraum, die Tür schwang auf, und es erschien – ich hätte geschworen, in einem Seidenpyjama, wäre das nicht so völlig unwahrscheinlich – der Hotelbesitzer.

Zuerst dachte ich, er würde mich schlagen. Statt dessen funkelte er mich nur auf das Grimmigste an und klatschte mir einen winzigen Schlüssel in die Hand, gerade vier Zentimeter lang und kaum so dick wie eine Rasierklinge. Dann wedelte er mit seiner starkbehaarten Hand in Richtung der Tür zur Straße.

Als ich sie genauer inspizierte, entdeckte ich einen winzigen Schlitz direkt unter dem Griff. Ein Schlüsselloch vielleicht? Mannaggia, ja! Verdammt, ich war wieder im Geschäft! Der mikroskopisch kleine Schlüssel glitt ins Schloß, ich drehte ihn behutsam ein Stückchen nach rechts und hörte ein Klicken. Der Türknauf ließ sich nun bewegen, und die Tür schwang auf.

Barfuß walzte der Hotelbesitzer an mir vorbei auf die Straße, auf der er sich ganz offensichtlich nur ungern in seinem Seidenpyjama zeigte. Er grunzte und zeigte auf einen ähnlichen Schlitz unter dem äußeren Türknauf. Dann wies er auf den Schlüssel.

Ich nickte und zeigte ein strahlendes Lächeln der Dankbarkeit und des Verstehens. Mit diesem winzigen Schlüssel konnte ich das Hotel nach Lust und Laune verlassen und betreten, selbst mittwochs!

Aber damit ich es ja nicht vergäße, brüllte er mich an: »Mercoledi! Chiuso!«

Am Freitagmorgen kam Barbara, frisch zurück aus Rom, ins *Coradetti*, um sich – wie sie sagte – zu vergewissern, daß ich ihre Nachricht erhalten habe.

»Barbara. Ich wohne jetzt seit vier Tagen hier. Abgesehen von der Familie bin ich der einzige, der hier wohnt. Ich will jetzt nicht mal von Mittwoch erzählen, aber jedesmal, wenn ich von draußen hereinkomme, fragt mich dieser Weihnachtsmann, was ich will. Ich erkläre ihm, daß ich meinen Zimmerschlüssel möchte. Er fragt mich, welches Zimmer ich habe. Ich sage: ›Nummer acht.‹ Er guckt, als hätte ich seine Mutter beleidigt. Eine Weile stiert er mich an. Irgendwann gibt er mir dann endlich den Schlüssel. Glauben Sie wirklich, er würde mir eine Nachricht zukommen lassen?«

»Deswegen komme ich ja persönlich«, sagte Barbara. »Denn es ist sehr wichtig. Signor Rezza möchte sich am Mittag mit Ihnen in seinem Büro treffen.«

»Äh, oh. Warum? Ich schwöre bei Gott, daß ich jede Muschel gegessen habe, die man mir serviert hat. Mit Schale und Bart.«

»Nein, nein, darum geht's nicht. Signor Rezza möchte Sie bloß offiziell in Castel di Sangro willkommen heißen, und ich komme mit als Dolmetscherin. Ich treffe Sie zehn vor zwölf im Büro der Società im dritten Stock.«

Exakt um fünf vor zwölf erschien ein Mitarbeiter von Rezza und winkte Barbara und mir, ihm zu folgen. Wir kletterten zwei dunkle und enge Treppen hoch und warteten dann vor einer schweren Mahagonitür, die keinerlei Hinweis darauf

bot, wer oder was sich dahinter verbergen mochte. Die Tür stand einen winzigen Spalt breit offen.
Unser Führer, der eine dunkle Sonnenbrille trug, klopfte laut an. Dann rief er: »Permesso?«

Er erhielt keine Antwort. Nichtsdestotrotz öffnete er die Tür und ging durch einen großen, mit schweren Teppichen ausgelegten Raum voran, der zwar Schreibtische, Stühle, Computer und alles andere enthielt, was man in einem modernen Büro zu finden erwartet, jedoch menschenleer war. Am anderen Ende befand sich eine weitere Tür, auch sie einen Spaltbreit geöffnet, weit genug, um den Geruch von Zigarrenrauch hinausdringen zu lassen.

Der Angestellte klopfte erneut: »Permesso?«

Von jenseits der Tür antwortete ein Knurren.

Der Angestellte stieß die Tür auf, winkte Barbara und mich hinein, schloß die Tür hinter uns und war fort.

Signor Rezza saß hinter einem großen Schreibtisch, der völlig leer war. Mir schien, als blickten seine Augen etwas wäßrig durch den dichten Zigarrenqualm, der ihn einhüllte.

Er grummelte erneut.

»Buongiorno, Signor Rezza«, sagte Barbara.

»Buongiorno«, sagte ich.

Ohne den starren Blick von uns zu wenden, nahm er einen tiefen Zug an der Zigarre. Niemand sagte etwas. Seine Leibwächter waren nicht zu sehen, aber ich hätte ein Jahr meines Lebens darauf verwettet, daß irgendwo in seiner Reichweite ein Knopf versteckt war, der sie sofort auf den Plan rufen konnte.

Er grummelte wieder. Diesmal länger als bei den beiden Malen zuvor.

Als er innehielt, sagte Barbara zu mir: »Signor Rezza möchte wissen, warum Sie in einem so unangenehmen Hotel wie dem *Coradetti* wohnen.«

»Erklären Sie ihm, daß es ein spontaner Entschluß war. Es ist nur vorübergehend. Ab nächste Woche suche ich mir eine kleine Wohnung.«

Sie übersetzte das, und er knurrte erneut. »Signor Rezza sagt, Sie bräuchten nicht zu suchen. Er hat bereits eine Wohnung für Sie.«

»Oh! Nun ja, das ist, äh ... praktisch. Aber ich glaube, ich sehe mich trotzdem selbst ein bißchen um. Sie wissen schon, Preise vergleichen, die Lage und –«

Aber Barbara sprach bereits, bevor ich ausgeredet hatte. Was immer sie auch sagte, löste ein ähnliches Knurren wie zuvor aus.

»Was haben Sie gesagt?«

»Ich habe ihm erklärt, daß Sie unendlich dankbar für seine Gastfreundlichkeit sind und sofort umziehen werden, wenn Sie aus den Staaten zurück sind.«

»Aber einen Augenblick mal, Barbara.« Doch ich wurde durch ein weiteres Grummeln unterbrochen.

»Signor Rezza sagt, daß die Wohnung Ihnen zuliebe unmittelbar neben der von Mister Jaconi liegt.«

»Tatsächlich? Wow, das wäre ja praktisch. Sagen Sie ihm vielen Dank. Aber ist sie auch frei? Und wieviel würde sie kosten?«

»Das sind nur Nebensächlichkeiten. Damit muß man Signor Rezza nicht belästigen. Um solche Sachen kümmern sich seine Mitarbeiter. Und die Frage, ob sie frei ist, stellt sich gar nicht. Wann immer Sie einziehen möchten, wird sie frei sein.«

Jetzt sprach Rezza wieder. Diesmal konnte man sogar einzelne Wörter heraushören, die ich aber natürlich nicht verstehen konnte.

»Signor Rezza fragt, ob Sie am Montag vielleicht sein Haus in den Bergen besichtigen und anschließend ein Mittagessen zu sich nehmen möchten, das sein Küchenpersonal zubereiten wird, und Ihre Antwort wird natürlich Ja sein, daher werde ich ihn einfach fragen, wann er wünscht, daß Sie eintreffen.«

»Wir, Barbara. Wir!« Ich hatte bereits von Signor Rezzas Sicherheitsvorkehrungen gehört und nicht die Absicht, ganz alleine seine drei Meter hohen Stahltore zu durchschreiten.

»Ja, Signor Rezza hat mich ebenfalls eingeladen, damit die Verständigung besser klappt. Er sagt, daß wir um neun Uhr morgens am Tor sein und uns über die Gegensprechanlage melden sollen. Also – oh, einen Moment noch, bitte.«

Ein weiteres Gegrummel rollte durch den Rauch auf uns zu.

»Ach ja. Signor Rezza weist darauf hin, daß Sie natürlich unter keinen Umständen einen Fotoapparat oder irgendeine Art von Aufnahmegerät mitbringen dürfen. Ich werde ihm versichern, daß Sie niemals auf diese Idee kommen würden.«

»Unter allen Umständen«, sagte ich und erschauderte, als ich mir plötzlich vorstellen mußte, wie mich der hagere Leibwächter abtastet und meine zuverlässige, kleine Canon entdeckt, die der große, Bruno, mir dann wegnehmen und einfach runterschlucken würde.

Signor Rezza gab einen Laut von sich, den ich als Zeichen für unsere Entlassung deutete.

»Gut, Signor Rezza erlaubt uns nun zu gehen, es sei denn, Sie hätten noch eine Frage, und ich sollte ihm besser sagen, dem wäre nicht so.«

»Aber Augenblick, Barbara, ich habe tatsächlich eine.«

»Joe! Ich hoffe doch, die hat nichts mit dem neuen Stadion zu tun?«

»Ich bitte Sie, Barbara. Ich mag ja verrückt sein, aber ein Selbstmörder bin ich nicht. Ich möchte nur wissen, ob er am Sonntag zum Spiel gegen Foggia kommt.«

Auf Barbaras Nachfrage hin nahm Rezza tatsächlich die Zigarre aus dem Mund. Sein Grummeln schien nun tiefer zu klingen, dann entließ er uns mit einer abwinkenden Handbewegung.

»Nein, er wird nicht kommen. Signor Rezza erklärt, er ginge nicht zu Spielen, von denen er einen ungünstigen Ausgang erwartet.«

Ungeachtet des erwarteten Ausgangs fuhr ich mit Giuseppe am Sonntag morgen zu dem Hotel bei Foggia, in dem die Mannschaft die vergangene Nacht verbracht hatte. Die Spieler beendeten gerade das Mittagessen, als wir ankamen. Meine erste Aufgabe würde das gefürchtete Sprachproblem betreffen, aber ich wußte, ich würde es versuchen müssen, wollte ich nicht als noch größerer Trottel dastehen, als ich es ohnehin schon tat.

Die ganze Woche über war ich mir wie der letzte Idiot vorgekommen, wenn ich Lotti begegnete. Er hatte mich stets angelächelt und es sich nicht nehmen lassen, mir sogar die Hand zu schütteln. Seine ganze Art – nicht allein mir gegenüber, sondern im Umgang mit allen – verdeutlichte, daß er nicht nur eine Ausnahmetorwart war, sondern auch ein echter Gentleman. Beim hektischen Training war allerdings immer nur eine flüchtige Begrüßung möglich gewesen. Heute mußte ich ihm meinen Fehler erklären.

Ich fand ihn auf der Wiese vor dem Hotel, wo er unter einem schattigen Baum langsam auf- und abschritt und natürlich mit seinem Handy telefonierte. Wenn die Mannschaft auswärts antrat, trugen alle Spieler graue Anzüge mit blauem Hemd und rotblauer Krawatte, das Nobelmodell der Produktlinie von Soviet Jeans. An diesem warmen Nachmittag am Meer hatte Lotti das Jackett lässig über die Schultern geworfen.

Als er sein Telefonat beendet hatte, sprach ich ihn an. Wie immer lächelte er und schüttelte mir herzlich die Hand. Wie die meisten der anderen Spieler, sah auch er gut aus, aber vor allem seine Augen war bemerkenswert. Sie waren wie die Augen eines wilden, stolzen Tieres, unentwegt in Bewegung und alles registrierend, was in ihr Blickfeld geriet, immer auf der Hut vor möglicher Gefahr. Ansonsten zeigte Lotti keinerlei Anzeichen von Nervosität. Aber die Augen verrieten, daß er nichts anderes sein konnte als professioneller Torhüter oder Polizist.

»Entschuldige mal, Massimo.« Dieses Gespräch hatte ich vorbereitet, die nächtlichen Übungsstunden mit meinem Italienisch-Lehrbuch im kalten Zimmer des *Coradetti* trugen nun Früchte.

»Hallo, Joe. Geht's gut?«

»Ja, danke, Massimo. Aber einen Moment, bitte.«

»Natürlich, Joe, sicher.«

»Letzte Woche ...«, fing ich an.

»Ja?« Er blickte mich aufmunternd an, als wolle er mich bestärken, mich im Italienischen zurechtzufinden.

»Ich sagte zu ...«, mit den Personalpronomen kam ich nicht zurecht, also wies ich einfach auf ihn, »ich sagte, eine schöne Schweinerei.«

Er lachte, legte mir einen Arm um die Schulter und sagte: »Ja, Joe, ich weiß.«

»Das war ein Mißverständnis.«

»Klar, Joe«, sagte er immer noch lachend. »Weiß ich.«

»Ich wollte sagen: ein gutes Spiel.«

Er hörte auf zu lachen, aber nickte grinsend. »Ich weiß, Joe, ich weiß.« Er wies mit dem Zeigefinger auf seine Stirn. Er hatte das damals schon begriffen. Natürlich, er war ja kein Idiot. Nur ich hatte mich wie einer angestellt.

Obwohl sich Jaconi der Presse gegenüber noch bedeckt hielt, so hatte er doch am Freitag schon Lotti und De Juliis, und am Freitagabend dann auch mir erklärt, daß Lotti gegen Foggia spielen würde. Jaconi betonte, daß De Juliis immer noch die Nummer eins sei, aber Lotti habe in der ersten Begegnung so gut gehalten, daß man eine so plötzliche Umstellung nicht rechtfertigen könne.

Daher überreichte ich Lotti nun eine Nachricht, die zu schreiben mich am Morgen zwei Stunden gekostet hatte. Dabei benutzte ich eine frischgelernte Redewendung. Sie lautete: »In bocca al lupo!« Wörtlich übersetzt heißt das: »In den Rachen des Wolfes.« Aber aus irgendeinem Grund sagt man genau dies, wenn man einem Italiener vor einem Wettkampf Glück wünschen will.

»Crepi il lupo!« entgegnete Lotti, Tod dem Wolf, dann preßte er fest meine Schulter und grinste breit. »Danke, Joe, wir sind nun Freunde, oder?« Dann blickte er auf den Zettel. »Den werde ich lesen.«

Was da in dem besten Italienisch drinstand, das ich hinbekommen hatte, lautete schlicht: »Ich weiß, wie man sich als Außenseiter fühlt. Und ich weiß, daß du selbst nach diesem tollen Spiel für die Mannschaft und Mister Jaconi noch ein Außenseiter bist. Das muß eine zusätzliche Belastung für dich sein, aber sei gewiß, daß ich dich heute besonders stark anfeuern werde. Was immer auch geschehen mag, nach dem, was ich letzte Woche gesehen habe, weiß ich, daß du das Zeug zu einem erstklassigen Torhüter hast.«

Ich marschierte recht zufrieden mit mir zurück zum Hotel. Doch auf der untersten Treppenstufe stand De Juliis und starrte mich kalt an.

»Ciao, Robert«, sagte ich. In den Abruzzen spricht man das ›o‹ am Ende des Vornamens nicht mit.

Er nickte, blieb aber stumm.

»In bocca al lupo«, sagte ich.

Er zeigte in Richtung Lotti: »Klar, viel Glück für ihn. Was mich betrifft, ich sitze auf der Bank.«

Jaconi lud mich ein, mit im Mannschaftsbus ins Stadion zu fahren. Wir kamen kurz vor drei an, eine Stunde vor dem Spiel, und gingen schnell durch einen kurzen, unangenehm feuchten Tunnel zu den Kabinen unter der Haupttribüne. Kaum hatten die Spieler die Taschen mit ihren Trikots abgestellt, eilten sie einen dunklen Flur entlang, dann nach rechts, ein paar Stufen hoch, und dann traten sie in das blendende Sonnenlicht hinaus, das das Spielfeld überflutete.

Ich folgte ihnen rasch. Denn dies war schließlich, vor allem für jene, die in der letzten Saison dabeigewesen waren, das

Feld der Träume. Nur drei Monate zuvor hatte sich genau hier das Wunder ereignet.

Ich konnte mir das nur schwer vorstellen, als ich die 25.000 leeren Sitze und die eintönige, heruntergekommene Umgebung sah. Foggia war nicht gerade eine blühende Stadt, und das Stadion, das aussah, als habe es seit Garibaldis Tagen jeden italienischen Krieg mitgemacht, lag eindeutig nicht in einem Nobelviertel.

Es stimmt wohl, daß sich im Lauf der Zeiten zahlreiche Wunder inmitten des größten Elends ereignet haben, aber ich konnte mir beim besten Willen nicht vorstellen, wie Foggia hier vor nur zwei Jahren das Juventus eines Baggio geschlagen hatte. Und ein weiteres Jahr zuvor, als sich Castel di Sangro noch in der C2 abrackerte, hatte Foggia die Saison auf einem der oberen Tabellenplätze in der Seria A beendet. Dann wollte ein kurzsichtiges Management wie so häufig das schnelle Geld machen und verkaufte auf einen Schlag alle guten Spieler. So stand Foggia nun uns gegenüber, nachdem man in der Vorsaison auf dem zwölften Platz der Seria B gelandet war.

Ich sah, wie De Juliis allein das verwahrloste, staubige Spielfeld abschritt und gelegentlich niederkniete, um mit der Hand durch die mageren Fleckchen Gras zu streichen. Ein bißchen besorgt darüber, daß er wegen meines plötzlichen Einvernehmens mit Lotti verärgert sein könnte, sprach ich ihn an: »Was machst du da?«

Er blickte auf. Dann lächelte er eine Spur verlegen, wie mir schien. »Ich suche ein Quadrifogli.«

Ich schüttelte hilflos den Kopf. Das Wort kannte ich nicht. Er stand auf, klopfte sich den Schmutz von den Knien und wiederholte: »Quadrifogli.«

»Tut mir leid, das verstehe ich nicht.«

Er hob den Zeigefinger. »Augenblick, Joe.« Er bückte sich erneut und pflückte ein Kleeblatt aus dem Gras. Er hielt es mir hin und zählte: »Eins, zwei, drei, nichts.« Dann hielt er vier Finger hoch und grinste.

Ach klar, ein vierblättriges Kleeblatt.

»Die bringen Glück«, sagte er.

»Sì, sì«, sagte ich lächelnd.

»Bei dir zu Hause auch?«

»Aber ja. Überall auf der Welt.« Meine einsamen Italienisch-Stunden machten sich wirklich schon bezahlt. Nun, da wir sozusagen ins Gespräch gekommen waren, gab es etwas, das ich ihn fragen wollte.

»Dieser Platz bedeutet dir etwas ganz Besonderes, oder? Wegen dem letzten Juni?«

»Oh, ja, etwas ganz Besonderes.« Er legte mir eine Hand auf die Schulter und lenkte meinen Blick in Richtung der Ersatzbank. »Ich habe geweint. Als ich Spinosa sah, konnte ich nur ›nein, nein, nein‹ sagen. Aber nun sind wir hier. Hoffen wir das Beste.«

Wie im Juni trafen wieder Busse mit den Fans von Castel di Sangro ein; diesmal waren es zwar nicht Tausende, aber doch einige hundert. Heute hatte Gravina natürlich nicht die Kosten getragen. Außerdem durften die Fans nur in eine der Kurven hinter dem Tor und wurden von einer Phalanx von Polizisten »beschützt«. Obwohl die Besucherzahlen in Foggia nach dem Abstieg aus der Seria A dramatisch zurückgegangen waren, schätzte ich, daß unsere Fans den anderen im Verhältnis 1 zu 10 unterlegen waren.

Vom Anpfiff an machte es den Eindruck, als wären auch unsere Spieler zahlenmäßig unterlegen. Jaconi war einer der größten Versuchungen für einen Fußballtrainer erlegen: an ein Auswärtsspiel mit übertriebener Vorsicht, wenn nicht ausgesprochener Verzagtheit heranzugehen. In diesem Fall hieß das, daß er Di Vincenzo auf der Bank ließ und in der Hoffnung, dadurch den Druck von der Hintermannschaft zu nehmen, einen zusätzlichen Mittelfeldspieler brachte.

Diese Taktik erwies sich von Anfang an als ineffektiv. In den ersten drei Minuten mußte Lotti drei gefährliche Torschüsse Foggias parieren. Und nach nur acht Minuten ging Foggia in Führung. Ein Stürmer versetzte geschickt den zurückstolpernden Cei und schob den Ball einfach an Lotti vorbei, der zu früh rausgehechtet war.

Von da an ging es rapide bergab. Nach nur zehn Minuten schrieb ich in mein Notizbuch, daß Castel di Sangro »deklassiert« wurde. Nichts im weiteren Spielverlauf sollte meine Meinung ändern. Nur dank einer weiteren phänomenalen Leistung von Lotti blieb es schließlich bei einem gnädigen 2:0.

»Castel ein Trümmerhaufen«, schrieb *Il Centro* am nächsten Tag. »Keine Abwehr zu erkennen, zu viele Fehler und falsche Taktik«, schrieb der *Messagero* in seiner Ausgabe für die Abruzzen.

Jaconi, der das Ergebnis nicht schönreden konnte, hatte den Reportern erklärt: »Dies war nur ein Spiel von vielen. Wir werden das in Ruhe angehen und uns auf Cremonese vorbereiten.« Die würden unser Gegner am folgenden Sonntag sein.

Ich bewunderte seine Bemühungen, den Ball flach zu halten, besonders wenn man bedachte, wie tief verwurzelt in Italien – ob bei Sieg oder Niederlage – die Neigung zu hysterischen Überreaktionen war.

Zugleich fürchtete ich, selbst von hysterischen Anfällen nicht frei, daß die Saison länger und härter werden könnte, als alle es erwarteten. Unserem Sturm war in zwei Spielen nur ein einziger Treffer gelungen (und der war ein Elfer), und unsere Verteidigung bestand im Grunde nur aus Lotti, gestärkt durch jedes vierblättrige Kleeblatt, das De Juliis finden mochte.

KAPITEL 10

Barbara war pünktlich wie immer, und um 8.55 Uhr standen wir am Montagmorgen vor dem verriegelten Stahltor, ungefähr 15 Kilometer außerhalb von Castel di Sangro und beträchtlich höher gelegen.

Sie stieg aus dem Wagen und sagte etwas in die Gegensprechanlage am Tor. Ich bemerkte an jeder Seite des Tors eine Überwachungskamera, die aus drei Meter Höhe auf uns gerichtet war. Indem man den Fahrer eines Wagens nötigte, auszusteigen und um Einlaß zu bitten, ermöglichte es das Sicherheitssystem den Leuten drinnen, gleichzeitig zu sehen und zu hören, wer Einlaß begehrte.

Die Straße nach hier oben war schmal, steil und kurvenreich gewesen. Dichter Wald reichte an beiden Seiten an sie heran. Links und rechts des Stahltors verschwand ein mit Stacheldraht gekrönter, hoher Zaun zwischen den Bäumen. Nicht gerade ein einladender Ort für Staubsaugervertreter.

Aber Barbara und ich wurden erwartet, und die beiden Flügel des massiven Stahltors glitten auseinander. Selbst drinnen mußte der Besucher weitere dreieinhalb Kilometer eine noch steilere, gewundenere und engere Straße hinauffahren. Eins schien zumindest klar: Sollte jemand den äußeren Gürtel von Rezzas Sicherheitssystem überwunden haben, würde er den nächsten nur im Schrittempo erreichen.

Der Morgen war klar, die Luft trocken, und die Sonne stand aus der erhöhten Perspektive von Rezzas Anwesen gesehen bereits hoch am Himmel. Das Gelände bot nicht nur eine 270-Grad-Aussicht auf das tieferliegende Gelände im Umkreis einiger Meilen, sondern gewährte, da bar jeden Bewuchses über Kniehöhe, auch einen freien Blick auf das unmittelbare Umfeld.

Das hieß natürlich, daß jeder, der sich Rezzas Haus näherte, schon aus mindestens einer halben Meile Entfernung deutlich zu sehen war. Hier würde es keine unliebsamen Überraschungen für den Mann geben, den Jaconi, offensichtlich ohne dabei Mozart im Sinn zu haben, Il Commendatore nannte.

Kurz nachdem wir vor dem Haupthaus gehalten hatten, erschien ein höflicher junger Mann in einem grünen Sakko mit verschiedenen Abzeichen, den man für einen Nationalpark-Aufseher gehalten hätte, wären wir in den Staaten gewesen. Es war Vito, ein Neffe von Signor Rezza, der an diesem Morgen unser Führer sein würde.

Sekunden später erschien ein Geländewagen. Vito löste den Mann, der ihn gebracht hatte, am Steuer ab, winkte Barbara und mir einzusteigen, und schon ging es los.

Für die nächsten drei Stunden übernahm Steven Spielberg die Regie. Ich weiß nicht, wie viele tausend oder zehntausend Morgen Rezzas Anwesen einnahm, aber um seine gewaltigen Ausmaße ging es auch gar nicht. Denn hinter seinem Stahltor und dem Stacheldrahtzaun, der das alles umschloß, hatte sich Rezza eine völlig autonome Welt erschaffen.

Seinen Wasserbedarf deckten Gebirgsbäche. Drei voneinander unabhängige Generatoren sorgten für Elektrizität, sollte der Strom aus irgendeinem Grund ausfallen. Das Haupthaus wurde nicht nur durch Holz, sondern auch durch Erdgas und Solarenergie beheizt. Rezza hatte sein eigenes Treibstofflager für den Fahrzeugpark. Er hatte Gewächshäuser errichten lassen, um selbst bei extremen Wintertemperaturen exotische Früchte zu züchten. Es gab Frauen, die nichts anderes machten, als sich um riesige Gemüsebeete zu kümmern, und Männer, die für die Obstbäume zuständig waren. Rezza besaß Teiche voller Forellen. Und vor allem hatte er Tiere.

Wie in Jurassic Park waren die verschiedenen Spezies durch Zäune voneinander getrennt, und wie in Jurassic Park gab es auch hier so exotische Tiere, daß man sie außerhalb von Rezzas Anwesen wohl nirgendwo in Italien finden konnte. Es gab Gemsen, Gazellen, Maultiere, Pferde, Schafe und große Herden von Tieren, die auf mich wie eine Kreuzung aus Elch und Karibu wirkten und die niemand genau identifizieren konnte.

»Warum?« war die erste Frage, die einem da in den Sinn kam. Signor Rezza sah nicht gerade wie ein Mann aus, der gleich nach dem Aufstehen Vito bittet, ihn zum Lama-Gehege zu fahren, damit er ein paar Tiere von Hand füttern kann.

Nach viel Herumgedruckse von seiten Vitos und hartnäkkigem Nachfragen Barbaras kam es schließlich heraus: Steuervergünstigungen. Indem er einen Wildpark für diverse Spezies unterhielt, die nach Meinung der italienischen Regierung gefährdet waren, kam Rezza in den Genuß von Steuernachlässen, die so gewaltig waren, daß es praktisch der italienische Steuerzahler war, der das Anwesen erbaut hatte und unterhielt. Locke 100 Einhörner aus dem nächsten Nationalpark, bau einen Zaun drum herum, und die Regierung schickt dir einen Scheck über ein paar Milliarden Lire. Das war nicht das schlechteste Geschäft.

Aber noch faszinierender als die Tiere war das, was Rezza mit der Berglandschaft selbst gemacht hatte. Als er das Land vor einigen Jahren gekauft hatte, hatte er den Standort für das Haus ausgesucht und dann die Aussicht nach allen Richtungen geprüft. Nach Süden fiel das Gelände steil in das Tal hinab, in dem Castel di Sangro liegt. Ansonsten aber umrahmten Berggipfel das zukünftige Haus. Einige von ihnen waren von einer Gestalt, die Rezza zusagte. Andere nicht.

Und so hatte er sich über mehrere Jahre daran gemacht, die Landschaft zu verändern. Mittels Dynamit, Bulldozern und dem einen oder anderen künstlich hervorgerufenen, kleineren Erdbeben ließ er Gipfel entstehen, wo zuvor keine gewesen waren, und eliminierte all die, die seinen Kunstsinn beleidigten. Das Ausmaß dieser Eingriffe, wie Vito sie schilderte, spottete jeder Beschreibung und sprengte jedes Vorstellungsvermögen. Vordringlichstes Ziel bei alldem war jedoch, daß am Ende alles natürlich wirkte, zumindest vom Haus aus gesehen.

Doch wenn man so nah heranfuhr, wie wir es mit dem Geländewagen taten (ein anderes Fahrzeug hätte dies auch nicht vermocht), sah man die Nähte und Risse. So waren etwa Zehntausende Tonnen von Felsblöcken um vielleicht 300 Meter verlagert und in einer neuen Höhenlinie, die Rezza attraktiver schien, wieder aufgeschichtet worden. Dergleichen hatte man in jeder Ecke des Besitzes und wohl ein paar dutzendmal wiederholt. Und an zahlreichen anderen Stellen waren Zehntausende Tonnen von Erde ausgehoben, weggekarrt, abgeladen und hoch aufgeschichtet worden.

Rezza hatte buchstäblich Berge versetzt. In ein paar wenigen Jahren hatte er Berge zerstört, die über Jahrmillionen von geologischen Kräften aufgetürmt worden waren, die offensichtlich weniger mächtig waren als er.

Aber der wichtigste Punkt, so Vito, war es, die richtige Auswahl an Gräsern zu importieren. Sorten, die nicht nur rasch wuchsen, um die Narben zu verbergen, und die dem rauhen Klima trotzen konnten, sondern die sich auch nicht von dem einheimischen Gras auf den tiefergelegenen, unberührt gebliebenen Hängen unterscheiden ließen.

Alles solle so aussehen, als wäre es schon immer so gewesen, hatte Rezza befohlen. Mit einer Ausnahme: Der Anblick von Felsen, sofern man sie von seinem Vorgarten aus sehen konnte, beleidigte Rezzas Auge. Nicht die Felsen, die zum Bau von Bergen nötig waren, sondern einfache Felsbrocken. Er mochte es eben nicht, wenn Felsbrocken einfach nur so rumlagen.

Deshalb galt es im letzten Bauabschnitt für Rezza World, Tausende von Felsbrocken, von fußballgroßen bis zu Felsen von der Größe der Jupitermonde, auszugraben und an eine Stelle seines Besitzes zu bringen, die er von der Vorderseite seines Hauses nicht einsehen konnte.

Und selbst dann drohte noch Gefahr, erzählte Vito. Rezza pflegte vor sein Haus zu treten, um die Sonne und den Ausblick auf Castel di Sangro, sein Liliput, zu genießen, und meinte manchmal nach fünf Minuten, manchmal nach zehn und manchmal erst nach einer Stunde, aber praktisch jeden Tag, einen Stein zu entdecken.

Wo? Da oben. Da? Nein, da hinten. Dort bei den Tannen? Nein, verdammt, da hinten, wo ich hinzeige! Siehst du das denn nicht? Da liegt ein Stein. Grab ihn aus, und zwar schnell. Subito!

Und dann kletterte ein Trupp von sechs bis acht Männern in die Geländewagen (sie hielten ihr schweres Gerät für genau solche Momente in Schuppen oben am Berg bereit) und suchte, die ganze Zeit in Funkkontakt mit Rezzas Leibwächter unten, während der alte Knabe in einem Gartenstuhl saß und sie mit einem Feldstecher beobachtete, nach einem möglicherweise übersehenen Felsbrocken, der aber vermutlich eher ein Hirngespinst Rezzas war oder ein Streich, den ihm seine 77jährigen Augen gespielt hatten.

Sie blieben dann ein oder zwei Stunden oben, kurvten mit ihren Wagen durchs Gelände, kletterten hinaus, riefen den Bulldozer herbei und funkten dann schließlich ihr Basiscamp an und berichteten, diesmal hätten sie ihn wirklich gefunden – da stecke der Dreckskerl tatsächlich im Boden, aber nicht mehr lange, denn Uberto oder Tito oder wer auch immer wäre schon mit dem Bulldozer unterwegs. Wenn sie dann wieder herunterkamen, hatte sich Rezza schon zu seinem Nickerchen zurückgezogen. Und das war's dann, bis zum nächsten Mal.

In meiner Naivität fragte ich Vito, wieso sich ein Mann, der Steine nicht mochte, ein Haus in den Bergen baut.

Der höfliche Vito mühte sich redlich, zu antworten. Diesmal bediente er sich einer Analogie. »Signor Rezza«, so erklärte mir Barbara, nachdem sie seinen langen Ausführungen gelauscht hatte, »besitzt ein ähnliches Anwesen wie dieses in der Schweiz oberhalb des Luganer Sees. Manchmal mißfällt ihm die Farbe des Sees, aber da es nicht sein See ist, kann er nichts unternehmen, um die Farbe zu ändern. Außerdem hat er noch am Meer in Pescara einen Landsitz von gleichen Ausmaßen und fühlt sich gelegentlich durch den Rhythmus der Gezeiten irritiert. Aber auch dort hat er keine Möglichkeit gefunden, dies zu ändern. Hier aber gehört alles ihm, und daher ist dies der einzige Ort auf der Welt, den er perfekt herrichten kann, nach seinen Vorstellungen von Perfektion.«

Zur Mittagszeit kehrten wir zurück. Signor Rezza erwartete uns an der Haustür. Offensichtlich hatte er gerade eine Geschäftsbesprechung beendet, denn im Halbkreis hinter ihm standen vier unterwürfige Männer in Busineß-Anzügen, die nervös mit ihren Aktentaschen wackelten, als wollten sie nun endlich entlassen werden.

Als ich eintrat, fragte mich Rezza wie erwartet, ob mir die Besichtigungstour gefallen habe. Vielleicht lag es an der Höhe, vielleicht an meinem leeren Magen oder vielleicht an der ganzen Kulisse. Als Barbara zu ihrer dankbaren Standardantwort ansetzte, streckte ich jedenfalls die Hand aus und unterbrach sie.

Statt dessen ergriff ich selbst das Wort und zog dabei mein Scheckheft aus der Tasche.

»Genau das, was ich gesucht habe«, sagte ich. »Ich nehm es. Wieviel?« Und dann hielt ich Signor Rezza das Scheckheft und einen Kuli hin.

Augenblicklich sprangen die aufgeschreckten Speichellekker vor. Der eine an die Seite von Signor Rezza, damit er Barbaras Übersetzung nicht hören würde und um ihm zu versichern, daß ich nur einen geschmacklosen Scherz gemacht habe, ein anderer zu Barbara hin, damit sie erst gar nicht übersetzen möge, und die übrigen auf mich zu, um mich für meine Respektlosigkeit zu schelten und mir mit den drastischsten Worten klarzumachen, daß Signor Rezzas Anwesen heute nicht und niemals zum Verkauf anstünde und daß das, was ich vielleicht für einen Scherz gehalten hätte, in Wirklichkeit eine schwere Beleidigung sei. Es war faszinierend, wie viele

Leute, die zuvor kein Wort Englisch zu können schienen, plötzlich jedes meiner Worte verstanden hatten.

Inmitten des Stimmengewirrs stand Rezza, die Zigarre in der einen Hand, während er mit der anderen Barbaras Arm packte.

»Ignorieren Sie diese Idioten«, sagte er zu ihr, wie sie mir später erzählte. »Übersetzen Sie, was der Amerikaner gesagt hat.«

Und das tat sie, wobei sie natürlich darauf hinwies, daß ich nur gescherzt habe und mir selbstredend bewußt sei, daß das Anwesen, die Krönung von Signor Rezzas Lebenswerk, jetzt nicht und auch zukünftig niemals zum Verkauf stünde. Ich stand immer noch da, die Hand mit dem Scheckbuch hing schlaff an meiner Seite herab, und Schweiß trat mir auf die Handflächen.

Doch während Barbara übersetzte, steckte sich Rezza bloß wieder die Zigarre in den Mund. Während er mir direkt in die Augen schaute, preßte er zwischen zusammengebissenen Zähnen hindurch etwas hervor, was Barbara übersetzte als: »Man weiß nie. Wie bei allem kommt es auf die Höhe des Schecks an.«

Der Tisch war für vier gedeckt: Barbara, Signor Rezzas andere Nichte namens Elena, die sich nicht für Fußball interessierte, Signor Rezza, der wie ich einen blauen Blazer trug, und ich. Plötzlich erfaßte mich Nervosität. Ich spürte, wie ich zu schwitzen begann.

Acht Gänge wurden aufgetragen. Antipasti, erst kalt, dann warm; zwei Pasta; zwei Gänge mit Fisch; ein secondo, der in diesem Fall aus einem ungenießbar zähen Lamm bestand, das erst am Morgen geschlachtet worden war – nicht erschossen, wurde mir versichert, weil das den Geschmack beeinträchtigen würde, sondern von Hand erdrosselt –, und anschließend, nach einem Sorbet, ein unglaublich reichhaltiges Dessert aus Schokolade, Vanillepudding und Bergen von Kuchen.

Ich schlang. Ich mühte mich, zu schlucken. Ich würgte. Ich stopfte mir die Backen voll wie ein Hamster. Ich sah mich verzweifelt nach einem Haustier um, dem ich ein paar Brocken von meinem Teller abgeben konnte, doch die Wachhunde, Deutsche Schäferhunde und Dobermänner, wurden draußen bei schmalen Rationen gehalten. Einmal war ich sogar versucht aufzustehen, um das Feuer im Kamin zu bewundern und bei der Gelegenheit eine Serviette voller Essen hineinzuwerfen. Letztendlich beschränkte ich mich darauf, auf die Toilette zu gehen und soviel wie möglich im Klo runterzuspülen.

Nicht daß mit dem Essen etwas nicht stimmte. Im Gegenteil, es war insgesamt besser als das im *Sea River Club*. Aber leider wurde auch viel mehr davon serviert; etwas, was ich nicht für möglich gehalten hätte. Abgesehen davon ist es schwierig, zu kauen und zu schlucken, wenn einem die Verdauungssäfte im selben Tempo eintrocknen, wie einem die Hoden ins Körperinnere zu schrumpfen scheinen.

Beides hatte begonnen, als ich kurz vor dem Essen einen Blick in Signor Rezzas Arbeitszimmer geworfen hatte und zwischen all den für ihn aufgetürmten Zeitungen ein gebundenes Buch entdeckt hatte. Ich wußte, daß Rezza selbst nicht lesen konnte, aber man hatte mir erklärt, daß ihm seine Nichte jeden Abend vorlas.

Ich war in das Arbeitszimmer getreten und hatte den Kopf schräg gelegt, um vielleicht den Titel auf dem Buchrücken entziffern zu können.

Und das gelang. Es war auf italienisch, aber ich konnte es nur zu leicht übersetzen: »Amerikanische Helden: Das Leben und Wirken von Sam und Chuck Giancana!«

Das Mahl wurde mit einer Flasche Dom Perignon abgeschlossen. Das traf sicherlich nicht zufällig mit der Ankunft von Gravina zusammen, der sich einen fünften Stuhl an den Tisch zog, seinen Champagner auf ex hinunterkippte, eine Zigarette anzündete und mich anzustarren begann.

Nachdem er die leere Flasche hatte weggehen lassen, ließ Rezza den achtzigprozentigen Grappa auffahren. Nur er und ich bekamen davon eingeschenkt. Offensichtlich sollte es nun zum Geschäftlichen kommen, nur daß ich mir nicht vorstellen konnte, zu welchem Geschäft. Barbara beugte sich vor, um aufmerksam zuzuhören.

Zuerst wollte Rezza von mir nicht etwa wissen, was ich vom Essen oder dem Wein, sondern was ich von der Mannschaft hielte.

»Nun ja«, sagte ich und versuchte, diplomatisch zu sein, »sie hat in kurzer Zeit viel erreicht. Jetzt sofort mehr zu erwarten, wäre wohl nicht realistisch.«

Pah! Er wedelte wegwerfend mit seiner Zigarre. Dann hob er an, so schnell zu sprechen, wie Barbara übersetzen konnte. Man erwarte immer mehr, meinte er. Was solle das Ganze sonst? Ich sei ein scrittore americano und besäße daher vermutlich wenigstens etwas Intelligenz. Wenn es meine Mannschaft wäre und nicht die von dem da – und dabei stieß er mit seiner Zigarre gefährlich nah an Gravinas Seidenhemd, – was würde ich dann tun, um sie zu verbessern?

Ich warf einen Blick zu Gravina, in dessen Ressort dies ja wohl offensichtlich fiel, der aber just in diesem Moment die Perlen in seinem langstieligen Champagnerglas nicht nur eingehend bewunderte, sondern offenbar auch zählte. Augenscheinlich war von ihm keine Schützenhilfe zu erwarten.

Also holte ich tief Luft und sagte: »Geld.« Ich erklärte, daß es mir nach den beiden Spielen gegen mittelmäßige Klubs klar sei, daß Castel di Sangro in der gegenwärtigen Besetzung keine Überlebenschance in der Seria B hätte.

»Geld für das Mittelfeld«, sagte ich. »Für die Abwehr. Für den Sturm. Der Verein muß Geld einsetzen, um bessere Spieler zu holen. Allein Lotti scheint mir wirklich für die Seria B qualifiziert.«

Rezza hörte Barbaras Übersetzung konzentriert zu. Dann sagte er etwas in echtem Italienisch: »Esattamente!« Genau, aber woher solle die Società die benötigten Gelder nehmen?

»Soviel ich verstanden habe«, sagte ich und wollte hier behutsam auftreten, »haben Sie es bereits. Man hat mir gesagt, daß die Società vom Verband eine Prämie von mindestens acht Milliarden Lire für den Aufstieg erhalten habe.«

Rezza und Gravina starrten mich grimmig an, während Barbara übersetzte. Obwohl nicht wirklich ein Geheimnis, war die Aufstiegsprämie doch etwas, was Gravina nicht gern in der Presse erwähnt sah, und keiner der beiden war erfreut, daß sogar ich bereits davon gehört hatte.

Angestachelt vom Dom Perignon und Grappa fuhr ich fort: »Aber Sie investieren das Geld nicht in die Mannschaft. Sie haben nur einen teuren Spieler gekauft, Pistella. Und obwohl ich erst zwei Spiele gesehen habe, würde ich doch bereits sagen, daß wer immer Ihnen den Rat gegeben hat, soviel Geld für Pistella auszugeben, entweder nichts von Fußball versteht oder aber Ihnen nicht gerade wohlgesonnen ist.«

Ich hielt inne. Signor Rezza legte nun tatsächlich die Zigarre in einen Aschenbecher, drehte sich in seinem Stuhl zu Gravina um und starrte ihn auf eine Weise an, die Il Presidente bestimmt nicht gefiel. Dann murmelte er Barbara etwas zu, und Gravina ließ sich neuen Champagner einschenken.

»Signor Rezza sagt, daß Gabriele auf den Kauf von Pistella bestanden habe. Signor Rezza selbst war von Anfang an dagegen und hört Ihre Ansichten darüber mit größtem Interesse.«

Ermutigt fuhr ich fort: »Sie investieren ja nicht einmal in den zügigen Ausbau des neuen Stadions. Es ist eine Schande, daß die Mannschaft ihre Heimspiele in Chieti bestreiten muß. Ach ja, wenn Sie mir noch eine weitere Frage gestatten würden: Wann wird das neue Stadion fertig sein?«

Barbara funkelte mich an, aber sie war ein Profi und übersetzte. Rezza knurrte nur und wedelte mit seiner Zigarre. Dafür sprach Gravina: »Das Stadion wird wie angekündigt zur Partie gegen Ravenna am 13. Oktober fertig sein.«

»Aber nicht rechtzeitig für Cremonese, wie Sie es letzte Woche versprochen haben?«

Er schüttelte den Kopf und wiederholte: »Ravenna.« Gravina blickte mich nun so grimmig an, wie Signor Rezza vor einem Moment noch ihn angeblickt hatte.

Dann murmelte Rezza etwas zu Barbara. »Signor Rezza erklärt«, sagte sie, und ihre Stimme schien nun selbst eine Idee angespannt, »daß Gabrieles Optimismus zwar bewundernswert, aber nicht immer realistisch ist. Was Ravenna anbelangt, sagt er, kann sein oder auch nicht. Aber bestimmt für das Spiel gegen Padua zwei Wochen später.«

»Aber könnten Sie Signor Rezza bitte sagen«, insistierte ich, »daß ich jeden Tag an der Baustelle vorbeikomme und nie irgendwelche Zeichen des Fortschritts sehe?«

Sie seufzte, tat aber wie geheißen.

Rezzas Augen, diesmal keine Spur wäßrig, sondern mit Pupillen wie Schrotkugeln, bedeuteten mir: wenn es da nichts zu sehen gibt, brauchen Sie da ja auch nicht ihre Zeit zu verschwenden.

Ich nickte nur.

Mich anblickend und gleichzeitig mit der Zigarre gestikulierend, begann Rezza wieder zu reden. »Signor Rezza sagt, Sie sollen sich über die Verbandsprämie keine Gedanken machen«, übersetzte Barbara. »Tun Sie so, als gäbe es sie gar nicht. Sie ist für verschiedene andere Dinge verwandt worden, die für Sie nicht von Interesse sind, und steht nicht mehr für den Ankauf neuer Spieler zur Verfügung. Woher solle Signor Rezza also das Geld dafür nehmen?«

»Vielleicht durch den Verkauf von ein oder zwei Spielern aus der jetzigen Mannschaft«, sagte ich.

Ein heftiges Zigarrengewedel wurde von einem kurzen Ausbruch im Dialekt der Abruzzen begleitet, der offensichtlich so ungehobelt war, daß Barbara rote Ohren bekam. Aber sie sagte nur: »Signor Rezza hat einen deftigen umgangssprachlichen Ausdruck benutzt, um seine Ansicht zu unterstreichen, daß unsere Spieler nicht die nötige Klasse haben, um einen Interessenten zu finden, der bereit wäre, soviel zu zahlen, wie er möchte.«

Dann brummelte Rezza noch etwas und wies mit der Zigarre auf Barbara, damit sie auch seinen Nachtrag übersetze.

»Ballerinen«, sagte sie. »Signor Rezza hat den Eindruck, daß Gabriele eine Mannschaft von Ballerinen zusammengestellt hat. Und Signor Rezza ist überhaupt kein Freund des Balletts.«

Noch mehr Gequalme und Geknurre von Rezza, der mich nun unverhohlen finster anzustarren schien.

»Sie schreiben ein Buch über meinen Verein?«

»Ja.«

»Und Sie erhalten dafür Geld?«

»Ja, aber das ist etwas komplizierter.«

Er schüttelte gereizt den Kopf. Wenn er über Geld redete, wollte er nichts über Komplikationen hören.

»Sì o no!«

»Sì.«

Noch ein tiefer Zug an der Zigarre. Und dann an Barbara eine Reihe schneller Fragen: Wieviel Geld? Alles auf einmal oder in Raten? Ein fester Betrag, oder hängt das von den Verkaufszahlen ab? Würde das Buch auch in Italien erscheinen? Wenn ja, bei wem? Wieviel würden die bezahlen? Und was ist mit England? Und anderen Ländern in Europa? Und gäbe es dafür nicht auch einen großen Markt in Südamerika? Und sicherlich würde es doch eines Tages auch eine Verfilmung geben?

Für einen ungebildeten Mann aus den Abruzzen, der nur Dialekt sprach, stellte er eindeutig alle richtigen Fragen. Ich kam mir vor wie bei einer Besprechung bei Simon & Schuster.

»Es ist mein Verein«, sagte Rezza. »Der Amerikaner schreibt ein Buch. Der Amerikaner macht Geld. Ich mache kein Geld. Das ist« – Barbara machte eine lange Pause, bevor sie das anschließende Wort mit »unzumutbar« übersetzte.

Sie beugte sich zu mir hin, schien sich aber gleichzeitig distanzieren zu wollen, und sagte: »Signor Rezza fährt fort: ›Es ist mein Verein, also bekomme ich auch Geld vom Buchverkauf. Ganz einfach und nur gerecht. Als Gast an meiner Tafel wird der Amerikaner sicherlich nicht so unhöflich sein, die Logik meiner Ausführungen in Frage stellen zu wollen.‹«

Am Klang ihrer Stimme konnte man erkennen, wie trocken Barbaras Mund geworden war, als sie das übersetzte. Als sie fertig war, hatte sie winzige, weiße Speichelflecken in den Mundwinkeln und griff schnell zu ihrem Wasser.

»Signor Rezza«, sagte ich und beugte mich vor, »vielleicht haben Ihre Mitarbeiter versäumt, Ihnen mitzuteilen, daß ich die Summe von 1 Million US-Dollar ausgeschlagen habe, die ich als Honorar für ein Buch über Mr. O.J. Simpson bekommen hätte, nur um ein Buch über die Fußballmannschaft schreiben zu können, die Sie für das Dorf unter uns im Tal auf die Beine gestellt haben.

Meine finanzielle Lage läßt daher Aufwendungen, die über die für Miete und meinen unmittelbaren Lebensunterhalt hinausgehen, bedauerlicherweise nicht zu. Obwohl ich dem Geist ihrer Ausführungen völlig zustimme und ich es als Privileg betrachten würde, alle Einnahmen, die mir aus dem Verkauf dieses Buches erwachsen mögen, mit einem so großzügigen Mann wie Ihnen zu teilen, ist dies schlicht und einfach nicht möglich.

Sollten Sie diese Zahlungen für unabdingbar erachten, müßte ich in die USA zurückkehren, ohne die Gelegenheit gehabt zu haben, über Ihre Großherzigkeit und Ihren Edelmut sowie über das ›Wunder von Castel di Sangro‹ zu schreiben, für das Ihnen soviel Anerkennung gebührt. Und ich persönlich würde das für jammerschade halten.«

Barbaras Übersetzung muß ein echtes Meisterwerk gewesen sein. Als sie endete, starrte mich Gravina mit offenem Mund an, während Rezza mir einfach in die Augen blickte.

Dann nickte er auf seine übliche, kaum wahrnehmbare Art, streckte mir sein Grappa-Glas entgegen und stieß mit mir an.

»Salute!« sagte er.

»Prosperita!« entgegnete ich.

Fünf Minuten später fuhr mich Barbara zurück in die Stadt. Wir sprachen kaum ein Wort miteinander, aber ich bemerkte, daß sie noch stärker schwitzte als ich und ihre Hände am Lenkrad zitterten.

KAPITEL 11

Kaum war Jaconi am Dienstag am Trainingsplatz eingetroffen, ließ er mich in sein Büro rufen. Zuerst fürchtete ich, auch er wolle einen Anteil von meinen Einkünften, doch wie sich herausstellte, beschäftigte ihn etwas Näherliegendes.

»Der Mannschaft mangelt es an umiltà«, sagte er frei heraus und zeigte dabei auf mein Notizbuch, damit ich dies aufschriebe. »Umiltà« heißt Bescheidenheit, aber das mußte ich mißverstanden haben. Vielleicht gab es ein Wort, das ähnlich klang, aber eher so etwas wie ›Talent‹ bedeutete? Möglicherweise etwas Ähnliches wie ›Fähigkeit‹. Das mußte er gemeint haben.

»Ja«, stimmte ich zu. »Eine Schande! Keiner ist besonders talentiert, mit Ausnahme von Lotti vielleicht.«

Jaconi knallte die Faust auf den Tisch. »Umiltà!« polterte er. »Ich sagte umiltà!«

Na schön, hatte ich doch richtig gehört: Er meinte Bescheidenheit.

Natürlich sei keiner von ihnen besonders talentiert, das erwarte auch niemand, fuhr er fort. Hätten sie Talent, wären sie nicht hier. Bescheidenheit wäre es, was sie lernen müßten, bevor sie sich Hoffnung auf Erfolg machen könnten.

Hätte ich ein Wort aussuchen müssen, das die meisten Spieler treffend charakterisierte, wäre es nach meinen bisherigen flüchtigen Beobachtungen kurioserweise genau »bescheiden« gewesen. Zugegeben, einige, wie etwa Galli (der vermutlich für mindestens zwei weitere Wochen ausfallen würde), mochten zwar oberflächlich den Draufgänger geben, doch praktisch durch die Bank erweckten alle Spieler von Castel di Sangro den Eindruck, daß sie sich trotz ihrer exponierten Stellung in der italienischen Gesellschaft (und jeder, der bezweifelt, daß selbst Provinzkicker in Italien als Halbgötter gelten, muß sich nur deren Frauen und Freundinnen angucken) in keiner Weise als etwas Besseres betrachteten als die normalen Leute, denen sie täglich auf der Straße begegneten.

Ob gegenüber einem von Marcellas Söhnen, der als Kellner in der Pizzeria arbeitete, Fremden, die sie auf der Straße anhielten, um ihnen ungefragt Ratschläge zu erteilen, oder gegenüber einem älteren Herrn, der als scrittore americano auftrat – die Spieler von Castel di Sangro legten eine spontane Herzlichkeit ohne falsche Anbiederung an den Tag und respektierten ihre Mitmenschen. Mir erschien das als Inbegriff von Bescheidenheit, und ich konnte Jaconis Standpunkt nicht teilen, damals nicht und auch später nicht.

Außer beim Training und den gemeinsamen Mahlzeiten mit den Junggesellen im *Marcella's* begegnete ich den ragazzi, wie sie alle ungeachtet ihres jeweiligens Alters genannt wurden, anfangs meistens zufällig auf der Straße. Und wenn eine Stadt, wie im Falle Castel di Sangros, nur aus drei Straßen und einem Platz besteht, begegnet man sich häufig.

Wenn ich mir morgens die Zeitungen holen ging, traf ich etwa Andrea Pistella beim Spazierengehen mit seiner Frau, die den Kinderwagen schob. Er grüßte mich dann herzlich, und ich umarmte ihn, als hätte ich ihn wochenlang nicht gesehen, obgleich ich ihn am Tag zuvor beim Training getroffen hatte und ihn in ein paar Stunden wieder dort treffen würde. Dann gab ich seiner Frau die Hand, murmelte etwas, was hoffentlich als Italienisch durchging, und beugte mich herab, um das Baby zu beäugen. Im Team machte Pistella wegen seines überstürzten Transfers von Lucchese gerade eine schwierige Eingewöhnungsphase durch, aber das konnte seine Herzlichkeit gegenüber einem anderen Neuling nicht im geringsten schmälern.

Zwei Minuten später begegnete ich dann Fusco, der mit gesenktem Kopf allein unterwegs war und den Eindruck machte, er wolle in Ruhe gelassen werden. Also ließ ich ihn in Ruhe. Aber daß ich ihn nicht grüßte, löste sofort einen empörten

Ruf von ihm aus, und er bestand darauf, mir noch, bevor ich mir die Zeitungen holte, einen Kaffee zu spendieren.

In dem verqualmten, lauten und überfüllten Café stand dann vielleicht Cei an einem der kleinen, runden Tische, blickte in die Zeitung und unterhielt sich eventuell mit Gigi Prete, dem linken Verteidiger, oder einem Fan. Ich bestellte einen espresso doppio. Das Aroma eines echten Espresso war unschlagbar, aber ich hatte zwei Jahre zuvor von Lalas in Padua gelernt, daß die halbe Unze, die in der typischen italienischen Tasse war, kaum reichte, die Zunge zu benetzen; deswegen der doppelte.

Selbst der war auf einen Schluck weg. Neben mir nickte Fusco anerkennend. Das war kein Test gewesen, nur die Einladung auf einen Morgenkaffee, doch irgendwie hatte ich das Gefühl, in seiner Einschätzung nun eine Idee cooler zu wirken.

Cei und Prete brachen dann auf und verabschiedeten sich von den Zurückbleibenden, als gingen sie auf eine Reise nach Nordafrika statt bloß nach Hause.

Fusco bedeutete mir dann, ihm zu dem frei gewordenen Tisch zu folgen, auf dem alle Tageszeitungen noch bei den Berichten über die Seria B aufgeschlagen waren. Er las dann schweigend für ein oder zwei Minuten, seufzte schließlich, schüttelte wie in unaussprechlicher Trauer den Kopf und erklärte, es wäre Zeit zu gehen.

Genau in dem Moment, in dem wir aufbrachen, tauchte dann vielleicht Spinosa auf, und ich beschloß, noch auf einen Plausch mit ihm zu bleiben. Aber um Spinosa – einem drahtigen und scharfsichtigen Mann, dessen grundanständiges Naturell sich sehr viel schneller offenbarte als sein ebenso ausgeprägter Sinn für Humor – Gesellschaft leisten zu können, mußte ich einen weiteren Kaffee bestellen, und auf sein Drängen hin auch noch ein kleines Stückchen Kuchen.

Spinosa hatte seine eigenen Zeitungen dabei, und also warfen wir einen Blick in diese. (An den kleinen, hohen Tischen gab es auch Stühle, doch die benutzte nie jemand, denn wenn ein Neuankömmling eintraf, mußte man sofort aufstehen und ihm den Platz anbieten. Daß das Angebot mit Sicherheit zurückgewiesen werden würde, spielte keine Rolle. Es ging nicht an, daß man saß, während andere standen, also würde man seinen Sitzplatz ohnehin aufgeben müssen. Angesichts dieser ungeschriebenen Verhaltensregel bestand die logische Alternative folglich darin, sich erst gar nicht hinzusetzen.)

Mit einem Spieler Kaffee zu trinken war keine langwierige Geschichte. Spinosa und ich standen vielleicht zehn Minuten lang zusammen, blickten auf die Schlagzeilen und murmelten gelegentlich etwas darüber, wie unfair es sei, daß alle Probleme beim AC Milan anscheinend Baggio angekreidet wurden. (Praktisch vom ersten Tag an konnte ich recht verständlich murmeln, wenn die Unfairneß gegenüber Baggio das Thema war.)

Dann gingen wir, darüber streitend, wer die paar Lire bezahlen durfte, die wir zu zahlen hätten, gemeinsam zur Kasse, nur um dort festzustellen, daß Fusco ohne zu wissen, was wir eigentlich bestellen würden, bereits im voraus für uns bezahlt hatte.

Während der gesamten Saison sollte dies nicht nur im Café ein ständiger Wettstreit werden: zu versuchen, dem anderen beim Begleichen der Rechnung zuvorzukommen. Ich bin sicher, daß es am Schluß aufs gleiche rausgekommen wäre, wenn jeder auf getrennter Rechnung bestanden hätte, aber so war es viel unterhaltsamer und vermittelte allen Beteiligten ein behagliches Gefühl anstelle der Hirnkrämpfe, die man bekommt, wenn man sein Wechselgeld zu genau nachzählt.

Trotz der Niederlage in Foggia schienen die Spieler nicht beunruhigt, als sie bei immer noch sonnigem und mildem Wetter zum nachmittäglichen Training eintrudelten. Das Bewußtsein, noch 36 Spiele vor sich zu haben, half ihnen sicherlich dabei, die Höhen und Tiefen des Saisonstarts nicht überzubewerten. Vielleicht aber mangelte es ihnen ja auch an Bescheidenheit.

Für einige war es offensichtlich der Höhepunkt des Tages, auf einem kleinen Spielfeld zwischen ihrer Umkleidekabine und dem Trainingsplatz mit einem Fußball Basketball zu spielen. Tonino Martino, der blondgelockte Mittelfeldspieler, der mir bereits als einer der Begabteren in der Mannschaft aufgefallen war, war zweifellos der begeisterteste Basketballspieler. Wenn es ihm ausnahmsweise gestattet war, den Ball mit den Händen statt mit den Füßen zu spielen, trieb er ihn auf den Korb zu, machte einen schlichten Korbleger und schrie voller Inbrunst, Begeisterung und Lebensfreude »Karrreem Abdul Jabarrrrrrrrrrr!«, um dann Zustimmung heischend zu mir hinüberzuschauen.

Die Tatsache, daß ich Bürger desselben Staates wie Kareem Abdul Jabarr war, war für Tonino die einzige Referenz, die ich brauchte, und er begegnete mir von Anfang an mit uneingeschränkter Herzlichkeit. Basketballspielen löste bei ihm unweigerlich einen Rap aus, der fünf Minuten oder eine halbe Stunde dauern konnte, wenn er – des »Jah-barrrrr!«-Trällerns schließlich müde – mir die Namen der Spieler aus der amerikanischen WM-Mannschaft von 1994 zurief. Mit »Tony Meola!« hatte er noch keine Schwierigkeiten, aber danach geriet er schnell durcheinander. Er wußte, daß es da einen »La-lash« gegeben hatte, aber er versuchte sich erst gar nicht am Vornamen. Und danach kam er dann mit »Cobeeeee Ra-mosh!« und »Tab-ba Caligurrrrri« und meinem persönlichen Favoriten: »Werrick Rinallldda a!«

Bald leisteten ihm die »ernsthafteren« Basketballspieler Gesellschaft, angeführt von Fusco und dem neuen, aber alten Mittelfeldmann Guido Di Fabio. Sie betrachteten Basketball nicht als bloßen Spaß. Sie brüllten nicht die Namen berühmter NBA-Stars. Auch wenn es wenig mit ihrer eigenen Profession zu tun hatte, so war dies doch ein sportlicher Wettkampf, den sie mit großer Ernsthaftigkeit angingen.

Als Junge hatte Fusco nichts davon gewußt, daß man einen Ball nicht nur mit den Füßen, sondern auch mit den Händen spielen kann. Er war ein echter ›sciuscià‹ – ein zäher Straßenjunge aus Neapel, dem das Fußballspielen in die Wiege gelegt worden war. Trotzdem konzentrierte er sich bei einem beidhändigen Dreimeterwurf genauso stark wie bei einem spielentscheidenden Strafstoß.

Auch Di Fabio wirkte über einen verpatzten Wurf von der Strafwurflinie genauso verärgert wie eine halbe Stunde später, wenn er das praktisch leere Tor aus derselben Entfernung verfehlte. Dort allerdings *schoß* er den Ball, und es ging um seinen Lebensunterhalt.

Der 31jährige Di Fabio wurde in einem kleinen Fischerdorf an der Adria geboren, etwa 60 Kilometer nördlich von Pescara. Seine Karriere war insofern ungewöhnlich, als er während seiner ersten sechs Spielzeiten als Profi (vier davon in der Seria B) fast zu Fuß zur Arbeit hätte gehen können, denn beide Vereine, für die er gespielt hatte, lagen in einem Umkreis von nur 20 Kilometern von seinem Elternhaus.

Danach allerdings war er erst nach Sizilien und anschließend nach Norden zu Piacenza und Siena gegangen, bevor er zurück in seine alte Heimat an der Adria und zu Fermana in der C2 gegangen war, wo er noch in der vorigen Saison gespielt hatte. Obwohl er mehr als 200 Einsätze in der Seria B absolviert hatte, lag der letzte doch mehr als fünf Jahre zurück, und er betrachtete Castel di Sangro als seine letzte Chance.

Di Fabio sollte sich als einer der gebildeteren und beleseneren Spieler der Mannschaft entpuppen und auch als der religiöseste (er ging nicht nur jeden Sonntag zur Messe, sondern in der Woche auch noch mit seiner Frau und seinen beiden Kindern zur Morgenandacht), doch auf den ersten Blick umgab ihn eine beinah bedrohliche Aura.

Er hatte langes, schwarzes Haar, das nie einen Kamm sah, er rasierte sich selten, seine Gesichtszüge vermittelten nicht unbedingt den Eindruck übermäßiger Intelligenz, und seine

Stimme war sowohl die tiefste als auch die lauteste auf dem ganzen Platz. Nicht gerade jemand, den man nachts auf einsamer Straße nach dem Weg fragen würde, doch seine äußere Erscheinung war im höchsten Maße irreführend und verbarg ein überaus sanftmütiges und feinfühliges, ja schon vornehmes Wesen.

Und auf dem Platz? Na ja, schließlich spielte er für Castel di Sangro. Di Fabio besaß vielleicht den härtesten Schuß in der Mannschaft, doch nur ein einziges Mal hatte er in seinen acht Spielzeiten in der Seria B mehr als bloß ein Tor pro Saison erzielt, was doch auf einen gewissen Mangel an Treffsicherheit schließen ließ. Was ihm an Talent, Schnelligkeit und spielerischer Brillanz fehlte, machte er durch Zuverlässigkeit und einen Erfahrungsreichtum, durch den er oft zum richtigen Moment am richtigen Ort stand, wieder wett.

Nach ungefähr 15 Minuten Basketball nahte dann meistens Jaconi, und die Spieler stürzten zum Trainingsplatz. Jaconis Auftreten änderte sich nie: Die Pfeife um den Hals, das Klemmbrett in der Hand, ein mißmutiges Gesicht, ganz gleich, wie das letzte Spiel ausgegangen war, strebte er dem Platz zu, als wäre dies der Ort, an dem er an diesem Nachmittag um sein Leben kämpfen müßte. Selbst wenn Jaconi freundlich plauderte, klang seine Stimme rauh und heiser, und während des Trainings plauderte Jaconi nie freundlich.

Jedes Training begann mit einer Strafpredigt, bei der die Mannschaft im Halbkreis um ihn herumstand und mit gesenktem Kopf wartete, daß er zum Ende kam. Schließlich hörte die Schimpfkanonade auf, und das Fußballspielen begann.

Während der nächsten Stunden marschierte ich dann langsam ums Spielfeld herum oder setzte mich in die panchina, um ein paar Notizen zu machen. Mich in der warmen Herbstsonne aalend, in deren Glanz die fernen schneebedeckten Gipfel erstrahlten, fand ich mich zu meiner Überraschung bald einem Zustand nahe, den man nur mit Glückseligkeit bezeichnen kann.

Ich hatte mehr als 50 Jahre gebraucht, um dorthin zu gelangen – und das Ziel hatte man nicht vorhersehen können –, doch letztendlich war ich nun doch dort angekommen, wo ich hinzugehören glaubte.

Dummerweise legte das Geschehen auf dem Platz den Verdacht nahe, daß einige der Spieler es nicht waren. Die Mannschaft schien im Verlauf der Woche immer unbeholfener zu werden. Jaconis Tiraden wurden von Tag zu Tag lauter und ausdauernder. Das Training offenbarte stets neue Schwächen, anstatt die dringend benötigten Fortschritte zu bringen. Und der Gegner am nächsten Sonntag, Cremonese, hatte in der vorigen Saison noch in der Seria A gespielt und in seinem Kader die fußballerischen Talente, von denen Castel di Sangro nur träumen konnte.

Ich hatte das Gefühl, nicht untätig zusehen zu können. Schließlich würde ich schon in Kürze Jaconis Nachbar sein. Ich hatte bei dem neuen Verteidiger Luca D'Angelo gute Ansätze gesehen und auch bei einem schlanken zwanzigjährigen Mittelfeldspieler namens Cristiano. Ich war der Meinung, beide sollten am Sonntag spielen. Aber vor allem: Lotti mußte im Tor bleiben.

Ich versuchte Jaconi über meine Beobachtungen und Überlegungen beim Abendessen am Donnerstag zu informieren und benutzte Marcellas Sohn Christian als Mittelsmann.

»Könntest du dem Mister bitte sagen«, erklärte ich ihm, »daß ich ihn gerne unter vier Augen sprechen möchte, wenn die Spieler gegangen sind?«

»Ja, Joe. Kein Problem. Aber was ist? Was ist dein Wunsch?«

Ich gestikulierte wild herum, in der Hoffnung, damit weiteres Nachfragen zu unterbinden. »Es ist rein privat, Christian«, sagte ich. »Aber es geht um die Mannschaft. Und wie ich mithelfen kann. Und ich denke, es ist nur recht und billig, wenn ich zuerst mit dem Mister darüber spreche.«

»Kein Problem, Joe. Kein Problem. Ich werde nicht mehr fragen.« Dann beugte sich Christian vor und sprach Jaconi leise ins Ohr, vermutlich um mein Anliegen vorzubringen.

Aber Jaconi reagierte anders als erwartet. Er warf mir einen überraschten Blick zu, sein Gesicht lief rot an, und dann brach er in schallendes Gelächter aus. Er lehnte sich vor und klopfte mir auf den Rücken.

»Americano«, sagte er. »Famoso scrittore americano.« Erneut krümmte er sich vor Lachen. »Verrückter Amerikaner!« Er ballte eine Hand zur Faust und schlug sie vor Lachen auf den Tisch.

»Christian!« rief ich. »Was genau hast du ihm gesagt?«

»Bloß was du gesagt hast, Joe. Du willst ihn unter vier Augen sprechen, ob du in der Mannschaft spielen kannst.«

»In der Mannschaft *spielen*?! Ich habe nie etwas von Spielen gesagt, Christian.«

»Du hast helfen gesagt, Joe. Ich dachte, du meinst spielen. Anders helfen geht ja nicht.«

»Verdammt, Christian, ich hatte nicht die Absicht, den Mister zu fragen, ob ich in der Mannschaft spielen kann! Hältst du mich für verrückt? Sag ihm bitte sofort, daß ich das nicht gemeint habe.«

»Okay, aber – calma, bitte, Joe. Alle hatten großen Spaß. Du hilfst der Mannschaft, indem du komisch bist.«

Ich verbarg mein Gesicht in den Händen. Jetzt, wo er das gesagt hatte, konnte ich das Gelächter der Spieler rund um den Tisch aufbranden hören.

Dann stand Jaconi auf und rieb mir tatsächlich über die kahle Stelle auf meinem Kopf. Das ließ ihn in eine weitere Gelächterarie ausbrechen. Dann zog er seinen Mantel an und verließ das *Marcella's* durch die hintere Küchentür, die nur er benutzen durfte.

»Okay, Joe«, sagte Christian. »Ich hab ihm gesagt, daß du nicht spielen willst. Du willst über andere Sachen wegen der Mannschaft reden. Er sagt, okay, okay, morgen. Jetzt muß er zu Signor Gravina und die Aufstellung und Taktik für Cremonese besprechen.«

»Aber genau darüber wollte ...«

»Wie bitte, Joe? Kannst du das noch mal sagen?«

»Ach, verflucht. Vergiß es, Christian.«

Und dann stand ich auf und zog mir auch den Mantel an. Die Spieler klopften mit ihren Löffeln auf den Tisch und skandierten meinen Namen: Sie glaubten, ich hätte vorgeschlagen, bei ihnen mitzuspielen. Oder daß ich so getan hätte, um Jaconi zum Lachen zu bringen.

Wie auch immer, sie waren offensichtlich der Meinung, daß es gar nicht so schlecht wäre, den Amerikaner dabeizuhaben. Vielleicht wäre es bisweilen sogar lustig. Na, meinetwegen. Was immer dazu angetan war, die Stimmung meiner ragazzi zu heben, würde ich tun.

KAPITEL 12

Am nächsten Tag sprach ich Jaconi beim Mittagessen direkt an. Ich wollte ihm erklären, daß ich ein 5-3-2-System für sinnvoll hielte, mit Bonomi und Martino auf den Flügeln und zentral Cristiano, der wann immer möglich Druck nach vorne machen sollte. Di Vincenzo und Pistella sollten die beiden Sturmspitzen sein. So könnten wir von Beginn an die Initiative an uns reißen, im Vertrauen darauf, daß die fünf Mann hinten und Lotti die unvermeidlichen Gegenangriffe abblocken würden. Außerdem dachte ich, daß er den Neuling D'Angelo wegen seiner Schnelligkeit und offensichtlich guten Ballbeherrschung als Ausputzer einsetzen könnte.

»Osvaldo«, sagte ich, während der Duft von Marcellas Bratfisch nach Art des Hauses durch die nahe Küchentür drang, »wir müssen uns unterhalten. Jetzt gleich. Es ist sehr, sehr wichtig.«

Erneut erschreckte mich Jaconis Reaktion: Er warf den Kopf zurück, gab einen kurzen, gurgelnden Laut von sich und haute mit der flachen Hand auf den Tisch. Dann sprang er auf.

»Das hätte ich beinahe vergessen. Komm schnell, Joe. Tempo! Tempo!« dröhnte er, winkte mir zu folgen und stürzte durch die Schwingtür zum Hinterausgang der Küche. Marcella rief er zu, daß wir beide keinen Fisch nehmen würden.

Er machte nicht den Eindruck eines Mannes, der sich ruhig hinsetzen wollte, um sich meine Vorschläge anzuhören. Er wirkte eher wie jemand, dem gerade eingefallen war, daß er vergessen hatte, den Gasherd auszumachen.

Dieser Eindruck verstärkte sich noch, als wir schnurstracks zu dem Appartementhaus liefen, in dem er wohnte, einem dreistöckigen Bau mit Stuckverzierung nahe beim *Coradetti*. Er raste zum Haupteingang und nahm drei Stufen auf einmal.

Nur leicht außer Atem stoppte er schließlich vor seiner Wohnungstür im zweiten Stock.

Einen Augenblick lang glaubte ich, er würde mich doch noch zu einer taktischen Besprechung einladen. Statt dessen zog er einen Schlüssel aus der Tasche und öffnete die Tür der Wohnung neben seiner.

»Für dich«, sagte er, »deine Wohnung. Von Signor Rezza.« Er stieß die Tür auf und ließ mich in eine spärlich möblierte Eckwohnung mit Wohnzimmer, Schlafzimmer, Küche und Bad treten.

»Signor Rezza sagt, du wirst hier wohnen, wenn du aus Amerika zurückkommst. Als mein Nachbar«, damit überreichte er mir die Schlüssel.

Das also war mein neues Zuhause in Castel di Sangro. Ein Appartement direkt neben dem von Jaconi, wie es Signor Rezza versprochen hatte. Jetzt sah ich die Strategiediskussionen doch wieder in greifbare Nähe rücken, was, im nachhinein betrachtet, ein deutliches Indiz dafür war, daß meine Obsession langsam in Wahnsinn umschlug.

Jaconi jedenfalls schien begeistert zu sein. Er marschierte grinsend herum und klopfte an die Wände, als wäre er ein Immobilienmakler, probierte die Klospülung, öffnete und schloß Schubladen und setzte sich aufs Sofa, um dessen Robustheit unter Beweis zu stellen.

Unter mir, so erfuhr ich, wohnte Vito, der mich durch Rezzas Anwesen geführt hatte und der hier als Verwalter tätig war. Oben wohnte der Verteidiger Altamura mit seiner Frau und ihrem kleinen Kind. Ich war so aufgekratzt über meine Glückssträhne – innerhalb von zwei Wochen war ich von einem völlig Fremden zum Nachbarn der Schaltzentrale des Vereins geworden –, daß ich auf dem Rückweg zum *Marcella's* beschloß, Jaconi auf den Arm zu nehmen.

»Mögen Sie Hip-Hop?« fragte ich.

Er schaute mich nur irritiert an.

»Gangsta-Rap?« sagte ich.

»Non ho capito«, meinte er.

Zurück im Restaurant bat ich Christian, Jaconi meine Frage bezüglich seiner musikalischen Präferenzen zu erklären.

Als er sie begriffen hatte, starrte Jaconi mich grimmig an und schüttelte den Kopf.

»Der Mister sagt, er mag Musik nicht, vor allem nicht diese Art von Musik«, meinte Christian.

»Oh, äh«, machte ich. »Das wird aber ein Problem werden. Denn ich höre die ganze Nacht sehr laut Hip-Hop und Gangsta-Rap. Sehr laut.«

Jetzt schaute Christian alarmiert. »Aber das kannst du nicht tun, Joe. Der Mister mag das nicht. Er will schlafen.«

»Keine Angst, Christian. Das war nur uno scherzo.«

»Ah!« Christians Miene heiterte sich auf, und er grinste. Aber als er sich an Jaconi wandte und ihm das erklärte, schien dieser das nicht komisch zu finden.

Eine von Jaconis unwiderstehlichsten Eigenarten war die Ausdruckskraft seines Gesichts. Seine Stimme mochte nur zwei Klangfarben kennen: die Heiserkeit eines Bill Clinton am Ende des Wahlkampfes für die normale Unterhaltung und das Dröhnen eines Nebelhorns für alles andere – doch mit seiner Mimik allein konnte er die ganze Skala menschlicher Emotionen ausdrücken.

So auch jetzt. Zuerst kam der Schock. Dann ein Anflug von Bestürzung. Dann die störrische Weigerung, zu glauben, was er gehört hatte. Dann Argwohn. Und schließlich die Einsicht, daß ich nur einen Scherz hatte machen wollen. Das Ganze dauerte nur drei Sekunden. Dann brach er in schallendes Gelächter aus. »Heep-hope!« rief er. »Zu laut! Tutta la notte!«

Er legte mir einen fleischigen Arm um die Schulter, während er weiterlachte und seine Augen sich zu kleinen Schlitzen verengten. Mit der freien Hand zeigte Jaconi auf mich, während er etwas zu Christian, Marcella und den noch anwesenden Spielern sagte.

»Was hat der Mister gesagt, Christian?«

»Er sagt, du hättest Humor, und das sei sehr gut, denn in dieser Saison wird man ihn sehr nötig haben. Daher freut sich der Mister, daß du nebenan wohnst.«

Ich kam nie dazu, mit ihm darüber zu sprechen, mit wem und wie wir gegen Cremonese spielen sollten. Aber das war in Ordnung. Ich konnte nun erwarten, zumindest glaubte ich das, daß Jaconi und ich ein ziemlich gutes Team bilden würden, wenn ich erst aus den Staaten zurück wäre. Die Saison war gerade mal zwei Spiele alt, und schon verlor ich den Bezug zur Realität.

In Chieti, das auf Meereshöhe liegt, zog sich am Sonntag, dem 22. September, der Himmel zu, und gegen vier Uhr war es drückend warm. Die Bauarbeiten in Castel di Sangro hatten sich nicht beschleunigt. Trotzdem versicherte mir Gravina, daß das neue Stadion für das Spiel gegen Ravenna am 15. Oktober fertig sei.

Als die beiden Mannschaften auf den Platz kamen, wappnete ich mich mit Fatalismus, wie ich es von nun an vor jedem Spiel tun sollte. Ich litt unter einer fast unerträglichen Anspannung. Hoffnung hegte ich keine. Ich verspürte nur Angst und so etwas wie Klaustrophobie – als würde ich den Urteilsspruch eines Richters oder einer Jury erwarten und bereits wissen, daß er ungnädig ausfallen würde.

Unser Augenblick des Triumphs über Cosenza schien schon Jahre zurückzuliegen. Ich konnte nur daran denken, wie fußlahm wir in Foggia ausgesehen hatten und um wieviel stärker unser heutiger Gegner war. Zugegeben, Cremonese (aus Cremona in der Lombardei, Einwohnerzahl 75.000) besaß nicht echtes Seria-A-Kaliber, aber allein die Tatsache, daß sie dort letzte Saison gespielt hatten, verlieh ihnen eine Aura der Unbesiegbarkeit.

Meine Sorge gründete sich allerdings weniger auf der jüngeren Erfolgsgeschichte von Cremonese als auf die derzeitige

Besetzung. Um nur einen zu nennen: Ihr Mittelfeldspieler Maspero hatte bereits 20 Tore in der Seria A geschossen. Nachdem sie ihr erstes Auswärtsspiel verloren hatten, hatte Cremonese am vergangenen Sonntag durch Treffer von Maspero das starke Genua mit 2:1 bezwungen. Tatsächlich bestand die ganze Aufstellung aus begabten, renommierten und erfahrenen Spielern.

Um dagegenzuhalten, hatte Jaconi nur eine Umstellung gegenüber letzter Woche vorgenommen, nämlich Di Vincenzo wieder anstelle des fünften Mittelfeldspielers auf seine Stammposition in den Sturm gestellt. So würden wir also wieder das traditionelle 4-4-2-System spielen, ohne D'Angelo und den Grünschnabel Cristiano, doch zu meiner großen Erleichterung mit Lotti im Tor.

Die einzige andere Frage betraf die Taktik. »Zu Hause«, oder so nah dran, wie wir in näherer Zukunft wohl kommen würden, sollten wir meiner Meinung nach immer noch die Initiative suchen. Und Gott sei Dank fing das Spiel auch so an: Castel di Sangro versuchte, offensiv zu agieren und das Geschehen im Mittelfeld zu kontrollieren.

Dummerweise waren unsere Spieler einfach nicht gut genug. Nach nur zehn Minuten verfielen sie wieder in ihre altbekannte Unsicherheit und leisteten sich unnötige Fehler. Lotti schlug sich erneut wie Horatio Hornblower, doch selbst er würde diesem Ansturm keine weiteren 75 Minuten standhalten können. Ein ums andere Mal verloren wir den Ball, ohne ihn auch nur über die Mittellinie zu bringen. Dann begannen sich die Fouls zu häufen: ein untrügliches Zeichen, daß eine Mannschaft entweder ermüdet oder weiß, daß sie in Schwierigkeiten steckt.

Wie immer wurde dadurch alles nur noch schlimmer und brachte Cremonese Freistöße aus gefährlicher Distanz ein. Alberti foulte. Cei spielte den Ball ins Aus. Prete, klar ausgespielt, foulte aus Verzweiflung. Maspero drosch einen Freistoß mit Wucht links oben in den Winkel, und erst in der letzten Nanosekunde machte sich Lotti ganz, ganz lang und kam mit einer Hand noch an das Leder.

Danach spielten wir, als wüßten wir bereits, daß alles vergebens ist, und verloren den Ball sogar, ohne von Cremonese attackiert zu werden. Selbst Di Vincenzo schien neben sich zu stehen und war kaum zu sehen. In der 30. Minute schickte Cei eine lange Flanke ins Nirgendwo, und in einem schweren Verstoß gegen das Protokoll (schließlich war ich Ehrengast der Geschäftsführung) brüllte ich aus Leibeskräften, »D'Angelo! D'Angelo! Bringt D'Angelo!« Gravina, der wieder rechts neben mir saß, murmelte etwas und sah demonstrativ in die andere Richtung.

Unser erster Schuß aufs gegnerische Tor erfolgte erst in der 37. Minute. Der pickelgesichtige und zahnspangenbewehrte centrocampista Claudio Bonomi haute den Ball zwar weit über die Querlatte, aber immerhin war es ein Torschuß. Und nun rückte der ersehnte, rettende Halbzeitpfiff immer näher. Obwohl deutlich unterlegen, waren wir noch nicht in Rückstand geraten. Wie ein Boxer gegen Ende einer Runde, in der er schwer eingesteckt hat, aber irgendwie auf den Beinen geblieben ist, wollten wir nur noch die letzten acht Minuten bis zum Abpfiff überstehen. Und das schafften wir.

Die Spieler kehrten deutlich motivierter aus der Kabine zurück, Jaconi mußte ihnen in der Halbzeit gehörig zugesetzt haben. Es gelang sogar die erste wirklich gute Kombination dieser Saison, als Bonomi durchbrach, zum mitgegangenen Prete paßte, der auf der Außenbahn durchstartete und mit einer wunderbaren Flanke den völlig frei vor dem Tor lauernden Pistella bediente.

Pistella allerdings drosch den Ball prompt auf die Tribüne.

Doch nach zehn Minuten kamen wir schon wieder. Diesmal mobilisierte Tonino Martino seine letzten Kraftreserven und kämpfte sich nach vorn, dann ein weiteres und schließlich bei einem Eckstoß ein drittes Mal.

Bei dieser Gelegenheit in der 59. Minute paßte er zu Bonomi, der den Ball volley nahm und ins Netz hämmerte! Nach 237 Spielminuten hatten wir tatsächlich ein richtiges Tor geschossen, und nicht nur eines, das aus einem Strafstoß resultierte. Aber noch wichtiger, wir führten 1:0 gegen Cremonese.

Die Norditaliener warfen nun alles nach vorne. Wieder war es in erster Linie Lotti, der uns rettete. In den letzten 20 Spielminuten sah es zeitweise aus, als hieße es elf gegen einen, so schamlos ließ ihn die Abwehr im Stich.

Endlich war die 90. Minute da. Am Spielfeldrand wurde eine elektronische Anzeigetafel hochgehalten: acht Minuten Nachspielzeit. Ein Skandal! Offensichtlich hatte Cremonese einen leichten Sieg erwartet, und genauso offensichtlich hatte sich der arbitro entschlossen, der größeren und bekannteren Mannschaft aus dem Norden noch ein paar unverdiente Extraminuten zu schenken, damit sie zumindest noch ein Unentschieden holen konnte.

Ich warf mein Notizbuch zu Boden, vergrub das Gesicht in den Händen und schwor mir, nur noch auf meine Armbanduhr zu sehen, bis der Sekundenzeiger achtmal ums Zifferblatt gewandert war. Wenn dieser verfluchte arbitro, der Lana hieß und natürlich aus Norditalien, aus Turin stammte, dann nicht abgepfiffen hätte – ich wußte nicht, wozu ich fähig gewesen wäre.

Später, als alles überstanden war, konnte ich nur Gott dafür danken, daß wir Lotti im Tor hatten. Je aufgeregter alle anderen um ihn herum wurden, Jaconi, seine Mitspieler, die Spieler von Cremonese, die tifosi und der Drecksack von Schiri, desto ruhiger wirkte Lotti. Waren seine Paraden zuvor spektakulär, so wirkten sie in dieser durch nichts gerechtfertigten Nachspielzeit schlafwandlerisch sicher.

Wie um zu beweisen, daß es doch noch Gerechtigkeit gibt, schnappte sich Bonomi, als Cremonese hinten aufmachte und einen der letzten Angriffe startete, den Ball und zog unbehindert davon, begleitet allein von einem gewissen Verolino, der von unseren Ersatzstürmern als der schwächste galt und nur auf dem Platz war, weil sich Pistella einmal zuviel blamiert hatte.

Als der Keeper von Cremonese herauskam, um das praktisch Unmögliche zu versuchen, schob Bonomi, statt selber einzuschießen, was er leicht hätte tun können, den Ball zu Verolino, so daß der bemitleidenswerte Bankdrücker (der bald wieder in die C1 verschwinden sollte) einen Moment des Ruhms genießen konnte.

Meine Hochachtung vor dem Spieler Bonomi war während der 90 Minuten kontinuierlich gestiegen. Nun stieg sie im gleichen Maße für den Menschen Bonomi. Unser zweites Tor war in der 98. Minuten gefallen. Daß die Begegnung so lange gedauert hatte, war ein Skandal. Aber es war ein Skandal mit Happy-End.

Kaum war Verolinos Ball hinter der Torlinie, pfiff der Hekkenpenner Lana die Partie ab und sprintete durch den Tunnel zu seiner Umkleidekabine, aus dem Hinterausgang und raus aus Chieti, bevor ihn irgend jemand erwischen und – möglicherweise etwas rabiat – fragen konnte, warum er Cremonese ohne Grund acht Minuten Nachspielzeit geschenkt hatte.

Ich brauchte zwei bis drei Minuten, bevor meine Wut so weit verraucht war, daß ich überhaupt begreifen konnte, was geschehen war: Wir hatten Cremonese geschlagen! Mamma mia! Und Dio mio!

Lotti hatte einmal mehr einem pausenlosen Sturmlauf standgehalten. Zweifelsohne war er das Rückgrat der Mannschaft, und dank ihm hatten wir nun einen Verein geschlagen, der in der letzten Saison in der Seria A gespielt hatte!

Sollte es möglich sein, daß ein noch größeres Wunder geschehen könnte?

KAPITEL 13

Mit einem Wort: nein. Ich mußte wegen Familienangelegenheiten, die mich zwei Wochen festhielten, zurück in die Staaten. Nichts Besonderes, aber ich hatte einen Sohn im letzten Jahr der höheren Schule, der sich nach einer geeigneten Universität umsah, eine Tochter, die im Dezember ihr erstes Kind erwartete, und zahlreiche häusliche Dinge mit Nancy zu klären, damit ich anschließend für den Rest der Saison, von Weihnachten abgesehen, in Italien bleiben konnte.

Während meiner Abwesenheit bestritt die Mannschaft drei Spiele und verlor sie alle, ohne ein einziges Tor zu erzielen.

Palermo – Castel di Sangro 3:0
Chievo Verona – Castel di Sangro 2:0
Castel di Sangro – Ravenna (in Chieti) 0:2

Als ich am 15. Oktober zurückkam, waren wir vom vierten auf den 14. Platz gefallen.

Ich hatte meine Ankunft in Rom auf einen Dienstagmorgen gelegt, weil ich wußte, daß die Spieler montags frei hatten und dann zum Training zurück nach Castel di Sangro fahren würden. Jaconi hatte mir telefonisch zugesagt, daß sie einen der »Romanisti« zum Flughafen schicken würden, und die Wahl war wenig überraschend auf den kleinen Cristiano, Spitzname »Mimmo«, gefallen, den jüngsten, unerfahrensten und daher untersten in der Hackordnung.

Cristiano, der lächelnd und winkend hinter dem Zoll wartete, war nur eins dreiundsechzig groß und wog lediglich 67 Kilo. Wenn wir beide uns für den Rest des Tages an den Flughafeneingang gestellt hätten und ich tausend Einheimische gefragt hätte, was der Zwanzigjährige neben mir wohl von

Beruf sei, bezweifle ich, daß auch nur einer »Fußballer« geantwortet hätte.

Trotzdem war Mimmo ein Veteran der Jugendmannschaft von Lazio und hatte mit siebzehn sogar zweimal für die erste Elf gespielt, einmal als Auswechselspieler und dann in der letzten Partie der Saison 95/96 von Anfang an neben solchen Spielern wie Beppe Signori, drei Jahre in Folge Torschützenkönig der Seria A, Pierluigi Casiraghi, wie Signori Mitglied der Nationalelf, dem holländischen Legionär Aaron Winter und dem kroatischen Star Alen Boksic.

Ehrlich gesagt, fand ich das ziemlich erstaunlich. Diese Leute zählten zu meinen Idolen. Sie waren das Herz der mitreißenden Lazio-Elf, die Nancy und ich in unserem ersten, unvergeßlichen Seria-A-Match im San Siro gesehen hatten. Und unser kleiner Mimmo hier hatte vier Monate vorher mit ihnen gegen Sampdoria gespielt!

Es war nie geplant gewesen, daß er direkt von der Jugend in die A-Mannschaft wechselte, aber die Tatsache, daß ihm die Ehre zuteil wurde, zweimal aufgestellt zu werden, zeigt, wie hoch man seine Qualitäten einschätzte. Im letzten Jahr hatte er nur eine unbedeutende Rolle als Ersatzmann für Venedig in der Seria B gespielt. Dann hatte ihn Lazio, wo er immer noch unter Vertrag stand, in der Erwartung, er könne regelmäßig spielen und die noch benötigte Erfahrung sammeln, Castel di Sangro angeboten.

Er wußte natürlich nicht, daß ich Jaconi hatte beknien wollen, ihn gegen Cremonese aufzustellen, aber dafür hatte er in der Woche darauf an Stelle von Di Fabio in den letzten 30 Minuten gegen Palermo gespielt, wenn auch nicht besonders gut, wie er selber unumwunden zugab. Er war ein schneller, aggressiver und ungeheuer draufgängerischer Junge, der auf dem Platz zu Unbedachtheit neigte, die sich häufig in überflüssigen, unbeherrschten Fouls ausdrückte, was ihm eine schnell wachsende Zahl an Gelben Karten und den daraus resultierenden Sperren einbrachte.

Außerhalb des Spielfeldes war er der vielleicht freundlichste, fröhlichste und charmanteste Zwanzigjährige, den ich getroffen hatte, seit ich selber zwanzig gewesen war, auch wenn ich nur rund zwanzig Prozent von dem verstehen konnte, was er sagte. Zu Hause in Rom wohnte er immer noch bei seinen Eltern. Tatsächlich fuhr sein Vater ihn und den kleinen Hund, den er sich als Spielkamerad zugelegt hatte, an diesem regnerischen Dienstag zurück nach Castel di Sangro.

Mit im Wagen war der neue junge Verteidiger Fabio Rimedio, auch erst zwanzig Jahre alt, der während der letzten zwei Jahre in der Jugend von Roma gespielt, sich aber geweigert hatte, zu dem C2-Verein zu gehen, an den Roma ihn ausgeliehen hatte. Statt dessen hatte er den Frühherbst damit verbracht, bei verschiedenen Vereinen, darunter auch Castel di Sangro, ein Probetraining zu absolvieren.

Ich hatte ihn ein paar Tage nach dem Foggia-Spiel in einem Freundschaftsmatch gegen einen benachbarten Dilettanti-Verein gesehen und war von seiner Intelligenz, Verbissenheit und Selbstsicherheit beeindruckt gewesen. So sehr sogar, daß ich, als mich der Geschäftsführer von Castel di Sangro eher aus Höflichkeit denn aus echtem Interesse fragte, was ich von den Youngstern hielte, die an jenem Tag getestet wurden, sagte: »Mit dem attaccante war nicht viel los, aber der Junge in der Verteidigung hat mir gefallen. Er ist energisch, schnell, er versteht offensichtlich etwas von dem Spiel, und er hat so viel carattere, daß man ihn förmlich von der panchina riechen kann.«

Der Geschäftsführer hatte genickt. »Ja, schön, wenn er Ihnen so gut gefällt, können Sie ja für ihn bezahlen, und ich gebe ihm einen Vertrag.«

Ich hatte gelacht. »Fragen Sie mal Signor Rezza, was ich bezahlen kann und was nicht, aber wenn ich Sie wäre, würde ich diesen Jungen schnellstens unter Vertrag nehmen.«

Das war mein erster und wie sich herausstellen sollte, auch letzter Einsatz als Talentsucher. Aber drei Tage später hatte La

Società Rimedio einen Vertrag gegeben, und obwohl ich ihm nie etwas von meiner damaligen spontanen Begeisterung erzählte, so hatte ich doch von Anfang an ein ziemlich besitzergreifendes Interesse an ihm.

Er entpuppte sich zwar nicht gleich als bester Spieler, doch als das vielleicht gebildetste und intellektuell begabteste Mitglied der Mannschaft. Dazu sah er auch noch gut aus, auf eine amerikanische Collegeabgänger-Art, mit der er genausogut nach Princeton gepaßt hätte wie in ein »Soviet Jeans«-Trikot.

Er war zusammen mit Cristiano und dem 19jährigen Biondi gekommen, und die drei bildeten innerhalb der Mannschaft ihren eigenen Drei-Musketiere-Club. Sie waren von rascher Auffassungsgabe, respektvoll gegenüber den älteren Spielern und erfüllt von dieser unverkennbaren Lebensfreude, wie sie unbeschwerten jungen Männern eigen ist, die genau das tun, was sie gerne tun, und sich (nicht ganz zu Unrecht) am Anfang einer großen Karriere wähnen.

Nachdem wir mein Gepäck verstaut hatten, ich dem Hund vorgestellt worden war und Cristianos Vater uns aus dem Chaos am Flughafen Fiumicino hinausgesteuert hatte, fragte ich als erstes, was schiefgelaufen war.

»Tutto«, sagte Cristiano.

Rimedio, der gebrochen Englisch sprach, war da zurückhaltender: »Ich bin zu neu«, sagte er, und seine blauen Augen blickten aufrichtig. »Ich denke, zur Zeit spiele ich nur gut genug, um im Training zu bleiben. Ich war nicht mal in der panchina für diese drei Spiele.«

»Und das Stadion?«

Die beiden Spieler tauschten einen schnellen Blick und schüttelten dann den Kopf.

»Es wird doch bestimmt für das Spiel gegen Padua in zwei Wochen fertig sein?« fragte ich.

Erneut schüttelten sie wortlos den Kopf. Schließlich sagte Rimedio: »Wir gehen jeden Tag gucken. Unmöglich.«

»Wird dort immer noch nicht gearbeitet?«

»Oh, doch. Gearbeitet schon. Aber nichts Wichtiges und nicht schnell. Jeden Tag kommt Signor Rezza, um nachzusehen, und Signor Gravina kommt, um nachzusehen, und sie rauchen und sagen nichts und gehen wieder weg.«

Ein kalter Regen fiel, als wir in Castel di Sangro eintrafen. Dank der Hilfe von Cristiano und Rimedio dauerte mein Umzug in die neue Wohnung nur ein paar Minuten.

Um das Wohnzimmer etwas heimeliger zu gestalten, hatte ich einen Großteil meiner Sammlung von Fußball-Schals aus aller Welt mitgebracht. Es erschien mir illoyal, Schals von anderen Vereinen der Seria B aufzuhängen, aber auch ohne die hatte ich mehr als genug, um jeden Zentimeter Wand zuzupflastern: Borussia Dortmund, Real Zaragoza, Notts County, Bayern München, Olympique Marseille, Real Madrid, Napoli, Fiorentina, Arsenal, Barcelona, Saint Etienne, Sao Paolo et cetera, et cetera.

Ich hatte kurz nach dem Abendessen im *Marcella's* angefangen sie aufzuhängen und wußte, daß ich nicht mehr als zwei oder drei Stunden gebraucht haben konnte. Daher war es mir ein Rätsel, als ich am nächsten Tag hörte, Jaconi würde sich darüber beschweren, daß sein neuer Nachbar ihn die ganze Nacht durch unablässiges Klopfen und Hämmern gegen die Wände wachgehalten hätte.

Aber so war es, wie ich beim Mittagessen erfahren mußte.

»Bumm! ... Bumm! ... Bumm!« rief er, kaum daß ich ins *Marcella's* kam.

»Osvaldo, Entschuldigung, ich ...«

»Bumm! ... Bumm! ... Bumm! No heep-hope. No rappa. Bumm! Bumm! Bumm!«

Ich setzte mich auf meinen üblichen Platz. »Tut mir leid, aber –«

»Basta!« brüllte er und wedelte mit einem Arm in meine Richtung. »Nie wieder! Kapiert?!«

»Ja, aber –«

»Basta!« Er zeigte auf den Teller mit Spaghetti, der mir hingestellt worden war.

»Iß!«

Ich blickte auf meinen Teller. Dann blickte ich in die Runde der Spieler am Tisch. Sie grinsten und versuchten krampfhaft, nicht loszuprusten.

Schließlich ergriff Luca D'Angelo das Wort. »Grande Joe«, sagte er, »endlich brüllt der Mister mal jemand anderen als uns an.«

Darauf brach der ganze Tisch in Lachen aus. Und dann fiel auch Jaconi ein, beugte sich zu mir herüber und drückte meine Schulter. »Keine Sorge. Ich bin nicht wütend. Aber was zum Teufel hast du da gemacht?«

»Ich habe viele Schals von den verschiedensten Fußballmannschaften. Äh, ich ... Christian!« Hier verließen mich meine Italienisch-Kenntnisse. Wie sollte ich erklären, daß ich sie alle an die Wand genagelt hatte? Wie immer rettete mich Christian, mit der Konsequenz, daß Jaconi darauf bestand, gleich nach dem Essen meine Sammlung gezeigt zu bekommen.

Er trat in mein Wohnzimmer und blickte auf die Farb- und Buchstabenorgie, die fast bis zur Decke über meine Wände lief. Langsam schritt er das ganze Zimmer ab, als wäre er in einem Museum. Dann blickte er mich an, pfiff leise vor sich hin, schüttelte betrübt den Kopf und ging wortlos hinaus.

Ich wußte nicht, ob er beeindruckt war oder mich für einen gefährlichen Irren hielt. Ich war der erste Amerikaner, den er kennengelernt hatte, und entsprach bestimmt nicht seiner Klischeevorstellung.

Der Regen hielt an, und selbst tagsüber stiegen die Temperaturen kaum über null Grad. Der Trainingsplatz war ein einziger Sumpf. Basketballspielen mußte ad acta gelegt werden, bis das Wetter besser wurde. Aber wenigstens hatte ich jetzt Heizung, dem Herrn sei gedankt! (Auch wenn – wie ich um so deutlicher spürte, je kälter es wurde – die Heizung nur um acht Uhr morgens und acht Uhr abends für jeweils fünfzehn Minuten ansprang. Vorher, dazwischen und danach war es nicht anders als im *Coradetti*. Als ich Jaconi darauf ansprach, meinte er, ja, es sei wunderbar: welch ein Fortschritt gegenüber dem letzten Jahr!)

Während ich mich in meiner Wohnung häuslich einrichtete, stellte ich fest, daß ich noch einige Dinge anschaffen mußte. Das meiste davon konnte ich in der nahgelegenen Filiale von *Acqua & Sapone* kaufen (eine Haushaltswarenkette, die alles führte, was mit Wasser und Seife zu tun hatte). Sie hatten ein breites Angebot an Kosmetika, Zahnpasta, Shampoos und Rasiercremes, doch nichts, was zum Herunterschlucken gedacht war. Als ich entdeckte, daß ich vergessen hatte, meinen üblichen Vorrat Maaloxan aus den Staaten mitzubringen, suchte ich daher die nächste farmacia auf.

Eine Stunde später ging ich zum Essen ins *Marcella's*. Kaum hatte Marcella mich entdeckt, richtete sie anklagend einen Finger auf mich. »Maaloxan!« sagte sie. »Maaloxan!« Jetzt würde ganz Castel di Sangro glauben, ich bekäme von ihrem Essen Sodbrennen.

Ich versuchte ihr zu versichern, daß sie völlig unschuldig sei. Selbst in den USA tränke ich Maaloxan wie Orangensaft, und das schon seit Jahren. Das gehöre einfach dazu, wenn man scrittore sei. Aber dann fragte ich sie, woher sie das mit dem Maaloxan denn wisse?

Tja, was ich denn glaubte? Die Apotheke hatte sie angerufen, kaum daß ich weg war. »Der Amerikaner war hier und hat Maaloxan gekauft, Marcella. Du mußt besser darauf achtgeben, was er ißt!«

Aber dann erklärte sie mir versöhnlich, daß es zwei Apotheken in der Stadt gäbe. Die, in der ich war, tratschte jedem genauestens weiter, was ein Kunde gekauft habe. Die andere nicht. Wenn ich also einmal etwas privato benötigte, sollte ich die andere Apotheke aufsuchen, sagte Marcella, auch wenn ihr Tonfall deutlich machte, daß sie sehr bekümmert wäre, sollte ich aus irgendeinem Grund die ärztliche Schweigepflicht in Anspruch nehmen.

Nach dem Abendessen lud mich Jaconi in seine Wohnung ein. Ich hatte drei Spiele verpaßt, die Sache war in die Hose gegangen, und es sei wichtig, sagte er, daß ich einige Fakten verstehen würde.

Er erzählte in einfachen Worten, und ich war in der Lage, das Wesentliche zu verstehen. Der entscheidende Punkt schien zu sein, daß nur Spieler mit einer Extradosis Entschlossenheit und Engagement in Castel di Sangro, wo man auf so vieles verzichten müsse und es kaum Ablenkung gäbe, Erfolg haben könnten. In Castel di Sangro müsse Fußball dein Leben sein, nicht bloß dein Broterwerb. Andere Städte böten besseres Essen, mehr Frauen, Geschäfte, Kinos und bessere Anbindungen an andere Regionen des Landes. Castel di Sangro bot nur lange, kalte Winter, das *Marcella's* und schlechte Bezahlung.

Vielleicht war es sogar noch schlimmer, wenn man verheiratet war, denn es war schwer, eine gute Wohnung zu finden, die Ehefrau wäre oft und lange allein und hätte nur wenige soziale Kontakte, und die Kinder müßten wegen des Regens, dem Schnee und der Kälte die meiste Zeit im Haus bleiben.

Aber wenn man sich schon entschlossen hatte, herzukommen, dann mußte man sich auch schleunigst einleben. Jaconi hatte für unglückliche Spieler nichts übrig. Einer genügte schon, um diesen Virus zu verbreiten, und bald würde sich jeder erst über dies und dann über jenes beschweren.

Das konnte nicht zugelassen werden, egal wie talentiert ein Spieler auch sein mochte. Tatsächlich hielt Jaconi Talent für die unwichtigste aller erforderlichen Eigenschaften. Zuerst käme il carattere und dann la mentalità.

Ein Star, ein begnadeter Torjäger, könne einem Team eher schaden denn nutzen, erklärte Jaconi. Plötzlich wäre dieser Spieler wichtiger als die übrigen. Alles müßte ihm zuliebe neu festgelegt werden. Die Taktik, die Trainingsmethoden, vielleicht sogar die Essenszeiten.

Jaconi würde so etwas nicht zulassen. Es könne nur eine wichtige Person geben, einen Anführer, einen Mann, dessen Anweisungen ohne Zögern und große Diskussionen befolgt würden: und diese Person müsse der allenatore sein.

Talentierte Spieler glaubten gerne, nur weil sie gute Sportler wären, müßten sie auch klug sein. Und das wäre für einen Spieler gar nicht gut. Bald würde er sich für klüger als den Trainer halten. »Warum machen wir das so und nicht besser so?« Eine solche Frage an Jaconi, und man könne seine Sachen packen. Anscheinend bedeutete la mentalità, klug genug zu sein, um zu wissen, daß man keine Ahnung hat.

Um für Jaconi zu spielen, müsse man Herz, Courage und Biß besitzen. Man gewinne nicht, weil man besser spielt, man gewinne, weil man härter kämpft. Das Team sei immer wichtiger als jeder einzelne, aber in Castel di Sangro sei man nicht nur ein Team, sondern eine Familie. Deswegen würde man mittags und abends auch immer gemeinsam essen. So sei die Familie immer zusammen und könne hören, was der Vater zu sagen habe. Auch die verheirateten Spieler müßten das begreifen: Sie konnten gerne Frauen und Kinder haben, ihre wirkliche Familie aber sei immer der Verein.

Er hatte mitbekommen, wie sehr ich Baggio bewunderte. Daher glaubte er, mir eins klarmachen zu müssen: wenn Ballzaubereien, technische Kabinettstückchen oder spielerische Brillanz das wären, wonach ich suchte, dann sollte ich auf der Stelle woanders danach Ausschau halten. In Castel di Sangro bestünde die Saison aus neun Monaten Blut, Schweiß und Tränen. Das war das einzige, was Jaconi kannte und kennen wollte. Für Leute, die Eleganz und attraktiven Fußball sehen wollten, sei Castel di Sangro schlicht und einfach die falsche Adresse.

Und so stellten wir uns nun beide dieselbe Frage bezüglich unseres jeweiligen Nachbarn: ist er nun ein exzentrisches Genie, oder hat er einen Jagdschein?

Gerade war mein Telefon am Freitagmorgen angeschlossen worden – normalerweise dauerte das sechs bis acht Tage, aber da die Wohnung Signor Rezza gehörte, bekam ich es am Tag nach meinem Einzug –, da erhielt ich einen Anruf von Barbara.

»Meine Freunde erzählen etwas, von dem ich glaube, daß Sie es wissen sollten«, sagte sie. »Wenn es stimmt, was ich aber nicht weiß, könnte es die Sache mit dem neuen Stadion erklären.«

»Und das wäre?«

»Meine Bekannten meinen, daß Signor Rezza nichts von der Seria B halte. Sie sei zu kostspielig, und den Praktiken der Società würde zuviel Aufmerksamkeit zuteil. Wie ich weiß, schätzt er es nicht, wenn man sich für seine Geschäfte interessiert. Die Intimität der Seria C, wo sich keine Außenstehenden für irgendwas interessierten, war ihm wesentlich lieber.«

»Das heißt?«

»Er meint, die Mannschaft wäre nicht gut genug für die Seria B. Wenn er schon kein Geld für bessere Spieler ausgeben will, warum dann in ein Seria-B-taugliches Stadion investieren? Und beides tut er bestimmt nicht.«

»Sie meinen, er will das Stadion überhaupt nicht fertigbauen?«

»Hören Sie, Joe, das sind alles nur Gerüchte. Ich behaupte nicht, daß das stimmt. Aber meine Bekannten meinen, daß dies bis zu dem Zeitpunkt seine Marschroute war, an dem Sie eintrafen, mit ihren vielen Fragen und der Idee zu diesem Buch, das Castel di Sangro vielleicht in aller Welt bekannt machen wird.

Für Signor Rezza stellt dies ein echtes Problem dar: Einerseits möchte er kein Geld investieren und vielleicht auch gar nicht in der Seria B bleiben, andererseits möchte er eine bella figura in ihrem Buch abgeben, damit die Leute nicht sagen: ›Mann, dieser alte Rezza war so geizig, daß er seiner Mannschaft nicht mal ein Stadion gebaut hat.‹«

»Das heißt also, jetzt baut er es fertig?«

»Das weiß niemand, wahrscheinlich schon. Aber Sie haben auch noch andere Fragen aufgeworfen. Zum Beispiel, was Sie wohl in ihrem Buch schreiben werden? Es heißt, daß Signor Rezza sehr unzufrieden mit Gabriele ist, weil der Ihnen ohne vorherige Rücksprache erlaubt hat, nach Castel di Sangro zu kommen.«

»Erlaubt hat? Aber er hätte mich doch gar nicht daran hindern können.«

»Dies ist ein kleiner Ort, Joe. Wenn Signor Rezza erklärt, daß Sie hier nicht willkommen sind, dann kann das Leben für Sie sehr schwierig und unangenehm werden, und Sie werden sich schnell entschließen, wieder nach Hause zu fahren.«

»Aber das wird er nicht tun.«

»Das tut er *noch* nicht«, korrigierte sie mich. »Vergessen Sie nicht: die Saison ist lang und hart. Das Schwierige ist, daß Signor Rezza Sie anscheinend amüsant findet. Er meint, im Gegensatz zu allen anderen hätten Sie, wie sagt man, den Mumm, zu sagen, was Sie denken.«

»Klar, dank seines Grappa.«

»Gabriele andererseits, so heißt es, bedauert alles, und es tut ihm leid, daß Sie hier sind. Soweit die Gerüchteküche. Mir gegenüber hat Gabriele nichts dergleichen geäußert. Also, wie geht's weiter? Chissà! Wer weiß? Wenn bekannt ist, daß Signor Rezza Sie mag, dann können Sie sich in Castel di Sangro einiges erlauben. Wie heißt das bei Ihnen? Sie genießen seine Protektion.«

»Aber falls er seine Meinung ändert …«

»Tja! Dann wird Signor Jaconi schon sehr bald einen neuen Nachbarn haben. Aber momentan läuft der Ball gut für Sie. Ist das korrekt? Eine Metapher aus dem Sport?«

»Na ja, nicht umwerfend, aber ich glaube, ich weiß, was Sie meinen.«

»Momentan reicht es, daß Signor Rezza Ihnen wohlgesonnen ist. Hoffen wir, daß es so bleibt.«

»Hoffen? In diesem Fall, Barbara, würde ich sagen: Beten wir.«

KAPITEL 14

Was für ein Donnerwetter auch immer hinter den Türen der Società niedergegangen sein mochte, es zeigte weder bei Jaconi noch bei den Spielern einen erkennbaren Einfluß auf ihr Verhalten mir gegenüber. Im Gegenteil: Während meiner Abwesenheit hatte sich anscheinend die Überzeugung durchgesetzt, ich wäre eine Art Glücksbringer. Vermutlich lud mich Jaconi auch aus diesem Grund und nicht nur aus Höflichkeit dazu ein, mit im Mannschaftsbus zum Spiel gegen Empoli zu fahren.

Dieser Eindruck verstärkte sich, als ich Giuseppes Artikel in der Samstagsausgabe von *Il Centro* las. Unter einer Headline, die meine Rückkehr verkündete, ließ er sich darüber aus, daß die Mannschaft, nachdem sie während meiner Anwesenheit zweimal gewonnen hatte, drei Spiele verloren hatte, als ich fort war. »Gegen Empoli wird Jaconi also wieder einen zusätzlichen Mann auf dem Platz haben«, schrieb er.

Daß das Heimpublikum als »zwölfter Mann auf dem Platz« beschrieben wurde, hatte ich schon oft gelesen, daß dies jedoch einer einzelnen Person zugeschrieben wurde, war mir neu. Doch wenn die Leute erst einmal anfangen, an Wunder zu glauben, weiß man nie, wohin das führen wird.

Der Bus sollte um neun Uhr morgens abfahren. Um Viertel vor machte ich mich auf den kurzen Fußweg zum Treffpunkt, einem Parkplatz am immer noch nicht fertiggestellten Stadion. Ich war gerade losgegangen, da hielt ein altes, ramponiertes Auto neben mir, und Fusco winkte mir, einzusteigen.

Nach einer kalten und verregneten Woche war der Himmel heute blau und klar. Ich zwängte mich auf den Beifahrersitz und registrierte, daß Fusco bereits Giuseppes Artikel in der *Il Centro* aufgeschlagen hatte.

»Jetzt bist du also nicht mehr nur der ›amerikanische Schriftsteller‹, sondern auch noch der zwölfte Mann?« So früh am Morgen war ihm noch nicht nach Lächeln zumute.

»Offensichtlich«, meinte ich grinsend, »aber auf welcher Position werde ich spielen?«

Mit gespielter Ernsthaftigkeit – zumindest hoffte ich das – erwiderte Fusco: »Wenn du willst, kannst du auf meiner spielen.« Und als wir auf den Parkplatz einbogen, seufzte er tief, schüttelte den Kopf und verzog den Mund auf eine Weise, die ich bereits als seinen typisch neapolitanischen Ausdruck von Mißtrauen und Skepsis kannte.

»Es wird immer schlimmer«, sagte er. Da ich nicht wußte, ob er Giuseppes Berichterstattung im *Il Centro* meinte oder ernstere Dinge, die die Mannschaft oder das Leben an sich betrafen, dankte ich ihm einfach fürs Mitnehmen und sagte, bis gleich im Bus.

Er drückte mir die Schulter, als ich ausstieg – eine Geste, die ich als solidarisch auszulegen beschloß. Da ich während der drei Niederlagen ohne eigenen Torerfolg nicht dabeigewesen war, war ich mir noch nicht ganz im klaren, wie schlecht es zur Zeit um die Moral stand.

Auf dem Parkplatz drängten sich Ehefrauen, Freundinnen, Freunde und andere Leute, die uns Glück wünschen wollten. Die größtenteils noch unrasierten Spieler trugen Sonnenbrillen und ihre Alltagssachen oder Jogginganzüge und stiegen mit Zeitungen, Magazinen und Wasser- oder Saftflaschen in den Händen schnell ein. Sie plauderten angeregt miteinander und waren – wie ich aus ihrem Tonfall und Benehmen schließen konnte – offensichtlich bester Dinge, während die Zeugwarte das größere Gepäck eilig im Laderaum neben dem Netz mit den grauen Businеßanzügen, blauen Oberhemden und gestreiften Krawatten verstauten, die wir alle anlegen würden, wenn wir erst am Ziel wären.

Nicht alle Spieler hatten vorher gewußt, daß ich bei ihnen mitfahren würde. Aber mit Ausnahme des Mittelfeldmannes Roberto Alberti, der von Anfang an klargemacht hatte, daß es ihm lieber gewesen wäre, ich hätte nie von Castel di Sangro gehört, wirkten die meisten doch angenehm überrascht.

Mit 35 war Alberti der älteste Spieler im Kader. Außerdem war er der kleinste, obwohl Fusco und Michelini nahe herankamen. Und von Cristiano abgesehen war er mit 64 Kilo auch der leichteste. Sein Gesicht schien unentwegt einen fragenden Ausdruck zu haben; er wurde niemals laut, weder auf dem Platz noch außerhalb. Und so wie nicht einer von tausend Cristiano als Berufsfußballer erkannt hätte, hätte ich gewettet, daß nicht einer von zehntausend vermutet hätte, daß Alberti bereits seine achtzehnte Saison spielte.

Den größten Teil seiner Karriere hatte er in der C1 verbracht, und es gab viele, mich eingeschlossen, die Zweifel hatten, ob er den physischen Anforderungen der Seria B gewachsen war. Sein größter Fürsprecher allerdings hieß Jaconi, und damit waren alle anderen Meinungen obsolet. Jaconi hatte mir seit meiner Ankunft mindestens zehnmal erklärt, daß der kleine Alberti das lebende Beispiel seines Konzepts der mentalità war.

Wie viele andere aus der Mannschaft war auch er nahe der Adria geboren worden, in der Region Marche. In 261 C1-Spielen hatte er nur sieben Tore erzielt, folglich mußte es in erster Linie an seiner Willensstärke gelegen haben, daß er noch dabei war. Mochte er auch 90 Minuten lang so unspektakulär spielen, daß man ihn gar nicht auf dem Platz wähnte, so stellte sich bei der Nachbetrachtung des Spiels auf Video oft heraus, daß ihm als einzigem Mann auf dem Platz nicht ein Fehler unterlaufen war.

Er war nicht groß, er war nicht stark, er war nicht schnell, aber er war immer am richtigen Ort, und wenn er einmal im Ballbesitz war, dann behielt er die Übersicht, egal wie heftig er attackiert wurde. Er besaß die bemerkenswerte Fähigkeit, blitzschnell alle ihm zur Verfügung stehenden Optionen zu analysieren und dann wie ein Schachgroßmeister unfehlbar die beste davon zu wählen. Außerdem war es häufiger, als man es für möglich gehalten hätte, er, der einen gegnerischen Stürmer ohne Foulspiel vom Ball zu trennen wußte.

Seine innere Einstellung zum Spiel wußte ich bereits zu würdigen, und ich war bereit, auch den Menschen Alberti ins Herz zu schließen, doch jeder Versuch, mit ihm ins Gespräch zu kommen, wurde abgeblockt. Er brauchte mich nicht, er hätte es lieber gesehen, ich wäre Gott weiß wo, und er kümmerte sich um seinen Kram, ohne mich groß zu beachten.

Jetzt im Bus mußte ich feststellen, daß wir nur durch den Mittelgang getrennt nebeneinander saßen, aber er sah mit seinen blaßblauen Augen einfach durch mich hindurch und widmete seine Aufmerksamkeit dem *Corriere della Sera*, der in Mailand herausgegebenen Tageszeitung, die neben *La Repubblica* als beste Italiens gilt.

Anders als seine Kameraden schlug Alberti nicht direkt den Sportteil auf, wenn er eine richtige Zeitung las. Er studierte sie akribisch von vorne bis hinten und widmete der Berichterstattung über Parlamentsdebatten und den Börsennachrichten ebensoviel Zeit wie Artikeln über neue Krisen beim AC Milan.

Wir fuhren zügig los, denn Jaconi war nicht der Typ, der fünf nach neun meinte, wenn er neun sagte. Die Abfahrt aus Castel di Sangro und seiner atemberaubenden Umgebung an diesem sonnigen Herbstmorgen mit einem Himmel von so makellosen Blau, wie ich es selten gesehen hatte, erinnerte mich an die herrliche Landschaft Alaskas, wo ich einmal ein Jahr gelebt hatte, aber auch an die Rocky Mountains in Kanada.

Während meines gesamten Aufenthalts berührte und begeisterte mich diese Landschaft stets aufs neue, und oft wunderte es mich, warum kein Reiseführer die Abruzzen in einem Atemzug mit den mondäneren Dolomiten weit oben im Nordosten nennt.

Die Spieler kannten das alles natürlich schon, vielleicht mit Ausnahme des jungen Rimedio, der offensichtlich ebenso beeindruckt wie ich aus dem Fenster blickte. Für die anderen war eine Busfahrt eben eine Busfahrt – ein notwendiger, wenn auch nicht besonders unterhaltsamer Teil des Jobs.

Sie wandten sich bald Beschäftigungen zu, bei denen sie am schnellsten abschalten konnten – dem Kartenspiel und der Lektüre von knalligen, simpel gestrickten Comics mit den Abenteuern der italienischen Pendants zu Superman und Batman: Dylan Dog (der kein Hund, sondern ein Mensch ist) und Diabolik (der trotz seines sinistren Namens ausschließlich für die Guten arbeitet).

Ich sollte nicht verschweigen, daß auch ich bald Gefallen an diesen Heften fand, vor allem, weil die Sprache so leicht verständlich war – zumindest wenn Illustrationen sie ergänzten. So hätte ich zum Beispiel nicht gewußt, daß »Fuori con le mane alzate!« bedeutet: »Kommt mit erhobenen Händen raus!«. Doch da die dazugehörige Zeichnung sechs Kerle zeigte, die Maschinenpistolen auf ein Auto richteten, das von vier weiteren eingekeilt war, konnte ich es mir zusammenreimen.

Wir waren etwa eine halbe Stunde unterwegs, als Giacomo Galli, der mit zuckendem Kopf vor mir saß, aufstand und nach vorne ging. Sein Knöchel war verheilt, und vor zwei Wochen war Galli für den enttäuschenden Pistella zurück in die Mannschaft gekommen, hatte aber bislang noch keine Glanzlichter setzen können.

Im Bus allerdings war er für den wichtigsten Programmpunkt der Fahrt zuständig: die Videos. So wie De Juliis im *Marcella's* den Käse prüfte, so sah Galli das aktuelle Videoangebot im Bus durch und legte das Programm für den Tag fest.

Alle Fensterrollos mußten heruntergezogen werden, und praktisch im selben Moment dröhnte unglaubliches Getöse aus den Lautsprechern, die anscheinend direkt über jedem einzelnen Sitz angebracht waren.

Als ersten Film hatte Galli *Congo* ausgesucht, natürlich in der italienisch synchronisierten Fassung. Hinten im Bus gingen die Kartenspiele weiter. Die Spieler schienen immun gegen den Krach aus den Lautsprechern und waren an den Mätzchen genetisch veränderter Gorillas wohl nicht übermäßig interessiert.

Von der Mitte des Busses bis zur ersten Reihe aber starrten mit Ausnahme von Jaconi alle gebannt auf die ganz vorne angebrachten kleinen Monitore, die ein so schlechtes Bild lieferten, daß man oft nur schwer zwischen dem Gorilla und dem Mädchen unterscheiden konnte. Jaconi, ein Veteran tage- und nächtelanger Busfahrten aus Zeiten, da die Videokassette noch gar nicht erfunden war, hielt währenddessen die Augen hartnäckig geschlossen. Die Arme hatte er vor der Brust verschränkt, und der Mund stand ein wenig offen, als würde er fest schlafen.

Unser Ziel lag in einem Vorort von Florenz, eine Fahrt von fünf Stunden, wenn man kein selbstmörderisches, sondern ein unitalienisches Tempo anschlug. Mit dem Bus allerdings würde es neun Stunden dauern, denn in Italien sind alle Busse mit einer Vorrichtung versehen, die die Höchstgeschwindigkeit auf 100 km/h begrenzt. Offensichtlich der erste und einzige Versuch des Gesetzgebers, etwas für die Sicherheit im Straßenverkehr zu tun.

Daher hatte Galli die Gelegenheit, zwei komplette Videos durchlaufen zu lassen, noch bevor wir zum Mittagessen haltmachten. Nach *Congo* kam eine italienische Eigenproduktion, deren »Plot« augenscheinlich ganz amerikanischen Vorbildern verpflichtet war. Er bestand ausschließlich aus unmotivierten, wüsten Explosionen im Abstand von fünf Minuten, stets gefolgt von Szenen mit den Überlebenden – immer derselbe Mann und dieselbe Frau –, die sich leidenschaftlich umarmten und sich schworen, die nächste Explosion auch zu überleben, wenn nicht gar zu verhindern. Wer die Explosionen auslöste, wo und warum, wurde niemals klar. Die Explosionen waren das Wesentliche, alles andere war irrelevant.

Nach dem Essen wählte Galli, dem ich eine Freude machte, indem ich den neuen Namen »Giacomo Impresario« für ihn prägte, zuerst *The Executioner's Song* aus, doch der wurde durch Buhrufe gestoppt, weil er zu dialoglastig und actionarm war. Dafür folgte eine weitere italienische Produktion, in der ein Schwarm unglaublich großbusiger junger Mädchen in einer riesigen Wäscherei arbeitete, deren Besitzer sich als Sadist entpuppte. Er gewann eine spezielle Befriedigung daraus, über versteckte Videokameras zu beobachten, wie seine gigantischen Waschmaschinen (die er offensichtlich durch bloßes Knopfdrücken auf die Programmstufen »Ergreifen, Aufschlitzen und Zermalmen« umstellen konnte) eine ahnungslose Wäscherin nach der anderen von den Beinen riß und verschlang.

Jedesmal stellte dann eine ihrer entsetzten Kolleginnen im letzten Moment den Hauptschalter auf AUS und gab dem sadistischen Wäschereibesitzer damit die Gelegenheit, aus seinem Büro herbeizueilen und Bestürzung zu heucheln, wenn das süße junge Ding blutverschmiert und völlig aufgelöst vorsichtig aus der Maschine befreit wurde. Ein Zustand, der ihren Arbeitgeber offensichtlich sexuell erregte.

Mit nur geringfügigen Änderungen (soll heißen, jedesmal war ein anderes Mädchen dran) wiederholte sich das ungefähr ein dutzendmal, ehe ohne ersichtlichen Grund die Polizei auftauchte und den Wäschereibesitzer verhaftete. Das feierten die verschont gebliebenen Jungfrauen, indem sie sich ihrer Arbeitskluft entledigten, um sich in der Gemeinschaftsdusche (auch gegenseitig) von allen Spuren dieser traumatischen Erfahrung reinzuwaschen.

Als sie damit fertig waren – ohne daß die Frage ihres zukünftigen Arbeitsverhältnisses geklärt war, soweit ich das beurteilen konnte –, war es später Nachmittag geworden, und es begann dunkel zu werden. Auf einer vollen autostrada näherten wir uns dem Stadtrand von Florenz. Galli zog begeistert die Kassette aus dem Videorekorder und nahm sie mit an seinen Platz. Dieser Film war zu gut, um zurückgelassen zu werden. Der kam mit nach Hause und wurde noch mal geguckt.

Zu meiner Überraschung erfuhr ich, daß wir die Nacht nicht in einem Hotel, sondern in Coverciano verbringen würden, dem berühmten Campus an der Viale Gabriele D'Annunzio im Osten von Florenz, der unter anderem auch als offizielles Trainingsgelände der italienischen Nationalelf dient.

Für jeden Fußballiebhaber ist dies das Allerheiligste, doch seine kulturelle Bedeutung reicht weit über den Sport hinaus. Im Castello Poggio Gherardo, das hoch über den perfekt gepflegten Spielfeldern thronte, hatte Boccaccio sein *Decamerone* angesiedelt. Rund hundert Jahre später stand Leonardo da Vinci auf den Mauern des Monte Ceceri, gleich oberhalb von Coverciano, und startete seine »Flugmaschine«, wie sich herausstellte, gut 400 Jahre verfrüht. Zu Beginn unseres Jahrhunderts lebte und arbeitete in einer Villa auf diesem Gelände Gabriele D'Annunzio, der vielleicht prototypischste Dichter und politische Aktivist Italiens.

Die Öffentlichkeit hat keinen Zutritt zu diesem Gelände. Man kann hier kein Zimmer für die Nacht und keinen Tisch im Restaurant der Einrichtung reservieren. Wie in den Buckingham Palace kommt man hier nur mit Einladung herein, und diese Einladungen werden nicht gerade großzügig verteilt.

Aber Jaconi hatte den Lehrgang für allenatori besucht, der hier jedes Jahr im Centro Technico veranstaltet wird. Ohne einen sechzehnwöchigen Kurs in Coverciano erhalten italienische Trainer keine Lizenz für die Seria A oder B. (Unglücklicherweise bedeutete dies, daß alle einheimischen Trainer dieselben Lehrgänge in Taktik, Psychologie und Trainingsaufbau besuchen und somit alle Absolventen ein Examen in la paura, in Furcht, machen und eingeschworene Anhänger der Philosophie des catenaccio sind, der Betonung des Defensivspiels –

catenaccio bedeutet wörtlich »Riegel« –, das seit mehr als einem halben Jahrhundert praktisch Staatsreligion ist.)

Eingedenk seines kontaktfreudigen Wesens und seiner grundkonservativen Einstellung verwunderte es nicht, daß Jaconi an der Schule populär gewesen war. Nun, da er eine Seria-B-Mannschaft führte und ein Spiel ganz in der Nähe bestreiten sollte, war ihm die Einrichtung zur Verfügung gestellt worden.

Wie wir wissen, gibt es Amerikaner, die sich danach sehnen, einmal eine Nacht im Schlafzimmer Abraham Lincolns zu verbringen. Und zweifelsohne wäre so mancher Kardinal im Vatikan hocherfreut, wenn der Papst in seinen Privatgemächern zu ihm sagen würde: »Das Sofa da kann man ausziehen. Warum bleiben Sie nicht über Nacht hier und treten, wenn Sie Lust haben, morgen zusammen mit mir auf den Balkon?«

Aber ich kann aufrichtig sagen, daß es im Oktober 1996 keinen Ort auf der Welt gab, an dem ich lieber eine Nacht verbracht hätte, als in Coverciano. Niemals hätte ich mir solch eine Auszeichnung träumen lassen, und nun war ich hier! Zumindest für mich ging das miracolo e la favola weiter, und wunderbarer denn je.

Mein Zimmer hatte die Nummer 308. Wer wußte schon, wer hier vor mir genächtigt hatte? Baresi, Dino Zoff, Gigi Riva, Tardelli, Gentile, Bettega, Cesare Maldini, Paolo Maldini oder vielleicht sogar (theoretisch durchaus möglich) Baggio. Ich öffnete den von Zedernholzduft erfüllten Schrank: eine komplette Reihe Armani-Kleiderbügel. Und im Badezimmer drei verschiedene Föne. Kein Zweifel, hier war man richtig.

Ich ging hinunter in die Lounge, in der die Spieler saßen und auf das Essen warteten. Sie waren genauso aufgeregt wie ich. Keiner von ihnen war vorher schon einmal hier gewesen, und sicherlich würde auch keiner von ihnen als Mitglied der Nationalelf einmal hierhin zurückkehren. Also war es auch für sie ein denkwürdiger Abend.

Nach dem Abendessen ließen sich die meisten Spieler in der Lounge nieder, um sich das Samstagsspiel der Seria B im Fernsehen anzuschauen. Es spielten zwei Klubs, die ich bisher noch nicht gesehen hatte: Salernitana, das sieben Punkte auf dem Konto hatte, und Cesena, das wie wir bislang sechs Zähler eingefahren hatte. Beim Stand von 0:0 wurde bei Salernitana 20 Minuten vor dem Abpfiff Philemon Masinga eingewechselt, der Neueinkauf aus der südafrikanischen Nationalelf, der vorher bei Leeds United in der englischen Premier League gespielt hatte.

Mit der ganzen Autorität eines Experten, der ihn vor zwei Jahren einmal im Fernsehen gesehen hatte, erklärte ich den Jungs, nun würden sie eine echte Überraschung erleben, denn hier sei mal jemand, der spielerisch wirklich etwas drauf hätte.

Besonders Fusco schien skeptisch, erst recht 20 Minuten später, nachdem Masinga praktisch jeden Ball verloren hatte, der in seine Nähe gekommen war. Salernitana gewann trotzdem, aber einer ihrer altgedienten italienischen Veteranen erzielte den Treffer.

»Non per Seria B«, meinte Fusco kopfschüttelnd über Masinga.

»Kann man noch nicht sagen«, erwiderte ich.

»No, Joe«, sagte Fusco, zündete sich eine Zigarette an und stand auf, um nach oben auf sein Zimmer zu gehen. »Masinga non è per la Seria B. Il suo stile non è per un giocatore da Serie B. Lui è troppo egoistico.«

Tja, da war sie wieder. Die Vorstellung, daß jeder, der elegant spielte, mit ein bißchen Elan oder Esprit – vor allem ein Ausländer, und für einen Schwarzen galt das vielleicht ganz besonders –, irgendwie nicht in die höchst prosaische Welt der Seria B passte.

Zu egoistisch? Was diese Einschätzung betraf, schrieb ich sie Fuscos Rücksichtnahme auf meine Sprachkenntnisse zu. Ich vermutete, daß er eigentlich etwas im Sinne von »zu verspielt« sagen wollte, aber lieber ein Wort gewählt hatte, daß mir vielleicht geläufiger war.

Doch schon dieser kleine Disput hatte ausgereicht, Jaconis Blut in Wallung zu bringen, denn wir kamen gleich wieder auf das zu sprechen, was – zumindest in den Gesprächen mit mir – mit Abstand sein Lieblingsthema zu sein schien.

»Die Seria B ist ein sehr heikles Terrain, Joe«, erklärte er. »Vor allem für Ausländer sehr schwierig. Talent reicht da nicht aus.«

»Ja, ja, Charakter und Mentalität. Ich weiß.« Jaconi zu unterbrechen, vor allem bei seinem Lieblingsthema, den speziellen Bedingungen der Seria B, war gewagt, wenn nicht ausgesprochen unhöflich. Aber mittlerweile kannte ich seine Sprüche auswendig. Sie paßten im Grunde auf jede Profisportart. Doch bei Jaconi schien es fast Manie zu sein, die Seria B als eine Art speziellen Kreis von Dantes Inferno zu betrachten, in dem die üblichen Gesetze der Physik, der Kinetik und des gesunden Menschenverstands außer Kraft gesetzt sind.

Na, nun hatte ich wieder Öl ins Feuer gegossen. Schnell wurde deutlich, daß weder ich noch einer der Spieler, die sich noch in der Lounge aufhielten, ins Bett kommen würden, ehe Jaconi einmal mehr seinen Vortrag über die stranieri losgeworden war.

Ja, räumte er ein, zahlreiche Ausländer könnten in der Seria A bestehen und täten es ja auch; es läge aber ausschließlich an ihrem außerordentlichen Talent, daß sie auch ohne die erforderliche Charakterstärke und Mentalität erfolgreich wären.

Aber in der Seria B fände man solche Ausländer nicht. Die Ausländer in der Seria B seien per definitionem nicht so brillante Spieler, sonst hätte man ihnen ja einen Vertrag in der Seria A angeboten. Und da ihnen dieses überragende Talent fehle, bliebe ihnen nichts anderes übrig, als sich mit der Vielzahl einheimischer Spieler herumzuschlagen, die, offen gesagt, so clever, hinterlistig und ausgekocht wären, wie es kein

Ausländer je sein könnte, und die obendrein weitaus mehr grinta, cuore, carattere und mentalità besäßen.

Und was wäre dann mit Goossens bei Genua, wollte ich wissen. Oder Baris Ingesson? Florijancic in Turin? Oder Manfred Binz, dem neuen deutschen Verteidiger bei Brescia? Und wo man schon bei den Deutschen sei, hatte nicht Oliver Bierhoff drei Jahre für Ascoli in der Seria B gespielt, bevor er zu Udinese gegangen und sofort einer der besten attaccanti der Seria A geworden war?

Jaconi hörte abwesend zu. Dann sagte er: »Il guaio con te, Joe, è che sai rispondere a tutte le domande anche se non sai proprio niente.« Damit erhob er sich, verließ die Lounge und ließ mich ratlos zurück. Zum Glück war auch Rimedio im Raum.

»Fabio«, sagte ich, »das letzte habe ich nicht verstanden. Was hat der Mister gesagt?«

Rimedio antwortete langsam, um auch richtig verstanden zu werden: »Er sagte: Das Problem mit dir, Joe, ist, daß du immer alles besser weißt. Aber gleichzeitig weißt du nicht, wovon du sprichst.«

»Anders gesagt ...«

»Anders gesagt, Joe: Diskutiere nie mit dem Mister, denn er hat immer recht und du nie.«

Doch dann der Sonntagmorgen. Wieder Spieltag in ganz Italien. Ich mußte mich immer noch an die Tatsache gewöhnen, nun jede Woche Gipfel der Ekstase und Abgründe der Verzweiflung zu durchleben. Aber nie wieder würde ein Tag so beginnen wie dieser im Garten Eden des Fußballsports. Passenderweise hätte das Wetter nicht schöner sein können.

Und noch besser: Selbst Jaconi war in redseliger Laune. Er hegte keinen Groll wegen des Vorabends und lud mich zu einem herrlichen Spaziergang über das gesamte Gelände ein, um mich anschließend liebenswürdigerweise einer Reihe hoher Fußballfunktionäre vorzustellen. Während das spätmorgendliche Sonnenlicht durch die Wipfel der prächtigen, hohen Bäume fiel, die die Wege säumten, begann ich mir auszumalen, wie ich hier ein permanentes Aufenthaltsrecht als »American-in-residence« oder dergleichen ergattern könnte. Um ehrlich zu sein, zu diesem Zeitpunkt hätte ich auch einen Job als Gartenpfleger akzeptiert.

Doch dann mußten wir los zum Spiel.

Empoli war auch so ein Verein, der eher in der C1 als in der Seria B zu Hause war. Tatsächlich hatten sie im Juni durch den Sieg im Relegationsspiel den Aufstieg aus der C1 Nord geschafft, so wie es Castel di Sangro im Süden gelungen war. Davor hatten sie zuletzt in der Saison 88/89 in der Seria B gespielt und waren gleich wieder abgestiegen. Sie besaßen einen begabten Stürmer namens Esposito, aber sonst, ebenso wie wir, keine Spieler mit Star-Qualität.

Die Stadt Empoli (Einwohnerzahl: 40.000) liegt eine halbe Stunde westlich von Florenz, hat aber im Gegensatz zu diesem außer Nachkriegsarchitektur nicht viel zu bieten. Das Stadion jedoch ist überschaubar, freundlich und frei von jeder polizei-starrenden, stacheldrahtbewehrten und von der Furcht vor Ultras beherrschten Atmosphäre, die so viele Stadien in Italien verdüstert.

Mag sein, daß Empoli einfach ein friedliches Plätzchen ist – die tifosi von Fiorentina, der Seria-A-Mannschaft von Florenz, sind in ganz Italien als besonders übel und gewalttätig bekannt, und die Gewalt richtet sich nicht unbedingt gegen die Fans des Gegners. Erst vor zwei Jahren hatten sie nach einer besonders ärgerlichen Niederlage den Fiorentina-Spielern die Autos angezündet und den Mannschaftsbus mit Steinen beworfen.

Ich hegte den Verdacht, daß die entspannte Atmosphäre in Empoli wohl eher daher rührte, daß niemand Castel di Sangro ernst nahm. Wir waren der Verein aus Märchenland. Die Fußballzwerge. Wir würden ein Jahr mitspielen und dann auf ewig in der Versenkung verschwinden. Wir waren keine Mannschaft, über die man sich groß aufregen konnte.

Beim Fußball machte man sich vornehmlich dadurch Feinde, daß man irgendwo hingeht, wo man nicht hingehört (zum Beispiel ins gegnerische Stadion, auch wenn man dort nun mal spielen muß), oder etwas tut, das man lassen sollte (zum Beispiel gewinnen). Aber was die tifosi der anderen Klubs in der Seria B anbelangte, war Castel di Sangro nie irgendwo gewesen und hatte nie irgendwas getan. Wir waren die Kinder und sie die Erwachsenen, daher wäre es nicht nur unter ihrer Würde, sondern geradezu pervers gewesen, uns zu verhöhnen oder Gewalttaten gegen unsere paar Hundert mitgereisten treuen Anhänger zu verüben.

Die ganze Atmosphäre wirkte also ebenso heiter wie das Wetter an diesem goldenen Herbstnachmittag in der Toskana. Es waren vielleicht 5.000 Zuschauer erschienen, und das Stadion blieb somit zu zwei Dritteln leer, aber das war normal für die Seria B zu Saisonbeginn, vor allem da so viele Seria-A-Spiele im Fernsehen übertragen wurden.

Als die Mannschaft auf den Platz kam, stellte ich erfreut fest, daß Cristiano das Mittelfeld verstärkte, weniger erfreut aber, daß Jaconi sich für ein 4-5-1-System mit Galli als einziger Spitze entschieden hatte. Meiner Ansicht nach hätte man da gleich über die Anzeigetafel verkünden können, daß man sich bestenfalls ein 0:0 erhoffte.

Und was geschah? Es erwies sich einmal mehr, daß man im Fußball immer mit Überraschungen rechnen muß. Nach acht Minuten, in denen keine der beiden Mannschaften Anstalten gemacht hatte, ernsthaft zu attackieren, sah Galli, der allein auf weiter Flur durch die gegnerische Abwehr irrte, zu seiner Überraschung den Ball auf seinen rechten Fuß zurollen.

Ein Verteidiger von Empoli, vom Glanz des schönen Herbsttages bis zur Besinnungslosigkeit eingelullt, hatte ihn gemächlich auf seinen Torhüter zurückgespielt, als plötzlich Galli auftauchte.

Giacomo Bumm Bumm mußte sich das Leder nicht einmal zurechtlegen, so perfekt wurde er bedient. Der Ball war schon im gegnerischen Netz, bevor der arme, verblüffte portiere die Chance hatte, seinen Verteidiger zum Teufel zu wünschen.

Auch mir verschlug es für einen Moment die Sprache. Das war doch nicht möglich. Castel di Sangro konnte keinen so lachhaft einfachen Treffer erzielt haben. Andererseits war es ein geradezu klassisches Seria-B-Tor gewesen: eher das Ergebnis eines krassen Abwehrfehlers denn einer brillanten Offensivkombination. Daher mußte es wohl wirklich wahr sein.

Und dann begann ich zu jubeln. Gemeinsam mit jedem Spieler von Castel di Sangro auf dem Platz und in panchina und den paar hundert Fans, die die lange Fahrt mitgemacht hatten, um auf den billigen Plätzen zu sitzen.

Das war unser erstes Tor in vier Spielen, das allererste Tor fuori casa in der Seria B, Gallis erstes Saisontor und sein erstes überhaupt in der Seria B. Außerdem brachte es uns in eine Position, mit der niemand hätte rechnen können: Wir führten bei einem Auswärtsspiel. Die Hügel der Toskana, die das Stadion einrahmten, haben wohl in noch keinem Herbst seit Menschengedenken goldener geglänzt.

Und während der nächsten 20 Minuten sah es so aus, als könnten sie noch goldener erstrahlen. Cristiano agierte wie ein Derwisch, er attackierte den Gegner, schlug Pässe, sprintete, wechselte im Mittelfeld blitzschnell die Seiten und irritierte Empoli damit so sehr, daß ihnen ein weiterer dicker Schnitzer in der Verteidigung unterlief, bei dem Martino nur neun Meter vor dem Tor in Ballbesitz kam. Dummerweise war Tonino nicht so abgebrüht wie Galli und drosch den Ball über die Querlatte.

Dann spürte man, wie das Spiel kippte. Fusco hatte sich in der Defensive unsicherer als gewöhnlich gezeigt, und Empoli versuchte es prompt verstärkt über die linke Außenbahn. So folgte Foul auf Foul, und jedes davon brachte Empoli einen

Freistoß ein. Und mit jedem Freistoß rückten sie näher an unseren Strafraum heran.

In der 34. Minute dann eine Ecke für Empoli. Die Situation wirkte gefährlich, doch der kraftlos geschlagene Ball trudelte hoch herein und war für keinen der Gegner zu erreichen. Wäre er für Fuscos Kopf gedacht gewesen, dann hätte es sich allerdings um einen Prachtschuß gehandelt, denn genau dort landete er.

Doch statt ihn aus der Gefahrenzone zu köpfen, ließ Fusco die Kugel unerklärlicherweise direkt vor den anstürmenden Esposito abtropfen, der wie zuvor Galli aus vollem Lauf zum Gegentreffer abstaubte.

Jetzt war es an Lotti, ungläubig den Mund aufzusperren. Zumindest bis Fusco ihn anzubrüllen begann, er hätte rechtzeitig aus dem Kasten kommen und den Ball abfangen sollen.

Ich brauchte keinen Dolmetscher, um Lottis scharfe Erwiderung zu verstehen, die im wesentlichen darauf hinauslief, daß kein Verteidiger, der sich allein die Schuhe zubinden könnte, einen so blöden Fehler wie Fusco machen würde.

Wie auch immer, nur Empolis Ausgleich zählte. Vor allem, da das 1:1 eine Stunde später auch den Endstand bedeutete. Man konnte sagen, daß wir den Sieg verschenkt hatten. Man hätte auch sagen können, daß wir immerhin einen Auswärtspunkt geholt hatten. Aber falls jemand etwas hätte sagen wollen, hätte er das sehr rasch tun müssen, denn wir waren kaum fünfzehn Minuten mit dem Bus unterwegs, da dröhnte schon ein *Die Hard*-Video mit voller Lautstärke aus den Boxen.

Wir waren nicht vor ein Uhr nachts zurück in Castel di Sangro, aber Marcella hatte auf uns gewartet. Sie bestand darauf, Jaconi und mich auf einen Drink in ein Nachtcafé einzuladen, in dem wir drei eine Nachbesprechung des Spiels abhalten könnten – wozu allerdings zu so später Stunde nur sie Lust hatte. Doch Marcella gehörte zur Familie, und Jaconi wußte, daß man niemals unhöflich zu einem Familienmitglied sein durfte, das nur liebenswürdig sein wollte, egal wie kaputt vor Erschöpfung, Enttäuschung oder beidem man selbst auch war.

Und so war es schon weit nach zwei Uhr, als er und ich über den feuchten, kühlen Marktplatz zu unserem Appartementhaus gingen. Als wir ankamen, meinte er: »Es gibt gute Neuigkeiten für dich.«

Gute Neuigkeiten? Was konnte das sein?

»Am Dienstag kommt ein neuer Spieler«, sagte er.

»Wer? Wo kommt er her? Auf welcher Position soll er spielen?« Ich konnte mich vor Neugier kaum beherrschen.

Doch Jaconi seufzte nur schwer, und sein warmer Atem stand in der kalten Nachtluft. Dann schüttelte er den Kopf.

»Du wirkst nicht gerade glücklich«, sagte ich.

In dieser typischen Jaconi-Geste zuckte er mit den Schultern, legte den Kopf in den Nacken, so daß er in den Himmel blickte, und hob seine Hände mit geöffneten Handflächen bis in Schulterhöhe.

»Ein Ausländer.« Uh-oh. Das schlimmste Wort in Jaconis Wortschatz. Oder vielleicht auch das zweitschlimmste, denn anschließend sagte er: »Africano.«

»Ein Afrikaner? Wirklich? Woher?«

»Aus Ghana«, sagte er mir in einem Tonfall, als würde er ein lang bewahrtes, düsteres Geheimnis gestehen. »Aus der Nationalelf von Ghana.«

»Wo hat er bislang gespielt?«

»Frankfurt, alla Bundesliga.« Das klang ja zu schön, um wahr zu sein. Hierhin nach Castel di Sangro? Madonna! Ich hatte Gravina schwer unterschätzt. Und dieser Ghanaer mußte entweder Deutschland zutiefst hassen oder einen extrem unfähigen Agenten haben.

»Wie heißt er?«

»Jo-seph«, sagte Jaconi. »Wie du. Jo-seph Ad-do.«

»Und was spielt er?«

»Non lo so«, sagte Jaconi und sah gar nicht aus wie ein Trainer, der gerade seinen ersten Auswärtspunkt geholt hatte. »Verteidiger, Mittelfeld, ich weiß nicht, ich weiß nicht, ich weiß überhaupt nichts.«

Und als er mir gute Nacht sagte, klang er nicht, als würde er gerne mehr erfahren.

KAPITEL 15

Wenn ich morgens bei schönem Wetter auf meinem Bett lag und aus dem Westfenster blickte, sah ich lediglich einen rotbraun-getönten Berg unter einem klaren, makellosen Himmel. Der größte Höhenzug, vielleicht sechshundert Meter über mir, war so wild und zerklüftet wie die Berge im amerikanischen Westen. Die Goldfärbung des Herbstes hatte eingesetzt, kroch wie eine Armee auf dem Vormarsch die Hänge hinab und drängte das Grün, das den ganzen Sommer über geherrscht hatte, jeden Tag ein paar Meter weiter ins Tal zurück.

Setzte ich mich allerdings auf, so blickte ich auf einen Parkplatz, der, außer wenn donnerstags Markt war – das zweitwichtigste Ereignis in Castel di Sangro nach dem Sonntagsspiel –, verlassen dalag. Hinter dem Parkplatz erhob sich ein schlampig gebautes Appartementhaus (anscheinend zügiger hochgezogen als der Stadionneubau) mit Ferienwohnungen für die neapolitanische Mittelschicht.

So konnte ich also, noch bevor ich aufstand, die schönste wie die häßlichste Seite von Castel di Sangro sehen. Endlich aus meiner Gruft im *Coradetti* befreit, war ich jetzt viel besser in der Lage, die Reize des Ortes zu würdigen. Zugegeben, architektonischer Glanz zählte nicht dazu, aber es gibt mehr im Leben als altes Gemäuer.

Von meiner Wohnung überblickte ich den Fluß Sangro, der sich seinen Weg durch den Ort allerdings eher als mäandernder Bach bahnte, und jeden Morgen wurde ich durch das Geschnatter von Gänsen geweckt – nicht ein einziges Mal durch ein hupendes Auto. Was mich daran erinnerte, daß ich bislang auch weder die Sirene eines Polizei-, Kranken- oder Feuerwehrwagens gehört hatte.

Eine Atmosphäre von Frieden und Unbeschwertheit lag über dem Ort und seinen Einwohnern. Niemand hier hegte große Erwartungen: weder was die Fußballmannschaft noch was das eigene Leben betraf. Hoffnungen ja, doch keine Erwartungen. Und so konnte es auch keine Enttäuschungen geben. Höflichkeit, Einfühlungsvermögen und sogar Nächstenliebe fallen einem viel leichter, wenn man nicht permanent darüber brütet, daß das Leben einen gerade wieder um die große Chance betrogen hat, die einem eigentlich zugestanden hätte.

Noch war es natürlich erst Oktober. Und die immer größer werdenden Stapel von Feuerholz auf dem Parkplatz hinter dem Flüßchen und die Tatsache, daß fast in jedem Schaufenster, ob es zu einem Bekleidungsgeschäft, einer Metzgerei oder einer Apotheke gehörte, mittlerweile elektrische oder kerosinbetriebene Heizgeräte zum Verkauf angeboten wurden, erinnerten mich mit Nachdruck daran, daß die kommenden Tage des Wunders und Märchens sehr kalte Tage sein würden.

Ein größeres Problem aber war, daß die Mannschaft nach fast einem Fünftel der Saison noch in keiner Weise demonstriert hatte, daß sie wirklich in die Seria B gehörte. Momentan standen wir auf dem 14. Platz, was bei Saisonende ein Grund zum Feiern gewesen wäre, aber noch lag ein langer Weg vor uns, und kaum einer unserer Spieler schien wirklich fähig, ihn duchzustehen.

Lotti war eindeutig der wertvollste Spieler im Team. Auch wenn De Juliis weiterhin ungemein populär blieb und Lotti als zu reserviert galt, war es ausgeschlossen, daß Jaconi den Torhüter wechseln würde. Massimo hatte uns bereits zu oft gerettet.

Aber bei seinen Vorderleuten sah es problematischer aus. Der junge Luca D'Angelo, ein überzeugter Kommunist, den Jaconi, wenn auch zögernd, schließlich anstelle von Cei in die Stammelf genommen hatte, schien mit Abstand der gefälligste und begabteste unter den Verteidigern zu sein, und mein neuer Nachbar Altamura konnte, wenngleich es ihm an Schnelligkeit und technischer Finesse fehlte, gut austeilen, wenn es darauf ankam, und spielte mit schon fast verbissenem Einsatz.

Beunruhigender sah es bei Fusco und dem weitgereisten Gigi Prete auf den Außenpositionen aus. Trotz all ihrer Anstrengungen schien keiner von beiden seiner Aufgabe gewachsen zu sein. Ohne ins Detail gehen zu wollen, darf ich darauf verweisen, daß diese Einschätzung auch von der pagelle geteilt wurde, die nach sieben Spielen beide deutlich schlechter als mit 6 bewertete, die sonst allgemein als Mindestnote galt.

Das Mittelfeld wirkte nicht nur insgesamt solider, sondern bot Jaconi zudem mehr Variationsmöglichkeiten. Obwohl beide Flügelspieler, Bonomi und Martino, unberechenbar waren, hatten sie doch wenigstens eine Spur von Talent. Vor allem Bonomi schien Riesenschritte nach vorne zu machen.

Im zentralen Mittelfeld standen die bewährten Haudegen Alberti und Di Fabio (Geist und Faust, wie ich sie im stillen nannte) sowie der schneidige, aber noch nicht geprüfte Cristiano. Darüber hinaus war Michelini, seit neun Jahren bei Castel di Sangro, verstärkt zum Einsatz gekommen. In Empoli hatte er nicht nur von Anfang an gespielt, sondern war vielleicht sogar unser bester Mann in dieser Begegnung gewesen.

Das echte Problem lag im Sturm. Nach drei Spielen sah Galli trotz seines Zufallstreffers nicht wie ein verläßlicher Stürmer für die Seria B aus. Zu oft unterliefen ihm überflüssige Fehler, zum Beispiel wenn er einen Ball aus dem Mittelfeld annahm und nach vorne köpfte, obwohl er wußte, daß dort niemand mehr stand. Außerdem mangelte es ihm an Schnelligkeit, Ballbeherrschung, einem plazierten oder festen Schuß und jedwedem Sinn für das Spiel ohne Ball.

Auch Di Vincenzo hatte, so sehr ich ihn persönlich mochte, bislang nicht beweisen können, daß er in diese Spielklasse gehörte. Manchmal schien er über die Dauer von 20, 30 Minuten gar nicht am Spielgeschehen teilzunehmen. Dazu kam noch, daß er nach seinem vielversprechenden Start ständig seiner Form hinterherlief, so daß ihn Jaconi gegen Empoli die ganze Zeit auf der Bank gelassen hatte.

Blieb nur noch der *Sechs-Millionen-Dollar-Mann* alias Andrea Pistella, Gravinas lebendes Argument dagegen, teueres Geld für (angeblich) bewährte Spieler auszugeben. Armer Pistella. Ich wußte, daß ihm sein Fehlstart auf der Seele lag und daß er sich redlich mühte. Nichtsdestotrotz hatte sich Lotti (in letzter Minute als Schnäppchen geholt) als unser mit Abstand bester Spieler entpuppt, während der viel zu teure Pistella eindeutig der schwächste war.

Tatsächlich wirkte er vorne auf dem Platz wie ein schwarzes Loch: Jeder Ball, der in sein Schwerkraftfeld geriet, verschwand einfach, bis man ihn am Fuß eines Gegenspielers beim Konter wiedersah. Er hatte bereits mehr glasklare Chancen vergeben, als manch anderer Spieler im ganzen Jahr bekommt, und alles, was er ausprobierte, schien es nur noch schlimmer zu machen.

Die Liste wurde komplettiert durch den 20jährigen Rimedio und den 19jährigen Filippo Biondi, denen die Saison anscheinend in erster Linie dazu diente, Erfahrung zu sammeln. Rimedio wartete noch auf seinen ersten Einsatz, und Biondi hatte nur unspektakuläre 18 Minuten gegen Ravenna gespielt.

Das war kein Gruppenporträt, das Mut machte – la potenza della speranza hin oder her. Doch von meinem günstigen Aussichtspunkt in der Via Peschiera 10 (meiner neuen Adresse) erschien die bevorstehende Ankunft von Mr. Joseph Addo aus Ghana via Frankfurt wie ein Silberstreif am Horizont, egal auf welcher Position er spielen mochte.

Das *Marcella's* hatte Montag mittags eigentlich nicht geöffnet, aber an diesem Morgen hatte Tonino Martino angerufen, um Marcella zu sagen, daß er zu deprimiert sei, um nach

Hause zu fahren, das etwa 90 Autominuten entfernt lag, und gefragt, ob sie ihm etwas zu essen machen könnte.

Aber ja! Hätte sie genug Zeit gehabt, hätte sie ein Schwein geschlachtet, oder ein Kalb, ein Lamm oder einen Ochsen, vielleicht sogar alle vier. Da sie die nicht hatte, müßte er sich mit Spaghetti und Rotwein mit Sprite begnügen, seiner üblichen Mittagsmahlzeit.

Marcella sah mich kurz vor Mittag auf der Straße und bestand darauf, daß auch ich in die Pizzeria käme. Tonino, so sagte sie, bräuchte weniger etwas zu essen als una spalla per piangere, eine Schulter zum Ausweinen, und zwei wären besser als eine, vor allem, wenn keine davon die ihre wäre.

Tonino war betrübt, weil er am Vortag so schlecht gespielt hatte. Hätte er doch nur seine große Chance aus neun Metern verwandelt, so wie Galli die seine. Wir hätten 2:0 in Führung gelegen und das Spiel bestimmt gewonnen.

Er war der mit Abstand größte Dribbelkünstler der Mannschaft, aber wenn man unfreundlich sein wollte, konnte man auch sagen, daß sein ganzer Grips in seinen Füßen steckte. La mentalità war nicht seine starke Seite. Tatsächlich schien es oft so, als würde in seinem Kopf überhaupt nichts vorgehen. Oft genug begeisterte er durch explosive Spielfreude, aber häufig führten ihn seine Dribblings nur in irgendeine Ecke, wo er umringt von drei oder vier Gegenspielern schließlich den Ball verlor.

Er besaß keinen harten und plazierten Schuß, aber das hielt ihn nicht davon ab, es – meist im unpassenden Moment – trotzdem zu versuchen. Und obwohl 90 Prozent aller Einwürfe von ihm ausgeführt wurden, schien er es nie richtig zu lernen. Meistens warf er den Ball direkt einem Gegenspieler zu oder aber einem Mannschaftskollegen, der so eng gedeckt war, daß er ihn augenblicklich wieder verlor.

Ich hatte Jaconi gefragt, warum immer Martino diese lästige Pflicht übernehmen müsse, wo er dazu doch so offenkundig ungeeignet war.

»Er macht das gerne«, hatte Jaconi geantwortet. »Wenn ich ihn nicht lasse, wäre er gekränkt. Und wenn er gekränkt ist, kann er nicht spielen.« Das war Tonino: Goldkettchen, blondgefärbte Haare, Kareem Abdul Jabarrrrrr, der freundlichste Mensch in den ganzen Abruzzen und die seelische Reife eines Fünfjährigen.

Jetzt starrte er trübselig in seine Wein-Sprite-Mischung, schüttelte den Kopf hin und her und sagte immer wieder: »Aah, Joe ... Ooh, Joe ... Ahia, Joe ... Aaaah, non lo so.«

Selbst Marcella war mittlerweile den Tränen nahe, obwohl sie das Spiel nur am Radio verfolgt hatte und Tonino nicht der einzige Spieler war, der gegen Empoli eine schlechte Leistung geboten hatte (Bonomi und Fusco beispielsweise waren genauso schlecht gewesen, aber Tonino war eben hier, und daher war es sein Schmerz, den Marcella teilte).

»Es ist nicht seine Schuld, Joe«, sagte Marcella. »Auswärts spielt er nie gut.«

Das schien mir nun nicht gerade der aufmunterndste Kommentar zu sein, aber ich fragte Tonino, ob er auch dieser Meinung sei.

»Das stimmt leider, Joe. Immer.«

»Warum?« fragte ich ihn.

»Weil er Heimweh bekommt«, antwortete Marcella für ihn.

Heimweh? Das konnte doch nicht wahr sein.

»Marcella, wollen Sie behaupten, daß dieser siebenundzwanzigjährige calciatore, der – seit wie vielen Jahren, fünf oder sechs? – Profifußballer ist, auswärts nicht gut spielt, weil er an Heimweh leidet?«

»Sì, Joe. Das stimmt.«

Mittlerweile hatte sich Marcellas Sohn Christiano zu uns gesellt und versuchte in seinem rudimentären Englisch zu erklären. Tonino saß derweil mit gesenktem Kopf da und preßte sich die Fäuste vor die Augen.

»Das mußt du verstehen, Joe. Tonino lebt in die Nähe von Teramo. Das Haus seine Mutter. Teramo iste nur eine Stunde weg, eine Stunde mezzo von hier. Also. Hier, Tonino nah bei zu Hause. Nah bei Mutter. Aber Empoli? Viele Stunde, viele Kilometer. Er denkt daran, es macht ihn traurig. Wie du gesagt hast: der Heimweh. Nostalgico.«

»Tonino«, sagte ich, »ist das wahr?«

Er seufzte tief. »Non lo so, Joe. Ich weiß nicht. Aber es ist eine Schande, oder?«

Dann entschuldigte er sich und ließ seine Spaghetti und seinen Sprite-Wein unberührt stehen. Er würde zurück in seine Wohnung gehen, erklärte er, um Nintendo zu spielen.

Die ganze Szene war so bizarr gewesen, daß ich darüber völlig vergessen hatte, Marcella zu erzählen, daß ich abends bei Gigi Prete essen würde. Darum mußte ich am Abend noch mal in der Pizzeria vorbeischauen.

Wenn Marcella wußte, daß man in der Stadt war, und man kam nicht zum Essen, dann machte sie sich Sorgen. Nicht etwa darüber, man könne woanders essen, sondern daß man vielleicht mit so rauher Kehle und so hohem Fieber im Bett lag, daß man nicht einmal anrufen konnte. Ihre große und von Herzen kommende Fürsorge für alle, die mit der Mannschaft zu tun hatten, besonders aber für uns »Stammkunden«, war bemerkenswert, und ich wollte nicht, daß sie ohne Grund mit einem Topf Hühnersuppe zu meiner Wohnung hetzte.

Als ich eintrat, war von Tonino nichts zu sehen, aber ich entdeckte Paolo Michelini mit seiner Frau. Sie bestanden darauf, daß ich mich zumindest kurz zu ihnen gesellte. Nachdem er die ersten vier Spiele in panchina verbracht hatte, hatte der 32jährige Michelini, noch einer aus unserem schier unerschöpflichen Kader von nur knapp eins siebzig großen Spielern, die letzten drei Begegnungen von Beginn an bestritten und sich in Empoli als unser konsequentester Mann erwiesen.

Michelini besaß einen einzigartigen Erfahrungsschatz, da er von der Dilettanti-Liga an acht aufeinanderfolgende Spielzeiten für Castel di Sangro gespielt hatte. Sich seiner eigenen

Grenzen bewußt – er war klein, nicht besonders schnell, seine Pässe kamen nicht genau, und er war auch nicht mit einem besonders harten Schuß gesegnet –, hatte er nie erwartet, jemals in die Seria B aufzusteigen, und er wußte, daß er alleine nie so weit gekommen wäre.

Aber nun, so erzählte er mir, würde er sich, selbst wenn er den Rest der Saison nicht mehr auf dem Platz stehen sollte, zumindest des Privilegs rühmen können, sein Trikot in so berühmten Arenen wie dem Delle Alpi in Turin, für die WM 1990 errichtet und mit über 70.000 Sitzplätzen ausgestattet, dem Luigi Ferraris in Genua, mit mehr als 40.000 Sitzen und für viele das schönste Stadion Italiens, oder dem futuristischen San Nicola in Bari (Kapazität: 60.000), das ebenfalls eigens für die WM gebaut worden war und vielen Gastmannschaften als die einschüchterndste Kulisse im ganzen Land galt, getragen zu haben.

»Und deswegen«, erklärte er, »werde ich glücklich sein.«

»Si, Paolo«, sagte ich. »Und wenn du richtig Glück hast, wirst du eines Tages vielleicht sogar das neue Stadion von Castel di Sangro sehen.«

Pretes Einladung zum Abendessen hatte mich überrascht, denn bis dahin hatte ich nur ganz flüchtigen Kontakt zu ihm gehabt. Er kam zum Training, er rackerte sich ab, er duschte, er ging nach Hause.

Allerdings haftete ihm ein gewisses weltmännisches Flair an, das den weniger weitgereisten Provinzragazzis fehlte, und daher war es vielleicht nicht ungewöhnlich, daß er als einer der ersten Spieler den Amerikaner zu sich nach Hause einlud.

Ebensogut konnte aber auch seine Frau hinter der Einladung stecken, eine Chilenin mit reichlich Sex-Appeal namens Vanessa Diaz, mit der ich mich bei Marcella schon einige Male kurz unterhalten hatte und die bereits erklärt hatte, wie froh sie darüber sei, daß ich nach Castel di Sangro gekommen wäre. Denn sich das ganze Jahr lang nur mit calciatori zu unterhalten, würde sie tödlich langweilen.

Gigi und Vanessa wohnten wie die meisten anderen Spieler nur etwa fünf Minuten vom Stadtzentrum entfernt. Verblüffend war, daß sie, obwohl kinderlos, eine chilenische Haushälterin hatten, die auch für sie kochte. Vanessa erklärte mir, daß sie keinen Spaß am Kochen habe und so langweilige Pflichten wie Waschen und Putzen an ihren Kräften zehrten, die sie lieber dafür aufsparen wollte, ihrem Gatten »eine gute Frau« zu sein.

So, wie sie in einem sehr, sehr kurzen Rock und sehr, sehr engen Pullover dasaß, mit der einen Hand Gigis breite Schultern tätschelte und mit der anderen sein kräftiges, braunes Haar streichelte, blieb da nicht viel der Phantasie überlassen.

Prete war 29, stammte aus der Nähe von Rom und hatte eine Karriere hinter sich, die der vieler der erfahreneren Spielern von Castel di Sangro glich: zwei Schritte vor, einen zurück. Zwei Jahre mit demselben Klub in der C2, dann vier bei drei verschiedenen Vereinen in der C1. Jahresgehalt vielleicht 25.000 Dollar. Ein Jahr in der Seria B mit einem Verein, der auf einem Abstiegsplatz landete, dann jeweils ein Jahr in der C1 und der C2 bei unterschiedlichen Klubs. Er hatte bei Lottis C2-Verein Albanova aus dem nördlichen Randbezirk von Neapel gespielt, als Castel di Sangro ihn im letzten Jahr einkaufte.

Das war der typische Lebenslauf eines echten Wandervogels: neun Vereine in elf Spielzeiten und vor Castel di Sangro nur eine davon in der Seria B. In den USA könnte es sich kein Baseballspieler erlauben, so viele Jahre mit einer offenkundig perspektivlosen Karriere in der Drittklassigkeit zu vergeuden, aber in Italien reichten sowohl die Bezahlung wie das mit dem Profistatus verbundene Ansehen aus, um die meisten Aktiven so lange bei der Stange zu halten, wie ihre Knochen es mitmachten. Abgesehen davon ist Fußball in Italien ein Full-Time-Job, bei dem die Vorbereitung für die nächste Saison schon einen Monat nach dem Ende der alten beginnt.

Prete hatte eine rasche Auffassungsgabe, und ich bemerkte an ihm eine untypisch zynische Einstellung seinem Beruf gegenüber. Wir tranken von unserem Rotwein, während die ältere Haushälterin begann, Fleischstückchen verschiedener Größe und Form auf Spießchen zu stecken. Im Kamin brannte ein Feuer, und Prete erklärte, daß das Fleisch darüber gegrillt werde, wie es in Chile üblich sei.

Ich fragte ihn, wie er damit zurechtkäme, sich jedes Jahr an neue Mannschaftskollegen, einen neuen allenatore, eine neue Spielweise, neue tifosi, eine neue Società, neue Speisen, neue Dialekte, ein anderes Klima und die unterschiedlichsten Lebensbedingungen gewöhnen zu müssen.

»Ich bin anpassungsfähig«, grinste er.

Aber seine Frau war nicht geneigt, das Thema so schnell fallenzulassen. »Es ist nicht leicht«, sagte Vanessa, und die Glut des Feuers spiegelte sich in ihren dunklen Augen. »Zum Beispiel verhält sich diese Società nicht korrekt.«

»Inwiefern?« fragte ich.

»Vanna«, sagte Prete zu seiner Frau, schüttelte den Kopf und hob warnend den Zeigefinger. »Das reicht.«

»No, Gigi!« Und plötzlich brach es mit aller Gewalt aus ihr heraus, wobei das Spanisch bald das Italienisch verdrängte, und sie zählte ihm all die Gründe auf, warum sie nicht schweigen würde, warum sie sagen würde, was sie sagen wolle, und daß er kein Recht hätte, ihr zu befehlen, was sie sagen dürfe und was nicht, genausowenig wie er ein Recht dazu hätte, ihr zu verbieten, über Nacht in Rom zu bleiben, wenn sie dort zu den Kursen ginge, mit deren Hilfe sie sich das Rauchen abgewöhnen wolle.

Als sie fertig war, blickte mich Gigi an und zuckte müde mit den Schultern. Sie hatte ihn vor sechs Jahren geheiratet, als sie 19 war und er in Calabria spielte, und sie war anscheinend deutlich über das Stadium hinaus, in dem sie sich mit dem Status eines bloß schmückenden Beiwerks zufriedengab.

»Er ist zu eifersüchtig«, sagte sie wütend und zeigte auf Gigi. »Ich muß nur einen Tag weg sein, und er denkt, ich ficke mit anderen Kerlen.«

»Vanna, bitte!«

»Stimmt's oder stimmt's nicht, Gigi?! Sì o no?!«

»No, no, ma ...«

»Halt den Mund!«

Dankenswerterweise kam just in diesem Moment, als habe sie es kommen sehen und nur den rechten Augenblick abgepaßt, die Haushälterin-Köchin mit den Fleischspießchen, damit Vanessa sie begutachtete, bevor sie über dem Feuer geröstet wurden.

Vanessa nickte wortlos und zündete sich eine Zigarette an. Ich nutzte ihr momentanes Schweigen, um Gigi zu fragen, was sie damit gemeint habe, die Società verhielte sich nicht korrekt, denn ich dachte mir, er würde lieber darüber reden als über die mutmaßliche Untreue seiner Frau.

»Sie waren nicht aufrichtig«, sagte er. »Zum Beispiel haben sie nicht die Aufstiegsprämie ausgezahlt.« Daß Gravina diese Prämie, eine lukrative Standardklausel in allen Spielerverträgen, immer noch zurückhielt, obwohl die Società ihre eigene Prämie von fünf Millionen Dollar längst erhalten hatte, machte ihn bei der Mannschaft bestimmt nicht beliebter.

Prete bestätigte das ohne zu zögern. »Sì«, sagte er, »wir haben gar nichts bekommen. Viele schöne Worte von Gravina, aber kein Geld.«

»Jede Menge Gewäsch von dem Saukerl Gravina!« erklärte Vanessa.

»Vanna«, sagte Gigi fast flehentlich. Der Abend verlief wohl kaum, wie er ihn sich vorgestellt hatte. Doch sie hatte fürs erste gesagt, was ihr auf der Seele lag. Die Spießchen wurden serviert, dazu ein Salat und schmackhaftes Brot. Wir spülten das Essen mit reichlich Rotwein herunter und plauderten höflich – wenngleich etwas stockend – über meine Familie, meine Laufbahn und mein Interesse am Fußball und lachten dabei über die Mißverständnisse, die sich durch die Sprachbarriere ergaben. Als wir mit dem Essen fertig waren, fühlte ich mich in der Gesellschaft der beiden entspannt und wie zu Hause.

Auch Gigi wirkte deutlich relaxter, als er sich eine Verdauungszigarette anzündete. »Vanessa meint, ich wäre zu eifersüchtig? Dafür habe ich auch gute Gründe, und der Drecksack von Gravina ist der beste.«

Nun wollte Vanessa das Thema beenden. »Es gibt keinen anderen Mann«, erklärte sie mir. »Nur Gigi.« Und damit kletterte sie auf seinen Schoß und begann ihn so intensiv und ausdauernd zu küssen, daß seine Zigarette herunterbrannte. Jetzt war es wohl an der Zeit, sich zu verabschieden.

Allerdings regnete es heftig, und Gigi bestand darauf, mich zu meiner Wohnung zurückzufahren. Unterwegs dankte ich ihm für das Abendessen. Ich wußte nicht, wie ich auf höfliche Weise in Erfahrung bringen konnte, ob der Vereinspräsident wirklich mit seiner Frau fickte oder nicht, aber ich hatte das Gefühl, ich sollte Vanessa irgendwie erwähnen, und fragte ihn daher, wie sie sich kennengelernt hätten.

Gigis Lächeln schien auf seinem Gesicht zu gefrieren. Sein Blick wurde ausgesprochen stechend, und zu meinem nicht geringen Erstaunen fragte er: »Warum willst du das wissen?«

»Kein besonderer Grund. Die anderen verheirateten Spieler sind alle mit Italienerinnen liiert. Ich frage mich nur, wie du an eine Frau aus Südamerika gekommen bist und sie an dich.«

Gigi blickte mich sehr lange an, während ich schon halb aus dem Wagen war. Seine Miene war ernst, fast verbissen. Dann sagte er: »Ist nicht wichtig. Wie das halt so geht. Sagen wir, ich hatte Glück.«

Na dann. Aber ich muß sagen, er wirkte dabei nicht viel glücklicher als Jaconi am Abend zuvor, während er mir von Joseph Addo erzählt hatte.

KAPITEL 16

Joseph Addo, der nicht nur Mitglied der ghanesischen Nationalelf, sondern sogar deren Kapitän war, traf am Donnerstag ein. Er stellte sich den Fotografen und gab eine Reihe von Interviews für die Zeitungen und das Fernsehen, kaum daß er auf dem Trainingsplatz erschienen war. Mir machte es Spaß, ihm zuzuhören, denn er sprach ein fehlerloses Englisch, allerdings tat mir Giuseppe leid, der als Dolmetscher eine nicht gerade glückliche Figur machte.

Frage: Da dove sei venuto? Woher kommen Sie?
Giuseppe: Von welchen Plätzen kommen Sie nach hier?
Addo: Nun ja, da könnte ich Ihnen einiges erzählen, es kommt darauf an, was Sie damit meinen. Geboren wurde ich in Ghana, aber zur Schule bin ich in den USA gegangen. Aber wenn Sie wissen möchten, wo ich bisher gespielt habe, denke ich, daß Stuttgart und Frankfurt wohl die wichtigsten Stationen waren, es sei denn, Sie möchten auch meinen Einsatz mit der Nationalelf Ghanas bei den Olympischen Spielen in Atlanta im letzten Jahr dazuzählen.

Giuseppe (nach einer langen Pause): Mit Signor Gravina heute morgen aus Rom.

Das Training begann. Zwei Stunden später, als ich mit Hunderten anderer Castel-di-Sangro-Fans, die den Neuzugang hatten sehen wollen, den Trainingsplatz verließ, schwebte ich auf Wolke sieben. Addo besaß ein angeborenes Ballgefühl, das keiner unserer Spieler je lernen würde, selbst wenn er für den Rest seines Lebens übte. Zudem hatte er bei einem kurzen Trainingsspiel glänzende Übersicht bewiesen und instinktiv immer goldrichtig gestanden.

Als Verteidiger trennte er jeden Gegner, der in seine Nähe kam, mühelos vom Ball. Und fast in derselben Bewegung, so schien es, bediente er einen Mannschaftskollegen, den er 30 oder 35 Meter weiter vorne bereits erspäht hatte, mit einem genau plazierten Paß.

Außerdem war er antrittsschneller als jeder andere Spieler in der Mannschaft und bewies in Offensive wie Defensive eine Kopfballstärke, wie man sie vorher in Castel di Sangro nicht zu sehen bekommen hatte.

Und er war keine Primadonna. Mindestens ein dutzendmal hätte Addo seinen Gegenspieler mühelos blamieren können. Doch er hielt sich zurück. Er war selbstbewußt genug, sich nicht auf Kosten eines zukünftigen Mannschaftskameraden profilieren zu müssen.

Madonna, es war kaum zu glauben, daß dieser Mann nach Castel di Sangro gekommen war und aus irgendeinem schleierhaften Grund für uns spielen wollte. Ich hatte den Eindruck gehabt, daß er in den Interviews auf die Frage nach dem Warum absichtlich ausweichend geantwortet hatte. Ich konnte es kaum erwarten, im *Marcella's* die wahren Beweggründe zu erfahren. Und ich rechnete fest damit, sie zu erfahren, da ich der einzige war, dem er sich auf englisch anvertrauen konnte.

Doch noch bevor ich das Trainingsgelände verlassen hatte, kam Luca D'Angela auf mich zugestürzt und schüttelte mich vor Aufregung an den Schultern. »Joe, Joe«, rief Luca und unternahm sogar einen seiner seltenen Ausflüge ins Englische, »er ist ja so gut! Er iste besser als jede von uns!«

Im *Marcella's* war es am Abend noch lauter als gewöhnlich, denn alle am Tisch wollten sich gleichzeitig und in egal welcher Sprache mit Addo unterhalten. Jeder wollte ihm irgendwas zeigen, irgendwas erzählen, ihn irgendwas fragen, damit er auch ja begriff, wie froh sie waren, ihn im Team zu haben.

Und er selbst zeigte sich charmant, geistreich und intelligent, ein Mann, der bereits am ersten Trainingstag durch seine ganze Art und seine fußballerischen Fähigkeiten die Herzen der Teamkameraden erobert hatte.

Er hatte vier Jahre mit einem Fußball-Stipendium die George Mason University in Virginia besucht. Sein Englisch war genauso gut wie meins, und er besaß einen ausgeprägten Sinn für Humor. In Ghana war er sowohl Kapitän der U-17- und der U-21-Mannschaft als auch der Nationalelf gewesen und einer der drei Spieler über 23, die für das Olympia-Team für Atlanta ausgewählt worden waren. Addo war das Rückgrat der Abwehr gewesen, die Ghana den Weg ins Halbfinale geebnet hatte. Darüber hinaus hatte er zwei Jahre für Stuttgart gespielt, bevor er im Sommer zu Frankfurt gegangen war.

»Aber ich mag Deutschland nicht«, erklärte er. »In Deutschland fühle ich mich nicht wohl. Es liegt nicht nur am Rassismus, obwohl der alleine schon schlimm ist. Aber die Deutschen sind sogar zueinander unfreundlich. Dann erzählte mir ein Freund, Italien sei anders, ich solle doch nach Italien kommen, das Wetter sei freundlich, und die Menschen seien freundlich, und guter Fußball würde auch gespielt. Ich denke, ich werde ein Jahr in dieser Liga spielen, um mich in Italien einzugewöhnen, und im nächsten Jahr dann in die Seria A wechseln.«

Aber warum gerade Castel di Sangro?

»Na ja, erst sollte es Padua sein. Aber ich sprach dort mit ein paar Leuten, Schwarzen, die sich etwas auskannten. Sie sagten, der razzismo, der Rassismus gegenüber Schwarzen, wäre in Padua sehr ausgeprägt. Sie meinten, ich könnte jede Woche Leute in Gorillakostümen erleben, und es würden Bananen aufs Spielfeld geworfen. Da kann ich ja gleich in Deutschland bleiben und mir noch ein weiteres Jahr den Arsch abfrieren.

Doch dann erzählte mein Freund in Padua, daß er von einem sehr kleinen Verein in einem sehr kleinen Ort wüßte, der gerade in die Seria B aufgestiegen sei und wo ich garantiert keine Probleme mit Rassismus bekäme. Dann nahm Mr. Gravina Kontakt zu mir auf und lud mich nach hier ein. Heute morgen hat er mich mit in dieses wunderbare Anwesen ganz oben in den Bergen genommen, um mich einem alten Mann vorzustellen, der hier offensichtlich das Geld und das Sagen hat: ein Signor Rezza.«

Ich lachte. »Oh, ja. Der hat das Geld und das Sagen.«

»He, mit einem kleinen Paten kann ich leben. Aber im großen und ganzen ist die Stadt doch okay, oder?«

»Im großen und ganzen ist sie wunderbar«, erklärte ich ihm. »Und ich kann dir versichern, daß du hier nie von irgendwem eine rassistische Bemerkung hören wirst. Sowas gibt's hier nicht. Die Menschen hier sind wirklich etwas Besonderes. Und die Jungs in der Mannschaft sind ohne Ausnahme erste Sahne, gute Typen durch die Bank, wenn auch vielleicht nicht die besten Spieler.«

»Yeah«, meinte Addo. »Beim Training heute nachmittag habe ich nicht viele gesehen, die in Frankfurt mithalten könnten, aber das geht in Ordnung. Ich werde meinen Job machen. Ich sehe mich nicht als Stürmerstar. Ich werde hier nicht reinspazieren und zehnmal pro Spiel aufs Tor ballern. Aber wenn es, wie sie mir erzählen, Probleme bei der Organisation der Hintermannschaft und des Mittelfelds gibt, dann bin ich überzeugt, daß ich behilflich sein kann.«

Natürlich waren die Zeitungen am nächsten Tag voll von Berichten über Addos Ankunft, durch die sich der sichere Abstiegskandidat Castel di Sangro in eine Mannschaft mit guten Aussichten auf la salvezza verwandeln würde.

»Un africano per il Castello« lautete die fette Schlagzeile über Giuseppes Artikel im *Il Centro*. Darunter sah man ein Foto von Addo, der neben Jaconi stand und lächelte. Jaconi lächelte nicht.

Unglücklicherweise würden Addos Papiere nicht rechtzeitig für das Spiel gegen Padua fertig sein, aber Gravina hatte Barbara als Addos Dolmetscherin für die abschließenden Vertragsverhandlungen angeheuert. Am Samstagmorgen erzählte sie mir, daß es zwar längere, aber keine schwerwiegenden Differenzen darüber gegeben hatte, was ein ansprechendes Gehalt sei, doch dann hätte La Società einen Kompromiß gefunden, und Addo habe unterschrieben.

Daher sprach ich Jaconi nach dem Mittagsessen im *Marcella's* in bester Laune darauf an. In einer Stunde würde die Mannschaft inklusive Addo (auch wenn er noch nicht spielen durfte) zu dem gewohnten Nicht-ganz-daheim-Heimspiel-Hotel in Pescara aufbrechen.

Jaconi stand an einem Geländer und fütterte die Enten im Fluß mit trockenen Brotstückchen, die er von einem Laib abbrach, den er aus dem *Marcella's* mitgenommen hatte.

»Osvald«, rief ich, »das ist ja wunderbar!«

Er blickte mich mit grimmiger Miene an. »Kann sein, kann sein, kann aber auch nicht sein.«

Ich nahm an, daß ich in diesem Fall mehr wußte als er, und erklärte ihm daher, daß es keine Ungewißheit mehr gäbe. Addo habe den Vertrag bereits unterschrieben.

»Sì«, sagte Jaconi und schmiß den Rest seines Brotlaibs in den Fluß. »Addo hat unterschrieben, die Società aber nicht.« Und damit ließ er mich stehen und ging schnell weg. Er wirkte so aufgewühlt wie die Enten, die sich um die letzten Brocken Brot balgten.

Es war ein seltsames Gefühl, Castel di Sangro gegen Padua antreten zu sehen. Zwei Jahre zuvor hatte Padua mit Alexi Lalas, der als einer der fünf besten stranieri in der Seria A bewertet wurde, Genua in einem Freundschaftsspiel geschlagen und damit seinen Ruf als Spitzenklub untermauert.

Nachdem Lalas nach der Hinrunde den Verein verlassen hatte, um der Major League Soccer in den Staaten auf die Beine zu helfen, hatte Padua die Saison 95/96 als Schlußlicht beendet und war zusammen mit Bari, Turin und Cremonese in die Seria B abgestiegen.

Cremonese hatten wir bereits überraschend geschlagen. Aber Padua schien aus härterem Holz geschnitzt und für einen schnellen Wiederaufstieg in die Seria A geradezu prädestiniert. Sie hatten bereits 14 Punkte eingefahren (wir nur sieben) und belegten damit den dritten Tabellenplatz. Und sie hatten gerade eine der legendärsten Persönlichkeiten im italienischen Fußball verpflichtet, den Torhüter Walter Zenga.

Elf Jahre lang, von 1983 bis 1994, hatte Zenga im Tor von Inter Mailand gestanden und im gleichen Zeitraum 58 Einsätze für die Nationalmannschaft bestritten. Nachdem er Inter im Alter von 34 Jahren verlassen hatte, hatte Zenga, ein großer Selbstdarsteller und unverfrorener Bonvivant, zwei Spielzeiten für Sampdoria Genua zwischen den Pfosten gestanden, die letzte war verletzungsbedingt jedoch nur kurz gewesen.

Zwar hatte er seine besten Jahre eindeutig hinter sich, aber er war immer noch ein Mann, mit dem man rechnen mußte, und ausgerechnet er, der den Menschen in den Abruzzen jahrelang wie ein Halbgott erschienen war, würde nun das Tor gegen Castel di Sangro hüten. Allein schon seine Anwesenheit machte diese Begegnung zu unserer bislang wichtigsten.

Außerdem hätte man sich keinen besseren Anlaß zur Einweihung des neuen Stadions denken können, doch Gravina hatte ein weiteres Mal verkündet, daß die Eröffnung »aufgrund von Materialknappheit, Lieferproblemen und unvorhersehbaren technischen Schwierigkeiten« um weitere zwei Wochen, bis zu unseren Spiel gegen Brescia, verschoben werden müßte.

Wenn ich mir so jeden Tag dieselben zehn oder zwölf Leutchen ansah, die lethargisch stets an denselben Baumaschinen lehnten und keinen Finger rührten, fragte ich mich doch, ob »unvorhersehbare technische Schwierigkeiten« nicht einfach eine Umschreibung dafür war, daß sich Signor Rezza nach wie vor weigerte, Geld für die erforderlichen Arbeitskräfte springen zu lassen.

Wie auch immer, wir waren wieder in Chieti. Zehn Minuten vor Anpfiff erschien Joseph Addo plötzlich auf dem leeren Sitz rechts von mir. Barbara hatte offensichtlich recht mit ihrer Vermutung, daß Gravina meine Einladung nach Castel di Sangro bereits zu bereuen begann, denn man hatte mich mehrere Reihen nach hinten und einen ganzen Block rechts vom presidente gesetzt. Jetzt mußte er sich nicht mehr von mir begeistert gegen den Arm puffen lassen, wenn wir ein Tor schossen – vorausgesetzt, daß wir überhaupt noch mal eins schießen würden.

Ich wollte Addo gerade erklären, um wieviel besser ich mich fühlen würde, wenn er heute auf dem Platz stünde, anstatt neben mir zu sitzen, als er mich mit erhobener Hand unterbrach und sein freundliches Gesicht sich verdüsterte: »Daraus wird nichts.«

»Was willst du damit sagen?«

»Jaconi hat es mir gestern abend gesagt. Im Hotel. Er will mich nicht.«

»Was soll das heißen?«

Addo schüttelte müde den Kopf. »Jaconi hat mir mitgeteilt – um dir zu sagen, daß er dich reingelegt hat, ist sein Englisch nämlich auf einmal gut genug –, der Verein hätte den Vertrag überhaupt nicht unterschrieben. Sie wollten bloß meine Unterschrift, damit kein anderer Klub in Italien mich verpflichten und ich nie gegen sie spielen kann. Jaconi meinte, für ihn könnte ich nicht spielen, weil es zu lange dauern würde, bis ich seine Taktik begriffen hätte.«

»Seine Taktik?« schnaubte ich und sprang von meinem Sitz auf. »Das ist ja der Witz des Jahrhunderts. Jaconis ›Taktik‹ besteht darin, den Ball sooft es geht und so weit wie möglich vom eigenen Tor wegzudreschen und auf ein torloses Unentschieden zu hoffen.«

»Ja, Joe«, sagte Addo beherrscht und ergriff meinem Arm, »aber du solltest dich wieder hinsetzen. Der alte Mann vom Berg schaut schon zu dir rüber. Und abgesehen davon kann sowieso niemand Jaconis Meinung ändern.«

Mit diesem Mißklang begann die Partie. Im Mittelfeld verstand es Cristiano wieder, sich gut in Szene zu setzen, während Di Vincenzo, abermals von Beginn an im Sturm, neu motiviert wirkte und so entschlossen stürmte, wie man es seit dem ersten Saisonspiel nicht mehr gesehen hatte. Währenddessen spielte Luca D'Angelo in der Defensive für vier, durchkreuzte jeden Angriffsversuch Paduas im Alleingang und bescherte Lotti – zumindest anfangs – seinen ruhigsten Nachmittag in diesem Herbst.

Nach der ersten halben Stunde schien Padua seine Erwartungen drastisch zurückzuschrauben. Es schien, als hätten sie sich auf die Devise geeinigt: Wenn das in Arbeit ausartet, dann scheißen wir drauf. Permanent von D'Angelos Schnelligkeit und Spielübersicht demotiviert, ließ Paduas Druck nach. Anscheinend war ihr Trainer trotz der spielerischen Überlegenheit seiner Mannschaft ein Anhänger der gleichen »Auswärts-Unentschieden-ist-wie-ein-Sieg«-Schule wie Jaconi.

Als sich die erste Halbzeit ihrem Ende näherte, waren wir es, die gelegentlich torgefährlich wurden; besonders mit einem harten Schuß von Di Vincenzo, der Zenga zu einer Glanzparade zwang. Aber was die »Taktik« anbelangte, die Joseph Addo angeblich nicht begreifen würde? Das war ja lächerlich!

»Wie Jungs auf dem Schulhof«, meinte Addo in der Halbzeit zu mir. »Ball wegdreschen, losrennen und hoffen, daß ihn vielleicht jemand zurückspielt. Das ist keine Taktik, das sind zehn Spieler, die jeder für sich spielen. Wenn zwei von ihnen mal eine sinnvolle Kombination zustande bringen, ist das reiner Zufall. Als mir Jaconi gestern abend erzählte, ich würde da nicht reinpassen, war ich sehr getroffen und enttäuscht. Aber nachdem ich das hier gesehen habe, bin ich ernsthaft beleidigt.«

Als er aufstand, um sich ein Eis zu holen, applaudierten Hunderte ahnungsloser Castel-di-Sangro-Fans begeistert und riefen ihm aufmunternd zu, daß alles besser werden würde, sobald er erst mitspielte.

»Aber was ich dir erzählt habe«, meinte Addo, als er zurückkam, »ist vertraulich. Jaconi sagt, die Società will die Angelegenheit anders ›deichseln‹. Na ja, er hat das nicht wörtlich gesagt, aber das hat er gemeint. Und wenn ich mich öffentlich darüber beklage, wie ich behandelt worden bin, dann können sie es mir ziemlich schwermachen, je in Italien zu spielen, und vielleicht sogar verhindern, daß ich in einem anderen Land einen Job finde.«

»Diese miesen Dreckskerle!« In meiner Erregung sprang ich erneut auf und starrte wütend zu Rezza und Gravina hinüber.

»Stimmt, aber du weißt, wie das läuft. Setz dich bitte hin, Joe. Ich will wirklich keinen Wirbel machen. Ich will hier bloß wieder weg. Also bitte, zu niemandem ein Wort, heute nicht, morgen nicht und auch nächste Woche nicht. Es tut mir leid, daß wir uns jetzt nicht näher kennenlernen können. Es tut mir leid, daß wir keine Zeit haben, Freunde zu werden. Aber nachdem sie mich erst geholt haben, schicken sie mich wegen Jaconi wieder weg, und ich muß mich um meine Karriere kümmern. Ich werde dir vielleicht eine Karte aus Holland schicken. Ich habe ein Angebot von Sparta Rotterdam.«

Zur zweiten Halbzeit kam Padua aus der Kabine, als hätte man ihnen gerade erzählt, ihr Bus sei schon ohne sie abgefahren. Sie wirkten plötzlich glücklos, hilflos und hoffnungslos. Luca D'Angelo räumte in der Defensive auf, wie es das ganze Jahr vorher niemand getan hatte, und wir übernahmen die totale Kontrolle über das Spiel.

In der 60. Minute mußte Zenga mit einer weiteren Glanzparade einen plazierten Kopfball von Martino abwehren, der ja wieder »zu Hause« spielte und daher nicht an Heimweh litt. In den nächsten zehn Minuten drängten wir weiter nach vorne; der Respekt vor den großen Namen unserer Gegner war verflogen, und wir witterten die Chance auf einen dritten Sieg, der dann der bisher unvorhersehbarste gewesen wäre.

Wenn man sich den Spielverlauf ansah, war es eher zwangsläufig als verblüffend, daß Di Vincenzo in der 74. Minute einschoß. Nur Sekunden zuvor hatte Martino eine wunderbare Flanke fast von der Eckfahne aus hereingegeben, Di Vincenzo hatte geköpft, und nur eine sensationelle Rettungstat Zengas hatte einen Treffer verhindert.

Bei der anschließenden Ecke jedoch stand seine Abwehr praktisch wie gelähmt da, und Di Vincenzo konnte den hoch hereinsegelnden Ball volley nehmen und unhaltbar für Zenga versenken.

Totales Chaos und Hysterie brachen aus, und trotz meiner Wut über den Umgang mit Addo ließ ich mich mitreißen. Wenn wir die nächsten 15 Minuten überstehen würden, wäre dies der größte Sieg in der Geschichte von Castel di Sangro. Und ausnahmsweise sprach nichts dagegen, daß die Führung halten würde. Die Körpersprache der Spieler von Padua signalisierte deutlich Resignation, und das Spiel endete dann auch, ohne noch einmal dramatisch zu werden.

Ich schüttelte Joe Addo ein letztes Mal die Hand, und er verließ das Stadion, um zu dem von Gravina gemieteten Wagen zu gehen, der ihn zurück nach Rom und zur Maschine nach Frankfurt bringen sollte. Ich war schockiert. Ich war empört. Ich war entsetzt.

Aber andererseits hatten wir Padua geschlagen!

KAPITEL 17

November. Von einem Moment zum anderen hatte jemand die Kulisse umgebaut. Plötzlich waren die Berge von tiefhängenden Wolken umhüllt. An den frostigen Frühtemperaturen änderte sich auch im Tagesverlauf nichts mehr. Die Tage blieben trostlos und rauh, und wenn das Nachmittagstraining begann, senkte sich bereits Nebel über die nahen Hügel.

Der Stimmungsumschwung war nicht minder dramatisch. Die Euphorie nach dem Sieg gegen Padua hatte genau zwei Tage angehalten: bis die Spieler am Dienstag erfuhren, daß Joseph Addo nun gar nicht für uns spielen würde.

Zuerst waren sie völlig verwirrt, dann wütend. »La Società«, flüsterte mir Gigi Prete zu. Hatte er mir das nicht gesagt? Gravina sei nicht nur disonesto, er sei auch ein Knauser. Addo war gegangen, weil La Società nicht bezahlen wollte, was er wert war.

Ich wußte, daß das nicht stimmte, aber so lautete auch die Version, die Gravina selbst verbreitete, wenngleich mit einem anderen Tenor. Man wäre sich bereits einig gewesen, berichtete Giuseppe in *Il Centro*, da habe Addo in letzter Sekunde plötzlich darauf bestanden, daß sein Gehalt verdoppelt werden sollte.

»E' stato un vero ricatto!« hatte ein Assistent Gravinas der Mannschaft verkündet. Es wäre die reinste Erpressung gewesen. Und La Società besäße zuviel Anstand und Ehrgefühl, um sich einer solchen Erpressung zu beugen. Ob die Società gut beraten war, gerade die Vokabel »Erpressung« zu benutzen, weiß ich nicht, aber ich wußte, daß die ganze Geschichte erstunken und erlogen war.

Vermutlich hätte ich es schon durch die persönliche Begegnung mit Addo und intuitiv gewußt und wäre mir nach meiner kurzen Begegnung mit Jaconi, als er sein Brot über dem Wasser brach (oder weniger hochtrabend ausgedrückt: als er die Enten hinterm *Marcella's* fütterte), noch sicherer gewesen. Aber in diesem Fall konnte ich mich sogar noch auf Addos persönliche Schilderung stützen, die Barbara übrigens bestätigte.

»Er hat unterschrieben«, hatte sie mir erzählt. »Ich saß dabei direkt neben ihm. Ich habe ihm sogar den Kuli gegeben. Mit dem Gehalt war er nicht zufrieden, aber er fand die anderen Spieler so sympathisch und hatte das Gefühl, sie freuten sich aufrichtig auf ihn. Und ihm gefielen die Sachen, die Sie ihm über die Stadt erzählt haben.

Ich weiß noch, wie er über Signor Rezza sagte, der alte Mann sei ein verdammter Geizkragen, aber dabei grinste er und war nicht wütend. Er sagte: ›Na ja, wahrscheinlich kann ich das nächstes Jahr in der Seria A wieder reinholen.‹«

»Und hat jemand im Namen der Società unterschrieben?«

»Das habe ich nicht gesehen, Joe. Das weiß ich nicht. Aber ich weiß, daß sich Addo, als er am Samstagmorgen die Büros verließ, für ein Teammitglied hielt. Es wurde nur noch darüber gesprochen, wie der Rest seiner Sachen aus Frankfurt hergeschafft werden könnte.«

Meine Wut über die schäbige Behandlung, die Addo zuteil geworden war, überstieg bei weitem jede negative Regung, die ich bis dahin je verspürt hatte. Am Anfang hatte es noch geheißen, wir würden den langen, harten Weg zu la salvezza gemeinsam gehen. Dann, als ich nach und nach die Haltung der Spieler zur Società kennenlernte, hatte es »wir« und »sie« geheißen. Und nun, im A. D.-Teil (adieu Addo) der Saison, wie ich es nannte, hieß es »wir« und »sie« und »er«. Und die Tatsache, daß »er« mein direkter Nachbar war, machte es noch schlimmer. Jaconi würde einiges zu erklären haben: nicht mir, aber sicher seiner Mannschaft.

Als ich am unfreundlichen, grauen Mittwochnachmittag zum Training ging, begegnete ich Signor Rezza, seiner Zigarre und seinen Bodyguards, die am Rande der Baustelle standen.

Auf der waren nun doch Anzeichen von Aktivität zu erkennen, wenngleich wohl nicht genügend, um bis zum Spiel gegen Brescia fertig zu werden.

Beim Näherkommen sah ich, daß auch seine Nichte Maria Teresa bei Signor Rezza war.

»Buona sera«, sagte ich. Die Abruzzen zählen zu dem Teil Italiens, in dem dieser Gruß rätselhafterweise schon am frühen Nachmittag das buongiorno ablöst, das im Norden noch bis zum Beginn der abendlichen passeggiata Gültigkeit behält.

»Salve«, knurrte Signor Rezza, eine wertneutrale Erwiderung, die weder Freundlichkeit noch deren Gegenteil ausdrückt.

Ich blieb einen Moment neben der Gruppe stehen, doch niemand sagte ein Wort oder schaute auch nur in meine Richtung. Der Zigarrenrauch hing schwer in der kühlen Novemberluft.

Schließlich nahm Signor Rezza die Zigarre aus dem Mund und gestikulierte damit in meine Richtung. »Sie bringen Glück. Machen Sie so weiter.«

Aha! Der alte Knabe konnte sich also doch verständlich ausdrücken. Und auch er glaubte an meine Zauberkräfte. Drei Siege und ein Unentschieden aus den fünf Begegnungen, bei denen ich zugegen war; drei Niederlagen ohne einen einzigen Treffer, als ich nicht dabei war. Bald würde ich selber daran glauben.

»Gut, ich werd's versuchen«, erwiderte ich. »Aber das mit Addo ist eine Schande.« Rechts von mir hörte ich, wie Maria Teresa erschrocken nach Luft schnappte. Höchstwahrscheinlich galt dieses Thema bereits als tabu.

»Hören Sie«, erwiderte Rezza sofort und stach mit der Zigarre energisch Löcher in die Luft, »mir müssen Sie das nicht sagen. Warum sagen Sie das nicht Ihrem Nachbarn?«

Und dann beschrieb er mit der Zigarre einen weiten Bogen, eindeutig ein Zeichen, daß ich entlassen war.

Natürlich sprach ich mit Jaconi über Addo. Mehrmals. Und nie war mir das Bild vom Steinchenwerfen gegen einen Bulldozer treffender erschienen.

Beim ersten Mal sagte er: »Lies die Zeitungen. Da steht alles drin.« Als ich ihm auf den Kopf zusagte, ich wüßte, daß die Geschichten in den Zeitungen gelogen waren, und ihn daran erinnerte, daß er selbst am Samstagnachmittag zugegeben hatte, daß Addo den Vertrag bereits unterschrieben hatte, schaltete er einfach auf stur, sagte nichts mehr und ließ mich stehen.

Später erklärte er mir, daß es zu lange gedauert hätte, Addo dazu zu bringen, alles so zu machen, wie er, Jaconi, das wolle.

»Warum?« fragte ich nicht besonders höflich. »Weil er ein straniero ist, oder weil er schwarz ist?« Ich wußte, daß Jaconi noch nie einen schwarzen Spieler in einer seiner Mannschaften gehabt hatte, und ich vermutete stark, daß er auch keinen wollte.

»Attento, Joe!«

»Du hast ihn grundlos weggeschickt«, sagte ich wütend.

»Ich hatte tausend Gründe, aber dir bin ich keine Rechenschaft schuldig.«

»Es gibt nur einen Grund: Rassismus.« Mir war klar, daß ich nun nicht mehr Steinchen nach einem Bulldozer warf, sondern einen Drachen am Schwanz kitzelte.

»Paß auf!« brüllte Jaconi. »Halt ja den Mund!«

Und das tat ich dann auch. Für den Moment.

Während der ganzen tristen Woche wirkte Jaconi ungewohnt nervös, und das nicht nur, wenn er mit mir sprach. Cosenza hatte wie zuvor schon Cesena und Venedig gerade seinen Trainer gefeuert, obwohl die Saison erst acht Spieltage alt war. Und egal wie oft ihm mündlich versichert worden war, bei Castel di Sangro besäße er einen Vertrag auf Lebenszeit, es konnte seine Position nicht gerade gefestigt haben, daß er die

Società damit brüskiert hatte, Addo abzulehnen, nachdem der schon von Signor Rezza höchstpersönlich empfangen worden war.

Und auch die ungewohnte ständige Präsenz von Gravina auf dem Trainingsplatz wirkte nicht unbedingt beruhigend. Natürlich war der Vereinspräsident kein unbekannter Gast beim Training, doch früher war er meist nur ein- oder zweimal pro Woche erschienen, hatte sich mehr mit seinem Handy als mit dem, was auf dem Rasen geschah, beschäftigt, und war nach 20 bis 30 Minuten wieder gegangen.

Aber nun war der nervös und geistesabwesend wirkende presidente Dauergast auf der Bank am Trainingsplatz. Oft saß er lange ganz alleine da, die Hände in den Taschen vergraben, den Kopf gesenkt, und sprach mit niemandem ein Wort. Er war blaß, abgemagert, und sein gewohnter Elan war Nervosität gewichen. Er wirkte wie jemand, der ständig über seine Schulter blickt und mit dem Schlimmsten rechnet, was immer das auch sein mochte. Ich konnte mir nicht helfen, aber ich hatte den Eindruck, daß mehr in der düster-grauen Luft lag als der noch schwelende Streit mit Jaconi über die Aufstellung von Joseph Addo.

Eines Nachmittags stellte ich ihm wieder meine Standardfrage, ob das neue Stadion tatsächlich zum nächsten Heimspiel fertig sein würde, wie er es öffentlich verspräche. Doch statt erneut »natürlich« oder »keine Frage« zu antworten, wie er es sonst immer getan hatte, schaute er mich betrübt an und erwiderte: »Da weiß ich nicht mehr als Sie.«

Das klang nun ausgesprochen merkwürdig, denn das Tempo der Bauarbeiten hatte deutlich angezogen, und Signor Rezza persönlich inspizierte jetzt täglich die Baustelle. Oft war Maria Teresa an der Seite ihres Onkels und zögerte auch nicht, selbständig einzugreifen und einem der Vorarbeiter Fragen zu stellen oder Anweisungen zu geben.

Außerdem kam sie zweimal die Woche die paar Schritte zum Trainingsplatz herüber. Aber wenn sie da war, setzte sie sich weg von ihrem Ehemann ans andere Ende der panchina, und die beiden redeten kein Wort miteinander.

Einmal suchte sie zu meiner Überraschung sogar das Gespräch mit mir. »Sie müssen wissen«, sagte sie, »daß sowohl Gabriele als auch Signor Rezza Addo sehr, sehr gerne in der Mannschaft gesehen hätten. Gabriele hat sich viel Mühe gegeben, ihn zu finden und zu überreden, hierhinzukommen. Es war Jaconi – und nur er allein, der dagegen war.«

Die kleine und mollige Maria Teresa zuckte mit einer ausgesprochen verdrießlichen Miene die Schultern. »Wir wußten nicht, was wir tun sollten.« Dann schaute sie zu Gabriele, der drei Meter entfernt saß und sein Handy aktiviert hatte. Es schienen weder Achtung noch Zuneigung in ihrem Blick zu liegen.

»Ciao«, sagte sie abrupt, zwang sich ein Lächeln ab und ging hastig davon.

In jener Woche rief ich eines Abends Barbara an, ob sie mir etwas Vertrauliches erzählen könne. Sie hatte mir regelmäßigen und außerordentlich hilfreichen Italienischunterricht gegeben, und auch sie verfolgte anscheinend gebannt das endlose Drama, als das sich die Bemühungen der Mannschaft um den Klassenerhalt entpuppten. Ich hatte sie immer als offen und auskunftsfreudig erlebt, und auch diesmal war es nicht anders.

Schon seit langem habe es zwischen Gravina und Maria Teresa Streit wegen Frauengeschichten gegeben, erzählte sie, aber in letzter Zeit habe Gabriele anscheinend einen neuen und von fast blinder Arroganz geprägten Mangel an Diskretion an den Tag gelegt. Man kann seine Frau sogar betrügen, wenn sie die Tochter deines Chefs ist, meinte Barbara, aber man darf es nicht in aller Öffentlichkeit tun und damit die Tochter und den Chef demütigen. Doch seit Saisonbeginn war es anscheinend immer häufiger vorgekommen, daß Gravina, vielleicht von seinem umwerfenden Erfolg im Fußballgeschäft mitgerissen oder warum auch immer, genau dies getan habe.

»Die Frauengeschichten wurden zu einem Problem«, sagte Barbara, »da Maria Teresa zunehmend darunter litt. Signor Rezza bekam das mit und befahl Gabriele: ›Keine weiteren Geschichten, die Maria Teresa weh tun. Schluß und aus.‹«

»Wenn Signor Rezza mir das befohlen hätte, hätte ich wohl darauf gehört.«

»Ja, aber Gabriele nicht. Ich glaube, er ist der Meinung, wenn er nur immer wie ein Wirbelwind herumrast, in sein Handy spricht und gute Publicity bekommt, würde sogar Signor Rezza nichts gegen ihn unternehmen. Und wer weiß das schon? Familiengeschichten sind kompliziert, und da gibt es vieles, was Außenstehende nie erfahren.«

Andere, mit denen ich sprach, erzählten mir, daß Gabrieles häufige »auswärtige Geschäfte« ihn zur Abendessenszeit in kleine, abgeschiedene Nester wie Pacentro oberhalb von Sulmona führten, in denen es zufällig ein besonders hervorragendes Restaurant und einen besonders diskreten Oberkellner gäbe. Daß er dort nicht allein speiste, sondern in Gesellschaft ständig wechselnder hinreißender Frauen – darunter angeblich auch die Ehefrauen gewisser Spieler, wie es hinter vorgehaltener Hand hieß –, galt bei Informanten, die ich als verläßlich kannte, als ausgemacht.

Als wolle er damit die ohnehin schon geladene Atmosphäre noch zusätzlich aufheizen – und sicherlich, um den Druck auf alle Beteiligten zu erhöhen –, erschien Signor Rezza persönlich mit seinen Bodyguards und einer neuen Zigarre beim donnerstäglichen Trainingsspiel.

Auf der panchina wurde ihm ein extra großer Platz frei geräumt. Die Spieler waren bereits auf dem Rasen, aber als er eintraf, unterbrachen die älteren von ihnen, die die wirklichen Machtverhältnisse besser kannten als die Neuzugänge, ihre Lockerungsübungen und marschierten zur Seitenlinie. Angeführt von Prete traten sie einer nach dem anderen vor, machten einen Diener und streckten Rezza die Hand hin, um ein

Händeschütteln oder lediglich ein gnädiges Abwinken zu empfangen. Hätte er einen Ring getragen, hätten sie diesen geküßt.

Aber dann begann das Trainingsmatch, und es war in jeder Hinsicht eine Katastrophe, als hätte sich vorher die gesamte Mannschaft verschworen, daß jeder einzelne die schlechteste Leistung der gesamten Saison bieten sollte.

Noch bevor er seine Zigarre halb aufgeraucht hatte, stand Signor Rezza schon wieder empört auf, gab seinen Bodyguards ein Zeichen und marschierte davon, ohne sich zu verabschieden oder Jaconi eines Blicks zu würdigen. Allerdings wollte man gehört haben, wie er murmelte: »Die sind so schlecht, die können nicht mal gegen sich selbst ein Tor schießen.«

Und dann war da noch der Fall De Juliis. Er hatte schon die ganze Saison über an seiner Knieverletzung laboriert. Sie war nicht so schwer, daß er nicht spielen konnte, doch sie beeinträchtigte ihn und verschlimmerte sich. Da Lotti endgültig als Nummer eins etabliert war, entschied sich De Juliis nun doch für den notwendigen arthroskopischen Eingriff.

Die praktischen Auswirkungen waren gleich Null, denn natürlich konnte Spinosa problemlos beim Training zwischen die Pfosten gehen, doch schon das vorübergehende Fehlen von De Juliis im *Marcella's* schien Jaconi noch nervöser zu machen, weil ihm dadurch unangenehm bewußt wurde, daß nicht alle Torhüter (das beste Beispiel war Lotti) ihren Trainer verehrten oder zumindest diesen Anschein wahrten.

Darüber hinaus würden wir am Wochenende auch noch gen Norden reisen müssen, um gegen Cesena anzutreten, einen der sechs Vereine, die hinter uns in der Tabelle standen. Das stimmte Jaconi noch besorgter als üblich. Etwas mulmig war einem vor jedem Auswärtsspiel, aber auswärts gegen eine Mannschaft anzutreten, die als *noch schlechter als die eigene* galt, konnte einem lähmende Angst machen.

Verliert man ein Auswärtsspiel gegen eine gute Mannschaft, ist das kein Malheur, damit wird gerechnet. Aber gegen

Cesena, das drei Punkte weniger als wir hatte, wurde mindestens ein Unentschieden erwartet. Dieser zusätzliche Druck schien Jaconi an den Rand der Verzweiflung zu bringen.

Vor allem, das spürte ich, weil er wußte – auch wenn er es nie zugeben würde –, daß Joseph Addo hätte dabeisein können und wir mit ihm bessere Karten gehabt hätten.

Natürlich war das nicht nur Jaconi bewußt. Nachdem man ihnen erst den Mund wäßrig gemacht hatte, empfanden die Spieler Addos Fehlen nun um so härter. Und ich konnte es ihnen mehr als nachfühlen. Was für ein Mensch war Jaconi bloß? Und was für ein Trainer erst? Er weigerte sich nicht nur, selbst nach Talenten Ausschau zu halten, er verschmähte sie auch, wenn man sie ihm auf dem Silbertablett servierte. Langsam verstärkte sich der Eindruck – nicht nur bei mir, sondern auch bei einer ganzen Reihe von Spielern –, daß Jaconi lieber auf la salvezza verzichten würde, wenn er sie nicht nach seinen eigenen Regeln schaffen konnte.

Cesena war ein Verein, der gelegentlich in der Seria A auftauchte, aber eigentlich echtes Seria-B-Kaliber war – die vorangegangene Saison hatte man dort als Zehnter abgeschlossen. Die 90.000-Einwohner-Stadt hatte ihre Glanzzeit bereits im vierzehnten Jahrhundert erlebt, lag aber hübsch in der Emilia-Romagna, was uns ermöglichte, die Nacht auf Sonntag in dem von Federico Fellini so geschätzten Badeort Rimini zu verbringen, wo unter anderem auch sein Film *Amarcord* spielt.

Wir erreichten Rimini bei Einbruch der Dämmerung und fuhren über breite Boulevards und auch an dem Grand Hotel vorbei, das in Fellinis Film zu sehen ist. Wir waren einige Straßen weiter untergebracht, in einem der zahlreichen Vier-Sterne-Hotels, die im Herbst und Winter fast leer stehen (oder ganz geschlossen sind), aber von Mai bis September mit Badegästen bis unters Dach ausgebucht sind. Bei unserer

Ankunft zog Nebel auf, und das Tuten der Nebelhörner übertönte jeden Verkehrslärm – in den Sommermonaten war es genau umgekehrt.

Im Verlauf des Abends ließ ich mich von diesem Gefühl der Unwirklichkeit einlullen. Während ich in der Stadt, in der Fellini aufgewachsen war, einnickte, beschlich mich das Gefühl, daß Jaconis großes Problem darin lag, daß er zu geradlinig und somit zu eng dachte. Wie Fellini sollte er sich ausgefallenen Möglichkeiten öffnen, sich vom Konventionellen befreien, die Welt der Phantasie erforschen (oder wenigstens einen phantastischen Spieler verpflichten). Weniger feste Struktur, mehr Freiheit, das war die Losung. Vielleicht sollten Jaconi und ich uns gemeinsam einen Fellini-Film ansehen. Schließlich würde es ein langer Winter werden.

Aber am nächsten Tag stürzte der Himmel über uns ein. Nicht nur ein oder zwei Brocken, sondern das ganze verdammte Ding. Cesena gewann 1:0, aber die eigentliche Katastrophe war eine Ellbogenverletzung Lottis. Er würde voraussichtlich drei Monate ausfallen.

Von Beginn an allzusehr auf Defensive bedacht und übervorsichtig (mit dem Nebel war auch die Angst aufgezogen), hatte sich Jaconi wieder einmal für ein 4-5-1-System mit Galli als einsamer Spitze entschieden. Egal wie oft sich das schon als Schuß in den Ofen erwiesen hatte, Osvaldo konnte anscheinend nicht anders und beharrte darauf, daß das, was letztes Jahr in der C1 funktioniert hatte, auch dieses Jahr in der Seria B funktionieren müsse.

Nachdem Cesena uns während der gesamten ersten Halbzeit unter Druck gesetzt hatte, schossen sie nur drei Minuten nach dem Wiederanpfiff das Tor. Erneut bot Claudio Bonomi auf dem Flügel (als wolle er beweisen, daß ich sein Potential falsch eingeschätzt hatte) eine erbärmliche Leistung, während der heimwehkranke Martino auf der anderen Seite keinerlei Offensivkraft entwickelte. Eine halbe Stunde vor Schluß wechselte Jaconi Di Vincenzo für Di Fabio ein, womit wir dann endlich zwei attaccanti auf dem Platz hatten, obwohl das in diesem Fall völlig egal war, so selten bekamen beide den Ball zu sehen.

Der letzte Funken Hoffnung erlosch, als Jaconi gegen Ende des Spiels aus rätselhaften Gründen den einmal mehr brandgefährlichen Cristiano herausnahm und Roberto Alberti brachte. Bei einem Tor Rückstand und nur noch zehn verbleibenden Spielminuten, beide Stürmer anscheinend nur über Handy zu erreichen, während dem Star-Außen unter der Last von zuviel Nikotin die Lungen kollabierten – das war nach meinem Dafürhalten nicht der geeignete Moment, unseren aktivsten, effektivsten und unberechenbarsten Spieler vom Platz zu nehmen.

Doch mir blieb wenig Zeit zum Grübeln, denn nur drei Minuten später mußte Lotti zum linken Pfosten hechten und knallte mit dem Ellbogen mit voller Wucht gegen das Metall. Während er sich minutenlang vor Schmerzen am Boden krümmte, ohne daß ihm jemand half, dämmerte es Jaconi langsam, daß nun, wo er endlich die Gelegenheit hatte, De Juliis zu bringen, kein De Juliis da war – Robert erholte sich zu Hause von seiner Knieoperation.

Schließlich wurde Lotti mit schmerzverzerrtem Gesicht auf einer Bahre weggetragen und ins nächstgelegene Krankenhaus gebracht. Derweil mußte Spinosa, der im letzten Juni im Glanze seines Ruhms in den Ruhestand getreten war, zwischen die Pfosten.

Aber mittlerweile kam es darauf auch nicht mehr an. Während Cesena kein Verlangen zeigte, Salz in die Wunde zu streuen, fuhr Castel di Sangro die verbleibenden zehn Minuten damit fort, sich selbst zu demontieren. Wir waren in totaler Auflösung begriffen, ohne daß irgendwer auf dem Platz oder der Bank die leiseste Neigung zeigte, Führungsaufgaben zu übernehmen, der reinste Hühnerhaufen, als hätten alle vergessen, daß wir doch nur ein Tor zurücklagen und es nur eines klitzekleinen Wunders bedurfte, um noch ein Unentschieden herauszuholen.

Lotti konnte selbst am Abend noch nicht mit im Bus nach Hause. Sein Ellbogen war so schwer verletzt, daß er in Cesena im Krankenhaus bleiben mußte.

Ich wünschte mir bald, auch dortgeblieben zu sein. Denn auf der Rückfahrt fing der überzeugte Kommunist D'Angelo an, mich wegen der Rolle Amerikas in Vietnam in die Zange zu nehmen.

Ich hatte gleich bei meinem Einstand erklärt, daß ich ein Linker sei, es aber für deplaziert hielte, mich zu den politischen Verhältnissen in Italien (etwa über Berlusconi, das machtgierige, korrupte Faschistenschwein) zu äußern. Also fand D'Angelo, es wäre an der Zeit, noch einmal ausführlich über Vietnam zu sprechen. Ich sei doch dort gewesen, oder? Und nicht nur einmal, sondern sogar zweimal?

Ja, Luca, aber bloß als Reporter, nicht als Soldat, erklärte ich ihm mindestens zum fünftenmal seit Mitte September, und außerdem hätten meine Berichte damals als kontrovers, aufrührerisch und sogar unpatriotisch gegolten, da ich darin den Standpunkt vertreten hatte, daß Amerikas Eingreifen in Vietnam nicht nur politisch und militärisch zum Scheitern verurteilt, sondern vor allem absolut unmoralisch sei.

»Mag sein, Joe, aber hast du auch gegen den Krieg demonstriert?«

»Meine Artikel waren meine Form des Protests.«

»Das war nicht genug.«

»Du hast gut reden! Ich hatte dich für vernünftiger gehalten. Ich habe getan, was ich konnte.«

Er blickte mich über den dunklen Mittelgang an und schüttelte den erhobenen Zeigefinger. »Nein, Joe, du hättest etwas tun müssen, um ihn aufzuhalten, und nicht bloß darüber schreiben.«

»Kann sein, Luca, aber heute hättest du etwas tun müssen,

um die gegnerischen Stürmer aufzuhalten, und nicht bloß reden.«

Bei diesen Worten erhob sich plötzlich Galli, der seit einer Stunde mit zuckendem Kopf vor mir gesessen hatte.

»Bravo, Joe«, sagte er. Doch dann richtete er einen anklagenden Finger auf mich. »Und was ist mit der Atombombe auf Hiroshima? Hast du gegen die protestiert?«

»Ich bitte dich, Giacomo! Da war ich erst zwei Jahre alt!«

»Tatsächlich?« meinte Galli. Anscheinend dämmerte ihm gerade zum erstenmal, daß der Zweite Weltkrieg und der Vietnamkrieg nicht in ein und demselben Jahr stattgefunden hatten.

»Ho-Ho-Ho Chi Minh! Ho-Ho-Ho Chi Minh!« begann D'Angelo zu skandieren. »'Ey, 'ey, Elle Bee Jay, 'ow many kids you kill today?«

»Basta!« sagte Galli, und da er bereits stand, ging er nach vorne, um ein neues Video einzulegen.

So blieben mir weitere politische Diskussionen erspart, allerdings um den Preis von *Kickboxer 4: The Aggressor.*

Weit nach Mitternacht erreichten wir die kalte und triste cittadina. Ich fiel aufs Bett und war den ganzen Montag über so deprimiert, daß mir schon das Duschen und Anziehen schwerfiel. Am Abend ging ich nicht mal zu Marcella, allerdings rief ich sie an, um ihr zu sagen, daß es mir gutginge. Addo war fort, Lotti würde für Wochen ausfallen, wir hatten niemanden, der Tore schießen konnte, und immer noch kein neues Stadion.

Schönes Märchen. Nicht einmal Fellini wäre auf die Idee gekommen, aus unserer traurigen Geschichte einen Film zu machen.

KAPITEL 18

Gravina ließ über Giuseppe im *Il Centro* verkünden, daß das Stadion »aufgrund unvorhersehbarer Lieferschwierigkeiten beim Baumaterial und der schlechten Wetterbedingungen« für das Spiel gegen Brescia am Sonntag nicht fertig werden würde. Wie sagte mir ein Einheimischer über Signor Rezza: »Der ist nicht so reich geworden, weil er Überstunden bezahlt hat.«

Trotzdem war unübersehbar, daß es mit dem Stadion zügig voranging und die Fertigstellung nicht mehr fern war. Barbaras Vermutung, meine Anwesenheit und Rezzas Besorgnis darüber, wie er in meinem Buch wegkäme, hätten dabei eine Rolle gespielt, konnte ich nur schwer glauben.

Entscheidender war wohl Gravinas oft geäußerter Wunsch, Castel di Sangros Erfolg und die daraus resultierende Popularität als politisches Sprungbrett zu nutzen. Als Anhänger des Rechtspopulisten und früheren Ministerpräsidenten Berlusconi (dem der AC Milan gehörte, die meisten italienischen Privatsender und auch viele Zeitungen) hegte Gravina, wie aus seinem engsten Umfeld verlautete, die Hoffnung, daß er unter einer neuerlichen Berlusconi-Regierung einen Parlamentssitz ergattern könnte.

Daher würde er vor den Leuten, die er am meisten beeindrucken wollte, wie ein Versager und vielleicht sogar wie ein Trottel dastehen, wenn er es nicht schaffte, seiner Mannschaft ein vernünftiges Stadion zu bauen (weil ihm sein »Onkel« nicht das nötige Geld gab).

Letztendlich war es eine einfache Gleichung: Kein Stadion hieß keine politische Zukunft für Gabriel. Der neue Rasen und die zusätzlichen 6.000 Sitzplätze waren der Preis, den er zahlen mußte, um sich überhaupt berechtigte politische Hoffnungen machen zu dürfen.

Signor Rezza hätte es vermutlich vorgezogen, Gabriele um ein entscheidendes Körperteil kürzer zu machen, aber die

Familie kommt in Italien zuerst, und daher hatte er, wie widerwillig auch immer, die Interessen von Maria Teresa und den Kindern vor alles andere gestellt und sich von genügend Geld aus dem Multi-Millionen-Bonus des Fußballverbandes getrennt, damit das Stadion fertiggebaut werden konnte. (Die Spieler allerdings hatten ihre Prämie noch immer nicht bekommen.)

Zwischendurch hieß es aber, zum fünften Mal zum »Heimspiel« nach Chieti zu fahren – und diesmal weder mit Lotti noch mit De Juliis, sondern mit dem unerwartet aus dem Ruhestand gerissenen Spinosa im Tor, der zum ersten Mal seit 1994, damals noch in der C2, und zum allerersten Mal überhaupt in der Seria B volle 90 Minuten spielen würde.

Doch Spinosa hatte beträchtliches, wenn auch unausgesprochenes Zutrauen zu sich und seinen Fähigkeiten und konnte auch anderen Zuversicht geben. Die Situation schien ihn zu motivieren, und er brannte darauf, die Herausforderung anzunehmen, selbst wenn sie von einem so starken Gegner wie Brescia kam.

Zur selben Zeit erlebte ganz Castel di Sangro durch einen plötzlichen Wetterumschwung ein Stimmungshoch. Bei Temperaturen wie im September wurden die Babys im leichten Buggy auf die Straße geschoben. Der Himmel war nie blauer gewesen, die Konturen der Berge, ob nah oder fern, niemals klarer, die Sonne, obwohl sie tief am Himmel stand und früh unterging, nie strahlender.

Und so erlag ich, motiviert durch diese für die Jahreszeit ganz untypische Pracht und durch Spinosas leuchtendes Vorbild, erneut der Kraft des Glaubens.

Am Mittwochabend wurde ich im *Marcella's* von den drei Musketieren Cristiano, Rimedio und Biondi angesprochen, die mir erzählten, daß sie nach dem Ende der Saison gerne Amerika besuchen würden.

Ich sagte ihnen sofort, wie überaus willkommen sie wären, daß ich sie am Flughafen in Boston abholen und zu mir nach Hause fahren würde, daß sie so lange bleiben könnten, wie sie wollten, und wie schön doch die Umgebung im Sommer sei.

Sie lächelten höflich. Dann kam Biondi zum Kern der Sache. »Aber wo werden die Frauen sein?«

Oh, sagte ich, in meiner Kleinstadt gäbe es nicht so viele, aber wir wären dort nur drei Stunden von Boston und New York weg, und da könne man mehr Frauen finden, als man in ganz Italien je zu Gesicht bekäme.

»Aber auch hübsche?« fragte Biondi, während sich seine schmalen Lippen zu einem skeptischen Lächeln verzogen.

»Pippo«, sagte ich, »nicht nur das. Ich weiß mit Bestimmtheit, daß es dort Tausende von ihnen gibt, Tausende, deren einziger und sehnlichster Wunsch es ist, einen echten italienischen calciatore kennenzulernen.«

»Und sie sind nicht zu zurückhaltend?« fragte Rimedio. »Auch wenn wir nicht so gut Englisch können?«

»Zurückhaltend? Hör mal, in New York und Boston sind die Zeitungen jeden Tag voll mit Geschichten über hübsche, junge Frauen, deren sehnlichster Wunsch es ist, einem echten italienischen calciatore die Schuhe aufzuschnüren und seine Füße zu küssen.«

»Sì!« entfuhr es Rimedio, der von dieser Vorstellung gleich fasziniert war.

Aber Biondi war da von anderem Kaliber. »Das ist ihr sehnlichster Wunsch? Wenn das ihr sehnlichster Wunsch ist, fahren wir vielleicht besser nach Sardinien.«

»No, no«, beruhigte ich ihn. »Ich kenne in beiden Städten genügend junge Leute. Ich habe Kinder in eurem Alter. Und ich habe am College unterrichtet. Ich kann euch versprechen, daß ihr die Reise nicht eine Sekunde lang bedauern werdet. Und wenn ihr von den Frauen erschöpft seid, könnt ihr euch bei Nancy und mir erholen und das gute Essen und schöne Wetter genießen.«

Am Ende des Abends waren wir uns einig: Pippo, Mimmo und Fabio würden Ende Juni für zwei oder drei Wochen in die Staaten kommen. Ich würde ihren Reiseplan ausarbeiten und sicherstellen, daß genügend Zeit »für Frauen« eingeplant wäre. Nur woher ich die Heerscharen von Schönheiten beschaffen sollte, die begierig waren, ihnen die Schuhe auszuziehen, war mir noch schleierhaft, aber bis Juni war es ja noch weit hin.

Um den Schaden wiedergutzumachen, der durch die Ablehnung von Addo entstanden war, holte Gravina einen Spieler namens Luca Albieri aus der C1 zurück. Er wußte, daß Jaconi Albieri nicht ablehnen würde, auch wenn er keins der von Jaconi für unerläßlich erachteten Kriterien erfüllte, außer daß er in Italien geboren worden war.

Albieri verfügte über keinerlei Erfahrung, war er doch erst 21 und hatte in seiner gesamten Karriere nur rund sechzig Spiele bestritten, die Hälfte in der C1, den Rest in der C2. In den zwanzig Einsätzen für Castel di Sangro im vergangenen Jahr hatte er nur ein Tor geschossen und war dann im September als untauglich für die Seria B befunden worden. In diesem Jahr war er bislang nur dreimal in der C1 aufgelaufen.

Was also machte ihn jetzt interessant? Er war preisgünstig zu haben, eine bekannte Größe (wenngleich eine recht kleine), und seine Ankunft würde vermutlich die Einheimischen aufmuntern, erinnerte er sie doch selbst jetzt, wo sie der bevorstehenden Ankunft von Brescia mit Schrecken entgegensahen, an glücklichere Zeiten.

Das Team von Brescia vertrat eine der unattraktivsten Städte in Italien. Brescia ist bruttissima, so die italienische Bezeichnung für überaus häßlich, und das nicht nur in architektonischer Hinsicht. Es heißt, daß dort mehr unglückliche, ja sogar bösartigere Menschen leben als in jeder anderen Stadt im Norden. Es ist eine Industriewüste mit 200.000 Einwohnern, deren überwiegende Mehrheit keinen Hehl daraus macht, daß sie lieber woanders leben würde.

Der Verein war Stammgast in der Seria B und hatte gelegentlich ruhmlose Ausflüge in die Seria A unternommen. Diese Saison waren Brescias Leistungen um einiges hinter den Erwartungen zurückgeblieben. Die Mannschaft hatte erst vierzehn Punkte gesammelt, im Vergleich zu unseren zehn.

Wie ein Damoklesschwert hing allerdings die Frage über uns, wie es um den bewundernswerten Spinosa stand: Konnte er auch nur für einen Tag als Seria-B-Keeper bestehen? Bis zu diesem Sonntag im November 1996 hatte er sich dieser Frage in seiner fast zwanzigjährigen Karriere niemals stellen müssen.

Die Fahrt am Sonntag nach Chieti, erneut ein für die Jahreszeit untypisch schöner Tag, wurde durch einen Stau auf der autostrada verzögert. Es hatte einen Unfall mit Todesopfern gegeben. Als der Wagen, in dem ich saß, endlich langsam an der Unfallstelle vorbeifuhr, sah ich, daß ein Körper aus dem Autowrack gezogen worden war und nun unter einer Decke am Straßenrand lag. Einer meiner Mitreisenden guckte genau hin und nickte dann offensichtlich zufrieden: »Nur einer.« Wie so vieles in Italien war auch dies nur eine Frage der Perspektive.

Mittlerweile war es sogar Jaconi aufgegangen, daß Galli als einziger Stürmer ungefähr so nützlich war wie ein Totempfahl, wenn auch vielleicht nicht so kunstvoll gearbeitet. Und so wurde ihm wieder einmal Di Vincenzo zur Seite gestellt.

In der Abwehr war Cei, der Kapitän, im fünften Spiel in Folge nicht dabei, und so konnte Jaconi den immer besser werdenden Luca D'Angelo nicht länger ignorieren, wie sehr ihm der junge, langhaarige Kommunist persönlich auch mißfallen mochte. Fusco, Altamura und Prete komplettierten die Viererkette.

Im Mittelfeld ließ Jaconi Cristiano und den quirligen Michelini zum vierten Mal hintereinander zusammen antreten. Di Fabio mußte seinen Platz an der Front für Di Vincenzo räumen, und der formschwache, doch schnelle Bonomi und der launenhafte (immerhin nicht heimwehkranke) Martino blieben auf den Flügeln.

Dennoch wirkten wir von Beginn an chancenlos. Innerhalb der ersten fünf Minuten verloren Prete, Di Vincenzo, Martino, nochmal Martino, D'Angelo, nochmal Di Vincenzo, Michelini, erneut Prete und dann Cristiano den Ball, ohne daß wir auch nur bis zur Mittellinie kamen. Zu allem Überfluß fing sich Fusco noch eine gelbe Karte.

Die Ballverluste in den folgenden fünf Minuten leisteten sich: Galli, Galli, Martino, Galli, Galli, Cristiano, Prete, Galli und Michelini. Das waren achtzehn Ballverluste in den ersten zehn Minuten. Wer sagt da noch, im Fußball gäbe es zuwenig Statistiken?

In der 17. Minute wurde Di Vincenzo im gegnerischen Strafraum gefoult. Der Schiedsrichter, ein Mann namens Rossi (aus Ciampino in der Nähe des römischen Flughafens Fiumicino), hatte zwar bislang im Minutentakt Fouls gesehen, wo gar keine waren, doch diesem schenkte er keinerlei Beachtung. Der fällige Strafstoß wurde nicht gegeben.

Brescia spielte genau wie Padua in der Vorwoche – als hätte man die Spieler in der Kabine gezwungen, Chloroform zu inhalieren. Wenigstens wurde dadurch Spinosa geschont, wenn es auch für die Zuschauer nicht sehr unterhaltsam war. (Für mich allerdings gab es so etwas wie ein langweiliges Spiel längst nicht mehr, denn Castel di Sangro konnte jeden Moment eine Katastrophe ereilen. Daher bestand für mich jede Begegnung aus neunzig Minuten Furcht und Zittern, unterbrochen von Augenblicken der Wut und Empörung und schließlich entweder Verzweiflung oder völlig unerwarteter Ekstase.)

Fast eine halbe Stunde verstrich, ohne daß Brescia auch nur ansatzweise hatte erkennen lassen, daß es hier eigentlich ums

Toreschießen ging. Für uns hieß das, uns trennten nur noch fünfzehn Minuten von einem 0:0 zur Pause, was für mich in meiner neuen verqueren Betrachtungsweise wiederum bedeutete, daß es dreißig herrliche Spielminuten gewesen waren.

Der einzige Schönheitsfehler blieb weiterhin arbitro Rossi. Er wirkte wie ein Dreijähriger, der gerade eine Pfeife zum Geburtstag bekommen hat. Beharrlich entschied er auf Fouls, wobei Körperkontakt oder zumindest räumliche Nähe zum Gegenspieler offenbar keine Vorbedingung war.

Infolge einer dieser Fehlentscheidungen sah sich Brescia schließlich genötigt, doch einmal auf unser Tor zu schießen: ein Freistoß aus etwa achtzehn Metern, der gefährlich an unserer Mauer vorbeiflog und an den linken Torpfosten klatschte, während Spinosa, der plötzlich sehr, sehr klein in dem großen Tor wirkte, viel zu spät dort hinhechtete.

Nachdem sie diese Chance vergeben hatten, verfielen die Gegner wieder in ihre träge Defensivhaltung, die im wesentlichen daraus bestand, praktisch bewegungslos herumzustehen, während die Spieler von Castel di Sangro beim Versuch, sich den Ball zuzuspielen, ihn regelmäßig Brescia vor die Füße schoben.

Kurze Zeit später mußte Spinosa tatsächlich einmal einen Ball halten, was ihm auch mühelos gelang, und dann, miracolo dei miracolo, angelte sich Martino genau in der 45. Minute das Leder und gab es direkt auf Galli, der ungedeckt und offenbar unbemerkt keine neun Meter vor dem gegnerischen Tor stand.

Der von dieser Situation geschockte Torhüter von Brescia verharrte wie gelähmt, als sich Galli drehte und schoß. Doch allen Gesetze der Vektoralgebra zum Trotz haute Giacomo Bumm Bumm den Ball mindestens neun Meter links am Tor vorbei. Und das war die erste Halbzeit. Ich konnte aufatmen.

Zum Wiederanpfiff brachte Jaconi an Stelle von Di Vincenzo, der sich unbestreitbar wieder als unfähig erwiesen hatte,

Neuzugang Albieri. Fast sofort eroberte sich Albieri den Ball im Mittelfeld, tänzelte durch einen ganzen Schwarm Verteidiger und stürmte mit dem Ball in den gegnerischen Strafraum, nur um dort von einem Verteidiger brutal von hinten von den Beinen gerissen zu werden.

Auch wenn Albieri sich vor Schmerzen am Boden wälzte, so waren wir Castel-di-Sangro-Fans doch alle jubelnd aufgesprungen. Albieri würde sich schon wieder erholen, aber jetzt bekämen wir einen Elfer, und der würde uns 1:0 in Führung bringen.

Aber das Spiel war nicht unterbrochen worden! Während Albieri sich vor dem gegnerischen Tor am Boden krümmte, wurde der Ball wieder in Richtung unserer Hälfte gespielt, und Mr. Rossi trabte unbeeindruckt neben ihm her, als hätte es im Strafraum von Brescia nicht gerade eines der häßlichsten und brutalsten Fouls gegeben, das ich je gesehen hatte.

Aber gewiß würde er jetzt gleich in die Tasche greifen und noch eine zusätzliche gelbe Karte zücken, weil Brescia weiterspielte, obwohl er bereits auf Elfmeter entschieden hatte. Aber was war das … konnte das sein?

Es war unvorstellbar. Es war unaussprechlich. Es war ein Theater des Absurden, bei dem der Marquis de Sade Regie führte. Aber um Gottes Willen, es war wahr! Kein Foul. Kein Elfmeter. Kein Tor. Keine 1:0-Führung. Nur ein humpelnder Albieri.

Nun, jetzt sah die Sache ganz anders aus. Ein klägliches, erbärmliches 0:0, das war eine Sache. Das hätte noch einen äußerst zufriedenstellenden Fußballnachmittag ergeben. Aber nun geriet dieser Rossi, nicht irgendein Spieler beider Mannschaften, ins Zentrum der Aufmerksamkeit. Er war der mit Lichtjahren Abstand schlechteste Schiedsrichter, den ich je gesehen hatte, und mittlerweile hatte ich schon in vier Ländern Spiele gesehen.

In der 60. Minute wurde Albieri erneut Opfer eines krassen Fouls, diesmal an der Strafraumgrenze, und wieder erfolgte kein Pfiff. Statt dessen drehte sich Rossi auf dem Absatz um und pfiff eine harmlose Schubserei, die er aus den Augenwinkeln im Mittelfeld beobachtet hatte.

Eine sagenhafte Kombination über drei Stationen (eine Premiere!) brachte Galli erneut völlig frei vor das Tor. Und obwohl er alle Zeit der Welt hatte, sich den Ball zurechtzulegen, verfehlte er abermals. Nur Brescias schon fast beleidigende Gleichgültigkeit gegenüber diesen Ereignissen ließ mir die Hoffnung, daß wir doch noch mit einem 0:0 davonkämen.

Aber dann begann Rossi ohne ersichtlichen Grund, außer vielleicht, daß er sie vorher verlegt hatte und jetzt verlorene Zeit wettmachen wollte, mit gelben Karten herumzuwedeln, als wollte er einen Zug anhalten. Eine gegen Brescia, zwei gegen Brescia, dann eine für Cristiano (seine vierte, damit war er fürs nächste Spiel gesperrt), eine für Bonomi ... aber kein einziger von ihnen hatte überhaupt ein Foul begangen!

Ich begann mich allen Ernstes zu fragen, wer die Macht hätte, ein Spiel abzubrechen, wenn der Schiedsrichter mittendrin einen Nervenzusammenbruch erlitt und man ihn nicht weitermachen lassen konnte. Denn das hier hatte nichts mehr mit Fußball zu tun. Rossi hatte das Spiel in einen Schießstand verwandelt: seine Karten waren die Munition und die Spieler von Castel di Sangro in zunehmendem Maße seine bevorzugten Ziele.

BANG! In der 70. Minute eine Karte für Altamura, und diesmal keine gelbe, sondern die rote. Freistoß für Brescia an unserer Strafraumgrenze. Der wurde umgehend in ein Tor verwandelt, was für uns das Aus bedeutete, denn neben unseren anderen zahllosen Schwächen verdienten wir auch noch eine Sonderauszeichnung für die Unfähigkeit, einen Rückstand aufzuholen.

Es bedeutete auch das Aus für Altamura, der nun für die nächsten beiden Begegnungen gesperrt war. Er hatte einen Spieler von Brescia beim Kampf um den Ball gestreift, aber das ist ja elementarer Bestandteil des Spiels. Wenn das ein Foul gewesen war, hätte man den Gegenspieler ebenfalls verwarnen können. Aber auf gar keinen Fall hatte einer der Spieler etwas getan, was eine Karte verdiente, schon gar nicht die rote Karte.

Ich war so konsterniert, daß ich kaum darauf achtete, wie wir erneut in Brescias Hälfte vordrangen. Aber ich wurde wieder hellwach, als ich sah, daß sich Galli freilief und Martino ihm den Ball zulupfte. Und noch gebannter sah ich zu, als Galli einen attackierenden Abwehrspieler versetzte und – ausnahmsweise einmal hart und präzise – aufs Tor schoß und … drin!

Ja, ja, ja, es stimmte! Galli hatte tatsächlich ein Tor geschossen! Ausnahmsweise hatte er nicht danebengehauen! Oh, mein Gott. Oh, mein Gott. Wer konnte das glauben! Ich blickte kurz an mir herab und sah, wie mein wild und aufgeregt schlagendes Herz meinen Brustkorb flattern ließ.

Aber halt. Rossi rannte von der Mittellinie herbei, wo er weit weg vom Geschehen gestanden hatte, und signalisierte winkend, daß Gallis Tor nicht gegeben würde.

Inmitten vor Zorn rasender Castel-di-Sangro-Spieler auf dem Feld – von den drohend gegen die Absperrungen drängenden Fans auf den Rängen gar nicht zu reden – erklärte Rossi, Galli habe bei der Ballannahme ein Stürmerfoul gegen einen Verteidiger von Brescia begangen.

Ich sah, wie Polizei am Spielfeldrand aufzog, für den Fall, daß einer unserer tifosi den Drahtzaun überklettern oder gleich mehrere hundert ihn durchbrechen würden, wie sie es gerade versuchten.

Tja, irgend jemand mußte etwas gegen diesen Mann unternehmen, und zwar schnell. Ihm weh tun, meine ich damit. Ihm physische Gewalt antun. Hätte ich doch nur irgendeinen schweren Metallgegenstand in der Tasche gehabt! Ich wäre von der tribuna d'onore zum Spielfeldrand gestürzt und hätte ihn geschmissen. Ich hätte auf den Kopf gezielt und um einen Volltreffer gebetet. Danach hätten sie mit mir anstellen können, was sie wollten, aber wenigstens hätte ich es dem Bastard heimgezahlt.

Dann zeigte Rossi Galli wegen »Meckerns« die gelbe Karte. Da ich Giacomos lose Zunge kannte und er und Rossi wahrscheinlich beide des römischen Dialektes mächtig waren, zweifelte ich nicht daran, daß der arbitro gerade ein paar unvergeßliche Vokabeln mit auf den Weg bekommen hatte. Aber Worte allein, wie verletzend sie auch sein mochten, genügten hier nicht.

Denn das Spiel war im Grunde gelaufen. Nach der Aberkennung von Gallis Treffer stellten wir uns einfach benommen, demoralisiert und empört hinten rein und warteten auf den Schlußpfiff. Brescia, das nun begriff, daß es ungestraft tun konnte, was immer es wollte, griff plötzlich energisch an.

Ein gegnerischer Stürmer dribbelte in unseren Sechzehner. Cristiano ging dazwischen und klärte korrekt. Ein Pfiff. Ein Strafstoß. Rossi hatte offenbar entschieden, Brescia für seine ersten Offensivbemühungen mit einem Elfmeter belohnen zu müssen. Den führten sie aus und erhöhten auf 2:0.

Gift und Galle spuckend und auf neapolitanisch fluchend, stürzte Fusco, kaum daß der Ball im Netz war, auf Rossi los. Ein paar Mannschaftskollegen hielten ihn zurück, bevor er ihm an den Kragen konnte, doch schon war die rote Karte draußen, und auch Fusco hatte seinen Platzverweis.

In der 90. Minute gab Rossi wohl nur aus perversem Vergnügen einen weiteren Elfmeter für Brescia. Nicht ein Zuschauer auf den Rängen, nicht ein Spieler von Brescia, nicht der Trainer von Brescia und – man hatte den Verdacht – nicht einmal Rossi selbst hatte auch nur die geringste Vorstellung, aus welchem Grund. Es schien ein Akt purer, verrückter Willkür zu sein.

Der Schuß war gut, das Ergebnis 3:0, und kaum war der Ball aus dem Netz und wieder in Rossis Hand, pfiff er das Spiel ab und rannte so schnell er konnte zu dem Tunnel, der ihn aus dem Stadion brachte, bevor ihn einer aus dem mittlerweile tobenden Mob von mehreren hundert Castel-di-Sangro-Fans erwischen konnte.

Da ich auf den teuren Plätzen gesessen hatte, gehörte ich nicht zu den ersten, die den Stacheldrahtzaun erreichten, den es zu überklettern galt. Doch als ich dort ankam, sah ich, daß ein Castel-di-Sangro-tifoso, der vor Wut noch entfesselter zu sein schien als ich, bereits oben hing und sich zwischen den Stacheln festklammerte, während die Polizisten, die ihm von beiden Seiten nachgeklettert waren, mit ihren Schlagstöcken auf ihn eindroschen, damit er losließ. Und dann erkannte ich, wer es war: Christian!

Erst Stunden später im *Marcella's* hatten Christian und ich uns so weit beruhigt, daß wir wieder etwas Zusammenhängendes sagen konnten. (Um keinen Volksaufstand zu provozieren, hatte die den Castel-di-Sangro-Fans zahlenmäßig deutlich unterlegene Polizei darauf verzichtet, Christian durch die Mangel zu drehen, nachdem sie ihn vom Zaun geschüttelt hatte.)

Unser Gespräch drehte sich naheliegenderweise um Schiedsrichter und die übelsten Vertreter dieser Spezies.

»Das war ausgesprochen mies«, erklärte ein Mann, dessen Namen ich nicht kannte, der aber in den Sechzigern für Castel di Sangro gespielt hatte. »Ausgesprochen mies. Vielleicht das Schlimmste seit Celano.«

Ich hatte Straßenschilder nach Celano gesehen, einer Stadt westlich von Sulmona in den Abruzzen, gleich neben der autostrada nach Rom.

»Celano! Wann war das?« fragte ich. »Wann hat Castel di Sangro gegen Celano gespielt?«

»Ach so, nein, das ist schon ganz lange her. Vielleicht 1978, 1979. Und Castel di Sangro hat gar nicht gespielt. Aber die tifosi von Celano, die hielten an jenem Tag den arbitro für noch schlechter als diesen Rossi heute.«

»Unmöglich«, meinte ich.

»Doch«, bekräftigte er. »Doch möglich. Also ... haben sie ... ich kenne das englische Wort nicht ... eine linciaggio.«

Ich rief Christian um Hilfe. »Christian, für einen schlechten Schiedsrichter ... was heißt linciaggio?«

»Ach, ihr redet von Celano? Vor etwa zwanzig Jahren?«

»Ja, was ist da passiert?«

»Dem arbitro? Ja, eine linciaggio. Du weißt schon, ein Baum und eine Schlinge um den Hals. Aufgehängt. Wie ihr es mit den Negern im Süden gemacht habt.«

»Du meinst, die haben ihn gelyncht?«

»Ja, genau, sie haben ein Seil über einen Ast geworfen, ihm die Schlinge um den Hals gelegt, und ja, er ist gestorben. Vielleicht stimmt das ja nicht, aber ich hab davon gehört, und so schlecht ist das ja nicht, denn nur durch die linciaggio konnten sie sicher sein, daß er keiner weiteren Mannschaft antut, was er ihnen angetan hat. Daher war es im, wie sagt man, im guten Interesse?«

»Im öffentlichen Interesse?«

»Na ja, für die Öffentlichkeit von Celano. Aber noch anders.«

»Im Interesse des Sports?«

»Genau, das meine ich. Esattamente. Im Interesse des Sports. Denn dadurch, daß sie ihn umbrachten, konnte er nie wieder ein schlechter arbitro sein.«

»Hm ... nun ja ... und was passierte mit den Fans? Wurde jemand verhaftet? Wurde irgend jemand strafrechtlich verfolgt? Mußte jemand dafür ins Gefängnis?«

»Weiß ich nicht«, sagte Christian.

Aber mein erster Informant erinnerte sich deutlich. »Aber nein«, sagte er gelassen. »Das war ganz ausgeschlossen. Wissen Sie, die Polizei, die magistrati aus Rom, sie alle wußten, daß der arbitro im Unrecht war.«

KAPITEL 19

Die italienischen Tageszeitungen bringen jeden Tag ein großes Poster heraus, das die wichtigste Story des Tages in fettgedruckten großen Lettern präsentiert und von den Zeitschriftenhändlern draußen an ihre Läden geklebt werden kann.

Am Montag verkündete das Plakat von *Il Centro*: ARBITRO SCANDALOSO.

Und niemand, zumindest niemand in Castel di Sangro, war gegenteiliger Ansicht. Das Brescia-Spiel war für uns eine Niederlage gewesen, aber auch eine Niederlage für Fair Play und Anstand. Die pagelle waren nach einem solchen Spiel irrelevant: Nur die Bewertung der Schiedsrichterleistung zählte. Und die *Gazzetta dello Sport*, das einzig ausschlaggebende Organ in dieser Frage, gab Rossi eine 3. Eine Drei! Ich hatte noch nie gesehen, daß irgendein Spieler, Trainer oder arbitro eine schlechtere Note als 4 bekommen hatte, was auch schon als blamabel galt.

Tja, es war wohl an der Zeit, einmal auszuprobieren, ob Altamura, mein Nachbar von oben, Spaß verstand oder nicht. Im Vorjahr hatte mir mein damals zwölfjähriger Sohn James eine echte Schiedsrichterausrüstung geschenkt, die aus einer roten Karte, einer gelben Karte und einem Notizblock bestand, auf dem der Name des aufgefallenen Spielers, die Art seines Regelverstoßes und so weiter notiert werden können.

Ich trug die rote und gelbe Karte ständig in einer aufklappbaren Plastikhülle mit mir herum, die ich wie eine richtige Brieftasche benutzte und mit Kreditkarten, zerknitterten Lire-Scheinen, Telefonnummern und dergleichen vollstopfte.

Am Montagmorgen stand ich ganz früh auf und ging hinunter zu Altamuras Auto, das am Straßenrand parkte.

Ich klemmte die rote Karte hinter seinen Scheibenwischer und fügte noch eine handschriftliche Nachricht auf italienisch hinzu: »Wollte ich Ihnen gestern schon zusätzlich zur ersten geben. Beste Grüße, Signor Rossi aus Ciampino.«

Nachdem ich mir die Zeitungen geholt hatte, saß ich schon wieder in meiner Wohnung, als ich hörte, wie Altamura sich von seiner Frau Sabrina verabschiedete und mit seinem vierjährigen Sohn Niccolò, den er zum Kindergarten bringen wollte, die Treppe herunterkam.

Ich lauschte, wie er vom dritten Stock in den zweiten (wo ich wohnte) und dann ins Erdgeschoß ging und dabei in gesetztem und väterlichem Tonfall mit seinem kleinen Jungen redete, der aufgeregt über die Sachen plapperte, die kleine Jungs Montag morgens auf dem Weg zum Kindergarten eben so plappern.

Ich hörte, wie sie durch die kleine Eingangshalle und dann zum Auto gingen. Eine Sekunde später wurde die Haustür aufgerissen, und Antonello polterte in rasendem Tempo die Treppe hoch (offensichtlich hatte er Niccolò im Kindersitz gelassen).

Er war noch nicht ganz oben, da begann er schon zu schreien: »Sabrina!!« Ich hörte ihre besorgte, fragende Stimme, als sie die Wohnungstür öffnete. Die Tür wurde wieder zugeknallt, vermochte aber nicht Antonellos Stimme zu dämpfen, die wie das Brüllen eines Stiers auf der Schlachtbank klang. Dann hörte ich, wie mit Fäusten gegen die Wände getrommelt wurde. Als sich der Krawall weiter steigerte und da ich mich an Niccolò in seinem Kindersitz erinnerte, schien es mir angeraten, jetzt lieber beichten zu gehen.

Also stieg ich die Treppe hoch, klopfte an die Tür und sagte: »Hier ist Rossi aus Ciampino. Ich habe gehört, Sie wollen was von mir.«

Die Tür flog auf. Sobald mich Antonello und Sabrina sahen, wußten sie, wer hinter dem Streich steckte. Wer vor Lachen lauter brüllte, läßt sich schwer sagen, aber als sie mich beide hereinzerrten, um mich zu umarmen, war Antonello eindeutig der stärkere. Accidenti, was für einen verrückten Amerikaner hatten sie doch als Nachbarn! Nicht nur einen, der etwas von calcio verstand, er konnte sie auch noch an einem ausgesprochen grauen Montagmorgen zum Lachen bringen.

Obwohl mein Hauptaugenmerk immer Castel di Sangro galt, war es doch unmöglich, im Herbst 1996 in Italien zu leben, ohne etwas von den Nöten und Sorgen Baggios mitzubekommen.

Der Wechsel zu Milan hatte nichts Gutes gebracht. Deren Trainer aus Uruguay schien jede Woche einen neuen Grund zu finden, um il divino codino auf der Bank zu lassen. Derweil hatte der arrogante, eitle, sadistische, größenwahnsinnige und völlig unfähige Nationalcoach Sacchi Baggio kaltschnäuzig und willkürlich aus der Nationalelf geschmissen.

In den ersten Qualifikationsspielen zur WM 1998 hatte es Italien zwar mit Mühe geschafft, so jämmerliche Gegner wie Moldawien und Georgien zu schlagen, aber mamma mia, waren das erbärmliche Vorstellungen gewesen.

Nun, am 6. November, bestritt Italien ein amichevole, ein Testspiel gegen Bosnien in Sarajevo. Man hätte gar nicht gedacht, daß Bosnien elf gesunde Spieler zusammenbekäme oder der Platz in Sarajevo sicher genug wäre, doch das Spiel fand tatsächlich statt.

Es wurde am frühen Nachmittag im Fernsehen übertragen, und ich sah es mir vor dem Weg zum dienstäglichen Training an. Zur Verblüffung und zum Entsetzen aller – abgesehen von mir, da ich dachte, daß dies Sacchi endgültig das Genick brechen und Baggios internationaler Karriere neuen Aufschwung geben würde – schlug Bosnien Italien 2:1.

Ich tänzelte beschwingt zum Trainingsplatz und sang dabei vor mich hin: »Ding-dong! The witch ist dead!« Ja, ich war immer noch wütend auf Rossi aus Ciampino und betrübt wegen Lottis Verletzung, aber ich wußte, daß sich Lotti erholen würde, Sacchi jedoch wahrscheinlich nicht.

Luca D'Angelo war einer der ersten Spieler, denen ich auf dem Platz begegnete.

»Luca, Luca! Zwei zu eins!« rief ich.

Er kam verwirrt herangetrabt. Woher ich meine Zahlen hätte, wollte er wissen. Er sagte, daß nach den ersten Hochrechnungen Clinton Dole geschlagen hätte, aber nicht im Verhältnis 2:1.

Wahlen in den Staaten. Das hatte ich total vergessen. Da stand ich hier, ein Amerikaner, der über eine italienische Niederlage gegen Bosnien frohlockte, weil dies auf lange Sicht dem italienischen Fußballspieler nutzte, den er am meisten bewunderte, während mir ein italienischer Fußballspieler gegenüberstand, der erleichtert und erfreut darüber war, daß die amerikanische Rechte eine so deutliche Schlappe erlitten hatte. Er hatte die Wahlergebnisse auf CNN verfolgt, während ich mir die Fußballübertragung aus Bosnien angesehen hatte.

Die Arbeiten am neuen Stadion machten nun rasante Fortschritte, und das rund um die Uhr. Signor Rezza höchstpersönlich erschien täglich auf der Baustelle. Es hätte mich nur mäßig gewundert, wenn er sich einen Helm aufgesetzt hätte. Diesmal war es verbindlich: Das neue Stadion würde am 1. Dezember mit dem Spiel gegen Genua eingeweiht werden.

Doch am Mittwoch verbreitete *Il Centro* Gravinas überraschende Ankündigung, daß sich die Tore noch früher öffnen würden. Nämlich schon am nächsten Tag, um in einem Freundschaftsspiel den attaccante vorzustellen, den Gravina vom englischen Erstligisten Leicester City erworben habe: Robert Raku Ponnick aus Nigeria.

Die Nachricht schlug wie eine Bombe in der Stadt ein. Ein nigerianischer Stürmer aus der englischen Premier League? Das war mit Abstand der kühnste Schachzug, den La Società bislang unternommen hatte, und man konnte nur mit Schaudern an die Kosten denken. Aber selbst Gravina mußte eingesehen haben, daß la potenza della speranza allein für die Seria B nicht reichte; eine Mannschaft brauchte auch einen Torjäger.

Weitere Informationen und Angaben über Ponnick, sein Alter, erzielte Tore, vorherige Clubs etc. seien so kurzfristig nur schwer zu bekommen, schrieb Giuseppe im *Il Centro*, doch Ponnick würde am Mittwochabend in einer live aus Pescara übertragenen Pressekonferenz im Fernsehen präsentiert und bereits am kommenden Tag in dem amichevole mitspielen.

Die Neuigkeiten waren mittags landesweit in den Nachrichten. Das winzige Castel di Sangro, die Mannschaft des miracolo und der favola, hatte die Fußballwelt ein weiteres Mal in Erstaunen versetzt. Die Story über Ponnicks Verpflichtung wurde von der ANSA, der offiziellen italienischen Nachrichtenagentur, in die ganze Welt geschickt. Das Società-Büro wurde mit Anrufen von überregionalen Zeitungen und Magazinen bombardiert, die alle Pressekarten für das Spiel wollten, damit ihre Vertreter Ponnicks Debüt beobachten konnten.

Zugegeben, Leicester City war keiner der großen Clubs in der Premier League, sie waren erst letzte Saison aufgestiegen, aber ein kurzer Blick in die Statistik zeigte, daß Ponnick der erste Premiership-Spieler war, der nach Italien wechselte, seit Lazio 1992 Paul Gascoigne geholt hatte, und der erste überhaupt, der in der Seria B spielen würde.

Im *Marcella's* gab es für die Übertragung der Pressekonferenz um sieben Uhr nur noch Stehplätze. Und tatsächlich, da saß er, Robert Raku Ponnick, zwischen Gravina und dem semi-zweisprachigen Lokaljournalisten Leopoldo Gasbarro.

Ponnick, der bereits ein »Soviet Jeans«-Trikot trug, war groß, schlank und hatte einen kahlrasierten Kopf, wie er sich unter Spielern zunehmender Beliebtheit erfreute. Wie Addo sprach Ponnick fehlerfreies Englisch, was mir einen unschätzbaren Vorteil verschaffte. Ein Glück, denn hätte jemand für mich übersetzt, wäre ich sicher gewesen, daß ich etwas falsch verstanden hätte. Ponnick wartete weder Fragen noch eine Vorstellung durch Gravina ab. Er redete einfach drauflos, während Leopoldo so schnell wie eben möglich ins Italienische übersetzte. Und ich konnte kaum glauben, was ich da zu hören bekam.

»Ich weiß, daß ich erst spät in diese Saison einsteige«, begann er, »doch ich werde trotzdem die meisten Tore schießen. Aber was heißt das schon? Ich habe mir diese Seria B angesehen, und ich bin um so vieles besser, das wird ein Kinderspiel. Ich werde mehr Tore schießen, als jemals zuvor jemand in der Seria B geschossen hat. Ich hab keine Ahnung, wo der Rekord steht, das ist aber auch egal. Ich werde ihn brechen.«

Dann fragte Leopoldo, ob Ponnick glaube, daß seine Anwesenheit Castel di Sangro la salvezza sichere.

»Sie meinen, in dieser popligen Liga zu bleiben? Heilige Scheiße. Vergiß es, Mann. Das wäre Schwarzseherei. Wir steigen in die Seria A auf! Das kann ich garantieren. In diesem Jahr. Kein Vertun. Jetzt, wo ich hier bin, ist Castel di Sangro eine Seria-A-Mannschaft. Niemand kann mich aufhalten. Wenn mich meine Mannschaft nicht anspielt, dann hol ich mir einfach den Ball. Ich bin ein perfekter Techniker, schußstark auf beiden Füßen, und Einlochen ist meine Lieblingsbeschäftigung.«

Bei dieser Zweideutigkeit, die den italienischen Zuhörern entging, aber nicht mir, grinste Ponnick. O Dio mio! Was würde man finden, wenn man diesen Kerl einer Dopingkontrolle unterzog? Dann startete er so etwas wie einen Rap-Monolog, der Leopoldo zur Aufgabe zwang, während alle im *Marcella's* von mir verlangten, das sofort zu übersetzen.

»Ich muß die Leute in diesem Castel Dingskirchen ernsthaft warnen. Wenn euch was an euren Frauen liegt, schließt sie ein. Wenn sie gut aussehen, fick ich sie durch. Und es ist mir schnuppe, wer sie sind. Mir ist egal, wessen Tochter das ist, mir ist egal, wessen Ehefrau das ist. Um Tore schießen zu können, brauche ich meine Portion Fickfleisch. Und eins will ich mal klarstellen: Ich hab den größten Schwanz in ganz Italien.

Also haltet euch fest, Ladies, haltet euch fest. Robert Raku Ponnick wird euch eine Lektion erteilen und eine Show bieten, wie ihr sie noch nie gesehen habt. Und zwar nicht nur auf dem Spielfeld.«

Nein, non è possibile, sagte ich mir. Das kann doch nicht wirklich gerade passieren. Gravina, der nicht ein Wort Englisch verstand, zeigte keinerlei Reaktion. Doch Leopoldo sah aus, als wäre ihm sein Kragen gerade ein paar Nummern zu eng geworden, und offensichtlich verstand auch jemand im Studio genug von dem, was Ponnick sagte, um einen Techniker loszuhetzen, der ihn am Weiterreden hindern sollte.

»Was soll die Scheiße, Mann!« schnauzte Ponnick, als der Techniker versuchte, ihm das angesteckte Mikrophon vom Kragen zu reißen. Gravina schaute verblüfft zu. Dann wurde der Ton abgestellt. Dann wurde der Bildschirm dunkel. Im *Marcella's* brach die Hölle los. Ich hielt mir die Ohren zu, rief »Non capisco!« und suchte so schnell wie möglich das Weite.

Am nächsten Nachmittag folgte ein riesiges Chaos. Eine Stunde vor Beginn des Freundschaftsspiels drängten sich 5.000 Menschen vor den glänzenden Toren des neuen Stadions. Große Übertragungswagen mit Satellitenantennen auf dem Dach verstopften den Parkplatz.

Wie üblich benutzte ich den Spielereingang, doch als ich zu den Kabinen gehen wollte, trat mir Jaconi in den Weg. »Nur für heute, Joe«, meinte er entschuldigend. »Niemand darf durch. Wir möchten nicht, daß Ponnick nervös gemacht wird.« Während er sprach, lief ihm der Schweiß herunter, wie ich es noch nie bei ihm gesehen hatte, und ich erkannte, daß er sich äußerst unwohl fühlen mußte. Ich insistierte nicht länger.

Oben auf der Tribüne tobte die Menge. Der Eintritt für Ponnicks Debüt war frei, und irgendwann hatte jemand einfach die Tore aufgerissen und 5.000 Menschen in ein Areal gelassen, das nur 3.000 Sitzplätze bot. Ausschließlich der Umstand, daß fast alle von hier waren, Bekannte, Nachbarn und Freunde, verhinderte Schlimmeres.

Als ich in der Menge nach vertrauten Gesichtern suchte, entdeckte ich die deplaziert wirkende Gestalt von Giacomo Galli, der einen so eleganten Anzug trug, daß das Edelste von Soviet Jeans dagegen verblaßte, dazu ein Hemd mit Monogramm und Manschettenknöpfen und eine unglaublich teure Seidenkrawatte.

Das war schon seltsam genug, denn eigentlich sollte er ja in fünfzehn Minuten auf dem Rasen stehen, doch noch seltsamer war es, daß ihm ungehemmt die Tränen über sein gutmütiges Gesicht liefen.

Als er mich sah, umarmte er mich und weinte an meiner Schulter.

»Ciao, Joe«, schluchzte er. »Auf Wiedersehen.« Während ich ihn an mich drückte, entdeckte ich Christian in der Nähe und fragte, was passiert sei.

»La Società«, sagte Christian niedergeschlagen. »Um Ponnicks Ablöse bezahlen zu können, mußten sie einen Spieler verkaufen, und die Wahl fiel auf Giacomo. Weil Ponnick von nun an die Tore machen wird, geht Giacomo morgen in die C1. Er gehört nicht mehr zur Mannschaft.«

Jaconi hatte Galli anscheinend erst vor einer Stunde informiert und aufgefordert, sich nicht für das Spiel umzuziehen, sondern seinen Spind auszuräumen. Er wäre an einen C1-Verein verkauft worden, dessen Identität erst am Abend preisgegeben werden könne. Aber es war offiziell: Giacomo hatte zum letzten Mal im *Marcella's* gegessen. Seinen Platz würde nun Robert Raku Ponnick einnehmen.

Galli war am Boden zerstört. Trotz all seiner spielerischen Defizite hatte es ihm an Einsatzfreude nie gemangelt. Alles hatte er für Castel di Sangro gegeben, mochte es auch noch so dürftig gewesen sein. Und nun erklärte er Christian, daß er sich nicht vorstellen könne, woanders zu leben.

Christian und ich standen Giacomo in dieser schweren Stunde bei und quetschten uns zu Spielbeginn in die Sitze neben ihm. Woher die Amateure kämen, fragte ich, doch niemand schien das zu wissen. Das war merkwürdig, denn Freundschaftsspiele werden lange im voraus anberaumt, und die Identität der Gäste ist immer bekannt. Aber diese hier schienen vollkommen unbekannt zu sein.

Nicht daß das wichtig war. Das einzig Wichtige war Robert Raku Ponnick. Als die Spieler aus der Kabine kamen, drängte sich Ponnick nach vorne, rannte als erster auf den Platz und winkte grinsend dem Publikum zu, das ihn mit stehenden Ovationen empfing.

Als das Spiel begann, hatte das Publikum nur Augen für ihn und niemanden sonst. Er lief mit großen, ausholenden Schritten und war ständig unterwegs, egal wo sich der Ball befand. Das würde Jaconi nicht gefallen. Ponnick schien keinerlei Sinn für Taktik zu haben. Außerdem stolperte er ein-, zweimal und legte sich mit verhedderten Armen und Beinen auf die Nase, um dann wieder aufzuspringen und anklagend auf den Rasen zu zeigen, als wäre der Platz nicht bespielbar. Einmal bückte er sich, ohne weiter auf das Spiel zu achten, pflückte ein Stück Rasen auf, hielt es am ausgestreckten Arm hoch und warf es dann kopfschüttelnd und angeekelt wieder weg.

Aber dann beschloß er, ins Geschehen einzugreifen. Es wurde gleich überdeutlich, daß er unbedingt den Ball wollte und, wie er es am Vorabend angekündigt hatte, nicht bereit war, auf einen Paß zu warten. Er rannte zu Michelini, klaute ihm das Leder vom Fuß und gab ihm dabei auch noch einen heftigen Schubs. Ein Pfiff ertönte. Der Schiedsrichter lief herbei und zeigte Robert Ponnick die gelbe Karte. Für ein Foul an Michelini!

»Christian«, sagte ich, »kann man eine gelbe Karte für ein Foul am eigenen Mann bekommen?«

»Ich weiß nicht«, sagte Christian mit besorgter Stimme.

Neben ihm hatte Galli das Gesicht in den Händen vergraben. Dieses Schauspiel war mehr, als er ertragen konnte.

Als das Spiel weiterging, bediente Martino bei einem Einwurf Ponnick, der, von zwei Verteidigern eng beschattet, aber nicht behindert, sofort auf das gegnerische Tor zustürmte. Aus einer Entfernung von etwa siebenundzwanzig Metern zog er ab – und verfehlte das Gehäuse um fast dreißig.

Um uns herum begannen die Fans, Blicke zu wechseln und die Köpfe zu schütteln. Die dilettanti-Mannschaft schien noch schlechter als die üblichen Amateure zu sein und überließ den Ball direkt wieder Castel di Sangro. Martino passte zu Ponnick, der mit dem Rücken zum Tor mitten im Strafraum stand. Der Ball klatschte von seinem Knie ab, und Ponnick stürzte zu Boden, ohne von einem Gegenspieler berührt worden zu sein.

Erneut erfolgte ein Pfiff, und der herbeigelaufene Schiedsrichter zeigte auf den Elfmeterpunkt. Dies war eine mindestens so krasse Fehlentscheidung wie die im Spiel gegen Brescia, doch offensichtlich war der Schiedsrichter angewiesen worden, Ponnick jede Möglichkeit zu geben, sich in Szene zu setzen.

Di Vincenzo trat vor, um wie üblich den Strafstoß für Castel di Sangro auszuführen, doch Ponnick wollte ihm den Ball nicht geben. Statt dessen versuchte ihn der Nigerianer wütend wegzuscheuchen. Als Danilo nicht zurücktrat, warf er den Ball hin, stürzte sich auf ihn und begann mit ihm zu ringen. Ein halbes Dutzend Mannschaftskameraden eilte herbei und trennte sie. Cei, der Kapitän, blickte verzweifelt in Richtung Trainerbank. Jaconis Rufe und Gesten drückten tatsächlich aus, daß Ponnick den Elfer ausführen sollte.

Ausgiebig fluchend und vor Wut in den Rasen tretend trat Di Vincenzo zurück in den Kreis seiner Mitspieler. Der Schiedsrichter legte den Ball auf den Elfmeterpunkt. Ponnick sah prüfend zu. Aber statt dann ein paar Schritte zurückzutreten und mit Schwung einzuschießen, bückte sich der große Nigerianer und verschob den Ball um zehn Zentimeter nach links.

Das war nicht erlaubt. Es gibt nur einen Punkt und keinen anderen, von dem ein Elfmeter getreten werden darf. Der Schiedsrichter eilte herbei, drohte Ponnick mit erhobenem Zeigefinger und legte den Ball wieder zurück. Dann trat er langsam rückwärtsgehend beiseite und behielt dabei den Ball im Auge, damit Ponnick ihn nicht wieder verschöbe. Er stieß in seine Pfeife, damit der Strafstoß ausgeführt werden konnte.

Doch Ponnick umklammerte seine rechte Seite, krümmte sich, als habe er starke Schmerzen, wankte drei Schritte zurück und sank zu Boden. Sofort stürzten Trainer und Mannschaftsarzt auf den Platz, während einige unserer Spieler und ein paar des Gegners hinzutraten, um nachzusehen, was passiert war. Sogar der gegnerische Torwart kam näher, weil er fürchtete, daß Ponnick vielleicht einen ernsthaften Anfall hätte oder von einem Gegenstand getroffen worden sein könnte, der von den Rängen geworfen worden war.

Kaum sah Ponnick das leere Tor, sprang er auf, nahm einen schnellen Anlauf und schoß den Ball über die Linie. Dann startete er, grinsend und jubelnd die Arme hochreißend, sofort zu einer Runde ums Spielfeld und forderte die Fans auf, mit einzustimmen. Doch weder die Zuschauer noch seine völlig verwirrten Mannschaftskameraden taten es.

Kein Tor, kein Tor, natürlich war das kein Tor! Der Schiedsrichter entschied nun, daß Ponnick seine Gelegenheit zum Schuß vergeben hatte. Aufgebracht kam der Nigerianer über das Feld auf den Offiziellen zu. Nur gemeinsam waren Altamura und D'Angelo in der Lage, ihn zurückzuhalten.

Dann spuckte er Altamura anscheinend ins Gesicht. Altamura zuckte zurück und funkelte ihn wütend an. D'Angelo stieß Ponnick weg. Nun trat Altamura vor, wies mit einer Hand auf sein Gesicht und schüttelte die andere zur Faust geballt gegen Ponnick. Die ganze Mannschaft war jetzt auf den Beinen, denn auch die Reservespieler liefen dicht gefolgt von Jaconi auf den Platz.

In dieses Knäuel fluchender, wogender Körper stürzte sich der Schiedsrichter, um zumindest wieder eine Spur von Ordnung herzustellen. Doch Ponnick zog ihm das kleine schwarze Buch aus der Tasche, das die rote und gelbe Karte enthielt. Das Notizbuch warf er zu Boden, die rote Karte aber hielt er Altamura unter die Nase.

Das war zuviel für Altamura: Er schlug mit der Rechten zu und erwischte Ponnick genau am Kinn. Ponnick ging zu Boden. Jaconi drängte sich vor und versuchte, dem Nigerianer wieder auf die Beine zu helfen, was ihm mit einem gemeinen Stoß gedankt wurde. Und dann brach Ponnick durch den Ring von Spielern, der ihn umgab, und marschierte auf die Seitenlinie zu.

Der Schiedsrichter holte ihn ein und verwies ihn mit der roten Karte, die er inzwischen zurückerobert hatte, des Platzes.

Doch Ponnick war anscheinend alles egal. Er ging weiter auf die Tribüne zu, und als er näher kam, buhten ihn Tausende aus, die eigentlich gekommen waren, ihm zuzujubeln. Dieser Kerl war die reinste Schande! Ein Irrer! Ponnick hob die Hand und zeigte mit seinem ausgestreckten Mittelfinger auf jeden Sektor der Tribüne. Die aufgebrachten Fans begannen mit Mineralwasserflaschen zu werfen, aber da war Ponnick bereits in der Kabine verschwunden.

Bleich und zitternd drängte sich Galli an Christian und mir vorbei und rannte zum nächsten Ausgang. Aber im selben Moment marschierte die komplette Dilettanti-Mannschaft einander bei der Hand haltend zur Mittellinie. Sie bauten sich in einer Reihe mit dem Gesicht zur Haupttribüne auf und begannen zu applaudieren. Und dann lief mit weiten Sätzen die unverwechselbare Gestalt von Robert Ponnick auf sie zu. Er schüttelte jedem von ihnen die Hand, drehte sich dann um und winkte den Zuschauern zu. Der Stadionsprecher bat um einen herzlichen Applaus für die *Guastafeste* Theatergruppe und ihren Star Robert Raku Ponnick!

Das ganze Spiel war nur eine Farce gewesen. Und um noch einen draufzusetzen, rannte auch der falsche Schiedsrichter auf den Platz, zog seine Hose herunter und streckte den schockierten und sprachlosen Einwohnern von Castel di Sangro seinen nackten Hintern entgegen.

Ich brauchte ein paar Stunden, um da richtig durchzublicken, aber am Abend im *Marcella's* hatte ich endlich kapiert, was gelaufen war. Sobald sie in die Umkleidekabine gekommen waren, hatte man bis auf Galli allen Spielern verraten, daß Ponnick nur ein Schauspieler war und Gravina die ganze Farce inszeniert hatte, um so vielleicht einen drei- oder vierminütigen Bericht im Fernsehen zu bekommen (»Ein Visionär mit kühnen Träumen!« lautete der von ihm selbst ersonnene Titelvorschlag für den Beitrag).

Die Spieler waren entrüstet, einige sogar richtig aufgebracht gewesen, doch Jaconi hatte ihnen klargemacht, daß sie keine Wahl hatten. Gabriele sah darin einen weiteren wichtigen Schritt hin zu landesweiter Publicity, und als Angestellte der Società mußten sie mitspielen.

Alles an der Ponnick-Geschichte war ein Schwindel gewesen. Es gab keinen Spieler namens Ponnick bei Leicester City und hatte auch nie einen gegeben, schon gar keinen, der an Castel di Sangro verkauft worden war. Ponnick war nicht mal Nigerianer, sondern ein in London geborener und aufgewachsener Schauspieler. Ja, es war nicht schön, daß man Galli in den April schikken mußte, aber es war ja nur vorübegehend und ausschließlich für den guten Zweck. Behauptete Gravina jedenfalls.

Am nächsten Morgen jedoch ging der Schuß mit Wucht nach hinten los. Die Presse, die sich oft genug selbst blamiert, schätzt es gar nicht, wenn ein anderer sie bloßstellt. Insbesondere die italienische Presseagentur ANSA fand es überhaupt nicht komisch, hereingelegt worden zu sein.

Der Tenor der Reaktionen, die von allen Seiten auf uns einprasselten, war einmütig: Gravina hatte nicht nur sich selbst zum Narren gemacht, er hatte auch die Società und den gesamten Fußballsport blamiert, was in Italien einer Todsünde gleichkommt.

Gravina, so schrieb *La Gazzetta dello Sport* (in einem Artikel, der nicht aus Giuseppes Feder stammte), habe sich dadurch, daß er die Società als sein persönliches Spielzeug betrachte, als unfähig erwiesen, ihre Geschicke zu leiten. Andere Zeitungen ergänzten, daß er die eigenen Spieler und Anhänger beleidigt habe, die nun zu Recht »giftig« reagierten. Er habe dringend woanders benötigtes Geld für einen unverschämten, primitiven Scherz vergeudet, einen »Riesenbock« geschossen, einen autentico boomerang geworfen und sich als Mann von übelstem Geschmack erwiesen.

Angesichts der öffentlichen Reaktion versuchte Gravina zuerst, jede Verantwortung oder auch nur Mitwisserschaft zu leugnen. »Ich wußte von nichts«, erklärte er. Dann befahl er Giuseppe, eine Pressemitteilung herauszugeben, in der dieser, der subalterne PR-Mann, die alleinige Verantwortung für das gesamte Debakel übernahm. Er, Giuseppe, bedaure zutiefst alle Unannehmlichkeiten und Ärgernisse, die er durch Worte oder Taten ausgelöst haben mochte, und wolle sich insbesondere bei dem Präsidenten des Vereins, Signor Gravina, und allen Fans und Spielern von Castel di Sangro entschuldigen.

Natürlich glaubte niemand auch nur eine Sekunde lang diese Geschichte, und gegen Ende der Woche mußte Gravina einräumen, daß das gesamte Fiasko von Anfang an seine Idee gewesen war.

Allerdings bestand er weiterhin darauf – und zwar recht hartnäckig –, daß das Ganze ein köstlicher Einfall gewesen war und die Medien und seine Mitbürger, ja auch seine eigenen Spieler, nur zu beschränkt waren, ihn richtig zu würdigen.

Vermutlich hätte ich das alles nicht so persönlich nehmen sollen, aber das Fußballfieber verleitet zu extremen Reaktionen. Je länger ich am Freitag darüber brütete, während die kalten Novemberwinde von den Bergen herabheulten, desto mehr widerte mich der ganze Ponnick-Schwindel an.

Abgesehen von dem unverhohlenen Rassismus der Aktion (ein »Negerwitz«, der die Geschichte mit Joseph Addo vergessen machen sollte) hatte Gravina beim Versuch, sich selbst überregionales Renommee zu verschaffen, letztendlich das ganze miracolo in den Dreck gezogen.

Am Samstag stand ich früh auf und schnitt aus der *Il Centro* vom Vortag ein großes Foto von Robert Raku Ponnick aus, auf dem er in seinem »Soviet Jeans«-Trikot frech über den Rasen des neuen Stadions marschierte und Dreiviertel der erwachsenen Einwohner von Castel di Sangro den Stinkefinger zeigte.

Mit Hilfe der Kopierfunktion meines Faxgerätes und des Druckers von meinem Computer stellte ich eine Reihe nicht gerade künstlerisch wertvoller, aber nichtsdestotrotz aussagekräftiger Poster her, die oben das »Finger-Foto« von Ponnick zeigten und darunter in fetter schwarzer Schrift den Slogan: BENVENUTO A CASTEL DI SANGRO.

Ein halbes Dutzend davon stopfte ich in Briefumschläge und addressierte sie an den Bürgermeister (der schon lange im Amt war, aber anscheinend nichts zu tun wagte, das Gravina oder gar Signor Rezza verärgern könnte), an die Fremdenverkehrsämter von Provinz und Region, sowie an ein paar große Zeitungen und Zeitschriften.

Jedem legte ich einen vervielfältigten Brief bei, in dem es hieß:

Ich bin der Amerikaner, der die Geschichte der favola del calcio in Castel di Sangro schreibt. Obwohl ich weiterhin größten Respekt, Hochachtung und Zuneigung gegenüber den Spielern hege, haben mich Eigentümer und Management des Vereins doch empört. Diese Fotografie zeigt nur an einem Beispiel, warum. Anscheinend ist der Präsident, Signor Gabriele Gravina, zu allem bereit, um sich selbst zu profilieren, egal wie beleidigend das für seine Spieler oder für die treuen Anhänger aus dieser wunderbaren Stadt, die ich bereits ins Herz geschlossen habe, auch sein mag. Vielleicht geht mich das ja gar nichts an, doch Vorgänge wie dieser empören mich derart, daß ich sofort Stellung beziehen muß, nicht erst in meinem Buch. Herzlichen Dank, daß Sie den Ausführungen eines Gastes Ihre Aufmerksamkeit geschenkt haben, der sowohl il calcio wie l'Italia über alles liebt.

Im ersten Morgengrauen verließ ich die Wohnung und ging durch den Eisregen, der über Nacht eingesetzt hatte, zum Postamt, um meine Rundschreiben in einen Briefkasten zu stecken, der eine Eilbeförderung versprach.

Dann lief ich ins Stadtzentrum und klebte eins der Poster an die Tür zu den Büros der Società. Zurück daheim kam noch eins an meine eigene Tür und eins an die von Jaconi. Und etwas später, während der kurzen Trainingseinheit am Vormittag, verteilte ich noch rund ein Dutzend weitere an verschiedene Spieler.

Die Reaktion ließ nicht lange auf sich warten. Als ich mittags ins *Marcella's* kam, sagte mir Marcella mit ganz besorgter Stimme, ich solle sofort La Società anrufen. Dort informierte mich ein Assistent von Gravina, daß mir nicht erlaubt sei, am Abend mit der Mannschaft zum morgigen Spiel in Reggio Calabria nach Süden zu fliegen. Ja, ich würde die Mannschaft überhaupt nicht mehr begleiten dürfen.

»Bello«, sagte ich ironisch, aber machte auch deutlich, daß ich dann eben auf eigene Faust nach Reggio Calabria fahren würde. »Dann trampe ich halt dahin!« brüllte ich ins Telefon. Hin und zurück, und wenn nötig auch zu allen anderen Spielen in dieser Saison.

Das war natürlich lächerlich, besonders im Falle von Reggio Calabria, einer Stadt, die sich auf der äußersten Spitze des italienischen Stiefels befindet, so aus der Welt, daß sogar ein Teil von Sizilien nördlicher liegt. Ja, sogar so weit, daß La Società Tickets für einen Flug ab Rom springen ließ, anstatt die Spieler mit dem Bus fahren zu lassen. Aber das war mir schnuppe. Die Ehre meiner ragazzi stand auf dem Spiel. Und der Zorn eines tifoso, der spürt, daß seiner Mannschaft Unrecht getan wird, ist fürchterlich (siehe »Celano, 1978, il linciaggio«).

Jedenfalls rief, kaum daß ich wieder in meiner Wohnung war, Marcella bei mir an. Gravina und Maria Teresa seien gekommen und wollten mich unbedingt sprechen. Ich ging zurück zur Pizzeria. Gravina kam gleich zur Sache: Sein Assistent habe überreagiert und Unsinn geredet. Natürlich sei ich wie immer herzlich willkommen, gemeinsam mit der Mannschaft zu reisen, und das würde auch für den Rest der Saison so bleiben.

Ich dankte ihm natürlich, und zwar in einer, wie ich hoffte, liebenswürdigen Weise. Doch im Grunde war mir klar, daß er rein pragmatisch handelte. Denn tatsächlich brachte ihm, während die kürzesten Tage des Jahres näher rückten, ausschließlich meine Anwesenheit in Castel di Sangro die ersehnte Publicity.

Ich stelle hier nur eine Tatsache fest. Ich war nicht im mindesten stolz darauf, ja, es war mir peinlich. Ich war nicht auf Publicity aus, ich wollte mich nur kooperativ zeigen. Nachdem mein Italienisch besser geworden war, informierte mich zwei- oder dreimal pro Woche ein Mitarbeiter der Società darüber, daß wieder ein Interviewtermin verabredet worden sei.

Und dann schwärmte ich per Telefoninterview oder im persönlichen Gespräch von der Stadt und ihren herzlichen und liebenswerten Einwohnern, von den Spielern, die nicht nur engagierte Sportler, sondern auch echte Gentlemen waren; von Jaconi, der der beste Nachbar war, den man sich wünschen konnte, und – wie seine bisherige Laufbahn belegt – auch ein hervorragender Trainer; und sogar von Gravina, dessen Weitblick und Glaube an das scheinbar Unmögliche die ganze wunderbare Geschichte erst ins Rollen gebracht hatte.

Ich achtete peinlich darauf, nur die vorteilhaftesten Dinge zu sagen. Man mag mein Verhalten heuchlerisch nennen, doch ich hatte das Gefühl, daß meine kritischeren, um nicht zu sagen negativen Einschätzungen noch nicht spruchreif waren und so lange niemanden etwas angingen, bis ich mein Buch schreiben würde. Im Moment reichte es, den Leuten das zu erzählen, was sie hören wollten: daß ich in die Abruzzen gekommen wäre, um eine schöne Geschichte über wunderbare, einfache Menschen zu schreiben, die einem Traum gefolgt sind, der Wirklichkeit geworden ist.

Das kam für die Massenmedien wie bestellt, und ich wurde vor nahezu jeder Kulisse, die Castel di Sangro zu bieten hatte, fotografiert und interviewt: auf einer Parkbank sitzend, wie ich donnerstags über den Wochenmarkt schlendere, wie ich mit den Händlern scherze, mit den Spielern auf dem Trainingsplatz plaudere und herumalbere und wie ich Marcella umarme, deren Gute-Fee-Mentalität mir zunehmend als das echteste Element in dieser ganzen verrückten Geschichte erschien.

Daher benutzte mich Gravina auch dann noch, als er mich zu verabscheuen begann. Und ich spielte bereitwillig, ja sogar fröhlich mit und offenbarte meine wirklichen, zwiespältigen Gefühle nur den Spielern, denen ich mich zunehmend verbundener fühlte, während die kalten und stürmischen Novemberwinde von den Bergen herabfegten, unseren Tagesablauf gehörig durcheinanderwirbelten und an unseren Nerven zerrten.

KAPITEL 20

Was Reggio Calabria anbelangt, wußte ich nicht, ob Gravina mir damit einen Gefallen getan hatte.

Bei Ausländern und selbst Italienern aus dem Norden gelten die Abruzzen als wenig reizvoll, aber in einer kürzlich vorgelegten Studie der italienischen Regierung über »Lebensqualität«, in der mehr als 125 Städte untersucht wurden, belegt Reggio Calabria den allerletzten Platz. Die Stadt war arm, noch immer fest in der Hand der Mafia und so häßlich, wie Laster und Korruption einen Ort nur machen können.

Und noch schlimmer: während des Fluges von Rom mußten Bedienstete der Società durch den Mittelgang des völlig ausgebuchten Fliegers laufen und ein Comic-Heft verteilen, das Gravina hatte herstellen lassen. Es hieß: »Squadra Speciale: Operazione Simpatia – un'avventura di Seria B.«

Das Cover zeigte Gravina im Stile eines James Bond, halb verdeckt (natürlich so, daß sein Gesicht noch zur Gänze erkennbar war) von einer verführerisch posierenden, großbusigen und spärlich bekleideten Blondine, die verdächtig an Vanessa Diaz, die Frau von Gigi Prete, erinnerte. Wenn diese Aktion darauf abzielte, Sympathiepunkte für die Mannschaft von Castel di Sangro zu sammeln, war das Comic-Heft ein sehr merkwürdiger, ja bizarrer Ansatz. Und unmittelbar nach dem Raku-Ponnick-Fiasko wirkte es geradezu haarsträubend geschmacklos.

Doch Gravina war offensichtlich recht angetan von seiner Darstellung als verwegener Abenteurer, der, selbst wenn es nicht für einem Parlamentssitz reichen sollte, vielleicht eines Tages Dylan Dog oder Diabolik den Rang ablaufen könnte.

Zufällig saß ich neben einem netten jungen Mann namens Ottavio Piretti aus Ravenna, der, wie er mir erzählte, nach Calabria flog, weil er am nächsten Tag als Schiedsrichter ein

Fußballspiel zwischen den Klubs von Reggio Calabria und Castel di Sangro leiten würde.

»Und welche Mannschaft finden Sie besser?« fragte ich.

Da war ich nun gerade im Begriff, im Alleingang eine »Squadra Speciale«-Geheimdienstmission durchzuführen, und ausgerechnet in diesem Moment mußte der Angestellte der Società, der die Comics verteilte, an unsere Sitzreihe kommen.

Er sprach mich mit Namen an und sagte: »Tja, Sie brauchen ja wohl keins mehr« und drückte Signor Piretti ein Heft in die Hand.

Ich muß wohl nicht betonen, daß meine Unterhaltung mit dem arbitro damit abrupt beendet war. Er hielt sich peinlich genau an die Bestimmung des Fußballverbandes, die Schiedsrichtern jeden Kontakt mit einer der Parteien verbieten, deren Begegnung sie pfeifen werden. Signor Piretti warf nur einen ganz flüchtigen Blick in das Heft, legte es dann weg und nahm es auch nicht mit, als wir gelandet waren.

Tausende weiterer Comic-Hefte wurden am nächsten Tag in dem vorsintflutlichen, heruntergekommenen und einsturzgefährdeten Stadion an die Fans von Reggina verteilt und von diesen unverzüglich weggeworfen. Manche wurden vorher noch durchgerissen oder bespuckt. Wer immer Gravina in dieser speziellen Phase seiner privaten PR-Kampagne beriet, er schien nicht gerade in Bestform zu sein.

Aber wie jeden Sonntag hatte ich jetzt dringlichere Sorgen. Während dunkle Wolken am Himmel aufzogen, nahm ich meinen Platz auf der tribuna ein. Noch vor dem Anpfiff begann es zu regnen, und damit wurde es auch kälter. Laute Rockmusik von vorvorgestern plärrte aus billigen Lautsprechern und hallte von den endlosen Reihen leerer Betonränge auf der Haupttribüne wider. (Selbst ein halbvolles Stadion mit 12.000 Sitzen kann noch viel nackten Beton zeigen.)

Und dann fing das Spiel an. Als die Mannschaften auf den Platz kamen, verschlug es mir vor Bestürzung die Sprache –

obwohl der heutige Gegner seit zehn Spielen nicht mehr gewonnen hatte, unserer Elf nicht nur zwei Stammspieler in der Defensive, sondern auch der immer stärker gewordene Cristiano im Mittelfeld fehlten und De Juliis bei aller Hochachtung zum ersten Mal in der Seria B von Anfang an im Tor stand – kurz, bei einer Ausgangslage, die förmlich danach schrie, zumindest den Anschein zu wecken, als suche man die Offensive (wenn schon nicht zum Toreschießen, dann wenigstens, um den Ball über möglichst lange Zeit in der gegnerischen Hälfte zu halten) –, hatte Jaconi sich wieder in seinen 4-5-1-Bunker verkrochen. Was diesmal auch noch bedeutete, das zweifellos langsamste Mittelfeldtrio der gesamten Seria B einzusetzen: Alberti, Michelini und Di Fabio, die Großväter der Drei Musketiere.

Zugegeben, das garantierte natürlich, daß Galli volle neunzig Minuten Zeit hatte, sich in aller Ruhe von seinem kürzlich erlittenen Trauma zu erholen, und nicht fürchten mußte, daß ein Ball in seine Nähe käme, aber es bedeutete auch, daß wir kein Tor machen würden und schon ein einziger Treffer gegen uns so viel wie zehn zählen würde.

La favola. Il miracolo. La potenza della speranza, Mamma mia, was für ein Haufen Blödsinn. Nimm die elf Spieler, die er aufgestellt hat, plus Jaconi, und du hast die wahrscheinlich dumpfsten Arbeitstiere im gesamten Profifußball beisammen. Und mit dieser Gurkentruppe hatte ich mein Schicksal verknüpft. Jetzt war es natürlich zu spät, etwas daran zu ändern. Ich sehnte mich nun genauso nach la favola wie jeder von ihnen. Aber es gab nichts, was ich dazu beitragen konnte. Ich konnte bloß Höllenqualen leiden.

Während der ersten Viertelstunde wies kaum etwas darauf hin, daß das Spiel überhaupt schon angefangen hatte. Die beiden arteriosklerotischen, überbevölkerten Mittelfeldabteilungen wechselten sich dabei ab, den Ball zu verlieren oder ins Seitenaus zu kicken. Nach zwanzig Minuten schrieb ich in mein Notizbuch: Reggina eine grauenhafte Mannschaft! Die schlechteste des Jahres! Aber ein Tor von CdS so wahrscheinlich wie die Entdeckung von Leben auf dem Mars.

In der 35. Minute vermerkte ich: tatsächlich schlechtestes CdS-Spiel seit Saisonbeginn. Und das war es auch: Hatten wir früher wenigstens versucht, aufs Tor zu schießen, schienen wir jetzt schon damit zufrieden, den Ball über die Mittellinie zu kicken. Allein Bonomi zeigte Lauffreude. Aber in seinem Fall war das nicht zu unserem Vorteil.

»Das Problem mit Claudio ist«, hatte mir mal jemand erklärt, »daß er zwar der netteste Kerl auf der Welt ist, aber oberhalb seiner Zahnklammer findet man bei ihm nicht viel.« Trotz seines angeborenen Talents wirkte er von Woche zu Woche mehr wie eine Laborratte in einem Irrgarten. Wie lange würde sie noch in dieselbe Sackgasse laufen, bis sie begriff, daß sie so nicht zum Käse kam? Antwort: Wie viele Spiele hat denn eine Saison?

Und so schrieb ich also zusammenfassend: SCHLECHTESTE HALBZEIT, DIE ICH JE GESEHEN HABE! ... Muß der miserabelste Fußball der Welt sein! SCHLIMMER ALS IN AMERIKA!

Dann kam die zweite Halbzeit. Jaconi nahm natürlich keine Änderung vor. Das einzige, was sich änderte, war das Wetter. Es wurde besser; es hörte auf zu regnen, eine fahle Novembersonne zeigte sich, und von Süden her kam eine leichte Brise auf.

Die strich offenbar so schmeichelnd über Davide Ceis Wangen, daß er praktisch mit Wiederanpfiff sein Gesicht in den Wind hielt, die Augen schloß und sich einfach eins mit der Natur fühlte ... während ein verdammter Stürmer von Reggina direkt an ihm vorbeipreschte, bevor Cei auch nur sein Gewicht von einem auf den anderen Fuß verlagern konnte! Und Schuß. Und hält De Juliis? Keine Chance. Reggina 1,

Castel di Sangro 0. Was natürlich Spiel, Satz und Sieg für Reggina bedeutete. Denn für uns war 1:0 so gut wie 10:0. Diese Null würde immer stehen. Dafür sorgte schon Jaconis »Taktik«.

Am Flughafen begriff der arme Tonino, der in der zweiten Halbzeit eine gelbe Karte gesehen hatte, plötzlich, daß er dadurch nicht dabeisein würde, wenn wir nächste Woche gegen Genua das erste richtige Spiel im neuen Stadion bestritten. Er begann zu weinen, denn seine Mutter würde auch kommen und hatte sich so gewünscht, ihren Jungen spielen zu sehen.

Er weinte so lange, bis Signor Piretti, der arbitro (der das Vergnügen hatte, mit uns zurück nach Rom zu fliegen und ein weiteres Comic-Heft zu erhalten) herüberkam und ihm erklärte, daß er ihm wohl keine Karte gezeigt hätte, wenn er gewußt hätte, daß sie eine Sperre für das historische Eröffnungsspiel bedeuten würde. Dann lud er Tonino auch noch auf einen Drink ein und bewies damit, daß nicht alle Schiedsrichter so verkommene Drecksäcke wie Herr Rossi aus Ciampino waren.

Während des Fluges saß ich neben Luca Albieri. Der junge neue Reservespieler war in den letzten zwanzig Minuten für Martino auf den Platz gekommen und hatte wie schon in Brescia derart spritzig und talentiert aufgespielt, daß ich gewünscht hätte, er wäre von Beginn an dabei gewesen.

Ich bemerkte, daß er seinen Sicherheitsgurt nicht angelegt hatte. Als wir auf die Startbahn zurollten, wies ich ihn darauf hin. Aber Albieri schüttelte nur warnend den Kopf, machte eine ganz ernste Miene und setzte mir genau auseinander, daß er niemals den Sicherheitsgurt im Flugzeug anlege, denn das bringe Unglück.

Etwas später erzählte er mir, daß ihn die Warnungen wirklich nerven würden, im Flugzeug während des Starts und der Landung keine Handys zu benutzen, weil sie angeblich die Navigationselektronik störten. Wie könne denn etwas so kleines wie ein Telefon – das zudem nicht mal irgendwo angeschlossen war – etwas so großem wie einem Flugzeug gefährlich werden? Das wäre doch alles Quatsch, sagte er. Noch mehr von dem Blödsinn, den die Regierung den Leuten eintrichtere, damit sie nicht aufmuckten. Und hier und heute, bei diesem Flug, würde er das beweisen.

Ich hatte geglaubt, er mache nur Spaß, aber ich hätte es besser wissen müssen. Ungefähr sechzig Sekunden vor der Landung in Fiumicino holte Albieri sein Handy heraus und wählte eine Nummer. Das Flugzeug schwenkte unmittelbar vor dem Aufsetzen scharf nach links und prallte einmal, zweimal hart von der Piste zurück, bevor es endlich aufsetzte.

Albieri hielt sich eine Hand vor den Mund, als wolle er »Huch!« sagen. Aber er steckte sein Handy nicht schnell genug wieder ein. Ein Steward, der uns gegenüber auf der anderen Seite das Ganges gesessen hatte, sprang, sobald die Maschine sicher gelandet war, auf, schrie: »Sie sind festgenommen!« und versuchte sich über mich hinweg auf Albieri zu stürzen.

Ich löste meinen Sicherheitsgurt, drängte mich an dem Steward vorbei und hastete zu Jaconi vorne im Flieger. »Schwierigkeiten«, erklärte ich ihm. »Luca Albieri. Geh hin. Subito!«

Jaconi schaffte es, die Polizei aus der Sache herauszuhalten und Albieri aus dem Flugzeug zu schaffen, aber als wir draußen auf unser Gepäck warteten, hatte ich einen kurzen Aussetzer und sagte zu Jaconi: »Erzähl mir das noch mal: Il talento non è importante? Solo il carattere e la mentalità? Sì, sì, come Albieri. Bravo!«

Er starrte mich bloß an. Er war sogar zu müde und entmutigt, um mich zum Teufel zu wünschen. Schließlich schüttelte er den Kopf, blickte gen Himmel, und als das Gepäckband anlief, rief er mit wie zum Gebet gefalteten Händen aus: »Hilfe! Bitte hilf mir! Jetzt gleich!«

Aber ich denke, es hätte schlechter stehen können. Wie Kierkegaard schon sagte (offensichtlich kurz nachdem er als

Torhüter des FC Kopenhagen das Siegtor durch das drittklassige Brondby durchgelassen hatte): »... das Besondere der Verzweiflung ist eben dies, unwissend darüber zu sein, daß es Verzweiflung ist.«

Jaconi und ich wußten immerhin, daß wir verzweifelt waren.

Mit immer noch nur zehn Punkten auf dem Konto waren wir in die gefürchtete Abstiegszone gerutscht. Und unsere unveränderte Ausbeute von fünf Toren nach mittlerweile elf Spielen war mit Abstand die schlechteste in der ganzen Seria B. Statt Pistella und Galli als unsere Sturmspitzen aufs Feld zu schikken, hätte Jaconi zukünftig genausogut mit einem Spaten aufs Feld gehen und einfach zwei Löcher buddeln können.

Und so konnte ich denn auf der langen Busfahrt zurück in die nun frostigen Berge nicht anders, als über die Ironie meiner Lage nachzusinnen. Um noch tiefer in das Erhabene, Artistische, Noble und Prachtvolle einzudringen, das ich in der Welt des Fußballs entdeckt hatte, hatte ich mich nicht etwa für ein Jahr im San Siro entschieden, um Baggio tänzeln, springen und brillieren zu sehen, sondern für eine Saison in der Seria B. Ein Reich, in dem Fußballfachmann Peter Alegi zufolge »die zynischsten, zermürbendsten, stressigsten, geschmacklosesten, destruktivsten, düstersten, dumpfsten, berechnendsten, einfallslosesten, regelwidrigsten und tragikomischsten Spielarten des Fußballs unangefochten herrschen«.

Und das hatte er geschrieben, ohne jemals Galli oder Pistella gesehen zu haben.

Doch mit der neuen Woche kehrte auch wieder Optimismus ein.

Am Dienstag empfing Papst Paul Johannes in einem noch nie dagewesenen und gänzlich unerwarteten Akt der Diplomatie Fidel Castro im Vatikan. Luca D'Angelo konnte vor Begeisterung kaum an sich halten.

»Fidel … Fidel …«, sagte er immerzu. »Wir leben in einer Welt, in der alles möglich ist, Joe. Forza Castro! Forza il Communismo! Ich widme meine Saison dem tapferen kubanischen Volk!«

Ebenfalls am Dienstag kündigte Gravina nun verbindlich an, daß das neue Stadion am kommenden Sonntag, dem 1. Dezember, eingeweiht würde.

Es stimmt wohl, Dezember war nicht September, und die monatelange Verzögerung hatte von jedem ihren Tribut gefordert, aber nun würden wir schließlich doch – wie ein richtiger Verein – ein eigenes Stadion für unsere Heimspiele haben.

Überdies versprach die Eröffnung das größte Ereignis in der Geschichte von Castel di Sangro überhaupt zu werden. Hunderte von hochgestellten Persönlichkeiten aus dem ganzen Land, gefolgt von einem riesigen Troß Journalisten, würden zu diesem Anlaß in die Abruzzen strömen. Vor allen Dingen aber versprach es, den schalen Nachgeschmack zu vertreiben, den so viele dieser Anfangstage hinterlassen hatten, und ein Moment des größten persönlichen Triumphes für Gravina zu werden.

Was für ein Schock war es da, zwei Tage später zu erfahren, daß Gravina zurückgetreten war.

KAPITEL 21

Als ich mir am Donnerstagmorgen die Zeitungen holen ging, sah ich die Gegend rund um den Zeitschriftenkiosk von einer ungewohnt großen Zahl aufgeregt diskutierender Menschen belagert.

Die Zahl der alten Männer, die auf der anderen Straßenseite vor dem Gebäude der Bank von Neapel und der Büros der Società in der Morgensonne saßen, schien sich über Nacht verdreifacht zu haben. Statt wie üblich zwanglos zu plaudern, debattierten sie leidenschaftlich und wild gestikulierend.

Ich drängte mich durch die Menge und machte mich bei Pierluigi bemerkbar, dem Zeitungsverkäufer, der normalerweise so entspannt wirkte, daß ich mich schon gefragt hatte, ob er wohl jedesmal Beruhigungsmittel nahm, bevor er sein vollgestopftes, staubiges Tagesquartier bezog.

Ganz anders heute: Während er die fünf Zeitungen zusammensuchte, die ich für gewöhnlich jeden Morgen kaufte, sagte er mit vor Aufregung bebender Stimme: »Ein ganz schöner Hammer, was?«

»Sì, sì«, sagte ich der Einfachheit halber, obwohl ich nicht die geringste Ahnung hatte, was er meinte.

Aber das wurde mir schnell klar. Ein flüchtiger Blick auf die Titelseite von *Il Centro* erklärte den ungewohnten Trubel um mich herum: Gravina war als Präsident der Società zurückgetreten!

Impossibile! Incredibile! Inconcepibile! Wenn der Papst zum Buddhismus übergetreten wäre, hätte ich nicht erstaunter sein können. Sofort hatte ich den Verdacht, das wäre ein weiterer Schwindel. Ein anderer Zweck als der, daß Gravina sich in den Tagen vor der lange überfälligen Eröffnung des neuen Stadions noch mehr Publicity verschaffen wollte, fiel mir nicht ein, aber sicherlich hatte Gravina nicht einfach beschlossen, zurückzutreten.

Die offizielle Version, wie sie Giuseppe im *Il Centro* darstellte, strapazierte die Gutgläubigkeit noch stärker als die Meldung an sich. Wie Giuseppe schrieb, war das ein lange geplanter und sorgfältig getimter Schritt. Und daß der Rücktritt nur drei Tage vor der großen Eröffnung bekanntgegeben wurde, sei ein weiteres Beispiel für das unfehlbare Gespür des zukünftigen Ex-Präsidenten, den richtigen Augenblick für einen kühnen und dramatischen Akt zu wählen.

Der Rücktritt sei lediglich »die logische Konsequenz dessen, was ich in den letzten Jahren erreicht habe«, wurde Gravina zitiert. Da er schon bald eine hohe Position innerhalb des nationalen Fußballverbandes anstrebe, habe er den frühestmöglichen Moment für seinen Rücktritt gewählt, um etwaige Interessenkonflikte von vornherein auszuschließen. Das sei, so sagte er, das einzig »moralisch einwandfreie« Verhalten.

Er betonte, daß sein zehnjähriges Engagement für Castel di Sangro mit der Fertigstellung des Stadions im wesentlichen abgeschlossen sei. Er bleibe unter dem neuen Titel il patron weiterhin der Mannschaft verbunden und übergebe sein Präsidentenamt an Luciano Russi, den Rektor der Universität von Teramo, an der Gravina hin und wieder einen Kurs mit dem Titel »Solides Finanzmanagement im Profifußball« gab.

Zum ersten Mal, so erklärte Gravina, wären dann die akademische Welt und die des Fußballs vereint, ein Ziel, das er schon seit Jahren anstrebe. Die »Hochkultur« der Universität würde durch ihre Fusion mit der »Populärkultur« des Fußballs eine gänzlich neue, kraftvolle und dennoch verfeinerte Ästhetik hervorbringen: den alto calcio, einen »edlen« oder »erhabenen« Fußball, der Italien so einen würde, wie nichts anderes seit den Truppen Garibaldis es vermocht hatte.

Um dies zu demonstrieren, fuhr er fort, habe er bereits ein Streichquartett engagiert, das nach Ende des Spiel gegen Genua Vivaldis *Vier Jahreszeiten* zu Gehör bringen werde.

Offene Häme vermengt mit wüsten Spekulationen über die wahren Hintergründe bestimmte den ganzen Donnerstag. Am Freitagmorgen stellte dann Luigi Liberatore, der beste und kritischste Journalist, der sich mit den Praktiken der Società beschäftigte, im *Il Centro* unverblümt fest, daß Gravina gegen seinen Willen von Signor Rezza abgesetzt worden war.

Gründe dafür, so schrieb Liberatore, habe es reichlich gegeben. Da wäre zum Beispiel das Versagen der Mannschaft auf dem Platz und Jaconis Versagen auf der Trainerbank. »Gira, gira, Osvaldo Jaconi« – Jaconi rotiert und rotiert –, »nur um letztendlich doch wieder auf die alten Veteranen zu setzen«, deren begrenzte Fähigkeiten im Spiel gegen Brescia erneut schonungslos deutlich geworden waren.

Gravinas törichtes Festhalten an Jaconi war nur ein Punkt. Ein anderer war seine mangelnde Urteilskraft, seine Inkompetenz beim Spielertransfer (siehe Pistella) und daß er nach dem fatalen Fehleinkauf kalte Füße bekommen hatte – beziehungsweise, wie Liberatore schrieb, »sein geringes Interesse«, weiteres Geld für neue Spieler auszugeben. Laut Liberatore war dies eine fatale Kombination, wie die Tabelle jede Woche erneut vor Augen führte. »Obwohl der gesunde Menschenverstand zwingend dazu rät, sich erneut auf dem Spielermarkt umzusehen, ist es in der Società weiterhin tabu, dieses Thema auch nur anzusprechen.«

Liberatore vermutete, Rektor Russi sei allein aus kosmetischen Gründen ins Spiel gebracht worden. Wenn er überhaupt im Spiel war, denn Russi hatte sich beeilt klarzustellen, daß er immerhin eine Universität zu leiten hätte und weiterhin in Teramo wohnen würde, fast zwei Autostunden entfernt hoch im Norden. Somit wäre er nicht einmal ein überzeugendes Aushängeschild.

Einige der Spieler und sogar einige der Einheimischen sahen den wahren Grund für Gravinas Rücktritt in seiner ständigen und trotz Signor Rezzas wiederholter Warnungen auch noch zunehmend hemmungsloseren ehelichen Untreue.

Zum ersten Mal erfuhr ich nun von einer besonders schmutzigen Episode, die sich im Oktober ereignet hatte und die, weil eine von Gravinas bekannteren Geliebten beteiligt war, sicherlich sofort Signor Rezza zugetragen worden war.

Anscheinend waren mehrere Spieler, und nicht nur unverheiratete, zu einem benachbarten Dorf gefahren, um Sex mit einer jungen, verheirateten Deutschen zu haben.

Daß die Frau für diese Art von Freizeitbeschäftigung zur Verfügung stand, verdankte sie der Tatsache, daß ihr Gatte wegen Kokainschmuggels im Gefängnis saß.

Als Gravina, der sie regelmäßig getroffen hatte, von ihrer »Untreue« mit fünf Mitgliedern seiner eigenen Mannschaft erfuhr, war er anscheinend in Raserei und Depression gleichzeitig verfallen. Nicht unbedingt die beste Verfassung, um die Geschäfte der Società effektiv zu führen. Ein Resultat war die Aktion mit Robert Raku Ponnick gewesen, ein anderes die Sache mit dem Comic-Heft, für dessen Druckkosten allein er schon einen Stürmer hätte kaufen können, der für zwanzig Tore gut gewesen wäre.

Außerdem gab es in der recht konventionellen Vorstellungswelt von Signor Rezza gewisse Grenzen, die man nicht überschreiten durfte. Indem er mit derselben Frau Sex gehabt hatte wie mindestens fünf seiner Spieler, einer Frau zudem, deren Verwicklung in Drogengeschäfte allgemein bekannt war, hatte Gravina diese Grenzen überschritten: nicht nur weil er damit Maria Teresa und ihren beiden Söhnen eine weitere Demütigung zugefügt, sondern auch, weil er den guten Namen der Società befleckt hatte.

Und dann war da noch das ganz andere Thema der Platzqualität. Wie gut der neue Platz von der Haupttribüne, wo die hohen Tiere sitzen würden, auch aussehen mochte, im

Grunde war er ein regelrechter Acker, unbespielbar und eine potentielle Gefahr für jeden Spieler.

Gravina, wie immer bemüht, eine »gute Figur zu machen«, war da wohl ein fataler Fehler unterlaufen. Für sein neues Spielfeld hatte er das grünste Gras nicht nur der Seria B, sondern der gesamten Fußballwelt haben wollen. Ungeachtet des rauhen Klimas in Castel di Sangro hatte er den Platzwarten eingeredet, der Rasen müsse so sattgrün werden wie der beste Zierrasen. Ein solcher Platz würde einen guten Eindruck auf die wichtigen Persönlichkeiten machen, die zum Eröffnungsspiel erwartet wurden, und gewiß auch seine Wirkung auf die einflußreichen Funktionäre der Federazione nicht verfehlen.

Durch einen seiner Berater hatte er von einem Kunstdünger erfahren, der – unter der obersten Bodenschicht eingebracht – das Gras bei jedem Wetter sattgrün aussehen ließe. Sofort ordnete er an, diesen Dünger einzusetzen. Wie üblich wandte er sich anschließend gleich wieder anderen Dingen zu. Dummerweise hatte er in seiner Hektik vergessen, die wichtigste Frage zu stellen: nämlich, wie dieser Kunstdünger eigentlich funktionierte.

Hätte er sich informiert, hätte er auch erfahren, daß ein Hauptmerkmal dieses Düngers darin bestand, beim Kontakt mit jedweder Art von Feuchtigkeit – etwa mit Regenwasser, das durch die obere Bodenschicht drang – beinahe ebenso wasserundurchlässig wie Plastik zu werden. Anders gesagt: kein Wasser konnte die Barriere durchdringen, die dieses Mittel nur wenige Zentimeter unterhalb des Rasens bildete. Das Gras darauf wurde tatsächlich sattgrün, da es praktisch pausenlos in einem See badete. Der eigentliche Boden aber mußte mit dem ersten Regen die Konstistenz von Pudding annehmen, da das Wasser schlicht und einfach nirgendwohin ablaufen konnte.

Erst nachdem die Arbeiten auf dem Spielfeld abgeschlossen waren und es anschließend mehrere Tage geregnet hatte, entdeckte Gravina schließlich die schreckliche Wahrheit: Der

Platz war nicht bespielbar und würde es vielleicht auch nie sein. Das war kein Fußballplatz, das war ein sattgrüner Sumpf, und man würde das alles wieder herausreißen und einen neuen Untergrund und Rasen verlegen müssen.

Doch die Einladungen für die Eröffnung am 1. Dezember waren bereits verschickt. Eine weitere Verzögerung hätte Gravinas Ansehen endgültig ruiniert. Signor Rezza jedoch war gelinde gesagt verärgert. Nach einem ersten Gutachten würde es bis zu drei Monate Zeit und wenigstens 500.000 Dollar kosten, den Schaden zu reparieren, den Gravina angerichtet hatte. Also noch ein Grund für den plötzlichen Rücktritt. Einem derart inkompetenten Menschen, habe Signor Rezza wohl gedacht, könne er nicht erlauben, am Tag der großen Eröffnung noch den Titel »presidente« zu tragen.

Natürlich tat La Società alles, das Problem mit dem Platz nicht publik werden zu lassen. Die Spieler allerdings wußten genau Bescheid. Hatten sie mir die Geschichte mit der Orgie im Oktober noch verschwiegen, kannten sie diesmal keine Hemmungen.

Kaum war ich am Donnerstag beim Nachmittagstraining erschienen, nahm mich Michelini beim Arm und forderte mich auf, mit ihm den Platz abzuschreiten. Obwohl ich die Fähigkeiten der Società, die mit dem Aufstieg verbundenen Aufgaben zu bewältigen, zunehmend skeptischer betrachtete, muß ich eingestehen, daß der Platz aus der Nähe betrachtet keinen Vergleich scheuen mußte und bei weitem besser war als alles, was ich bislang in der Seria B gesehen hatte.

Der Rasen war kräftig, herrlich grün und gut gepflegt, und da er bislang (abgesehen von der Ponnick-Farce) noch nicht die Strapazen eines richtigen Spiels hatte überstehen müssen, erinnerte er an das Fairway oder gar das Putting Green eines erstklassigen Golfplatzes.

Doch während Michelini und ich losschritten, zeigte er mir eine Stelle nach der anderen, an der der Boden unter dem wie gemalt wirkenden Rasen bestenfalls minderwertig und vielerorts eindeutig lebensgefährlich war. Obwohl wir in letzter Zeit nicht einmal eine längere Schlechtwetterperiode gehabt hatten, war der Boden tief und morastig; Erde blieb wie feuchter Lehm an unseren Schuhen kleben, und bei jedem Schritt trat Wasser aus dem Boden.

»Der reinste Schwamm«, sagte Michelini. »Dieser Platz taugt nichts und ist eine Gefahr für die Spieler.«

Es ließ sich nicht leugnen, daß hier ein ernsthaftes Problem vorlag, vor allem, nachdem ich bei einem Schritt gleich 15 Zentimeter in dem Dreck versunken war und vorübergehend einen Schuh eingebüßt hatte.

Michelini blieb stehen und schüttelte den Kopf. »Disastro«, sagt er. »Disastro.« Dann wies er auf den Himmel im Westen und sagte: »Und jetzt kommt auch noch schlechtes Wetter.«

Ich nickte. »Sì.«

Doch offensichtlich hatte ich mich nicht genügend beeindruckt gezeigt. Michelini packte mich erneut am Arm. »Joe«, sagte er. »Un diluvio.« Ich schüttelte verständnislos den Kopf. Das Wort kannte ich nicht. »Per sabato e domenica«, erklärte er, »Ci sara un grosso aquazzome! E un vento forte! Una tempesta! Una burrasca! E molto freddo. Ci sara una nevicate! E molto ghiaccio!«

Ich hatte Michelini noch nie so aufgeregt gesehen. Und es war schon eine ganze Weile her, daß ich nicht mehr verstanden hatte, was mir jemand mitteilen wollte. Offensichtlich ging es ums Wetter. Und offensichtlich hieß es nichts Gutes.

Gott sei Dank kam gerade der junge Pippo Biondi vorbeigehumpelt. Wegen einer Knieverletzung würde er am Sonntag nicht spielen können, selbst wenn der unwahrscheinliche Fall eintreten sollte, daß Jaconi ihn aufstellte. Aber er wollte trotzdem die Qualität des Platzes testen.

Von seinem üblichen ironischen Lächeln war nichts zu sehen, und ich verstand auch warum. Für einen Spieler konnte jeder Schritt auf einem solchen Platz buchstäblich sein letzter sein. Es ist eine Sache, langsam herumzuspazieren und dabei einzusinken, aber wenn man volles Tempo rennt und plötzlich ein Fuß im Schlamm verschwindet, während der Rest des Körpers vorwärtsschießt, tja, dann kann man die Bänder in dem betroffenen Knie abschreiben. Auf Wiedersehen im nächsten Jahr. Vielleicht. Oder auch nicht, wenn die Knieverletzung wirklich schlimm war.

Ich rief Pippo herbei und bat Michelini, seine Warnung noch einmal zu wiederholen. Der kleine, blonde Mittelfeldspieler gestikulierte dabei noch heftiger als beim ersten Mal. Biondi nickte. »Ein großes Unwetter naht«, erklärte er mir. »Burrasca, so etwas wie ein Hurrikan. Und es wird sehr kalt. Der Regen wird zu Schnee, und das Wasser gefriert. Gar nicht gut. Paolo meint, das gäbe dem Feld den Rest. Wahrscheinlich kann man hier nicht spielen.«

Pippo, Michelini und ich starrten in den Himmel. Er sah unheilschwanger aus und zog sich rasch zu, während der Wind grimmiger und kälter blies.

»Warten wir's ab«, sagte Pippo. »Noch sind es drei Tage.«

Doch am Freitag wurde der Wind noch stärker, und wie auf Michelinis Stichwort setzte der bislang eisigste Regen ein. Nach einem Abendessen bei Marcella in ausgesprochen gedrückter Stimmung verkroch ich mich gleich in meiner Wohnung und kam mir – absolut untypisch für mich – ganz verloren vor.

Außerdem war mir kälter, als es mir je im *Coradetti* gewesen war. Zwar sprang wie gewöhnlich morgens und abends die Heizung an, doch durch den Nordwind schienen die Heizkörper an diesem Abend nicht einmal warm zu werden. Nicht zum ersten Mal blickte ich sehnsüchtig zu dem winzigen Kamin im Wohnzimmer. Er funktionierte, das hatte Vito mir versichert, aber es paßten nur Holzscheite hinein, die nicht länger als dreißig Zentimeter waren, und außerdem zog er angeblich so schlecht, daß ein wesentlich größeres Feuer als das von Kienspänen nicht in Frage kam – und beides hatte ich mir mangels Voraussicht nicht besorgt.

Plötzlich klingelte es an der Tür. Und da stand Antonello Altamura mit drei Säcken voller Brennholz, die Scheite extra auf die passende Länge für meinen Kamin geschnitten. Ich hatte ihm oder Sabrina gegenüber nie erwähnt, daß es in meiner Eckwohnung mit ihren großen Fenstern bei kaltem Wind zog wie Hechtsuppe.

Aber er mußte es gewußt haben und hatte von sich aus etwas unternommen, um es mir etwas angenehmer zu machen. Ich sagte: Nein, das geht doch nicht, Antonello, und er meinte: oh, sicher doch, und außerdem habe er oben noch mehr Säcke und zudem einen zusätzlichen Gasofen, und ich wieder: Nein, Antonello, trotzdem, und laß mich wenigstens dafür bezahlen ...

Rumms-bumms!! Die drei Säcke mit Brennholz knallten auf den Boden. Altamura sah aufrichtig empört aus. Ich hatte das verbotene Wort ausgesprochen: bezahlen. »Joe!« befahl er mir. »Setz dich hin! Bitte!!«

Also setzte ich mich aufs Sofa und begann zu lachen. In der Hand hielt ich immer noch die Lirenote, die ich blindlings von meinem Tisch genommen hatte, einen 10.000 Lire-Schein, was ungefähr fünf Dollar entspricht.

Er nahm den Geldschein, holte Streichhölzer aus seiner Tasche und verbrannte die 10.000 Lire. »Finito«, sagte er. »Du hast bezahlt. Capito, Joe?«

»Sì, Anton. Kapiert, und vielen Dank.«

»Vergiß es«, sagte er. Dann zeigte er nach oben. Ich solle mit in seine Wohnung kommen. Es sei schön warm dort, meinte er. Wir könnten etwas trinken.

»Nein, Antonello, ich kann doch nicht ohne Vorankündigung Sabrina überfallen.«

Das sei keine Störung, meinte er, da weder Sabrina noch Niccolò zu Hause wären. Sie sei zu ihrer Familie nach Fano, drei Autostunden nördlich in der Region Marche, gefahren und habe Niccolò mitgenommen. Dabei erlosch schlagartig sein strahlendes Lächeln.

Sie sei heimgefahren, weil sie niedergeschlagen und deprimiert gewesen sei. Den fünften Winter in Folge in Castel di Sangro vor Augen, die Mannschaft auf dem absteigenden Ast und Jaconi giftiger denn je, da konnte ich schon verstehen, wieso sie niedergeschlagen war.

Aber nein, es war noch schlimmer. Kaum waren wir in seiner Wohnung, erzählte er mir, er habe gerade mit Sabrinas Eltern telefoniert und erfahren, daß sie unmittelbar nach ihrer Ankunft von hysterischen Weinkrämpfen geschüttelt ins Krankenhaus eingeliefert worden war. Dort würde sie nun untersucht auf »troppo stress, troppo ansia. Un disturbo da stress, colpa dell'ansia. Capito, Joe?«

Tja, Stress, Angstzustände und vielleicht eine Depression; Sabrina war schon immer sensibel und übernervös gewesen und nun offenbar zusammengeklappt. Er sagte, er wüßte nicht, wann sie zurückkäme. Bestimmt nicht vor Weihnachten. Aber an den nächsten beiden Wochenenden wollte er sie besuchen, da er ja ohnehin wegen der roten Karte gesperrt war.

Und dann erklärte mir der härteste und grobschlächtigste aller Verteidiger von Castel di Sangro, ein Mann, der nur zu gerne die auf seinen Bizeps tätowierte Bulldogge vorzeigte, ganz verschämt, daß er mich eigentlich eingeladen habe (das Feuerholz habe aber nichts damit zu tun, wie er betonte), um mich zu bitten, sich mit ihm das Video von ihrem Hochzeitstag anzusehen. Er wolle es sich anschauen, um sich daran zu erinnern, wie schön sie sei.

Also sahen wir uns das Video an. Es dauerte eineinhalb Stunden. Eigentlich wäre es nur eine Stunde gewesen, wenn er es einfach hätte durchlaufen lassen. Aber nein. Jedesmal wenn ein neuer Cousin zweiten Grades auftrat, hielt Antonello das Band an, um mir genauestens die verwandtschaftliche Beziehung des Neuankömmlings zu den vielen anderen zu erklären, die schon vor der Kamera erschienen waren.

»Capito, Joe?«

»Sì, sì, capito, capito; er ist der Cousin und außerdem der Schwiegervater der Stiefschwester des Patenkindes seines älteren Bruders.«

»Capito, Joe?«

»Assolutamente, Antonello. Assolutamente.«

Als Sabrina erschien – trotz des fünften Schwangerschaftsmonats eine strahlend schöne Braut –, ging es los mit Zeitlupe, Wiederholung, Standbild und sämtlichen anderen der zahllosen technischen Tricks, die Antonellos Rekorder draufhatte. Und während er sie betrachtete, weinte er.

»Das war erst vor vier Jahren«, sagte er. »Und nun ...«

Ich versuchte ihn zu trösten. Ich sagte, ich sei sicher, daß es ihr gutginge, obwohl ich nur eine vage Vorstellung hatte, wie ernst ihre Krankheit war. Trotzdem wagte ich, eine Behandlung mit Antidepressiva vorzuschlagen, die in Italien anscheinend nicht häufig verordnet werden. Er versprach, am nächsten Morgen ihren Arzt anzurufen. Aber jetzt, jetzt laß sie uns einfach ansehen, Joe, schau wie schön sie ist.

»Sicher, Antonello, sicher ist sie das.«

»Und jetzt das, was für ein Drama!« sagte er.

Als das Video vorbei war, fiel er mir schluchzend in die Arme. Ich murmelte beruhigend auf ihn ein. Dann ging ich wieder hinunter in meine eisig-kalte Wohnung. Mir war klarer denn je, daß die sonntäglichen neunzig Minuten Fußball eine immer unbedeutendere Rolle in meinem Castel-di-Sangro-Abenteuer spielten.

Ich muß geschlafen haben, denn ich bemerkte, wie ich aufwachte. Außerdem spürte ich, daß meine Ohren, meine Nase und meine Zehen kurz davor standen abzufrieren. Die Wärme des Kamins im Wohnzimmer drang nicht bis ins Schlafzimmer. Der eisige Wind schon. Während er durch die Lamellen meiner Fensterläden fegte, machte er ein Geräusch, als würde ein Dutzend Katzen gleichzeitig erdrosselt.

Ich öffnete einen Fensterladen, und für ein paar Sekunden, in jenem hypnagogen Zustand, der manchmal zwischen Schlaf und richtigem Erwachen liegt, glaubte ich mich wieder an Bord des Schiffs, mit dem ich einmal von der äußersten Südspitze Argentiniens in die Arktis gereist war. Ich starrte in ein weißes Nichts. Ich konnte die Hand vor Augen nicht sehen, so heftig und dicht war der Schneeregen, der an meinem Fenster vorbeipeitschte.

Doch ich konnte es hören. Ich hörte das Toben eines wütenden Wintersturms. Und ich fühlte den eisigen Wind durch die unisolierten Wände dringen. So heftig zitternd, daß mir die Brille herunterfiel, zog ich mich rasch an und nahm dabei zu der mir aus Arktis und Antarktis vertrauten Methode Zuflucht, so viele Kleiderschichten übereinanderzuziehen, wie es irgend möglich war, ohne sich zur völligen Bewegungslosigkeit zu verdammen. Zuerst Baumwolle, dann Wolle, dann ein windundurchlässiges Material, dann noch mehr Baumwolle, wieder Wolle, dann eine solide Daunenjacke und darüber eine Regenhaut.

Dreißig Pfund schwerer wankte ich aus der Wohnung und die Treppe hinunter. Als ich die Haustür öffnete, trafen mich Sturm und Eisregen mit voller Wucht und schleuderten mich bis an die Rückwand der Eingangshalle. Mit eingezogenem Kopf schob ich mich an der Wand entlang, zog mir die Kapuze meines Parkas über die Augen, um sie vor den spitzen Eiskristallen zu schützen, und schaffte es so, das Haus zu verlassen.

Kein Wunder, dachte ich mir ... kein Wunder, daß die Brasilianer die besten Fußballer sind. Sie spielen im Rhythmus von Sonnenschein, Samba und sich wiegender braungebrannter Hüften der schönsten Frauen der Welt. Wahrscheinlich kennen sie ein Wetter wie das hier nicht mal aus den Nachrichten.

Langsam arbeitete ich mich die Straße zum Zeitschriftenkiosk hoch. Aus reiner Gewohnheit nahm ich an, er hätte geöffnet, dabei flog er im Unwetter beinahe davon. Der Sturm hatte Äste und Oberleitungen abgerissen und Mülltonnen, weihnachtliche Lichterketten und sämtliche Castel-di-Sangro-Fähnchen, die die Hausfassaden geschmückt hatten, weggefegt.

Zum ersten Mal blickte ich auf meine Uhr. Keine Ahnung, warum ich das nicht schon früher getan hatte. Verblüfft stellte ich fest, daß es schon zehn Uhr war. Die Eröffnungsfeierlichkeiten im Stadion sollten um elf beginnen. Aber natürlich würden die jetzt ausfallen müssen. Ebenso wie das festliche Mittagessen, das Match und der Vivaldi.

Da ich wußte, daß ich ein paar Stunden einigermaßen erträglich herumbringen konnte, wenn ich im Wohnzimmerkamin ein kleines Feuer entfachen konnte, meine Matratze aus dem Schlafzimmer davorzog und mich in alle Kleidungsstücke eingehüllt, die ich besaß, davorlegte, drehte ich ungeachtet des Sturms eine schnelle Pirouette und watschelte langsam wieder nach Hause.

Eigentlich war für die Mannschaft um 10.30 Uhr vor dem Spiel ein Spaghetti-Brunch im *Marcella's* angesetzt. Zweifellos war das auch gestrichen worden, doch halb aus Gewohnheit, halb in dem Wunsch, dem Sturm und Eisregen zu entkommen, schlitterte ich die Einfahrt zur Pizzeria hinunter. Vielleicht hatte sich auch Marcella bis hierhin durchgeschlagen, und sei es nur, um zu sehen, ob es ernsthafte Sturmschäden gegeben hatte.

Die Tür war nicht verschlossen. Ich stieß sie auf und stolperte hinein. Zu meiner Überraschung saß dort die ganze Mannschaft vor ihren Spaghetti. Ich wandte mich sofort an Jaconi und fragte warum – wo das Spiel doch offensichtlich ausfiele.

»Wieso das denn? Diese schlechten Bedingungen erhöhen doch unsere Chancen, drei Punkte oder zumindest einen zu holen, nicht wahr?«

Die Mannschaft aus Genua war am Vorabend in ihrem Hotel in Roccarosa eingetroffen. Da sie ohnehin nicht heimfahren konnten, bis der Sturm abflaute, hatten sie sich bereit erklärt zu spielen. Und die Spieler von Castel di Sangro waren sich einig: Packen wir's an! Obwohl sie wußten, wie kräftezehrend und gefährlich es war, neunzig Minuten unter Wetterbedingungen Fußball zu spielen, unter denen wahrscheinlich sogar das Iditarod-Schlittenhundrennen in Alaska verschoben worden wäre.

Die Argumentation war einleuchtend. Auf einem vernünftigen Platz und bei gutem Wetter hätten wir kaum Chancen gehabt, Genua zu schlagen oder auch nur ein Unentschieden rauszuholen. Aber heute? Unter diesen Bedingungen? Die Mannschaft mit den wärmsten Socken gewinnt. Der Eissturm würde aus dem Spiel zwar eine Farce machen, uns aber die unerwartete Gelegenheit geben, einen kostbaren Punkt zu ergattern, mit etwas Glück sogar drei.

Zu meiner weiteren Verblüffung lief im Stadion bereits eine Sparversion der geplanten Einweihungszeremonie. Der Kardinal war durch einen Bischof ersetzt worden, der General durch einen Colonel und so weiter und so weiter, doch weder das noch der gänzliche Mangel an Zuschauern verhinderte, daß sämtliche Reden in voller Länge gehalten wurden.

Die erwartete ausgelassene Menge von Einheimischen war zu Hause vor ihren Kaminfeuern geblieben. Sie hatten wenig Lust, Erfrierungen oder die Grippe zu riskieren, nur um sich Politiker anzuhören, die sich gegenseitig zu etwas gratulierten, zu dem sie überhaupt nichts beigetragen und von dessen Existenz sie nichts gewußt hatten, bevor man sie auf den letzten Drücker abkommandiert hatte, hierhin ans Ende der Welt zu fahren.

Ich war schon lange der Meinung, daß nur Menschen in absolut unangefochtenen Machtpositionen – und Verrückte – Reden von einer halben Stunde oder länger halten, wenn offensichtlich niemand zuhört. Ich will von der Truppe, die Gravina versammelt hatte, niemandem etwas Böses nachsagen, doch obwohl kein Publikum da war und ihnen der Sturm jedes Wort von den Lippen riß, hielten sie so lange Volksreden, daß wir mit fünfundvierzigminütiger Verspätung zum großen Einweihungsmenü in der selten benutzten Sporthalle auf der anderen Straßenseite kamen.

Da die Hälfte der Ehrengäste auf dem Weg über den Parkplatz ausgerutscht und gestürzt war, wurde es drüben eine klatschnasse Schweinerei. Nur Gravina versuchte so zu tun, als wäre alles in Ordnung. Er mußte sich auf der Herrentoilette umgezogen haben, denn während sich die anderen bibbernd die Schultern hochzogen und nach etwas Ausschau hielten, an dem sie sich oder zumindest ihre Mäntel und Jacken aufwärmen oder gar trocknen konnten, sah der Ex-Präsident von Castel di Sangro Calcio aus wie der Empfangschef eines Vier-Sterne-Hotels an der französischen Riviera.

Gegen Ende des Essens betraten drei korrekt gekleidete und grimmig dreinschauende Männer den Saal und steuerten direkt auf Gravina zu. Es wurde heftig gestikuliert und recht lautstark diskutiert. Die drei waren, wie ich erfuhr, der Schiedsrichter und seine beiden Assistenten. Sie erklärten Gravina gerade, daß sie den Platz eingehend geprüft hätten und zu dem Entschluß gekommen seien, daß angesichts des unerträglichen Sturms und Schneeregens und der miserablen Platzverhältnisse an diesem Tag kein Spiel stattfinden könne.

Ich erfuhr nie, was dann genau passierte. Jedenfalls sah ich garantiert kein Geld den Besitzer wechseln. Dennoch machte der Schiedsrichter nach zwanzigminütiger Geheimverhandlung mit Gravina und auch mit Signor Rezza eine verblüffend schnelle Wendung um 180 Grad. Unverzüglich erklärte Gravina, es sei Zeit, den Speisesaal zu verlassen, denn das Spiel finge nun an.

Und exakt um 14 Uhr liefen die Mannschaften auf. Vertrauensvoll marschierten die in Weiß spielenden Genueser aus dem Kabinengang zum Spielfeldrand, doch kaum hatten sie das überdachte Stück verlassen, begannen sie zu rutschen, zu schliddern, im Matsch zu versinken und auf die Nase zu fallen, als gehörten sie zu einer Zirkusnummer.

Unsere Elf hingegen nahm ihre Positionen vorsichtig auf Zehenspitzen ein. Einen Moment später erschien auch der Schiedsrichter, der trotz der Überredungskünste von Signor Rezza immer noch einen äußerst skeptischen Eindruck machte.

Dazu hatte er allen Grund. Weder der Sturm noch der Schneeregen hatten auch nur einen Deut nachgelassen. Beim Essen hatte ich gehört, daß die Mannschaft aus Genua es beinahe gar nicht von Roccaraso hier hinunter geschafft hätte, denn dort war schwerer, nasser Schnee gefallen, in dem ihr Bus bis zu den Radkappen versunken und steckengeblieben war. Als ich mir ihre zitternden, unglücklichen Spieler so ansah, die nicht einmal in der Seria B mit solchen Torturen gerechnet hätten, war ziemlich augenfällig, daß es ihnen lieber gewesen wäre, der Bus wäre nie freigekommen.

Unsere Spieler waren zu klug, um sich durch Auf- und Abspringen warmzuhalten, denn bei der Landung wären sie wadentief in dem gefrierenden Morast versunken. So zitterten sie still vor sich hin und ahnten bereits, daß sie hier und heute nicht geschlagen würden, wenn sie nur durchhielten.

Jaconi hatte für seine Verhältnisse Risikobereitschaft bewiesen und war zum 4-4-2-System zurückgekehrt. Fusco, D'Angelo, Cei und Prete bildeten die erfahrene Defensivabteilung, vielleicht der entscheidende Faktor bei den herrschenden Bedingungen, während er das erfahrenste Mittelfeld aussandte, das ihm zur Verfügung stand: Bonomi, Michelini, Di Fabio und Alberti. Seine »Risikobereitschaft« aber drückte sich vor allem im Einsatz von zwei Sturmspitzen aus: Galli und Pistella.

Unter diesen Bedingungen setzte Jaconi darauf, daß vielleicht ein vereinzelter weiter Ball aus dem eigenen Strafraum vor dem Fuß eines Stürmers landen würde, die Verteidiger von Genua beim Versuch, hinten dichtzumachen, entweder versanken oder schwammen, der Stürmer es irgendwie hinbekam, plaziert aufs Tor zu schießen, und der Torhüter von Genua auf der Nase landen würde, sobald er versuchte, sich auf der vereisten Torlinie zu bewegen.

Doch nichts davon trat ein. An diesem Tag und auf diesem Platz wurde nichts gespielt, was auch nur im Entferntesten an Fußball erinnerte. Abgesehen davon, daß Handspiel verboten war, konnte man glauben, einer bizarren Form von Wasser-Polo zuzusehen. Schließlich, nach fünfundzwanzig Minuten, in denen die Spieler beider Klubs blau anliefen und langsam zu Eiszapfen erstarrten, griff sich der Schiedsrichter den Ball, um den klassischen Test vorzunehmen.

Mit ausgestrecktem Arm ließ er den Ball aus Schulterhöhe zu Boden fallen. Die Regel besagt, daß der Platz noch bespielbar ist, wenn der Ball ein Stückchen hochspringt. Wenn er einfach liegenbleibt, wird das Spiel abgebrochen.

Genaugenommen tat der Ball in diesem Fall nichts von beidem. Statt dessen sah man ihn nur noch zur Hälfte, weil er zentimetertief in dem eiskalten Wasser versank, das nun einen See über dem Rasen bildete, und fest im Morast darunter steckenblieb.

Die Spieler beider Teams hetzten in die Kabinen, als ginge es um ihr Leben. Das Spiel würde irgendwann im neuen Jahr wiederholt werden. Gravinas erste trotzige Amtshandlung als patron statt als presidente war zu einem weiteren grotesken Reinfall geworden.

Am Montag wurde aus dem Norden ein Experte eingeflogen, und am Dienstagmorgen war er mit seinen Leuten bereits bei der Arbeit, prüfte die Schäden am Spielfeld und erwog die möglichen Instandsetzungsmaßnahmen. Es hieß, dieser Experte sei, was die Anlage, Wartung und Ausbesserung von Fußballplätzen betraf, der beste in ganz Italien. Er war ohne Rücksprache mit Gravina von Signor Rezza persönlich engagiert worden. Ausnahmsweise spielte Geld einmal keine Rolle, nur die schnellstmögliche Wiederherstellung des Platzes. Weil es keine Antwort darauf gab, wurde die Frage, wo der Mann im Juli gewesen war, erst gar nicht gestellt.

Am Dienstagnachmittag kehrten die Spieler zum Training zurück, und wie zum Hohn herrschte strahlender Sonnenschein. Sie versammelten sich schweigend in kleinen Grüppchen und starrten auf die schlammige, unter Wasser stehende Rasenfläche, von der sie geglaubt hatten, daß sie ihr Feld der Träume würde.

»Das Wunder ist vorbei. Der Traum ist ausgeträumt«, sagte Di Vincenzo, als ich mich in der Umkleide zu ihm setzte.

Langsam und traurig zogen sich die Spieler zum Training um und kamen sich dabei in ihrer luxuriösen, mit Teppich ausgelegten neuen Umkleidekabine reichlich deplaziert vor. Von nun an würden sie jeden Tag, wenn sie zu ihrem primitiven und holprigen Trainingsplatz wollten, aus diesem nagelneuen Raum kommen und auf ein Feld blicken, auf dem sie, betrogen durch die Fahrlässigkeit jener, die sich erdreisteten, ihre Fähigkeiten als Spieler zu kritisieren, vielleicht nie ein Spiel bestreiten würden.

»Das war kein Märchen, Joe«, sagte Fusco, als er an mir vorbeiging. »Bloß ein Schwindel!«

KAPITEL 22

Donnerstags wachte ich durch die Ankunft der Markthändler in meinem klammen Bett schon lange vor der Zeit auf, zu der ich die Tageszeitungen bekommen konnte. Die meisten Händler kamen aus Neapel, und alle stellten ihre Laster direkt auf dem Parkplatz unter meinem Fenster ab und begannen dann fröhlich lärmend ihre Stände auszuladen und zusammenzubauen, auf denen sie von ganzen Schweinen bis zu Wurstwaren, Brathähnchen, Hunderten verschiedener Käsesorten, frischem Obst, Gemüse und Fisch alles Erdenkliche feilboten.

Doch ich mochte diesen Lärm. Diese lebendige und geschäftige Geräuschkulisse. Die Rufe der Markthändler, mit denen sie sich untereinander verständigten oder später um die Aufmerksamkeit der ersten Kunden wetteiferten, prägten sich mir bei meinem Italienaufenthalt nachhaltiger ein als die Besuche von Kirchen oder Museen. Dies hier war keine Kunst, aber etwas von noch höherem Wert – dies war das Leben selbst.

Da ich selten kochte, kaufte ich fast nie etwas auf dem Markt. Doch ich genoß es, morgens durch die Menge zu schlendern, Bekannte zu grüßen oder einen kurzen Plausch mit ihnen zu halten, vielleicht mal eine Gratisprobe zu kosten und manchmal sogar etwas zu kaufen, was ich dann später verschenkte. Dabei ließ ich die Atmosphäre, den Charakter und das Aroma dieses kleinen Ausschnittes der Abruzzen auf mich einwirken, einem Teil Italiens, den ich nun mehr liebte als jeden anderen.

An dem kühlen ersten Donnerstag im Dezember gab es vor Einbruch der Morgendämmerung nicht nur die vertraute Geräuschkulisse, es bot sich auch ein neues Bild: Die Händler hatten aus ihren Obst- und Gemüsekisten Brennholz gemacht und warteten um die Flammen gedrängt auf die ersten wärmenden

Sonnenstrahlen. Als ich um acht aufbrechen wollte, um mir wie üblich meine Zeitungen zu holen, blickte ich aus dem Fenster und entdeckte noch etwas Neues: zum ersten Mal wurden nun auch Weihnachtsbäume verkauft.

Der September schien mittlerweile schon der fernsten Vergangenheit anzugehören. Castel di Sangro hatte immer noch kein echtes Heimspiel gehabt und würde es auch frühestens am 15. Dezember bestreiten, egal wie schnell und erfolgreich der Experte aus dem Norden auch arbeitete. Denn am Sonntag ging es nach Venedig.

Ich war bereits früher in Venedig gewesen: 1994 allein und im Januar 1996 mit Nancy. Am Samstag würde ich mit meinen ragazzi zurückkehren und diesmal rein geschäftlich. Kanäle, Lagunen, Kathedralen, Meisterwerke der Kunst? No, grazie. Wir interessierten uns nur für Punkte.

Vor der Reise allerdings wurde ich mit einem neuen Job betraut, der mir eindrucksvoll bewies, wie dicht im Fußball Ruhm und Schande nebeneinander liegen und wie schnell man vom Geachteten zum Geächteten werden kann.

Jaconi hatte für den Freitagnachmittag nur ein leichtes Training angesetzt. Dem Aufgebot für Venedig wurde selbst dieses noch erlassen. So bestand das ganze Training im Grunde nur aus einem Spiel fünf-gegen-fünf, bei dem ich mich plötzlich in der Rolle des arbitro wiederfand, nachdem Jaconi mir seine Stoppuhr und Pfeife zugeworfen hatte. Er meinte, er wolle sich hinsetzen und in Ruhe zusehen, um sich auf die individuellen Stärken und Schwächen dieser zehn Schlußlichter konzentrieren zu können. Daher müsse ich den Schiedsrichter spielen.

Vielleicht wollte er mir auch nur einmal die Gelegenheit geben, das Spiel aus einer anderen und komplizierteren Perspektive zu sehen, in der man blitzschnell entscheiden muß, was ein Foul ist, wann ein Strafstoß fällig wird oder wann ein Spieler eine Schwalbe hingelegt hat.

Das Spiel sollte aus zwei Halbzeiten à fünfzehn Minuten plus Nachspielzeit nach meinem Ermessen bestehen. Seitenaus gab es nicht, aber ich mußte jede Regelwidrigkeit ahnden, Eck- und Freistöße geben, darüber entscheiden, wann der angreifenden Mannschaft ein Fehler unterlaufen war, und in diesem Fall dafür sorgen, daß sie den Ball der Gegenseite überließ.

Ich war mit allen Spielern gut befreundet, es war nur ein Fünf-gegen-fünf-Spiel am Ende eines leichten Nachmittagstrainings, und am nächsten Tag würden wir alle gemeinsam mit Bus und Flugzeug nach Venedig reisen – ich glaubte, das würde Spaß machen.

Doch kaum war das Mini-Spiel angepfiffen, hatten die Spieler offensichtlich vergessen, daß sie mich je zuvor gesehen hatten. Ich war lediglich der arbitro und als solcher ihr Feind, denn in meiner Macht lag es, ihnen den gerechten Lohn für ihre Mühen vorzuenthalten und ihren verhaßten Gegnern unverdiente Vorteile einzuräumen.

Das erste Problem hatte ich mit Cristiano. Er holte Albieri von den Beinen, als dieser selten eingesetzte quasi-fantasista auf das Tor zudribbelte, das Cristianos Fünf verteidigte. Ich pfiff und entschied auf Freistoß.

Doch Cristiano brüllte mich an, das sei kein Foul gewesen, Albieri habe nur geschauspielert und mich hereingelegt. Ich ging kopfschüttelnd weg, doch er lief mir immer noch protestierend nach und benutzte dabei ein Vokabular, von dem ich sehr wohl wußte, daß es nicht gerade höflich war.

Ich fuhr herum: »Basta, Mimmo! O ti espello per dissenso!«

»Cazzo!« zischte er, eine Beschimpfung, für die ich ihn gut und gerne vom Platz hätte stellen können, doch er verzog sich schnell, und so ließ ich die Sache auf sich beruhen. Doch ich spürte meine Wut darüber, daß er so hitzig gewesen war, und ertappte mich bei dem Gedanken: »Wart's nur ab, Cristiano. Warte nur die nächste knappe Entscheidung ab. Und dann guck mal, zu wessen Ungunsten die ausfällt.«

Hoppla. Schiedsrichter sollten eigentlich nicht so reagieren. Sie sollen das ganze Spiel über emotionslos und unvoreingenommen bleiben. Sie sollen eine Schiedsrichterbeleidigung auf der Stelle ahnden, aber niemals Groll gegenüber einem Spieler hegen.

Noch schlimmer als Mimmo führte sich mein geschätzter Nachbar Altamura auf. Bei diesem kleinen Spielchen unter Freunden durfte er den Stürmer mimen, und hoppla, wie verändert er die Dinge doch plötzlich sah. Der geringste körperliche Einsatz gegen ihn, während er dem Ball nachjagte oder aufs Tor zustürmte, war direkt ein Foul.

»Fallo! Fallo!« schrie er dann, suchte meinen Blick und streckte mir flehentlich die offenen Handflächen entgegen. Ich schüttelte dann einfach den Kopf, ohne ihn überhaupt anzuschauen, während ich schon auf Höhe des Balls weiterlief.

In der ersten Halbzeit ließ ich zwei Minuten nachspielen. Ich wollte gerade abpfeifen, als ich sah, wie Altamura auf das Tor zulief, in dem Lotti stand, der sich bemühte, frühzeitig wieder in Form zu kommen. Die Zeit war um, und eigentlich hätte ich abpfeifen müssen, aber das tat ich nicht. Armer Antonello, die Krankheit und Abwesenheit von Sabrina machten ihm so schwer zu schaffen. Vielleicht sollte ich einfach abwarten, was passieren würde.

Ganze zehn Sekunden nach dem eigentlichen Ende der ersten Halbzeit machte Altamura also einen Satz nach vorn und köpfte einen tollen Paß von Rimedio an Lotti vorbei ins Tor. Ich pfiff die Halbzeit sofort ab. Es stand 1:0 durch ein Tor, das ich gar nicht hätte geben dürfen. Gern hätte ich mir eingeredet, daß das aus Mitleid geschah, aber in Wahrheit war es wohl mehr Feigheit gewesen.

Mit dem Ball, den er gerade aus seinem Netz gefischt hatte, in der Hand ging Lotti beim Seitenwechsel schweigend an mir vorbei. Er tippte sich aufs Handgelenk, wo normalerweise seine Armbanduhr saß, und guckte fragend.

Ich sah ihn nur an und zuckte die Schultern. Und er schüttelte einfach den Kopf und warf mir einen enttäuschten Blick zu. Ihm konnte ich nichts vormachen.

In der fünfminütigen Halbzeit kam Cristiano, um sich erneut zu beschweren. Ich hatte zwei weitere Fouls von ihm gepfiffen. »Das ist nicht meine Schuld, Mimmo«, sagte ich, »wenn du nicht spielen kannst, ohne ständig zu foulen. Sonntags ist das doch genauso mit dir.«

Das hätte ich besser nicht gesagt. Seine Leistung in regulären Spielen zu kritisieren, weil er sich hier mit mir anlegte, war unentschuldbar. Und Mimmo wußte das. Er wäre mir an die Gurgel gegangen, wenn der Größenunterschied zwischen uns es zugelassen hätte, und umklammerte meinen Arm, als ich mich umdrehte und ihn stehenlassen wollte.

Schließlich eilten seine Freunde Rimedio und Biondi herbei und beruhigten ihn. Doch Biondi warnte mich mit erhobenem Zeigefinger und sagte dann zu Mimmo: »Reg dich ab. Der Schiri hat doch keine Ahnung.«

In der zweiten Hälfte versuchte sich Albieri, dessen Mannschaft 0:1 zurücklag, einen Vorteil zu verschaffen, indem er beim geringsten Körperkontakt direkt zu Boden ging. Ich weigerte mich entschieden, auf Foul zu erkennen, und befahl ihm jedesmal, aufzustehen und weiterzuspielen.

Aber dann nahm er einen Klassepaß an, lief zwei Schritte in den Strafraum und wurde, gerade als er schießen wollte, von Rimedio mit einem harten, aber wie ich meinte fairen Tackling angegangen. Jetzt brüllte Albieri lauter nach einem rigore, als Cristiano es je getan hatte. Ich schüttelte den Kopf: »Weiterspielen.« Ich glaubte, richtig entschieden zu haben, war mir aber nicht ganz sicher.

Doch niemand dachte daran weiterzuspielen. Statt dessen stürzten sie wild gestikulierend auf mich los. Die einen wollten, daß ich einen Elfer für das Foul an Albieri gebe, die anderen, daß ich ihn wegen einer Schwalbe vom Platz stelle. Auch diesmal ging ich einfach weg und gab durch eine Geste zu verstehen, daß das Spiel weiterlaufen würde.

Altamura nutzte das momentane Chaos, stürmte mit dem Ball über den Platz und wollte aus kurzer Distanz gegen Lotti einschießen. Nur Biondi stand noch zwischen ihm und dem Tor. Biondi ging die Ellbogen voran in den Mann und haute Altamura das Knie gegen den Oberschenkel. Das jetzt war eine klare Sache. Ich pfiff und zeigte auf den Elfmeterpunkt.

Nun war es Biondi, der mit weit aufgerissenen Augen und wild gestikulierend auf mich losging. Nein, nein, nein, ich würde mir das gar nicht anhören. Das gab jetzt Elfmeter. Dann wies ich auf meine Uhr, um anzuzeigen, daß die Partie bald vorbei wäre und ich nicht nachspielen lassen würde, um die durch sein Meckern verlorene Zeit wieder reinzuholen.

Altamura führte selbst aus. Lotti parierte. Es stand immer noch 1:0. Aber nun zeterte Altamura schon wieder, daß Lotti sich zu früh bewegt habe. Ich wies diese Beschwerde ohne viel Federlesens ab und ließ weiterspielen.

Inzwischen war praktisch jeder Spieler wütend auf mich. Als die zweiten Halbzeit ihrem Ende entgegenging, sagte ich »Due« und hielt zwei Finger hoch, um die Dauer der Nachspielzeit anzukündigen.

Die empörten Wutschreie muß noch Signor Rezza hoch auf seinem Berg vernommen haben. Nur zwei Minuten! schrien alle Spieler des zurückliegenden Teams. »Impossibile!«

»Basta!« Das war schnell zu meinem italienischen Lieblingswort geworden.

Jaconi hatte bislang von der Tribüne aus schweigend zugesehen. Aber für diese letzten beiden Minuten kam er herunter an den Spielfeldrand. Die letzen fünfzehn Sekunden liefen bereits, da sprintete Di Vincenzo wild entschlossen von der Strafraumgrenze los und stieß bei dem Versuch, einen etwas zu lang geratenen Paß anzunehmen, Altamura aus dem Weg.

Jaconi, der direkt hinter mir stand, brüllte »Foul!«. Altamura stemmte, nachdem er sein Gleichgewicht wiedergefunden hatte, die Hände in die Hüften und wartete auf die Spielunterbrechung, da Jaconi ja auf Foulspiel erkannt hatte. Di Vincenzo allerdings ließ sich nicht irritieren und knallte den Ball an De Juliis zum Unentschieden ins Netz.

Ich pfiff ab. Das Spiel war aus. Eins zu eins. Doch wehe, welch Jammern und Zetern und Zähneknirschen! Vom Fluchen, Lamentieren und Spucken ganz zu schweigen. Kein Tor! Kein Tor! Das konnte doch kein Tor gewesen sein! Jaconi hatte »Foul!« gerufen, und das Spiel war unterbrochen.

»Pardon«, sagte ich, »aber der Mister ist bei diesem kleinen Spielchen heute nicht der Schiedsrichter. Ich bin es. Und nur der Schiedsrichter kann ein Spiel unterbrechen.«

Altamura war so aufgebracht, daß ich einen Moment lang fürchtete, er könne mich schlagen. Mein eigener Nachbar! De Juliis ging mich zwar nicht körperlich an, aber er stand direkt vor mir und schleuderte mir in breitestem und gemeinstem Abruzzendialekt Beleidigungen ins Gesicht, von denen ich keine einzige verstehen konnte.

Ich trat einen Schritt zurück und hob beide Arme. »Ruhe!« brüllte ich. »Anton«, wandte ich mich an Altamura, »du unterbrichst das Spiel nur, wenn du die Pfeife hörst.«

Als Antwort riß sich Antonello sein schweißgetränktes Hemd von der Brust und warf damit nach mir. Es verfehlte mich, und ich ließ es liegen, wo es war.

»Hab ich recht, Mister? Sì o no? Daß man nur aufhört, wenn man einen Pfiff hört?«

»Sicher«, sagte Jaconi, »aber es war trotzdem ein Foul.«

»Das denke ich nicht«, erwiderte ich.

»Weil du ein Schriftsteller und kein Schiedsrichter bist.«

»Tja, du bist aber auch keiner.«

»Gott sei Dank«, sagte Jaconi, plötzlich lachend.

Und damit löste sich die Anspannung. Di Vincenzo trat neben mich und erklärte: »Du hattest recht. Der Mister hat sich geirrt. Es war kein Foul.« Und Lotti, der sich benahm, als wäre dies ein Sonntagsspiel vor 20.000 Zuschauern, machte das, was er immer nach einem Spiel machte, egal wie gut oder wie schlecht ein Schiedsrichter gewesen war: Er sagte »Grazie, arbitro« und schüttelte mir förmlich die Hand, als würden wir einander gar nicht kennen. Das war typisch Lotti, durch und durch ein Mann von Format.

Von allen großen Städten Italiens ist Venedig wohl diejenige, die am allerwenigsten mit Fußball in Verbindung gebracht wird. Ich war mir durchaus bewußt, daß viele Amerikaner, sogar deren Mehrheit, Italien besuchen oder über Monate oder gar Jahre hier leben, ohne auch nur irgendeine italienische Großstadt mit Fußball in Verbindung zu bringen.

Dabei kann man sich nicht lange in diesem Land aufhalten, ohne etwas vom Fußball mitzubekommen, doch für viele ist Fußball nur eine weitere unerklärliche, manchmal pittoreske, oft aber lästige landestypische Eigenheit – so wie die ungewohnten Ladenschlußzeiten, die Unhöflichkeit der Beamten, der allgegenwärtige Zigarettenqualm, die grassierende Kleinkriminalität oder die Luftverschmutzung.

Den Fußball aber kann man wenigstens ignorieren. Man kann einen großen Bogen um die Stadien machen, den Sportteil der Zeitungen überspringen (natürlich darf man sich keine Zeitung kaufen, die sich nur mit Fußball befasst), Sonntag nachmittags prinzipiell nicht fernsehen und beharrlich die beiden staatlichen Lotterien »Totocalcio« und »Totogol« ignorieren. Darüber hinaus kann man während seines Aufenthaltes ausschließlich mit Amerikanern verkehren oder mit den oberen Zehntausend, die Fußball als Proletensport verachten.

Doch in Rom, Neapel, Mailand und Florenz, den anderen von Touristen bevorzugten Städten, ist der Fußball präsenter als in Venedig. Die Vereine dieser Städte zählen zu den internationalen Spitzenklubs, und wer sich länger dort aufhält, müßte sich schon gehörig anstrengen, um sie nicht wahrzunehmen.

Mir war aufgefallen, daß viele Amerikaner, besonders Frauen und Menschen mit Hochschulbildung, genau diese Anstrengung unternahmen, weil sie überzeugt waren, sie würden beim Besuch eines Spiels ihr Leben riskieren, oder sich – falls sie heil herauskamen – mit der Begeisterung der Unterschicht derart besudelt haben, daß sie nicht mehr würdig wären, verzückt auf die Decke der Sixtinischen Kapelle zu starren.

Für diese Leute ist Venedig eine sichere Zufluchtsstätte. Anders als in Rom, Neapel, Florenz oder Mailand kann man wochenlang in Venedig bleiben, ohne mitzubekommen, daß in der Stadt ein Profifußballteam spielt.

Zum einen hat das historische Gründe: Der Verein aus Venedig war nie eine nationale Größe. In seiner neunzigjährigen Geschichte hat er nur 15 Prozent seiner Spiele in der Seria A bestritten, und keins davon in den letzten dreißig Jahren. Seit dem letzten Abstieg Venedigs haben sich schon die merkwürdigsten und Amerikanern zumeist unbekannten Städte kurz im Glanz der Seria A sonnen können, etwa Ternana, Varese, Ascoli, Catanzaro, Pescara, Avellino oder Catania.

Aber es gibt auch städtebauliche Gründe: Man kann ein ganzes Jahr in Venedig verbringen, ohne auf irgendeinen Hinweis zu stoßen, daß die Stadt ein Fußballstadion besitzt, und falls doch, weiß man zumindest nicht, wo es sich im Labyrinth der zahllosen Kanäle und Lagunen befindet. Und sollte man danach fragen – ich kann das bezeugen –, wird man, höchstwahrscheinlich in bester Absicht, aufs Festland nach Mestre geschickt, weil es dort ein Stadion geben soll, in dem Profifußball gespielt werde (was auch stimmt, denn Mestre ist seit zwanzig Jahren in der C2).

Und schließlich gibt es noch einen dritten, meiner Meinung nach ausschlaggebenden Grund, und der hat etwas mit kulturellem Selbstverständnis zu tun. Nicht mit dem puren Snobismus, wie man ihn in Rom oder Florenz findet, sondern mit der subtileren und feinsinnigeren Überzeugung, daß Venedig bis zum heutigen Tag eine ganz eigene Identität hat, die es vom Rest Italiens unterscheidet und in der Fußball, dieser uritalienische Sport, einfach keinen Platz hat. Daher spielt Fußball, wiewohl toleriert, solange er sich nicht störend auswirkt, im Leben Venedigs nur eine äußerst marginale Rolle: Er bleibt nicht nur den Touristen verborgen, sondern auch der Mehrheit der Venezianer selbst.

Wir quartierten uns im Lido ein. Die Hotels in Strandnähe waren im Dezember wesentlich preiswerter als die in der Stadt selbst. Außerdem würden wir so morgen schneller im Stadion sein.

Der Sonntagmorgen war düster und rauh. Von Osten blies ein äußerst unwillkommener Wind, der für Venedig im Dezember typisch ist. Das Stadion, in dem wir spielen sollten, war einzigartig in Italien, denn man konnte es nur mit dem Boot erreichen.

Gleich nach dem Mittagessen verstauten wir das Gepäck in unserer Barkasse. Dasselbe Boot sollte uns später vom Stadion direkt zum Flughafen bringen, von wo wir nach Rom fliegen würden, um uns dann mit unserem guten, alten Bus spät in der Nacht nach Castel di Sangro zu quälen. Zumindest einige von uns. Viele der Spieler hatten vorgesorgt und ihre Privatwagen von Castel di Sangro zum Flughafen Fiumicino bringen lassen, damit sie am Sonntagabend unabhängig waren und nach Rom oder wo immer sie hinwollten, fahren konnten.

Doch Autos waren das letzte, woran wir dachten, als wir uns auf das gecharterte Wassertaxi drängten, das uns über die kabbelige Lagune bringen sollte. Ein paar Spielern schlug unsere zwanzigminütige stampfende und schlingernde Seereise kräftig auf den Magen. Besonders Di Vincenzo wirkte blaß um die Nase, als er murrte: »Stell dir bloß vor: spieluntüchtig wegen Seekrankheit!«

Jaconi, ganz der alte Seebär, erzählte jedem die Geschichte, wie er schon einmal in diesem Stadion gespielt und 2:0

gewonnen hatte. Auf dem Rückweg hatte die Mannschaft in der Lagune Ausweichmanöver fahren müssen, um einer Armada kleiner Boote voller wütender Venedig-Anhänger zu entkommen, die sie ganz offensichtlich zu rammen trachteten.

Ich fragte Jaconi, ob seine taktischen Pläne für den heutigen Tag auch eine Fluchtroute zur See einschlossen. Er lachte und meinte, er würde sich dann selbst ans Ruder setzen, und wenn es zum Schlimmsten käme, könnten wir überflüssigen Ballast und jemanden, der vielleicht einen kostbaren Kriegsgefangenen abgäbe, über Bord werfen. Er schlug Luca Albieri vor, doch Albieri erklärte in nicht gespieltem Entsetzen, er könne nicht schwimmen. Um so besser, meinte Jaconi, denn das Verfolgerboot müsse dann stoppen, um ihn aufzufischen: so laute das Gesetz zu See.

Dies war das wahre Gesicht der Seria B: die Kameradschaft, die Späße, die Schlagfertigkeit. Luca D'Angelo hatte mir einmal gesagt: »Es gibt keine Langeweile in der Seria B, außer in den neunzig Minuten eines Spiels!«

Die gute Laune an diesem 8. Dezember mag manche überraschen, teilten sich doch Castel di Sangro und Venedig punktgleich den vorletzten Tabellenplatz. Aber es verlieh der Veranstaltung eine Aura der Unwirklichkeit, mit einem Motorboot zu einem Fußballspiel zu tuckern. Und natürlich wurden Witze gerissen, wie sehr die Lagune, die wir gerade überquerten, dem Fußballplatz glich, auf dem wir nächste Woche gegen Lucchese spielen würden – vorausgesetzt, wir müßten nicht wieder nach Chieti ausweichen, was als wahrscheinlich galt.

Darüber hinaus hatten viele von uns – auch wenn Jaconi nichts dergleichen durchscheinen ließ – das Gefühl, daß Castel di Sangro hier und heute endlich ein Auswärtsspiel gewinnen würde. Wie spät nach Mitternacht wir auch heimkehren würden, in unserem Gepäck wären drei verdiente (und absolut lebenswichtige) Punkte, und wir würden uns endlich aus diesem Jammertal befreien, in das uns die letzten paar Wochen gestürzt hatten.

Denn Venedig war die erbärmlichste Gurkentruppe, auf die man treffen konnte. Sie hatten nur drei ihrer sechs Heimspiele gewonnen und dabei nur sieben Tore geschossen. In dieser Saison hatten sie sich als außergewöhnlich lustloser Haufen präsentiert, zumindest wenn man den Fernseh- und Zeitungsberichten Glauben schenkte. Sie hatten bereits ihren zweiten allenatore, doch auch er hatte keine besseren Ergebnisse als sein Vorgänger erzielt.

Der Tag selbst roch nach einer Niederlage für Venedig: Dunkle Wolken jagten tief über dem aufgewühlten Wasser dahin, und alle, denen wir seit unserer Ankunft begegnet waren, vom Zeugwart bis zu den Spielern selbst, verbreiteten den Eindruck, als sei es ihr Hauptinteresse, dieses Spiel schnell hinter sich zu bringen, damit sie zurück in die heiteren Stadtteile konnten, um sich am heimischen Herdfeuer aufzuwärmen oder vorweihnachtlichen Besorgungen zu widmen.

Ohne die gesperrten Altamura und Martino traten wir nicht in Bestbesetzung an, aber da ich eingeschworenes Mitglied der »Martino kann nicht auswärts spielen«-Liga geworden war, störte mich sein Fehlen nicht. Und eine Abwehr mit Fusco, D'Angelo, Cei und Prete schien völlig ausreichend zu sein, selbst mit De Juliis im Tor.

Unglücklicherweise kniff Jaconi in letzter Sekunde, und statt auf Cristiano, Albieri und Di Vincenzo, von denen jeder einzelne das Spiel hätte entscheiden können, setzte er wieder auf die Großväter der Drei Musketiere: Er stellte die Bleifüße Michelini, Alberti und Di Fabio zusammen mit seinem Liebling Bonomi ins Mittelfeld. Immerhin ließ er im Sturm Pistella neben Galli auflaufen, statt den armen Giacomo unbeaufsichtigt in den nächsten Kanal marschieren zu lassen. Dennoch blieb dies eine Aufstellung, die verriet, daß Jaconis Herzenswunsch ein 0:0 war und er dafür die Chance auf drei äußerst wichtige Punkte opferte.

So setzte ich mich denn trotz der hinter der Gegengeraden sichtbaren pittoresken Segelboote, deren Masten im scharfen Winterwind schwankten, bereits resigniert und desillusioniert auf die Tribüne – wie schon viel zu oft in letzter Zeit. Es gab 19 Gegner in der Seria B, doch keinen, bei dem ein Auswärtssieg so wahrscheinlich schien wie Venedig, das in einem langweiligen, von Öltanks umgebenen Stadion aufspielte, in dem 12.000 von 15.000 Plätzen leer geblieben waren.

Neunzig Minuten lang fiel nicht nur kein Tor, es gab nicht einmal eine Torszene. Beide Mannschaften spielten so erbärmlich, daß De Juliis und der venezianische Torhüter später in ihrer pagelle keine Benotung bekamen, da keiner von beiden auch nur einmal geprüft wurde.

Kurz vor Spielende hielt ein Schiedsrichterassistent eine Anzeigetafel hoch, die besagte, daß vier Minuten nachgespielt würde. Niemand wußte warum, und niemand, einschließlich der Spieler, schien scharf darauf zu sein, ein Spiel fortzusetzen, das, wie ich heute sagen kann, das mit Abstand schlechteste war, das ich je gesehen habe.

Zwei Minuten vor Schluß stand ich mit dem Gefühl auf, gerade einen Nachmittag in Perth Amboy, New Jersey, verbracht zu haben, und machte mich auf den Weg zu den Umkleidekabinen, hauptsächlich, um die Durchblutung meiner Beine wieder in Schwung zu bringen.

Kreuz und quer lief der Ball, während beide Mannschaften erwartungsvoll zum Schiedsrichter blickten und den Abpfiff herbeisehnten. Mittlerweile war es so dunkel geworden, daß man kaum noch den Platz sehen konnte, aber die Società aus Venedig hatte nicht vor, für ein derart mieses Spiel Geld zu verschwenden, indem sie das Flutlicht anschaltete.

Ich war gerade die Tribüne hinabgestiegen und schaute, verwundert darüber, wie lange vier Minuten dauern können, auf meine Armbanduhr, als Galli sich vergeblich an einem Torschuß versuchte. Der Ball knallte einem Verteidiger ans Bein, der ihn in hohem Bogen in unsere Hälfte schoß.

Jetzt würde der arbitro ja wohl abpfeifen. Doch das tat er nicht. Der Ball landete genau auf dem Kopf eines zweiten venezianischen Verteidigers, der sich schon vor dem Abpfiff auf den Weg zu unserem Tor gemacht hatte, entweder, um seine Füße warmzuhalten, oder einfach, weil es dort zu den Umkleidekabinen ging.

Aufgeschreckt hetzte er dem Ball nach, und während unsere eigene Hintermannschaft nur dumm guckend dastand, versuchte er ihn unter Kontrolle zu bringen. Das Leder sprang ihm von einer Bodenunebenheit gegen das Schienbein und prallte von dort direkt in unser Tor. Im selben Moment pfiff der Schiedsrichter das Spiel ab. 1:0 für Venedig, auch wenn De Juliis anscheinend noch gar nicht mitbekommen hatte, daß der Ball hinter ihm im Netz war.

Statt in unsere Kabine zu gehen, ging ich direkt zur Anlegestelle und wartete dort, während sich die naßkalte Dunkelheit herabsenkte. Niederlagen waren nichts Neues. Es hatte schon bitterere Niederlagen gegeben. Es hatte schon Niederlagen gegeben, die auf die Kappe des Schiedsrichters gingen. Es hatte Niederlagen gegeben, die man Jaconis schlechter Taktik zuschreiben mußte, seiner Aufstellung und den gleichermaßen schlechten Leistungen der Spieler, die er ausgewählt hatte. Doch noch nie hatte es eine so überflüssige, so atemberaubend dumme und so sinnlose Niederlage wie diese gegeben.

Unser Boot wartete am Ende des Piers, um uns zum Flughafen zu bringen. Gedanken an Ausweichmanöver vor wütenden Fans waren nun hinfällig. So wie einem plötzlich auch die gesamte Saison egal war. So wie einem das ganze Leben kaum lebenswert schien, sollte es so weitergehen.

Di Vincenzo, der nicht gespielt hatte und daher auch nicht unter die Dusche mußte, schlich zuerst aus der Kabine. Er sah mich am Ende des Piers stehen, kam herüber, schmiß seine

Sporttasche ins Boot und umklammerte dann mit beiden Händen meine Arme.

»Allmächtiger!« stieß er hervor. »So kann es nicht weitergehen.« Er sah fix und fertig aus, und ich konnte verstehen warum: Es gibt kaum einen Spieler, der es ertragen kann, bei einem so miesen Spiel wie diesem hilflos auf der Bank sitzen zu müssen und dann auch noch ein derart tragikomisches Ende zu erleben.

Ich wußte nicht, was ich sagen sollte. Also rettete ich mich wie üblich mit einer unverbindlichen, wenig überzeugenden Aufmunterung.

»Noch kann sich alles zum Guten wenden.«

Di Vincenzo lächelte bitter. Dann umarmte er mich kurz und sagte: »Ja, Joe, und Schweine können fliegen.«

Während weitere Spieler aus der Umkleide kamen, zog er sich in eine stille Ecke des Piers zurück und gab per Handy seinen persönlichen Lagebericht an seine hübsche Verlobte in Florenz durch.

Dann erschien auch De Juliis auf dem Pier. Hektisch rauchend redete er in sein Handy, als würde er seinen Börsenmakler anweisen, gleich am nächsten Morgen Castel-di-Sangro-Aktien abzustoßen. Ich hatte genug von ihm gesehen, um zu wissen, daß er als Torhüter nie die Klasse von Lotti erreichen würde, aber es war unmöglich, kein Mitleid mit diesem außerordentlich gutmütigen, ehrgeizigen und bei seinen Kameraden ungeheuer beliebten Spieler zu haben, der in 211 Minuten nur zwei Treffer kassiert hatte, an denen er auch noch schuldlos war, und zum Lohn nur zwei Niederlagen und ein abgebrochenes Spiel vorweisen konnte, weil die zehn Mann vor ihm nicht ein Tor geschossen hatten.

Tatsächlich hatte die Mannschaft nicht mehr getroffen, seit Di Vincenzo den legendären Walter Zenga im Spiel gegen Padua am 27. Oktober bezwungen hatte. Das abgebrochene Spiel gegen Genua mitgerechnet, hatten wir seit fast 400

Minuten – das sind mehr als sechseinhalb Stunden! – kein Tor mehr geschossen.

Und Danilo Di Vincenzo, der Mann, der unser erstes und auch unser bislang letztes Saisontor geschossen hatte, obwohl das schon sechs Wochen zurücklag, war jetzt Stammgast auf der Ersatzbank. Aus Gründen, die nur Jaconi kannte, der zudem begonnen hatte, Aufstellungen aufs Feld zu schicken, die eher zum Shuffleboard denn zum Fußballspielen taugten.

Ich empfand Venedig als neuen Tiefstand. Und offensichtlich war ich nicht der einzige. Mehr als die Hälfte der Spieler verdrückte sich am Flughafen in Rom, ob sie nun andere feste Ziele hatten oder nicht. Sie konnten die letzte lange Etappe zurück ins kalte kleine Castel di Sangro, für das sie heute nichts getan hatten und dessen Società für sie während der ganzen Saison weniger als nichts getan hatte, einfach nicht mehr ertragen.

Als wir in Rom unser Gepäck einsammelten, begegnete ich erneut Di Vincenzo. Er gehörte zu denen, die nicht im Bus mitkommen würden. Statt dessen wollte er gemeinsam mit Biondi, dessen Familie dort lebte, nach Florenz fahren und seine Verlobte besuchen.

KAPITEL 23

Am Dienstagmorgen regnete es, daher glaubte ich zuerst, es seien Regentropfen, die Davide Cei über die Wangen liefen, als er kurz vor Mittag ins *Marcella's* kam, wo ein halbes Dutzend Spieler und ich schon auf das Essen warteten.

Dann erkannte ich, daß es Tränen waren.

Er blieb mitten im Saal stehen und wies fahrig auf den Fernseher, der wie immer lief, und das wie immer zu laut. Fusco nahm die Fernbedienung und stellte ihn ab. Stille breitete sich im Raum aus, in der wir nun Ceis Schluchzen hören konnten.

Er sagte sehr schnell irgend etwas. Ich konnte es nicht verstehen, aber alle anderen verstanden es. Wäre da noch Blut gewesen, hätte man meinen können, alle Spieler im Raum wären niedergeschossen worden. Sie hingen in verschiedenen Posen des Entsetzens, Schmerzes und der Trauer in ihren Stühlen und verharrten wie erstarrt, während Cei, ihr Kapitän, immer noch schluchzend allein mitten im Raum stand.

Mit größter Beklommenheit erklärte ich ihm, daß ich ihn nicht verstanden hatte.

Er nickte und wiederholte es mit größter Höflichkeit noch mal langsam für mich.

Di Vincenzo und Biondi waren tot.

Vor einer Stunde erst waren sie bei einem Unfall auf der autostrada südlich von Florenz tödlich verunglückt, als sie mit Biondis VW Golf Richtung Castel di Sangro rasten, um nicht zu spät zum Training zu kommen.

Di Vincenzo hatte am Steuer gesessen. Biondi hatte Di Vincenzo bei dessen Verlobter abgeholt, und Danilo hatte lachend gesagt: »Wir sind spät dran und müssen uns beeilen. Laß mich lieber fahren, denn ich hab mehr Übung darin, zu schnell zu fahren.«

Und sie waren zu schnell gefahren. Und das bei Regen. In einer Kurve hatte Di Vincenzo die Kontrolle über den Wagen verloren, der über den nassen Asphalt gegen die Leitplanke auf dem Mittelstreifen gerutscht, von dort abgeprallt und über drei Fahrbahnen auf einen Rastplatz geschleudert war, auf dem ein LKW-Auflieger geparkt war. Beide Spieler waren auf der Stelle tot gewesen, als ihr Kleinwagen an dem harten Stahl des Aufliegers zerbarst.

Natürlich hatte Cei das alles nicht erzählt. Die Details kamen später heraus. Und falls sich Gottes Wille darin zeigte, dann blieb sein Sinn unerforschlich.

Aus irgendeinem Grund weiß ich nicht einmal mehr, wer alles im Restaurant war. Ich erinnere mich noch deutlich an Fusco, vielleicht weil sein Gesicht vor Qual wie das eines Legionärs aus der Armee Cäsars wirkte, der in einem Krieg der Antike verwundet worden war. Und natürlich erinnere ich mich an Marcella und das Zucken ihrer Schultern, während sie weinte und weinte und weinte. Und an Cei, der die schwerste seiner Pflichten als Kapitän mit solch beeindruckender Würde erfüllt hatte.

Ich bin mir fast sicher, daß auch Cristiano und Rimedio da waren. Und ich meine mich an Luca D'Angelo zu erinnern. Und auch Tonino Martino war meistens früh zum Essen da. Aber die Gesichter verblassen, und ich kann mich nur an die verdrehten Posen der Körper erinnern und das lange und schreckliche Schweigen, das den ersten Flüchen, Fragen und Klagen vorausging.

Einer nach dem anderen schlichen die Spieler nach draußen, um allein zu sein, auch wenn Cristiano, falls er da war, möglicherweise gemeinsam mit Rimedio ging. Marcella blieb natürlich und weinte herzzerreißend. Ich wünschte innigst, woanders zu sein, aber ich konnte sie doch nicht allein lassen. Irgendwann kamen Christian oder Giovanni, vielleicht auch beide. Einer von ihnen sagte jedenfalls, er würde sie nach Hause bringen.

Und dann ging auch ich. Den ganzen Nachmittag lag ich in meiner Wohnung auf dem Bett, hörte das monotone Prasseln des Regens und ab und zu den Ruf einer Gans vom Flüßchen unten.

Die Dämmerung setzte gerade ein, als ich mich plötzlich an Freitag und mein kurzes Gastspiel als arbitro erinnerte. Und als ich daran dachte, übermannte mich der Schmerz. Ich hatte das letzte Spiel geleitet, in dem Pippo und Danilo gespielt hatten. Bei dieser Erinnerung begann auch ich zu weinen.

Italienischem Brauch gemäß, fanden die Trauerfeierlichkeiten gleich am nächsten Tag statt. Die Spieler, die allesamt Anzug, Krawatte und Sonnenbrillen trugen, schleppten die Särge die ganzen drei Kilometer vom Stadion bis zur Kirche auf dem Marktplatz hoch. Es war – wie konnte es anders sein? – ein dunkler, stürmischer und bitterkalter Nachmittag.

Der ganze Ort war versammelt. Die Menschen säumten die Straßen, standen auf Balkonen oder drängten sich vor der Kirche. Niemand sprach ein Wort. Wenn die Särge an ihnen vorbeigetragen wurden, applaudierten die Menschen langsam und gemessen.

Waren die Spieler mit ihrer Last weitergegangen, senkte sich wieder Schweigen herab, bis an der nächsten Ecke rhythmisches Händeklatschen einsetzte. Und so schritt die Prozession langsam voran, bis zur Kirchentreppe und dann hoch durchs Hauptportal.

Nach der Messe ging es denselben Weg zurück. Außer unterdrückten Schluchzern und einem schrecklichen Klageruf von Di Vincenzos Verlobter, als sie in die Knie sank, war außerhalb der Kirche keine menschliche Stimme zu vernehmen, nur der traurigste und würdevollste Beifall, den sich ein Künstler, welcher Diziplin auch immer, wünschen konnte.

Die Toten wurden am nächsten Morgen beigesetzt: Pippo in Florenz und Danilo in Rom. Am Nachmittag wurde schon wieder trainiert. Jaconi hatte eine Nachricht ans Schwarze Brett der Umkleidekabine gehängt, aus irgendeinem Grund in Englisch:

SHOW MUST
GO ONE

Ich verbesserte ihn nicht. Wir spielten 0:0 gegen Lucchese und verloren 0:1 in Turin. Dann war Weihnachten, und ich flog nach Hause.

TEIL II

KAPITEL 24

Kaum war ich in den Staaten gelandet, fühlte ich mich desorientiert. Castel di Sangro war ans Tabellenende gerutscht; wir hatten in sechs Spielen in Folge kein Tor erzielt; wir hatten in der gesamten Saison bislang nur fünf Tore geschossen (Lecce, zum Vergleich, 26), und zwei davon hatte ein Spieler erzielt, der nun tot war. Und trotzdem hörte ich, wenn ich zum Frisör kam, nur: »Was sagt man bloß zu den Patriots!«

Ich kam mir vor, als wäre ich in Narnia gewesen. Der »wirklichen« Welt konnte man meine dortigen Erlebnisse, das Leben, das ich geführt hatte, und die Krisen, die mich bei meiner Rückkehr erwarten würden, nicht begreiflich machen. Dennoch spürte ich, daß mein wirkliches Leben jenseits dieser Tür lag.

Es war nicht so, daß ich aufgehört hatte, meine Familie zu lieben. Wenn ich in Italien war, vermißte ich meine Frau und meine Kinder so sehr, daß ich manchmal wie gelähmt war, und nun hatte ich auch noch ein Enkelkind bekommen. Doch ich hatte zunehmend weniger mit den einst engen Freunden gemein und praktisch keinerlei Interesse an den alltäglichen Ereignissen in Amerika.

Mein Herz und meine Gedanken waren bei der Mannschaft. Der aus Uruguay stammende Schriftsteller Eduardo Galeano schreibt von dem »melancholischen Ich, das ein Wir war«, wenn man nach Ende eines Spiels auseinandergehen muß und der Fan wieder »in seine Einsamkeit zurückkehrt«. Aber in Castel di Sangro gab es für mich diese Trennung nicht: Ich und die Mannschaft waren nun die ganze Woche über eins, und wie lächerlich und erbärmlich das auch klingen mag, diese Eintracht war es, die meinem Leben Leidenschaft und Sinn verlieh.

Man mag mich unverantwortlich nennen. Oder unreif, irrational, selbstsüchtig, tollkühn und neurotisch. Forse così. Kann sein. Ich suche nicht nach Entschuldigungen. Ich würde auch keine finden. Ich kann meine Besessenheit genauso wenig kontrollieren wie den Lauf der Gezeiten.

In seiner Beschreibung des Fußball-Fans erwähnt Galeano »die Wrackteile eines Schiffs, das einmal sein Verstand gewesen war«. Auch wenn es meist unausgesprochen blieb, so war doch offensichtlich, daß jene, die mich am besten gekannt hatten, genau das sahen, wenn sie mich anblickten. Wie wenig begriffen sie doch vom Reichtum meines Lebens als Fremder in einem fremden Land.

Meine Anwesenheit in den Staaten war bis Mitte Januar erforderlich, und bis dahin schien sich ein zweites »Wunder von Castel di Sangro« ereignet zu haben.

Am 5. Januar schlugen wir den Tabellenführer Lecce 2:1. Tore durch Galli und Bonomi.

Am 12. Januar schlugen wir Salernitana. Elfmetertor durch Bonomi.

Am 15. Januar schlugen wir in der Neuauflage des abgebrochenen Spiels Genua 1:0. Torschütze: Altamura.

Altamura! Als ich das hörte, eilte ich so schnell wie möglich zurück.

In drei Spielen innerhalb von elf Tagen hatte die Mannschaft neun Punkte geholt, nachdem es zuvor ganze elf in 111 Tagen gewesen waren. Zugegeben, alle drei Spiele waren Heimspiele (auf dem neuen Platz, der absolut brauchbar war, solange die Temperaturen unter dem Gefrierpunkt blieben), aber trotzdem hatte uns diese Aufholjagd vom letzten auf den zwölften Platz gebracht, punktgleich mit Foggia. Und wenn Altamura jetzt Tore schießen konnte, schienen unsere Möglichkeiten unbegrenzt zu sein.

Am Samstag, dem 18. Januar, traf ich wieder in Rom ein. Christian holte mich ab. Meine erste Frage lautete: Wie? Wie hatte sich dieses gramgebeugte, mut- und Lotti-lose Trüppchen in eine Mannschaft verwandeln können, die innerhalb von zwei Wochen Lecce, Salernitana und Genua schlagen konnte?

»Pippo und Danilo, Joe. Sie sind der Grund.«

»Was meinst du damit?«

»Sie geben uns allen Mut. Die Spieler sagen, sie müßten zum Gedenken an Pippo und Danilo nun alles geben. Man könne ihrem Andenken keine Schande machen.«

»Du meinst, sie sind neu motiviert?«

»Sì. Weißt du noch, wie Giuseppe geschrieben hat, jetzt wo Joe zurück ist, hätten wir unseren zwölften Mann? Nichts für ungut, aber bei Pippo und Danilo stimmt das wirklich und ist nicht nur Blödsinn von Giuseppe. Und jetzt haben wir nicht nur einen zwölften, sondern auch noch einen dreizehnten Mann. Jedes Spiel ist ihnen gewidmet, und wir gewinnen jedes, weil sie uns aus dem Himmel unterstützen.«

Ich wartete auf Christians Augenzwinkern und sein ironisches, wissendes Grinsen, denn der junge Mann war kein leichtgläubiger Trottel. Aber mitnichten. »Wir sind i Lazzarati, Joe«, sagte er voller Überzeugung. »Der Tod von Pippo und Danilo hat uns von den Toten auferstehen lassen. Du glaubst mir nicht? Warte es nur ab, Joe. Du wirst es morgen in Pescara erleben.«

Da ich Pescara in erster Linie als Heimat von Signor Rezzas Restaurant kannte und als den Ort, den man erreichte, wenn man an »unserem« alten Stadion in Chieti vorbeifuhr, hatte ich dem Team von Pescara bislang nur wenig Aufmerksamkeit geschenkt. Jedenfalls war die Mannschaft stark: Zur Zeit stand sie auf dem fünften Tabellenplatz und konnte sich eines sehr jungen Torhüters namens Morgan De Sanctis rühmen, der auch für die italienische U21 im Tor stand.

Zudem lag auch Pescara in den Abruzzen. Das bedeutete, daß dieses Spiel ein Lokalderby sein würde. Aus einer ganzen

Reihe von historischen, politischen und sozioökonomischen Gründen sind Derbys von Natur aus äußerst brisant. So steht zum Beispiel in dem Derby zwischen Lazio Rom und AS Roma der Verein aus den Vorstädten und der oberen Mittelschicht denjenigen gegenüber, die sich als Repräsentanten der Arbeiterklasse und somit als Herz und Seele der italienischen Hauptstadt verstehen. Und wenn in Mailand Inter gegen den AC Milan spielt, dann ist das vereinfacht, aber auch nicht übertrieben vereinfacht gesagt, ein Schlagabtausch zwischen der extremen Linken und Rechten des Landes.

In Turin kochen die Emotionen hoch, wenn Torino, das die geknechteten Massen vertritt, die an den Fiat-Fließbändern der milliardenschweren Agnelli-Familie schuften, gegen das reiche, mächtige und verwöhnte Juventus spielt, für das der alte Agnelli jeden Spieler, den er wollte, kriegen konnte, indem er nur eine Augenbraue hob.

Und in Genua stehen diejenigen, die in ihren Adern noch das Salzwasser ihrer seefahrenden Vorfahren wähnen, und die Hafenarbeiter, die jeden Tag das Salz ihres eigenen rechtschaffenen Schweißes schmecken und Genoa unterstützen – den ältesten, 1893 von den englischen Seeleuten, die das Spiel nach Italien brachten, gegründeten Fußballverein des Landes –, den Emporkömmlingen von Sampdoria gegenüber, einem Refugium der Neureichen. Sampdoria ist nicht einmal ein richtiger Name, sondern in den 40er Jahren aus dem Zusammenschluß von zwei anderen Klubs, Sampierdarenese und Andrea Doria, entstanden.

Die letzten beiden Derbys lagen durch den unerwarteten Abstieg sowohl von Torino wie auch von Genoa in die Seria B momentan auf Eis, doch ihre Wurzeln reichten so tief, daß niemand an einem baldigen Wiederaufleben zweifelte.

Wenn man die Großstädte hinter sich läßt und sich den Derbys in der Provinz zuwendet, dann liegt es nur auf der Hand, daß sie weniger brisant sind. (Obwohl man mir oft erzählt hat, daß die Zahl der Toten im Stadion die Zahl der

Lebenden nach Spielende übersteigen würde, sollten Napoli und das nah gelegene Salerno einmal in derselben Liga aufeinandertreffen.)

Unser Derby schien allerdings nur auf dem Papier eines zu sein. Die beiden ersten Vereine aus den Abruzzen, die es in die Seria B geschafft hatten, würden sich gegenüberstehen, und von daher hatte es eher den Charakter eines Volksfestes denn eines Bürgerkriegs. Es war nun mal so, daß zwischen Pescara, einem Badeort und Fischereihafen mit 125.000 Einwohnern, und Castel di Sangro, einem winzigen, 100 Kilometer entfernten Dorf von Schweinezüchtern, Trüffelsuchern und Kleinkrämern hoch in den Bergen, einfach noch nie ein Zwist existiert hatte, um einen Haß aufeinander zu begründen.

Daher herrschte an dem sonnigen und für die Jahreszeit ungewöhnlich warmen Sonntag des Spiels Feiertagsstimmung. Der Geist der Kameradschaft war noch durch die Nachricht bestärkt worden, daß Le Donne Biancazzurre, der weibliche Fan-Klub der Mannschaft von Pescara (der Name rührt von den blau-weißen Vereinsfarben), eine Gedenkmesse für Pippo und Danilo arrangiert hatte, die nur ein paar Stunden vor dem Spiel gefeiert werden sollte. Di Vincenzos Familie war noch zu sehr in Trauer, um teilzunehmen, doch Biondis Mutter und Schwester würden anwesend sein.

Meine Frau Nancy hatte im Oktober Castel di Sangro besucht. Sie ist professionelle Fotografin und hatte viele Aufnahmen gemacht, darunter ein Porträt von Biondi. Ich hatte es aus den Staaten mitgebracht und nahm es am Tag des Derbys mit nach Pescara, um es gemeinsam mit einem kurzen Brief in meinem besten Italienisch Pippos Mutter zu überreichen.

Ich fuhr mit Gabriele und Maria Teresa zur Kirche. Gabriele wollte allerdings gar nicht an der Messe teilnehmen. Er wollte pünktlich zu ihrem Ende eintreffen, so daß er aus dem Wagen springen, die Kirchenstufen hinaufhasten und schnell Biondis Mutter umarmen konnte, um ein anrührendes Foto für die Zeitungen zu liefern.

Entweder waren wir zu früh aufgebrochen, oder er war zu schnell gefahren, oder die Messe hatte zu lange gedauert. Jedenfalls mußten wir fünf- oder sechsmal um die Kirche herumfahren, wobei Gabriele mit jeder Runde nervöser wurde und häufiger auf seine Armbanduhr blickte, bis die Türen endlich aufgingen und die Besucher der Messe hinaus ins Licht der Mittagssonne traten.

Er absolvierte seinen Auftritt, und anschließend überreichte ich Pippos Mutter das Foto und den Brief. Es erschien mir unpassend, sie oder die Schwester, die nur ungefähr ein Jahr jünger war als Pippo, zu umarmen, aber genausowenig konnte ich mich einfach abwenden. Da stand ich also und wußte nicht, was tun, bis ich schließlich herausplatzte: »Als Pippo starb, war mir, als verlöre ich meinen eigenen Sohn.«

Da begannen beide, zu schluchzen und mich zu umarmen. Und dann standen wir drei – ich bis zu diesem Moment ein völlig Fremder für die beiden – für einen mir endlos erscheinenden Moment dort auf den Kirchenstufen im strahlenden Sonnenlicht und weinten.

Am Nachmittag wirkte Pescara wie Südkalifornien im Juni. Ich spazierte gemächlich durch die hübsche Umgebung des Stadions und genoß die Sonne ebenso wie die ungewöhnliche Atmosphäre eines ländlichen Jahrmarktes. Zu meiner Überraschung begegnete ich Fusco, der Sporthemd und Sandalen trug und in Begleitung einer attraktiven jungen Frau war.

»Squalificato«, erklärte er. Heute wäre er wegen zu vieler gelber Karten gesperrt. Dann stellte er mir stolz seine neue fidanzata vor. Die Verlobung war zu Weihnachten in Neapel bekanntgegeben worden.

Er hatte natürlich nicht müßig unter einem schattigen Baum vor dem Stadion in der Hoffnung herumgestanden, daß ich zufällig vorbeikäme, sondern auf Alberti gewartet, den Nestor der Mannschaft, der heute ebenfalls gesperrt war.

Als ich das hörte, wollte ich gleich weiter, denn ich hatte keine Lust, mir den heutigen Tag dadurch verderben zu lassen, ein weiteres Mal von Alberti die kalte Schulter gezeigt zu bekommen. Doch bevor ich verschwinden konnte, erschien er schon in Begleitung seiner Frau und seines zehnjährigen Sohnes.

Wie üblich ignorierte mich Alberti, doch tauchte gleich ein Problem auf. La Società hatte ihm offenbar gesagt, Fusco habe drei Eintrittskarten für ihn, doch es waren nur zwei. Jetzt war es nur noch eine halbe Stunde bis zum Spiel, und die Anhänger von Pescara drängten sich in Massen vor den Stadiontoren.

Ich muß gestehen, Alberti war mir gleichgültig. Doch nicht sein zehnjähriger Sohn. Der Junge hatte sich auf die vielleicht einzige Gelegenheit in seinem Leben gefreut, bei einem wichtigen Spiel neben seinem Vater sitzen zu dürfen. Mein eigenes Ticket galt für die Ehrentribüne, genauso wie die von Fusco und die beiden, die er Alberti gegeben hatte. Dem Jungen dämmerte gerade erst, daß es da ein Problem geben könnte, als ich ihm meine Karte in die Hand drückte und in der Menge verschwand. Was soll ich groß sagen? Es war mein Tag für gute Taten.

Aber wie sollte ich jetzt das Spiel sehen? Bis ich einen der Kurveneingänge erreichte, an denen die letzten Stehplatzkarten verkauft wurden, hatte das Spiel bereits begonnen. Und noch bevor ich mich durch die Hundertschaften von Pescara-Fans kämpfen konnte, die die Treppen zu den oberen Rängen verstopften, brach um mich herum frenetischer Jubel aus. Pescara hatte bereits ein Tor geschossen!

Mit einer letzten verzweifelten Anstrengung erreichte ich den Stehplatzbereich und zog mich zwei Sprossen an einem Flutlichtmast hoch, um besser sehen zu können. Das erste, was ich sah, war, wie Bonomi aus achtzehn Metern so hart abzog, daß selbst Morgan De Sanctis machtlos war. Tor! Mein Gott, es stimmte wirklich. Wir waren die lazzarati. Hingerissen schrie ich: »Claudio, Claudio, bravissimo! Bellissimo! Forza Bonomi! Forza Castel di Sangro!«

Sofort registrierte ich die Stille um mich herum. Und dann die unverblümt feindseligen Blicke. Eigentlich mehr ein grimmiges Funkeln. Soviel zur Volksfest-Atmosphäre. Letztendlich war es doch ein Derby. Und ich hatte gerade das Dreisteste (und Selbstmörderischste) getan, was ein tifosi bei einem Spiel tun kann: Ich hatte ein Tor meines Vereins inmitten von Anhängern des Gegners bejubelt.

Wütendes Murren von Grüppchen junger Männer mit nacktem Oberkörper und blauweißen Schals um den Hals machte mir die Gefahr bewußt, in der ich mich befand. Mein Jubel war nicht nur deplaziert, sondern auch provokant gewesen.

»Permesso ... scusi ... permesso ... scusi, per favore«, murmelnd quetschte ich mich durch die dichte Menge, ungeachtet des lauter werdenden Grollens hinter und über mir. Den Leuten auf die Füße tretend, aber niemals innehaltend und nicht einmal – nicht ein einziges Mal – zurückblickend, schaffte ich es in zehn Minuten zum Fuß der Treppe und aus dem Stadion hinaus.

Meine Erleichterung wich schnell der Erkenntnis, daß ich nun zwar in Sicherheit war, aber auch nichts vom Spiel sehen konnte. Statt dessen stand ich am Rand eines Parkplatzes barhäuptig in der sengenden Sonne, und da alle Kartenschalter längst geschlossen waren, auch bar jeder Möglichkeit, zurück ins Stadion zu kommen.

Es war Halbzeit. Da ich keine weiteren Jubel- oder Entsetzensschreie gehört hatte, nahm ich an, daß es immer noch 1:1 stand. Bald verriet mir der ansteigende Geräuschpegel im Stadion, daß die Mannschaften wieder auf den Platz gekommen waren. Da erst begriff ich, daß ich mir den Rest des Spiels vom Rand eines staubigen Parkplatzes würde anhören müssen. Und zwar nicht mittels der wunderbaren Erfindung Radio, sondern allein dadurch, daß ich Lautstärke und

Tonlage des Lärms der Menge interpretierte, fast so wie ein Hund, der im Wald die Ohren spitzt, wenn er Äste knacken hört.

So saß ich denn, jede der restlichen fünfundvierzig Minuten auf meiner Armbanduhr verfolgend, aufmerksam im Gras neben dem Parkplatz und folgerte – wie sich später herausstellte mit ziemlicher Genauigkeit –, daß Pescara wiederholt gegen das Tor von Castel di Sangro anrannte, aber keinen Treffer erzielen konnte.

Zugegeben, ich verpaßte einige gute Szenen: etwa, daß sich Altamura schon früh in der zweiten Halbzeit einen Platzverweis einhandelte und wir fünfunddreißig Minuten mit zehn Mann spielen mußten oder daß es erneut eine verblüffende Leistung von Luca D'Angelo war und nicht irgendwelche Glanzparaden von De Juliis, die uns das Unentschieden rettete. Doch am Ende des Spiels war ich mir des Ergebnisses so sicher, als stünde ich immer noch auf dem Flutlichtmast.

Alberti und sein Sohn entdeckten mich leicht in der kleinen Gruppe, die sich vor der Kabine von Castel di Sangro versammelt hatte. Alberti schüttelte mir einfach die Hand und stieß ein »Grazie« hervor. Sein zehnjähriger Sohn jedoch, der ein fast makelloses Englisch sprach, sagte: »Das meint mein Vater ernst, er ist nur etwas zurückhaltend. Und ich möchte Ihnen auch danken. Es hätte mir das Herz gebrochen, wenn ich dieses Spiel nicht mit meinem Vater hätte ansehen können.«

»Nicht der Rede wert«, erwiderte ich. »Ich glaube, wir können froh sein, ohne deinen Vater ein Unentschieden herausgeholt zu haben, denn er ist ein sehr wichtiges Mannschaftsmitglied.«

»Ja und nein«, sagte der Junge. »Es stimmt, daß er gewitzt und sehr erfahren ist. Aber es gibt vieles, was er nicht mehr so gut wie früher beherrscht. Und meiner Meinung nach hat Michelini heute so toll gespielt, daß mein Vater nicht vermißt wurde. Haben Sie das nicht auch so gesehen?«

»Doch, natürlich. Aber ich meine, es ist immer besser, wenn dein Vater spielen darf.«

»Für unsere Familie sicherlich. Denn in einem Jahr wird mein Vater nicht mehr spielen können, dann ist er zu alt. Und ich weiß nicht, wie es dann mit uns weitergehen wird. Meine Mutter und mein Vater sprechen sehr oft darüber, und ich mache mir auch Sorgen.«

»Ach, ich bin mir sicher, daß er zurechtkommt. Dein Vater ist ein sehr intelligenter Mann. Er wird sich auch nach dem Ende seiner Karriere gut um euch kümmern.«

»Ja, er ist intelligent. Aber woher wissen Sie das? Er sagt, daß er demonstrativ nie mit Ihnen spricht, weil er meint, Sie würden sich wie ein Idiot aufführen.«

Gott sei Dank tauchte genau in diesem Moment Marcella neben mir auf und bot mir eine Rückfahrgelegenheit nach Castel di Sangro an. Gravina hatte mir bereits erklärt, daß er für ein Festessen in Pescara bleiben wollte, und es würde viel schneller gehen, mit Marcella zurückzufahren, statt mit dem Mannschaftsbus. Außerdem wollte ich nun nichts wie weg, bevor mir noch mehr zu Ohren kam, was Alberti womöglich über mich gesagt hatte.

Die Zeitungen am Montag waren voll des Lobes. *Il Messaggero* schrieb zum Beispiel: MCGINNISS: »EIN WEITERES UNVERGESSLICHES ERLEBNIS FÜR MEIN BUCH«. Ich las weiter. »Als ich nach Amerika zurückflog«, hatte ich angeblich gesagt, »da hatte Castel di Sangro nur den Willen. Jetzt erlebe ich eine Mannschaft, die taktisch gut eingestellt und hervorragend vorbereitet ist und mehr Kampfeswillen besitzt, als ich mir je hatte vorstellen können. Ich bin überglücklich, ja, fast zu Tränen gerührt.« Die Anforderungen wurden heruntergeschraubt. Diesmal hatten sie mich gar nicht erst interviewt, bevor sie alles erfunden hatten.

Trotzdem war die Zeitungslektüre aufschlußreich. Aus einer anderen erfuhr ich, daß Antonellos Frau Sabrina zurückgekehrt war. Sie hatte am Samstagabend ein Telefoninterview gegeben, nachdem Antonello mit der Mannschaft nach Pescara gefahren war. Selbst wenn ein Teil frei erfunden war, fürchtete ich doch, Sabrinas Medikation könnte noch nicht richtig eingestellt sein.

Sie hatte dem Journalisten erzählt, daß ihr Di Vincenzo seit seinem Tod regelmäßig im Traum erschiene. Aber nicht nur das: »Er spricht mit mir wie Jesus. Er sagt mir, ich solle mich nicht fürchten. Er sagt, Castel di Sangro schaffe la salvezza. Er sagt, Gott habe ihm das persönlich mitgeteilt.« Außerdem habe ihr Danilo aufgetragen, all seinen Freunden zu versichern, daß er gute Spiele in der »Liga der Ewigkeit« abliefere.

In einer dritten Zeitung bediente sich Jaconi des lazzarati-Motivs und legte noch eins drauf. »In paradiso ci vanno i santi ma anche gli uomini di buona volonta.« Nicht nur Heilige kommen in den Himmel, auch Männer, die guten Willens sind. Ich schloß, daß er sich nun, nach zehn Punkten aus vier Spielen, selbst als einen solchen betrachtete.

Nun ja, das Spiel gegen Pescara hatte an seinem 50. Geburtstag stattgefunden, da hatte er wohl einen Anspruch darauf, kurz über die Ewigkeit nachzudenken. Und bei Gott, selbst mit drei Siegen und einem Unentschieden im Januar war Castel di Sangro nicht gerade ein Garten Eden.

KAPITEL 25

Ich entdeckte schnell, daß nicht alle im Ort an die lazzarati-Theorie glaubten. Tatsächlich schrieb eine recht große Fraktion Ungläubiger alle drei Heimsiege zwei Faktoren zu, die nichts göttlicher Fürsprache zu verdanken hatten. Der eine hieß Januar, der andere Claudio Bonomi.

Der Januar-Faktor war einfach dieser: In Castel di Sangro war es bitterkalt und ununterbrochen stürmisch gewesen. Lecce und Salernitana, die beide aus dem tiefsten Süden stammen, hatten sich nicht akklimatisieren können. Und selbst in Genua herrscht ein vergleichsweise mildes, maritimes Klima. Von den vorhergegangenen furchteinflößenden Erlebnissen der Genueser in den Abruzzen wollen wir gar nicht reden.

Den Einfluß der Wetterverhältnisse sollte man nicht unterschätzen. Castel di Sangro trainierte jeden Tag unter solchen Bedingungen und in einer Höhe von etwa 900 Metern, was zwar nicht mit La Paz vergleichbar, aber auch nicht gerade Meereshöhe ist. Den Motivationsschub, den die Einstellung »Wir-müssen-für-Pippo-und-Danilo-siegen« brachte, sollte man ebenfalls nicht gering achten, wenn aber die beiden so tragisch verunglückten Teammitglieder der zwölfte und der dreizehnte Mann auf dem Platz waren, dann waren der Wind, die Kälte und der gefrorene Rasen Nummer vierzehn, fünfzehn und sechzehn.

Und als Bonus besaßen wir einen Roberto Alberti in Höchstform. Zweifellos hatte er die mentalita bei jedem Wetter, aber im Januar verband sie sich wirkungsvoll mit seiner zierlichen Gestalt, den kurzen Schritten und seinem guten Gleichgewichtssinn. Während andere auf dem Eis ausrutschten und stürzten, blieb er auf den Beinen und Herr der Lage. Tatsächlich war Alberti in der pagelle des Magazins *Guerin Sportivo* während der Erfolgsserie unser Spieler mit der besten Benotung und erhielt für jedes Spiel eine 7.

In derselben Tabelle, die die Saison bis zum Spiel vom 15. Januar gegen Genua umfaßte, waren sogar drei unserer Spieler unter den zehn Besten der Seria B.

Tonino Martino, der am meisten von unseren drei Heimspielen in Folge profitiert hatte (vorübergehend kein Heimweh), belegte den zehnten Platz. Alberti war fünfter, während Bonomi, der so unerwartet aufgeblüht war wie eine späte Rose, nun als zweitbester Spieler der Seria B eingestuft wurde.

Claudios Vorpreschen (noch bei der Niederlage in Venedig hatte er nur eine 5,5 bekommen) war so plötzlich wie unerklärlich. Schnell war er schon immer gewesen, aber seine Effektivität war durch den Nicht-viel-Grips-Faktor eingeschränkt gewesen. Oft hatte er in exzellenter Position gestanden, ohne zu wissen, was er nun tun sollte.

Doch in Pescara hatte er es gewußt. Am Montag sah ich mir sein Tor auf Video an. Nachdem er zwei Verteidiger versetzt hatte, hatte er den Ball mit einem wuchtigen und angeschnittenen Drehschuß aus mehr als achtzehn Metern ins Netz gezirkelt. Solche Tore sah man normalerweise nur in der Seria A.

Während seiner ersten drei Jahre in Castel di Sangro, alle in der C2, hatte er nur ein Tor in 78 Begegnungen zuwege gebracht. Letztes Jahr in der C1 hatte er vier geschossen, eine Ausbeute, die er in dieser Saison schon jetzt erreicht hatte, drei davon in diesem Monat.

Und es waren nicht nur die Tore. Als Mittelfeldspieler würde Claudio in keiner Liga der Welt unter den Torschützenkönigen landen. Es war sein Spiel insgesamt: die Art, wie er den Gegner durch seine Schnelligkeit und Ballbeherrschung unter Druck setzte, seine anscheinend neuentdeckte Fähigkeit, sich auch ohne Ballbesitz behende von den Bewachern zu lösen und so das Spiel zu öffnen, und natürlich seine harten, unkalkulierbaren Schüsse.

Offensichtlich – und er war der erste, der das zugab – hatte ihn der Tod von Pippo und Danilo dazu bewogen, sich wieder engagierter seinen Aufgaben zu widmen. Diese neue Zielstrebigkeit und Einsatzfreude hatte zu einer konstanten Leistungssteigerung geführt, deren Beginn man fast auf die Stunde genau datieren konnte. War er in den zwölf Spielen 1996 im Durchschnitt auf eine 6.04 gekommen, hatte er im Januar einen Sprung auf 6.87 gemacht.

Claudio war gerade erst 24 geworden. In seiner neuen Form schien er schlagartig eine so vielversprechende Zukunft zu haben wie noch kein anderer Spieler von Castel di Sangro vor ihm.

Und doch blieb er ganz der alte: schnell dein bester Freund, aber langsam im Geiste. Solange Claudio seine Zahnspange trug, konnte man morgens immer erkennen, was er am Vortag zu Abend gegessen hatte. Und wenn man Fußballer in zwei Gruppen unterteilt, in die, die ihre Mütze abnehmen, wenn sie sich zu Tisch setzen, und die, die das nicht tun, dann wirkte Claudio, als würde er sein Leben lang zur zweiten zählen.

Schon am nächsten Abend machte es den Eindruck, als stünde Claudios vielversprechende Zukunft schon vor der Tür. Erste Anzeichen dafür bemerkte ich auf der Party zu Jaconis 50. Geburtstag, die natürlich im *Marcella's* stattfand.

Was die Feier selbst anbelangt, geht man wohl besser nicht ins Detail. Die Beschreibung eines einzigen Geschenks läßt den allgemeinen Charakter des Abends schon erahnen: ein grotesk geschwollener, ja mißgebildeter Keramikpenis im Zustand der vollen Erektion, was in diesem Fall fast 45 Zentimeter bedeutete.

»Galli! ... Galli! ... Galli!« begann die Mannschaft zu skandieren, kaum war das Geschenk ausgepackt. Automatisch guckte Giacomo auf seinen Schritt, ob alles da war, wo es hingehörte, und dann grinsend in die Runde, unschlüssig, ob er sich geschmeichelt fühlen oder beleidigt sein sollte.

Das Geschenk, das Osvaldo von De Juliis' junger Freundin überreicht worden war – vielleicht aus Dankbarkeit dafür, daß er an De Juliis als Nummer Eins festgehalten hatte, obwohl Lottis Ellbogen ausgeheilt zu sein schien –, war ganz offensichtlich das Werk von jemandem, dessen Vorstellungskraft (oder Wunschdenken) seine handwerklichen Fähigkeiten weit überstieg.

Dazu gab es eine von uns allen unterschriebene Glückwunschkarte, auf der stand: »Die Saison ist lang und hart, aber dich muß nur interessieren, wie hart und wie lang.«

Tja, man muß dabei gewesen sein – oder dankbar, daß man es nicht war.

Barbara zählte zu denen, die kurz zum Gratulieren vorbeikamen. Kaum war sie eingetreten, bat sie mich zur Seite und fragte: »Was halten Sie davon?«

»Na ja, ich bin schon auf schlimmeren Parties gewesen. Diese wird wohl auch noch schlimmer, denn sie sind gerade mit dem Grappa durch, und Galli macht jetzt den Tequila auf.«

»Nicht die Party. Wegen Claudio?«

»Wie alle sagen, er spielt wohl in Höchstform. In Pescara hat er ein tolles Tor geschossen.«

»Ich meine die Neuigkeiten über Claudio, Joe.«

»Welche? Hat er sich eine neue Mütze gekauft?«

»Bitte, Joe, ich kann nicht lange bleiben. Ich meine, daß Fiorentina Claudio kaufen will.«

»Wie bitte? Entschuldigung, Barbara, aber das ist ja lächerlich.« Ich schaute hinüber zu Claudio, der einen albernen Partyhut aufhatte, vergnügt sein zehntes Bier kippte und sich tapfer durch ein Päckchen Zigaretten qualmte.

»Ich weiß das aus zuverlässiger Quelle, Joe.«

»Barbara«, hob ich an, wobei sich ein unangenehm belehrender Tonfall in meine Stimme schlich, »Sie kennen Castel di Sangro wahrscheinlich besser, als ich es je kennen werde. Aber glauben Sie mir, ich kenne die Seria A. Und ich kenne Fiorentina sehr gut und weiß, was sie brauchen. Im Mittelfeld haben sie nicht nur Rui Costa und Schwarz, sondern auch

Cois. Und hinter denen Serena, Piacentini und Bigica. Natürlich ganz zu schweigen von Robiati, der auch im Angriff spielen kann, wo sie neben dem hervorragenden Batistuta schon Oliveira und Baiana und auch noch Morfeo haben, einen äußerst vielversprechenden fantasista.

Daher, Barbara, ist ein offensiver Mittelfeldspieler das letzte, was Fiorentina braucht, gesetzt den Fall, Claudio könne auf diesem Niveau spielen. Und ich kann Ihnen versichern, daß er das, so sehr ich ihn auch schätze, nicht kann. Zumindest jetzt noch nicht. Wer immer Ihnen auch erzählt hat, Fiorentina zeige Interesse an Claudio, der hat – fürchte ich – keine Ahnung vom Fußball.«

Barbara nickte höflich. »Danke, daß Sie mir das erklärt haben. Ich konnte ja nicht ahnen, daß sich Gabriele und Maria Teresa einfach vertan haben müssen, als sie mir vor anderthalb Stunden erzählten, Fiorentina würde mehr als eine halbe Million für Bonomi bieten. Doch jetzt kann ich ihnen erklären, daß das bloß ein Mißverständnis war oder daß Mr. Cecchi Gori, der Präsident von Fiorentina, der Gabriele persönlich angerufen hat, sie nur auf den Arm nehmen wollte.«

»Was?! Gabriele und Maria Teresa haben Ihnen das erzählt? Cecchi Gori hat persönlich angerufen?!«

»Ja, aber wozu die Aufregung? Sie haben mir doch gerade erklärt, wieso das gar nicht sein kann. Ich sollte die beiden wohl besser schnell aufklären, denn ich bin mir ziemlich sicher, daß sie in ihrer Naivität das Angebot für bare Münze nehmen.«

In diesem Moment erschien Gabriele höchstpersönlich auf der Party, jedoch in ausgesprochen unfestlicher Stimmung. Er zog Osvaldo sofort zu einem Gespräch unter vier Augen in die Küche. Aber ihr Plausch hatte kaum begonnen, da wurde er durch den Lärm unterbrochen, der entstand, als Galli, bei dem der Tequila zügig zu wirken begann, die Jalousientür zum Waschraum aus den Angeln riß und durch den halben Saal schleuderte.

Gabriele kam gerade rechtzeitig aus der Küche zurück, um mit anzusehen, wie die Gemahlin seines zweitbesten Führungsspielers, der der Tequila ebenfalls bereits den Rest gegeben hatte, mit dem Gesicht in Osvaldos gigantische Geburtstagstorte klatschte, deren liebevoll gestaltete Glasur ein Fußballstadion darstellte. Dadurch ruinierte sie nicht nur die Torte, bevor man sie Osvaldo präsentieren konnte, sondern bespritzte auch noch das neue Wildledersakko, das Gabriele zu Weihnachten bekommen hatte, über und über mit Zuckerguß.

Bei dieser Szene verdrückte ich mich und ging zu Bett. Es war besser, nicht dort zu sein, wenn Gabriele herausfand, daß ich es war, der den Tequila mitgebracht hatte. Aber Claudio zu Fiorentina? Unmöglich. Niemals. Das mußte ein weiterer Schwindel sein.

Doch am nächsten Morgen berichtete *Il Corriere dello Sport*, daß Fiorentina den Veteranen Baiano verkaufen und durch Claudio ersetzen wollte. Und als ich dann eine halbe Stunde zu früh zum Training kam, stand Claudio bereits wartend vor Osvaldos Büro. Bevor ich auch nur eine Frage stellen konnte, öffnete Osvaldo die Tür und bat Claudio hinein. Dabei machte er klar, daß er mich nicht dabeihaben wollte.

Plötzlich traten Tränen in Claudios Augen. »Grazie, grande Joe«, sagte er und umarmte mich fest. »Ich werde euch alle vermissen«, fügte er schluchzend hinzu.

Also stimmte es doch. Plötzlich kam Gabriele den Flur hinuntergewetzt. Brüsk packte er Claudio am Arm, schob ihn ins Büro und knallte die Tür hinter sich zu.

Ich wartete. Nach zwanzig Minuten ging die Tür wieder auf. Claudio kam zuerst heraus. Er kam sofort auf mich zu und umarmte mich erneut. »Sì magari! So Gott will, werd ich's tun.« Dann lief er zur Umkleidekabine, und ich trat hinaus ins Sonnenlicht. Die erste Person, der ich begegnete, war Maria Teresa, die den Platzwarten Anweisungen gab.

»Tolle Neuigkeiten über Claudio«, sagte ich mit gezwungenem Lächeln. »Zumindest toll für Claudio. Vielleicht nicht so toll für die Mannschaft.«

Sie starrte mich mit stahlhartem Blick an. »Das ist nicht wahr. Das ist nicht wahr. Claudio geht nirgendwohin.« Dann ließ sie mich stehen und eilte durch die Tür, durch die ich gerade gekommen war.

Zwei Minuten später kam Guiseppe heraus. »Das ist nicht wahr«, sagte er. »Claudio wird nicht verkauft. Niemals. Und es wäre sehr schlecht für die Società, wenn du so etwas verbreiten würdest.«

»Warum?«

Er machte eine halb wegwerfende, halb verächtliche Geste, als müsse man hoffnungslos naiv sein, um solch eine Frage zu stellen. »Das Angebot von Fiorentina ist zu niedrig. Bevor das nicht höher liegt, werden wir immer sagen: nein, nein, nein, Claudio ist nicht zu haben.«

»Aha«, sagte ich. »Also stimmt es, daß ein Angebot gemacht wurde. Aber Gabriele will mehr Geld rausschlagen.«

»Nein, Joe! Du verstehst nicht. Vergiß es einfach. Nicht dein Problem. Mach dir keine Gedanken. Morgen schreib ich in *Il Centro* die Wahrheit. Claudio bleibt hier, klar? Präg dir das ein. Dann geht alles klar.«

Derart instruiert tat ich so, als würde ich nichts dabei finden, daß Claudio, statt am Training teilzunehmen, am Spielfeldrand kurze Sprints absolvierte, während drei Männer, die ich zuvor noch nie gesehen hatte, seine Zeit nahmen.

Und als ich später in der Umkleide vorbeischaute, um im Rahmen der noch andauernden Festivitäten zu Osvaldos Fünfzigstem einen Pappbecher Champagner zu trinken, tat ich so, als verstünde ich den Scherz nicht, als Michelini »A Lei Fiorentina ...« anstimmte, den allseits bekannten Kurvengesang der tifosi von Florenz.

Aber als ich zum Abendessen zu Marcella ging, war der rote Fiat, der entgegen der Fahrtrichtung schräg am Rand der

Haupt-Einbahnstraße parkte, kaum zu übersehen. Vor allem, als ich den Wagen als den erkannte, in dem ich schon häufig mitgefahren war, meistens zum Training oder zurück. Und erst recht, als ich Claudio am Steuer erkannte, der angeregt in sein Handy sprach.

Ich klopfte an die Scheibe. Er blickte auf und grinste, aber er legte auch den Finger auf die Lippen, daher überließ ich ihn seinen Geschäften. Aber ich registrierte, daß weder Osvaldo noch Claudios beste Freunde in der Mannschaft, Fusco und Martino, an diesem Abend zum Essen ins *Marcella's* gekommen waren. Und sonst ließ keiner von ihnen jemals eine Mahlzeit im *Marcella's* aus.

Daher gab ich nicht viel auf Giuseppes Artikel am nächsten Tag. Natürlich stand Claudio zum Verkauf. Jeder Spieler stand zum Verkauf. Wie Signor Rezza damals gesagt hatte, als ich nach der Besichtigung seines Anwesens zum Spaß mein Scheckbuch reichte: »Man weiß nie. Es kommt immer auf die Höhe des Schecks an.«

In diesem Fall, so erfuhr ich, hatte Gravina ein Angebot über eine Million Dollar erhalten – vermutlich zehnmal mehr, als ihm jemals für einen Spieler geboten worden war –, aber er verlangte 1,5 Millionen. Fiorentina erhöhte schließlich auf 1,2 Millionen, aber Gravina wollte nicht nachgeben.

Am Ende der Woche gab Fiorentina den Transfer des russischen Nationalspielers Andrei Kanschelskis von Manchester United bekannt. Nachdem er im Schnäppchenkeller keinen Erfolg gehabt hatte, hatte sich Cecchi Gori offensichtlich gleich fürs Penthouse entschieden.

Als ich Claudio am Samstagmorgen traf, sagte ich: »Ich hoffe, du bist nicht zu sehr enttäuscht.«

»Nein, Joe«, erwiderte er. »Ich weiß, daß ich in die Seria A kommen werde. Und in meinem Herzen spüre ich, daß mein Platz hier ist. Wir haben Pippo und Danilo verloren. Vielleicht wäre es zuviel, auch noch mich zu verlieren.« Die kindliche

Unbefangenheit der letzten Bemerkung rührte mich fast zu Tränen. Armer Claudio.

Jedenfalls schlossen wir uns wiedervereint in die Arme, auch wenn die Trennung gar nicht stattgefunden hatte. Und als ich wegging, dachte ich: Was immer carattere auch bedeuten mochte, Claudio hatte es im Überfluß.

La Società war nach Pippos und Danilos Tod nicht gänzlich untätig geblieben. Auch wenn Jaconi einen talentierten liberianischen Stürmer namens Robert Zizi abgelehnt hatte, der bei einem Probespiel im späten Dezember zu beeindrucken wußte, hatte er doch widerwillig die Ankunft zweier junger Italiener akzeptiert, die Gravina ausgeliehen hatte.

Daniele Russo war ein großer, schlanker, 23jähriger Mittelfeldspieler aus Rom, der im Vorjahr bei Perugia in der Seria B gespielt hatte. Als Perugia in die Seria A aufstieg, hatte man ihn an einen C1-Verein ausgeliehen, wo er mehr Erfahrung sammeln sollte. Daher kam er nun, obwohl immer noch Perugia gehörend, aus der C1 zu uns.

Gegen Pescara hatte er nicht auf dem Platz gestanden, doch war er in drei früheren Spielen im Januar zum Einsatz gekommen: Gegen Lecce hatte er in den letzten fünfzehn Minuten den erschöpften Bonomi ersetzt, war im Zuge eines Kampfs gegen die Uhr in den letzten zwei Minuten des Spiels gegen Salernitana für Di Fabio gekommen, und in den letzten zwanzig Minuten gegen Genua für Pistella. Seine Mannschaftskameraden waren einhellig der Meinung, daß er Talent besäße, aber noch Spielpraxis brauche, die ihm Jaconi aber wohl nicht gewähren würde, da Russo dazu neigte, sein Spiel gelegentlich durch fantasista-ähnliche Showeinlagen zu beleben, die dem Trainer die Zornesröte ins Gesicht trieben.

Der andere Neuzugang hieß Daniele Franceschini, ebenfalls ein gebürtiger Römer und ein eher defensiv orientierter Mittelfeldspieler, der zwei Tage vor dem Spiel gegen Genua seinen einundzwanzigsten Geburtstag gefeiert hatte. Aus rätselhaften Gründen schien Jaconi gegen Franceschini noch schneller als gegen Russo eine Abneigung gefaßt zu haben, und daher war Franceschini bislang überhaupt noch nicht zum Einsatz gekommen. Wie Cristiano (der schlagartig in der Versenkung verschwunden war, nachdem Alberti das Kommando im tiefgefrorenen Mittelfeld übernommen hatte) stammte er aus dem Nachwuchs von Lazio, wo er so viel Eindruck gemacht hatte, daß er in der letzten Saison mit drei Kurzauftritten in der Seria A belohnt worden war.

Er beeindruckte durch seinen enormen Trainingsfleiß und schien sich dank seines freundlichen Wesens auch außerhalb des Platzes problemlos in die Mannschaft einzufügen, besonders in die Tafelrunde im *Marcella's*. Die Stammspieler waren sich schnell einig, daß Franceschini vielleicht noch besser als Russo war, seine größten Stärken aber dort lagen, wo wir schon gut genug waren, nämlich im Mittelfeld. Daher war es für Jaconi nur zu leicht, ihn als überflüssig abzuhaken.

Tatsächlich erschien es angesichts der Tatsache, daß wir drei Mittelfeldspieler hatten, die zu den zehn Besten der Seria B zählten – und auch Di Fabio, Cristiano und Michelini bewiesen, daß sie auf dieser Position spielen konnten –, auch mir merkwürdig, daß Gravina noch zwei weitere hinzufügen und die Abwehr und den Sturm völlig außer acht lassen wollte.

»Tangenti«, erklärte mir Gigi Prete eines Abends und rieb dabei Daumen und Zeigefinger aneinander. Nebeneinnahmen meinte er damit. Gigi war überzeugt, daß Gravina Bestechungsgelder dafür bekommen hatte, die beiden Spieler auszuleihen. Denn ihre Klubs waren in erster Linie daran interessiert, ihnen die Spielpraxis in der Seria B zu verschaffen, wo sie ihre Fähigkeiten am wirkungsvollsten verfeinern konnten.

Wenn er sie also für – sagen wir – 5.000 Dollar im Monat »ausgeliehen« hatte, dann würde ein gewisser Prozentsatz davon unter der Hand zurückfließen; und zwar nicht an die Società, sondern an Gravina persönlich.

Ich hatte keine Ahnung, ob das stimmte, aber Gigi tat alle Zweifel, die ich äußerte, lachend als ein weiteres Beispiel meiner typisch amerikanischen Naivität ab. Die Praktiken, die er gerade beschrieben habe, und auch noch viel miesere, seien etwas ganz Alltägliches, und das nicht nur in Castel di Sangro, sondern bei allen Vereinen und in jeder Liga. Den einzigen Unterschied, den er machte, war der zwischen dem Norden und dem Süden: Wie bei allen anderen Verbrechen, ob gewalttätig oder nicht, waren auch die korrupten Machenschaften in den Regionen südlich von Rom wesentlich weiter verbreitet.

Ich hatte den Eindruck, daß Gigi während seiner Wanderjahre in den Niederungen der Fußballwelt einiges gelernt hatte. Aber vielleicht kannten sich ja alle Spieler nach zehn Jahren in dem Geschäft so gut aus, und der einzige Unterschied war, daß Gigi bereitwillig darüber sprach.

Jedenfalls bekamen wir in jener Woche einen neuen attaccante. Gionatha Spinesi, 18 Jahre alt, geboren in Pisa und unter Vertrag bei Inter Mailand, wurde gerade rechtzeitig für das Spiel gegen Bari ausgeliehen, das ungeachtet seines Ausgangs den erfolgreichsten Monat in der Geschichte Castel di Sangros beschließen würde.

Von Anfang an war offenkundig, daß Spinesi als etwas Besonderes betrachtet wurde, nicht zuletzt von sich selbst. Und dafür gab es gute Gründe. Mit 17 hatte er für Pisa in der höchsten Amateur-Liga angefangen. Er hatte vier Tore in zehn Spielen geschossen, bevor ihn Inter Mailand einkaufte. Seitdem war er in Inters A-Jugend aktiv gewesen, in der er auch mit 18 immer noch spielen konnte.

Doch Inter hielt ihn für einen derart vielversprechenden Stürmer, daß man ihn so schnell wie möglich zum Profi machen wollte. Und nachdem sie ein paarmal Galli und Pistella im Einsatz gesehen hatten, berichteten Inters Talentspäher, daß Spinesi praktisch jede Minute in jedem Spiel auf dem Platz stehen würde, sollte man ihn an Castel di Sangro ausleihen.

Der Trubel um Spinesi begann bereits, bevor das Gerede um Bonomi abgeflaut war, doch der junge Mann selbst sah, wie es sich für einen Spieler mit Starqualitäten gehört, von solchen Formalitäten wie Testspielen ab und wartete statt dessen in Mailand, bis sich Gravina und die Vertreter von Inter über die Ausleihsumme geeinigt hatten.

In seinem Debüt gegen Bari war nicht viel von ihm zu sehen, aber von allen anderen auch nicht. Nachdem wir in diesem Monat bereits zehn Punkte eingefahren hatten, machte es uns nicht viel aus, gegen Bari zu verlieren. Der Gegner besaß talentierte Spieler im Überfluß und war gerade erst aus der Seria A abgestiegen. Und ganz offensichtlich wollte Bari so schnell wie möglich dorthin zurück.

Wir schafften es, ein 0:0 in die Halbzeitpause zu retten, doch sechs Minuten nach Wiederanpfiff traf Thomas Doll, Baris deutscher Mittelfeldspieler, ins Netz. Ein hervorragendes Beispiel, dachte ich mir, für einen erfolgreichen straniero in der Seria B, ebenso wie der schwedische Mittelfeldspieler Ingesson und ganz zu schweigen vom kolumbianischen attaccante Guerrero.

Daß Jaconi sicherlich Gründe gefunden hätte, alle drei als für Castel di Sangro untauglich abzulehnen, war nur ein schwacher Trost bei einem schwachen Spiel. Claudio wurde im Strafraum gefoult und verwandelte den Elfmeter zum 1:1 (das fünfte Spiel in Folge, in dem er traf), aber Bari legte nach, überrannte trotz Fuscos bester Saisonleistung einfach unsere Abwehr und schoß noch zwei weitere Tore.

Und so endete l'andata; die Hinrunde war vorbei. In der kommenden Woche, in der frostigen Düsternis des Februars, würde il ritorno, die Rückrunde, beginnen, die bis zur Höllenglut, Dürre und mörderischen Sonne des späten Juni andauern und uns zunehmend unter Druck setzen beziehungsweise in tiefste Verzweiflung stürzen würde.

Zur Halbzeit sah der Punktestand jedenfalls wie folgt aus:

Lecce	38
Torino	34
Pescara	31
Brescia	31
Bari	29
Ravenna	27
Empoli	27
Genoa	25
Lucchese	24
Chievo Verona	24
Foggia	24
Padova	23
Venezia	21
Cosenza	21
Salernitana	21
CASTEL DI SANGRO	21
Palermo	20
Reggina	20
Cremonese	18
Cesena	17

KAPITEL 26

Die Rückrunde begann für uns mit einer achtstündigen Bustour nach Cosenza in Kalabrien, auf halbem Weg zwischen Bari an der Adriaküste und Reggio Calabria im Westen.

In Cosenza hatte ich im September meine ersten vorsichtigen Schritte in eine neue und wundersame Welt getan; da war das Mittagessen im *Sea River Club* mit Signor Rezza und ein tolles Tor von Di Vincenzo gewesen. Im Februar bedeutete es nur noch, zweimal hintereinander die italienisch synchronisierte Fassung von *Independence Day* im Bus anschauen zu müssen (Galli hatte beim ersten Mal den Plot nicht verstanden).

Cosenza war nicht unbedingt eine Stadt, die man – ob Italiener oder Amerikaner – freiwillig besuchen würde. Man erhielt den deutlichen Eindruck, alle, denen sich die Chance geboten hatte, hätten die Stadt bereits verlassen, und den restlichen 80.000 sei nur keine andere Wahl geblieben. Dies war die Seria B von ihrer trostlosesten Seite: man verbringt 37 Stunden damit, im Bus zu sitzen, zu essen und in der tristesten Umgebung zu übernachten, die man sich vorstellen kann – allein wegen eines Fußballspiels von 90 Minuten.

Altamura war weiterhin gesperrt, und Cei hatte seine kleine Tochter nach Perugia ins Krankenhaus bringen müssen, nachdem sich ihre Grippe zu einer Lungenentzündung ausgewachsen hatte. Das Kind lag auf der Intensivstation, und Davide und seine Frau waren bei ihm geblieben. Um es noch schlimmer zu machen, hatte Jaconi beschlossen, unserem neuen Wunderknaben Spinesi die Begegnung mit den möglicherweise rauhbeinigen Verteidigern Cosenzas zu ersparen, und statt seiner Galli und Pistella aufgestellt, was für uns soviel hieß, wie mit neun Spielern und zwei Kleiderständern anzutreten. De Juliis blieb natürlich im Tor.

Die Sache schien schon gelaufen und unser Schicksal besiegelt, als sich der unachtsame Prete nach nur fünfzehn Minuten im eigenen Strafraum versetzen ließ und seinen Gegner daraufhin plump von den Beinen holte. De Juliis bekam nicht mal die Fingerspitzen an den fälligen Elfer. Also 1:0 für die padroni di casa, für die Hausherren.

In der Hinrunde hatten wir von neun Auswärtsspielen sieben verloren, nur zwei Unentschieden geschafft und waren einem Sieg nicht einmal nahe. (Kein Wunder, daß Galeano von der Manie des Fußballfans schreibt, »die Realität auszublenden«. Wenn einem sonst nur Auswanderung oder Selbstmord übrigbleibt, kann das doch als Inbegriff geistiger Gesundheit verstanden werden.) Noch deprimierender als diese erbarmungswürdige Ausbeute war jedoch, daß wir in diesen neun Spielen selbst nur zwei Törchen geschossen hatten. Da war das geschenkte Tor für Galli in Empoli und erst letzten Sonntag Bonomis Mordsknaller in Pescara.

Und während der ganzen neunzig Minuten von Cosenza machten wir den Eindruck, als wären wir nicht einmal in der Lage, ein Tor zu schießen, wenn Cosenza aufblasbare Puppen statt Spieler auf den Platz gestellt hätte. Nur gelegentlich entlasteten Vorstöße in die gegnerische Hälfte, meist durch den plötzlich unermüdlichen Bonomi und den hageren Daniele Russo, der erstmals von Beginn an spielte, unsere Hintermannschaft. Nur weil Cosenzas Stürmer auch nicht besser waren als unsere, kassierten wir keine schlimmere Packung. Besonders Prete bot von Anfang bis Ende eine traurige Vorstellung. Als Osvaldo in der zweiten Halbzeit dann doch noch Spinesi brachte, konnte sich der Junge einfach nicht in den Spielfluß einbringen (höchstwahrscheinlich, weil es gar keinen gab) – es wäre besser gewesen, man hätte ihn auf der Bank in Ruhe gelassen.

Schließlich gab es noch drei Minuten Nachspielzeit. Auch in denen spielte sich nichts ab, und ich wollte mich gerade hängenden Hauptes auf den Weg zur Kabine machen, als wir noch einen Eckstoß herausholten. Bonomi führte ihn aus, Luca D'Angelo war noch vor zwei Verteidigern mit dem Kopf am Ball und lenkte ihn zu Russo, der sich am rechten Torpfosten aufgebaut hatte. Russo schob die Kugel sofort – wie ein richtiger Profifußballer! – an Cosenzas Schlußmann vorbei, exakt in dem Moment, in dem der Schiedsrichter abpfiff.

Cosenza protestierte lang und heftig, aber er blieb standhaft, und wir gingen, einigermaßen verblüfft darüber, daß uns ein Unentschieden geglückt war, vom Platz.

Die Rückfahrt gestaltete sich immer noch lang, aber erträglich. Für mich um so mehr, da ich direkt vor dem ruhigen und schüchternen Russo saß, der verhalten in sein Handy frohlockte und seinen Eltern, der fidanzata, ehemaligen Kollegen und Schulfreunden immer wieder dasselbe erzählte: »Ich kann es nicht fassen! Ich habe zwei Sekunden vor Schluß ein Unentschieden rausgeholt! Mein erstes Tor für meinen neuen Klub! Ich bin so glücklich!«

Russo und Franceschini waren nicht nur talentierte giocatori, sondern auch sympathische und feinfühlige junge Männer. Obwohl keiner von beiden Di Vincenzo oder Biondi gekannt hatte, waren sie sich doch genau im klaren darüber, daß sie nur in Castel di Sangro waren, weil die anderen zwei umgekommen waren. Sie drängten sich nicht auf und merkten instinktiv, daß ihre neuen Mannschaftskameraden das schreckliche Erlebnis noch nicht verdaut hatten. Nicht daß sie den ganzen Tag auf Zehenspitzen herumliefen, aber es war deutlich, daß sie echtes Bedauern für ihre Vorgänger empfanden.

Da war zum Beispiel die Geschichte mit Di Vincenzos Stuhl. Während Pippo neben Cristiano und Rimedio an der einen Seite des Tisches gesessen hatte, hatte Danilo von Saisonbeginn an am Fuß des Tisches Platz genommen. Nach seinem Tod blieb der Stuhl unbesetzt und wurde dann eines Tages einfach entfernt. Ich habe nie ein einziges Wort darüber gehört. Es schien wie selbstverständlich dem allen Spielern gemeinsamen Sinn für Anstand und Respekt zu entspringen.

Marcella arrangierte die Sitzordnung neu, und damit war der Fall erledigt.

Als Russo und Franceschini kamen, setzten sie sich einfach zwischen die anderen. Keinem von beiden fiel ein, einen Stuhl an Danilos alten Platz zu stellen, oder falls doch, muß sie wohl jemand dezent aufgeklärt haben.

Aber Spinesi war von einem ganz anderen Schlag. Beim ersten Abendessen mit der Mannschaft fragte er, warum der Platz am Ende des Tisches nicht gedeckt sei. Ich glaube, es war Luca D'Angelo, der ihm erklärte, daß Di Vincenzo dort gesessen hätte.

»Jetzt nicht mehr«, sagte Spinesi, holte sich einen Stuhl von einem Nebentisch und forderte Marcella auf, den Platz für ihn zu decken.

Na ja, er war erst achtzehn, kam von Inter und trug die Last der hohen Erwartungen, die in ihn gesetzt wurden. Alles davon konnte man als Entschuldigung für seine Unsensibilität gelten lassen.

Nachdem er sich hingesetzt hatte, guckte sich Spinesi trotzig in der Runde um. Doch niemand kommentierte sein Verhalten. Sicherlich nicht aus Feigheit. Und bestimmt auch nicht, weil die Trauer um Danilo schon verblaßt war. Ich hatte das Gefühl – und ich denke, den anderen ging es ebenso –, daß wir einfach weitermachen mußten und daß Vorfälle wie dieser nun mal dazugehörten.

Mit der Zeit würde Spinesi schon erwachsen werden. Und wenn er Glück hatte, dann würde er auch genügend Tore schießen, um sich den Platz zu verdienen, den er sich jetzt einfach genommen hatte.

Antonello war übers Wochenende mit Sabrina nach Hause gefahren. Seit ihrer Rückkehr aus der Psychiatrie im Januar hatte sie etwas überspannt gewirkt. Mehr als einmal hatte sie ihre Handtasche vor mir auf dem Tisch ausgeleert, ihre diversen Tablettendosen hochgehalten und mir erklärt, für was jede einzelne gut sei und wie ihr die Kombination daraus gegen Erregungszustände, Panikattacken, Brustschmerzen, Depressionen, Konzentrationsschwäche, Kopfschmerzen, Herzrhythmusstörungen, Taubheit der Gliedmaßen, Schlaflosigkeit und Weinkrämpfe geholfen habe.

Sie tat mir leid, aber es tat mir auch leid, daß mein Freund Antonello mit einer lebenden Nebenwirkungsliste verheiratet war. Trotz ihres Vorrats an Medikamenten pflegte Sabrina schon bald wieder eines oder gleich mehrere der aufgezählten Symptome zu verspüren und dann meine Hand zu ergreifen und mir – oder Marcella oder wer auch immer in der Nähe war – anzuvertrauen, daß sie alle Hoffnung aufgegeben habe, je wieder ganz gesund zu werden.

Am Montagabend rief mich Antonello an. Er erzählte mir, daß er sich am Wochenende beim Krafttraining verletzt habe und glaube, in Rimini, was ganz in der Nähe von Fano ist, die richtige Physiotherapie zu bekommen. Daher würde er diese Woche nicht zum Training erscheinen.

Ich fragte ihn, ob er das schon Osvaldo mitgeteilt habe. Er meinte ja, aber die Reaktion sei ausfallend und verletzend gewesen. Osvaldo habe ihn beschuldigt, er würde nur wegen der »verrückten Sabrina« in Fano bleiben. Und dann habe er noch gesagt, daß Sabrina Antonellos Karriere ruinieren würde, zumindest die bescheidene Karriere, die ihm ohne Sabrina beschieden gewesen wäre.

Antonello fragte mich, was er tun solle. Ich riet ihm, umgehend zurückzukommen und sich morgen zum Training zu melden. Er solle sich in die Obhut des Trainers und der Ärzte von Castel di Sangro begeben, dann könne ihn Jaconi wenigstens nicht als Simulant hinstellen.

»Aber da gibt es ein Problem, Joe«, sagte er. Und dann verriet er mir, was er Jaconi nicht erzählt hatte: Sabrina hatte beschlossen, daß all ihre Medikamente nutzlos seien und daß die einzige Heilungsmöglichkeit in der Akupunktur läge. Der Himmel weiß, aus welcher Zeitung oder Fernsehsendung sie diese Idee hatte, aber sie wollte auf der Stelle mit der Behandlung beginnen, und Antonello sollte wenigstens während der ersten Tage bei ihr bleiben.

»Akupunktur, Anton'? In Fano?«

»Chissà!« erwiderte er. Das war es jedenfalls, was Sabrina wollte, und das würde sie dann auch bekommen. Und auch ihre Mutter und ihr Vater, bei denen sie wohnten, wenn sie in Fano waren, hielten es für unabdingbar, daß Antonello bliebe. (Dabei wies er mich wieder einmal darauf hin, daß ihre Eltern ihm immer noch nicht verziehen hatten, Sabrina schon vor der Hochzeit geschwängert zu haben.)

»Was soll ich tun?« fragte er.

»Woher zum Teufel soll ich das wissen?« erwiderte ich.

Das war jetzt nicht gerade besonders hilfreich, aber wenn ich mich auf italienisch unterhielt, besonders am Telefon, nahm ich bisweilen die erste halbwegs passende Redewendung, die mir einfiel, statt mühsam nach den richtigen Worten zu suchen.

»Ach, Joe«, meinte dieser 25jährige italienische Fußballspieler, der einer meiner engsten Freunde auf Erden werden sollte, »man hat's nicht leicht.«

»In der Tat«, erwiderte ich.

Und so ging die lange, harte Saison weiter.

Mir fiel auf, daß ich seit meiner Rückkehr Signor Rezza gar nicht gesehen hatte. Angesichts seines Alters und des unbeständigen Wetters dachte ich mir, der alte Herr sei vielleicht krank geworden.

Nichts dergleichen, versicherte mir Barbara. Er sei in seinem jährlichen Winterurlaub in Saudi-Arabien.

»Saudi-Arabien?«

»Ja«, meinte sie, »anscheinend ist eine bestimmte Stelle des Roten Meeres ein wahres Tauchparadies.«

»Barbara! Sie wollen mir doch wohl nicht erzählen, daß Signor Rezza tauchen geht!« Ich war mir sicher, daß ihn allein die Last seiner Sünden so schnell absaufen lassen würde, als hätte er Betonsocken an den Füßen.

»Nein, Joe«, erklärte sie. »Selbstverständlich taucht Signor Rezza selbst nicht, er geht nicht mal schwimmen. Aber seine andere Nichte, Elena, und ihr Mann, der Kieferorthopäde, sind Sporttaucher.«

»Aber wieso Saudi-Arabien?«

»So wie ich das verstanden habe«, sagte Barbara, »und auch in diesem Fall würde ich an Ihrer Stelle diesbezüglich nicht nachfragen, hat Signor Rezza Geschäftsinteressen in Saudi-Arabien.«

»Was macht er da? Baut er König Fahd eine Moschee?«

»Ich hoffe, Sie denken vorher nach, bevor Sie mit anderen so reden wie mit mir, Joe. Einige Ihrer Kommentare könnten von gewissen Leuten für deplaziert gehalten werden. Außerdem könnte es durchaus von Signor Rezzas Wohlwollen abhängen, ob Sie weiterhin die Unterstützung der Società genießen werden.«

»Kein Problem, Barbara. Ich weiß zum Beispiel immer noch nicht, wie man auf italienisch sarkastisch ist.«

»Dem Himmel sei Dank«, sagte sie. »Aber ich habe immer noch das Gefühl, daß alles einfacher war, als Sie noch niemanden verstehen konnten und niemand Sie verstehen konnte.«

Gott sei Dank erholte sich Ceis Baby wieder völlig, doch weil seine Frau noch bei dem Kind im Krankenhaus blieb, wurde il capitano vorübergehend Kunde im *Marcella's*.

Eines späten Abends sah ich ihn alleine dasitzen und konzentriert lesen. Als ich an seinem Tisch vorbeikam, blieb ich stehen, um zu sehen, welches Buch er las. Zu meiner Überraschung war es *Der große Gatsby*.

»Gefällt dir das?« hatte ich die Geistesgegenwart zu fragen.

Er legte das Buch hin, und ein Lächeln trat auf sein kantiges Gesicht. Er hatte wohl gar nicht gewußt, daß ich immer noch im *Marcella's* war, aber ich war genau der Mann, den er jetzt sehen wollte.

»Ja«, erwiderte er und klopfte auf das Buchcover. »Es ist sehr unterhaltsam und gewährt tiefe Einblicke in den menschlichen Charakter.« Besser kann man das Buch wohl kaum in einem Satz beschreiben.

Aber Cei hatte eine spezielle Frage. Er bot mir einen Platz an. Dann begann er rasch etwas mit einem Kuli auf eine Serviette zu zeichnen.

»Isola Lunga«, fragte er, »è a est o ovest di New York City?«

»Est«, sagte ich bestimmt. Solange es um Geographie ging, war ich auf sicherem Terrain. Long Island liegt ganz sicherlich im Osten von New York.

Er schob mir die Serviette rüber. Ich nickte. Cei hatte eine genaue, wenn auch grobe Skizze der Lage von Long Island und New York City gezeichnet.

»Das ist richtig«, sagte ich.

Aber Davide schüttelte den Kopf.

»Nel libro, sono due uova, no?« fragte er.

»Scusa? Non capito, Davide.«

»Due uova«, wiederholte er. »L'Uovo Est e l'Uovo Ovest.«

Ach so, na klar! East Egg und West Egg. »Sì, sì«, sagte ich.

»Communque«, erwiderte Cei, »mi confondo.« Er war verwirrt. Ich schaute noch mal genau auf seine Skizze. Er hatte zwei Ovale gezeichnet, wo die beiden Küstenstädte East Egg und West Egg liegen müßten, gäbe es sie wirklich. East Egg verstünde er ja, meinte er, aber wie könne ein Ort, der »West« hieße, auch im Osten liegen? Wenn er »westlich« läge, könne er ja nicht östlich von New York City und somit auch nicht neben East Egg liegen.

Madonna, wie sollte ich jemandem, der keine 100 Kilometer von Florenz geboren und aufgewachsen war, erklären, daß ein Vorort einfach deswegen »West« heißen konnte, weil er westlich seines gleichnamigen Nachbarortes lag, selbst wenn beide östlich der Großstadt lagen?

Ich versuchte es, aber aufgrund meiner rudimentären Sprachkenntnisse und seiner strengen Logik hatte ich wohl nicht viel Erfolg. Schließlich sagte ich: »Glaub mir einfach, Davide! Das stimmt.«

Er schaute noch mal auf seine Karte, zerknüllte sie und nickte mir lächelnd zu. Okay, in diesem Falle würde mein Wort reichen. Schließlich wäre ich ein scrittore americano, und Fitzgerald war auch ein scrittore americano, daher müßte ich ja in den dunklen Geheimnissen der amerikanischen Geographie genauso bewandert sein wie der ältere Autor.

Die USA waren auch am nächsten Tag wieder ein Thema. Lotti kam zu mir und erzählte, wie frustriert er darüber sei, daß Jaconi nicht einmal mit ihm rede, geschweige denn ihn spielen lasse, und daß er bereit sei, den Verein zu verlassen, ja sogar Italien, wenn er nur irgendwo einen sicheren Platz als Stammspieler bekäme. Dann erkundigte er sich nach der neuen Profi-Liga in den Staaten.

Der einzige Verein, über den ich überhaupt etwas wußte, war New England Revolution, und das auch nur ganz oberflächlich und allein durch meine Bekanntschaft mit Lalas, der jetzt dort unter Vertrag stand. Es stellte sich aber heraus, daß Lalas' Agent, mit dem ich ein paarmal gegessen hatte, als ich für den O. J.-Simpson-Prozeß in Kalifornien war, gleichzeitig auch der Agent des neuen Managers von Revolution war. Und der wiederum hatte mir erzählt, daß Thomas Rongen, der neue Trainer, vor allem einen erstklassigen Torhüter suchte.

Und so begann mein eigener kurzer Ausflug in die Welt der Spielervermittler. Ich faxte einen euphorischen Bericht über Lotti an Rongen. Er antwortete umgehend und drängte Lotti, ihm Videoaufzeichnungen von Spielen zu schicken. Innerhalb von 48 Stunden hatte Rongen sie studiert und meldete sich – diesmal telefonisch statt per Fax – bei mir.

»Der Knabe macht einen erstklassigen Eindruck«, sagte Rongen. »Fast zu gut, um wahr zu sein. Aber erklären Sie mir noch mal, warum er immer noch auf der Bank sitzt, obwohl seine Verletzung doch auskuriert ist?«

»Sie mögen das unglaublich finden«, erklärte ich, »aber es ist wahr: Der einzige Grund dafür, daß Lotti nicht zum Einsatz kommt, was wiederum der einzige Grund dafür ist, daß er für Sie spielen möchte, ist der, daß zwischen dem Trainer und dem anderen Torwart eine Art Vater-Sohn-Verhältnis existiert.«

»Das ist ja lächerlich«, meinte Rongen. »Entschuldigen Sie, wenn ich das so frei heraus sage, aber kein professioneller Trainer auf der Welt kann so blöd sein, den besseren Torwart auf der Bank zu lassen, nur weil er den schlechteren zufällig mag. Ich bin jetzt schon einige Jährchen im Geschäft, und eins kann ich Ihnen sagen: Wenn ich jedes Jahr eine Mannschaft aufgestellt hätte, die ausschließlich aus Spielern bestand, deren Persönlichkeit mir gefallen hätte, dann würde ich immer noch nach meiner ersten Elf suchen.«

»Verstehe. Aber der Typ, um den es hier geht, Mister Jaconi, nun ja ... seine Entscheidungen sind nicht immer leicht zu erklären.«

»Nein, nein, nein«, sagte Rongen. »Bei allem gehörigen Respekt, Jim –«

»Joe.«

»Verzeihung?«

»Ich heiße Joe, nicht Jim.«

»Oh, tut mir leid. Aber sehen Sie, das ist Teil des Problems. Sie sind mir als Mann von Urteilskraft empfohlen worden, aber eigentlich kenne ich Sie ja nicht die Bohne, und irgend etwas an dieser Geschichte will mir einfach nicht einleuchten. Wenn der Mann so gut ist, wie es scheint, und wenn er sich von seiner Verletzung wirklich erholt hat, dann verstehe ich einfach nicht, wieso er nicht spielt.«

»Das kann ich auch nicht, Mr. Rongen. Und auch sonst niemand in der Mannschaft. Oder aus dem Ort. Wissen Sie, der Trainer hier und dieser andere Torwart – also gut, beispielsweise hat seine Freundin dem Trainer zum Geburtstag einen 45 Zentimeter langen Penis geschenkt.«

»Wie bitte?«

»Ach, vergessen Sie's.«

»Augenblick«, sagte Rongen, »jetzt haben Sie mich neugierig gemacht. Welcher der beiden Torhüter hat den 45 Zentimeter langen Penis?«

»Nein, nein, der Trainer hat ihn.«

»Heiliger Strohsack«, sagte Rongen. »Einen 45 Zentimeter langen und der Typ ist Trainer in der Seria B? Der muß den Sport ja wirklich lieben.«

»Nein, nein, das war nur ein Scherz. Zu seinem Geburtstag. Er ist 50 ...«

»50? Ich dachte, Sie hätten 45 gesagt.«

»Hab ich auch, Mr. Rongen, der Punkt aber –«

»Hören Sie, Jim, ich glaube, wir kommen vom Thema ab. Stellen wir mal klar: Die Tatsache, daß Lotti nicht spielt, irritiert mich. Wenn er wieder zum Einsatz kommt, schicken Sie mir neue Tapes. Wenn er dann immer noch so gut ist, lasse ich ihn vielleicht für einen Test rüberfliegen. Aber nicht, solange er bei Ihnen drüben nicht mal spielt.«

Überflüssig zu erwähnen, daß Lotti nicht gerade begeistert war, als ich ihm das erzählte. Sein Gesicht wurde blaß vor Zorn, und er begann krampfhaft die Fäuste zu ballen. Ich suchte verzweifelt nach etwas, was ihn vielleicht aufmuntern konnte.

»Hast du jemals vom Catch-22 gehört?« fragte ich, obwohl ich wußte, daß seine Leseinteressen mehr den Ergebnissen beim Pferderennen als der Literatur galten.

Er schüttelte den Kopf.

»Na ja, nicht wichtig. Aber der Knackpunkt ist, daß du zuerst hier spielen mußt, wenn du in Boston im Kasten stehen willst.«

»Aber wenn ich hier spiele, brauche ich doch Boston nicht mehr.«

»Und genau das ist der Catch-22, Massimo.«

KAPITEL 27

Am frühen Samstagmorgen weckte mich Gänsegeschrei. Erneut war es ein herrlicher Tag. Unter dem wolkenlosen Himmel und bei leichter Brise kletterte das Thermometer bis neun Uhr auf 10 Grad.

Ich schlenderte zum Training und schritt mit Michelini und Bonomi den neuen Platz ab. Sein guter Zustand überraschte uns. Natürlich hatte auch das Wetter dazu beigetragen, doch es war unbestreitbar, daß der Fachmann aus dem Norden sein Handwerk verstand. Der Platz bot nahezu perfekte Bedingungen für das morgige Spiel gegen Foggia.

Der Sonntag war genauso schön. Schon morgens war es mild, bei Temperaturen um 15 Grad, und völlig windstill. Ich schloß mich der Mannschaft um 11 Uhr im *Marcella's* zu dem an Spieltagen üblichen Brunch mit Pasta, Plätzchen und Obst an. Dann bahnte ich mir gemächlich den Weg durch die Menge auf dem Marktplatz. Die Atmosphäre war so sorglos und heiter, daß ich mir Blumen ins Haar geflochten hätte, wenn ich genügend Haare gehabt hätte.

Der Schock traf mich, als ich ins Stadion kam und den Platz sah. Er stand praktisch unter Wasser! Über Nacht war er wieder zu der durchweichten Sauerei geworden, die der aus dem Norden geholte Experte hatte beseitigen sollen, koste es was es wolle.

Die Hälfte der Mannschaft war bereits da, und der Rest traf auch bald ein. Ich gesellte mich zu ihnen. Nach dem Genoa-Debakel im Dezember waren sie über den Zustand des Platzes betrübt gewesen. Doch nun herrschte blanke Wut. Nach und nach erfuhren sie von den Arbeitern, was geschehen war:

Aus Furcht vor der besseren, stärkeren und schnelleren Mannschaft Foggias hatte Gravina – der trotz seines »Rücktritts« anscheinend noch mehr zu sagen hatte als zuvor – einen

Trupp Arbeiter losgeschickt, der im Schutz der Dunkelheit den Platz fluten sollte. Offenbar hoffte er, daß ein feuchter, matschiger und schlüpfriger Boden Foggias Überlegenheit zunichte machen würde.

Für jeden einzelnen Spieler im Team war das ein Schlag ins Gesicht. Das war Gravinas Art, ihnen mitzuteilen, daß sie in einem fairen Wettkampf keine Chance hätten; ungeachtet des Wunders, ungeachtet ihrer erstaunlichen Leistungen im Januar, ungeachtet der Tatsache, daß ihr Mannschaftsgeist heute so ausgeprägt war, daß – da bin ich mir sicher – jeder für seinen Nebenmann alles gegeben hätte.

Wie sehr sprach das doch diesem herrlichen Tag, dem strahlenden Sonnenschein und der Hochstimmung Hohn, in die wir Naivlinge verfallen waren. Und wie sehr sprach es den hehren Idealen des alto calcio Hohn, für die Gravina stets eintrat, sobald ein Mikrophon oder eine Fernsehkamera in der Nähe war.

Der Platz war in der Nacht so durchtränkt worden, daß selbst noch um halb zwei, nur eine Stunde vor dem Anstoß, das Wasser auf ihm glitzerte. Als die Spieler von Foggia eintrafen, waren sie fassungslos. Sie trugen Anzüge und Halbschuhe, und diejenigen von ihnen, die sich auf den Platz wagten, versanken bis zu den Knöcheln im Matsch.

Ihre Fragen und Beschwerden wurden schließlich so drängend, daß einer von Gravinas Lakaien antanzen und erklären mußte, es hätte einen unerwarteten, starken Nachtfrost gegeben, und es sei nur Eis, das jetzt schnell wegschmelzen würde. Er erntete nur wütende und skeptische Blicke. Aber die Spieler von Foggia waren Profis. Sie waren hergekommen, um ihren Job zu erledigen, und das würden sie auch tun, besonders, da sie durch einen so offenkundigen faulen Trick noch zusätzlich motiviert worden waren.

Foggia gewann 3:1. Es war unser schlechtestes Heimspiel der Saison, was angesichts des Schocks, den die Spieler beim Anblick des Felds erlebt hatten, kein Wunder war. Als das

Spiel vorbei war, trennten uns nur noch zwei Plätze vom Tabellenende.

Da ich auch meine eigene Ehre auf dem Spiel stehend wähnte, schrieb ich am Montag wie schon im Fall Robert Ponnick eine Polemik. Diese war allerdings weniger geschliffen formuliert.

Meine polemischen Anmerkungen zur Überflutung des Platzes

Was für ein Mist! Das war ein Akt vollkommener Torheit! Die Dummheit mancher Leute kennt offensichtlich keine Grenzen. Osvaldo redet von Charakter und der richtigen Mentalität. Was für eine Schande, daß La Società nicht darauf hört. Statt dessen haben sie die Mentalität von dilettanti. Sie greifen zu jedem faulen Trick. Aber dadurch haben sie nicht nur das Spiel, sondern auch ihre Ehre verloren.

»Was der Mensch sät, das wird er ernten!«

Natürlich setzte ich meinen Namen darunter. Ich ließ (in einem versiegelten Umschlag) eine Kopie für Gravina im Büro der Società. Eine hing ich im *Marcella's* auf. Eine schob ich unter Osvaldos Tür durch. Und am Nachmittag vor dem Training ging ich in die Umkleide und hängte auch dort zwei oder drei auf, so wie damals bei meinem Protest gegen Ponnick.

Als Jaconi eintrat, wirkte er nicht im geringsten verärgert. Er ließ meine polemiche hängen. Fünfzehn Minuten später aber kam Gravina in die Kabine, um eine seiner Meinung nach anfeuernde Ansprache zu halten. Er entdeckte sofort meine kleinen Plakate, hängte sie höchstpersönlich ab, faltete sie zusammen und steckte sie in seine Jackentasche. Wir wechselten weder Blicke noch Worte.

Zwei Tage später war der vorgezogene Frühling wieder vorbei. Der Spätnachmittag war windig und kalt, und die Dunkelheit fiel wie ein Vorhang herab. Nach dem Training machte ich mich eilig auf den Nachhauseweg, als ich zu meiner Überraschung von dem Kieferorthopäden, dem Ehemann von Signor Rezzas anderer Nichte, angehalten wurde. Er besaß eine Praxis in der Via Peschiera, nur ein paar Häuser entfernt von meiner Wohnung, aber wir waren uns noch nie zuvor auf der Straße begegnet.

Vielleicht hatte er gerade Feierabend gemacht, aber es war genauso gut möglich, daß er in seinem Flur gewartet hatte, weil er wußte, daß ich zu dieser Zeit vorbeikommen mußte. Jedenfalls hielt er eine Kopie meiner polemica in der Hand.

Der Kieferorthopäde, er war ungefähr 50 und trug zurückgeklatschtes schwarzes Haar und einen schwarzen Schnurrbart, hätte nicht herzlicher sein können. Als ich ihn fragte, wie das Tauchen im Roten Meer gewesen wäre, ließ er sich fünf Minuten lobend über die außerordentliche Schönheit jener Gewässer aus. Er rauchte eine Zigarre (allerdings keine annähernd so große wie Signor Rezza) und bot auch mir eine an, die ich aber ablehnte. Schließlich hielt er eine Kopie meiner polemica hoch.

»Das hier ist interessant«, sagte er lächelnd. »Glauben Sie wirklich, daß es sich so abgespielt hat?«

»Ich weiß, daß es so war«, sagte ich. »Und die Spieler wissen es auch. Meine Reaktion darauf ist nicht von Bedeutung, die der Spieler schon.«

»Oh, mein Lieber, da irren Sie sich aber«, sagte er und lächelte sogar noch herzlicher. »Ihre Reaktion ist sehr wichtig, besonders, wenn sie in einem Tonfall ausfällt, der so ... stridulo ist. Verzeihen Sie, ich kenne das englische Wort dafür nicht, aber Sie wissen bestimmt, was ich meine.« Das tat ich. Das Wort bedeutet »scharf« oder »schrill«.

»Tja, es lag mir sehr am Herzen. Und das tut es immer noch.«

»Ja, Joe, mein lieber Freund und Fast-Nachbar«, sagte dieser Mann, mit dem ich während der gesamten Saison keine

100 Worte gewechselt hatte, und blickte zu meinem Appartement auf der anderen Straßenseite hinüber, »das Verfassen eines solchen Dokuments könnte einige zu der Annahme verleiten, daß Sie in Ihrem Buch schlecht über die Società schreiben werden.«

»Vielleicht«, sagte ich. »Oder aber ich erwähne sie kaum. Das hängt doch stark davon ab, was noch passiert.«

Der Kieferorthopäde spreizte die Arme und blickte gen Himmel, als seien meine Worte eine Eingebung von oben.

»Essato«, sagte er. »Soviel hängt davon ab, was die Zukunft bringt. Weise gesprochen. Und ich hoffe, Ihnen ist klar, daß Signor Rezza ebenso denkt. Niemand, nicht einmal er, vermag zu sagen, was die Zukunft bringt. Aus diesem Grund ist Signor Rezza auf alle Eventualitäten vorbereitet.«

Trotz der zunehmenden Dunkelheit registrierte ich, daß er nicht mehr lächelte. Ein scharfe Windböe ließ mich zusammenschaudern.

»A proposito«, fuhr der Kieferorthopäde fort, »Signor Rezza hat mich gebeten, Ihnen seine Grüße auszurichten. Ist mit Ihrer Wohnung alles in Ordnung?«

»Alles hervorragend«, sagte ich. »Und bitte überbringen Sie Signor Rezza meine herzlichsten Grüße.«

»Ganz bestimmt, mein Freund. Signor Rezza wird es mit Freuden hören, daß Sie sich seines anhaltenden Interesses an Ihrer Arbeit bewußt sind.«

Damit zerknüllte er meine polemica und hielt die Glut seiner Zigarre daran, bis Rauch aufstieg. Ein paar Sekunden später loderten Flammen empor, und er ließ das Papier schnell auf die Straße fallen. Schweigend sahen wir zu, wie es verbrannte.

»Caro, Joe«, sagte er. »Ich muß weiter. Aber ich hoffe, Sie erinnern sich daran, warum Sie ursprünglich hergekommen sind. Soweit ich mich erinnere, um über das Wunder des Aufstiegs zu schreiben. Es wäre nicht gut, wenn Sie das aus den Augen verlieren würden.«

»Herzlichen Dank«, sagte ich. »Natürlich sollte ich das nicht aus den Augen verlieren. Und ich hoffe doch sehr, daß Signor Rezza nicht aufgrund eines möglichen Mißverständnisses nun etwas anderes glaubt.«

Er blickte auf die glimmenden Überreste meiner polemica hinab. »Man weiß nie«, sagte er.

Dann schaute er mich wieder an, als wäre ihm noch etwas eingefallen, was er ganz vergessen hatte. »Joe«, sagte er, nun wieder lächelnd, »ich wollte Ihnen ja noch sagen, daß ich mich geehrt fühlen würde, wenn Sie zuerst bei mir Rat suchen würden, sollten Sie mal – egal welche – Probleme mit den Zähnen haben. Lassen Sie sich nicht von meiner Berufsbezeichnung abschrecken. Bei Ihnen würde ein Kiefereingriff nur vorgenommen, wenn er absolut notwendig wäre.«

Er schloß seinen Wagen auf und stieg ein. Der Wagen war das Spitzenmodell von Audi und nagelneu.

»Vierrad-Antrieb«, sagte er und grinste zu mir hoch, als er den Wagen anließ. Dann warf er seine Zigarre auf die Straße. Sie landete dicht neben den Überresten meiner polemica.

»Vierrad-Antrieb«, wiederholte er. »In diesen Bergen muß man jede Vorsichtsmaßnahme ergreifen.« Er legte den Schalter um, der seine Fenster schloß, und fuhr davon.

Einen Moment lang dachte ich sehnsüchtig zurück an den September, als mir das Leben noch einfach und Fußball allein als eine Angelegenheit des Toreschießens erschienen war. Dann ging ich über die Straße und stieg die dunkle Treppe zu meiner kalten und einsamen Wohnung hoch.

In den nächsten drei Wochen verloren wir 2:1 in Cremonese (unser Tor: Bonomi per Elfmeter), schlugen zu Hause Palermo 1:0 (Spinesis erstes Tor in seinem fünften Spiel für uns) und spielten 0:0 in casa gegen Chievo Verona. De Juliis blieb weiterhin im Kasten. Sechs Mannschaften lagen in der Tabelle hinter uns, aber selbst von der letzten trennten uns nur vier Punkte – ein hauchdünnes Polster.

In dem Spiel gegen Chievo verletzte sich Luca D'Angelo bei einem üblen Zusammenprall mit einem gegnerischen Stürmer. Es war keine böse Absicht, aber Luca hatte es deutlich härter erwischt als seinen Kontrahenten. Trotzdem bestand er darauf, die vollen neunzig Minuten zu spielen, was er dann auch mit schmerzverzerrtem Gesicht, aber vollem Körpereinsatz tat.

Am folgenden Dienstag erschien er frühzeitig zum Training und trug einen großen, braunen Briefumschlag bei sich. Darin steckten die Röntgenaufnahmen, die er am Vortag im Krankenhaus von Pescara hatte machen lassen. Sie ließen deutlich einen Kieferbruch erkennen. Er hatte am Sonntag die letzte halbe Stunde mit gebrochenem Kiefer gespielt, ohne nur einmal zu klagen.

In Pescara hatte man den gebrochenen Knochen provisorisch verdrahtet, aber er benötigte eindeutig weitere medizinische Betreuung und war genauso eindeutig für eine ganze Zeit nicht in der Lage, feste Nahrung zu sich zu nehmen, geschweige denn zu spielen.

Als Jaconi eintraf, zeigte ihm Luca die Röntgenbilder. Jaconi hielt jede Aufnahme vor die Sonne und prüfte sie mit einem Blick, den er wohl für den routinierten Kennerblick eines Röntgenologen hielt.

Dann schmiß er, während sein Gesicht das tiefe Rot annahm, das seine höchste Erregung signalisierte, die Aufnahmen in den Dreck und begann in voller Lautstärke zu brüllen.

»Du Wichser! Du dreckiges Arschloch! Du feiger Schwanzlutscher!«

Luca kniete sich beherrscht hin und sammelte seine Aufnahmen auf, bevor sie weiteren Schaden nehmen konnten.

»Raus!« brüllte Jaconi. Verschwinde! Aus meinen Augen!

Erst beim Abendessen wagte ich es, Osvaldo zu fragen, was – neben seiner kaum verhohlenen Abneigung gegen D'Angelo – seinen Wutanfall ausgelöst habe.

Zu meiner Überraschung erklärte er mir das recht gefaßt. Und noch überraschender war, daß er sowohl seine Reaktion als auch seine Erklärung für absolut vernünftig hielt. Luca hätte nicht ins Krankenhaus von Pescara gehen dürfen. Er hätte warten müssen, bis er wieder in Castel di Sangro war, und sich dort röntgen lassen sollen.

Hier hätte der Röntgenologe die Bilder dem Mannschaftsarzt zeigen können, der sie wiederum Osvaldo gezeigt hätte. Und Osvaldo hätte die Fraktur dann als so unbedeutend eingestuft – schließlich stand ja nicht mal der Knochen raus! –, daß er D'Angelo erzählt hätte, auf den Aufnahmen wäre nichts zu erkennen und er solle wie gewohnt weitertrainieren.

Aber angesichts von Aufnahmen, die die Fraktur so deutlich zeigten, habe er das nicht tun können, und das habe D'Angelo gewußt, und deswegen sei der fica communista, die Kommunistensau, ja bloß ins Krankenhaus von Pescara gegangen.

Tja, meinte Osvaldo, wenn D'Angelo Schiß hätte, einen Männersport zu betreiben, dann würde ihn auch niemand zwingen. Er könnte den Rest der Saison auf der Bank oder der Tribüne verbringen. Osvaldo meinte, er habe D'Angelo schon im November in die C1 abschieben wollen, weil er erkannt habe, daß Luca die nötige grinta für eine ganze Saison in Castel di Sangro vermissen lasse.

Er sei von Gravina und Signor Rezza überstimmt worden, und nach dem Wirbel um Addo habe er ihnen nicht so energisch widersprochen, wie er es hätte tun sollen. Aber dieses feige Verhalten von D'Angelo, der doch tatsächlich hingegangen wäre und sich seinen gebrochenen Kiefer hätte röntgen lassen, nachdem er trotz der Verletzung durchgespielt hatte, das würde ja wohl den letzten Zauderer – dabei drohte mir Jaconi mit dem Zeigefinger – davon überzeugen, daß es D'Angelo, wie allen Kommunisten, an carattere mangele.

Später am Abend erhielt ich ein Fax von Rongen: »Ihr Mann sitzt immer noch auf der Bank, daher machen wir nun Walter Zenga ein Angebot.« Drei Tage später wurde bekanntgegeben, daß Walter Zenga von Padua nach Boston wechseln würde, wo er ein Saisongehalt von 500.000 Dollar erhalten sollte. Lotti, der in der Torwart-Tabelle des *Corriere dello Sport* besser als Zenga bewertet wurde und außerdem sieben Jahre jünger war, wäre schon für ein Zehntel der Summe in die Staaten gegangen.

Lotti nahm die Nachricht besser auf als ich. Er sagte, ich solle mich nicht ärgern, dankte mir für meine Bemühungen und schenkte mir als Zeichen seiner Wertschätzung sogar einen Füller aus massivem Gold. »Reg dich nicht auf, Joe. Mi adatto«, erklärte er mir. Er würde schon wieder auf den Füßen landen. Er habe die nötige Entschlossenheit, meinte er. Das bezweifelte ich nicht, und im Interesse der Mannschaft – und damit auch in meinem – war ich froh, daß er blieb. Wenn jetzt nur noch Jaconi ein Einsehen hatte.

Mehr Sorgen machte ich mir um Gigi Prete. Über die ganze Saison war er unser schwächster Verteidiger gewesen, aber seine Erfahrung war wichtig, auf dem Feld wie in der Kabine. Doch nach Weihnachten war seine Frau nicht aus Chile zurückgekehrt, und auch Prete war nun ein Stammgast im *Marcella's*.

Auf dem Platz erholte er sich nie von seiner scheußlichen Darbietung in Cosenza. Er hatte durch Franceschini ersetzt werden müssen, und bei der Lachnummer gegen Foggia in der Folgewoche hatte er nicht mal auf der Bank gesessen. In Cremona hatte er 90 farblose Minuten gespielt, aber gegen Palermo war er nicht dabei und beim torlosen Unentschieden gegen Chievo nur die letzten zwölf Minuten.

Eines Abends kam mir im *Marcella's* die Idee, daß er vielleicht gerne mein Faxgerät benutzen würde, um engeren Kontakt mit Vanessa zu halten. Sie war jetzt schon sechs Wochen fort, die Telefongebühren zwischen Italien und Chile waren nicht gerade bescheiden, und Gigi zählte nicht zu unseren hochdotierten Spielern. Er kassierte vielleicht 35.000 Dollar pro Saison. Daher erklärte ich ihm, daß er jederzeit den Schlüssel zu meiner Wohnung haben könne, um Vanessa ungestört und sooft er wolle auf meine Rechnung ein Fax zu schicken.

Er blickte von der leeren Kaffeetasse hoch, in die er betrübt gestarrt hatte, drückte seine x-te Zigarette aus und lächelte matt.

»Danke, Joe, aber das ist nicht nötig.«

Ah, merda! Jetzt begriff ich, was los sein mußte: eine Ehekrise. Das ging mich natürlich nichts an, und ich kam mir blöd vor, überhaupt das Angebot gemacht zu haben, da er nun in der unangenehmen Situation war, etwas ablehnen zu müssen, das unter anderen Umständen eine echte Gefälligkeit gewesen wäre.

»Gut«, sagte ich und stand rasch auf, »wenn du das nächste mal mit Vanessa sprichst, dann richte ihr meine besten Grüße aus.«

»Certo, Joe«, sagte er und winkte mir schwach zu, als ich ging.

Ich glaube, es war am nächsten Tag, vielleicht auch am übernächsten, als ich frühzeitig zum Mittagessen ins *Marcella's* ging und gleichzeitig mit dem Postboten eintraf, der die Eilbriefe in Castel di Sangro zustellt.

»Prete«, rief er und hielt einen Umschlag hoch. Wie üblich unterschrieb Marcella. Die Spieler ließen sich relativ viel Post, die sie aus diversen Gründen nicht von der Società inspizieren lassen wollten, ins *Marcella's* zustellen. Selbst wenn Nancy mir eine Eilzustellung schickte, benutzte ich die Anschrift vom *Marcella's*, da es viel wahrscheinlicher war, daß dort jemand den Empfang quittieren konnte, als in meiner selten frequentierten Wohnung.

»Aaah! Bene, bene«, sagte Marcella, betrachtete den Umschlag und grinste. »Un espresso da Vanessa.« Sicherlich würde das Gigi aufmuntern, dessen Wohlergehen ihr so sehr am Herzen lag, als wäre er ihr eigener Sohn.

Doch der Postbote sagte, als er den Empfangsschein entgegen nahm: »Sehen Sie sich den Absender an. Der kommt nicht aus Südamerika, sondern aus Rom!« Er hatte recht. Vanessa hatte Gigi einen Eilbrief aus Rom geschickt, obwohl sie, ihm zufolge, noch bei ihrer kranken Schwester in Südamerika war.

Marcella erbleichte. Sie fuhr sich mit einer Hand an die Wange. »Mamma mia! Was hat das zu bedeuten?«

»Das bedeutet, daß Vanessa nicht in Santiago, sondern in Rom ist«, sagte ich.

»Oh, Joe, das bedeutet nichts Gutes.« Zu der Ansicht neigte ich auch. Es mochte eine völlig plausible Erklärung geben und alles ganz harmlos sein, doch in ehelichen Angelegenheiten besaß Marcella einen anscheinend untrüglichen Instinkt.

Ihre Hände, die den Brief hielten, zitterten nun. »Was für ein Unglück! Was für ein Unglück!« wiederholte sie ständig.

Gigi erschien an diesem Tag nicht zum Mittagessen, daher erfuhr ich nie genau, wann, wie und von wem er den Brief erhalten hatte. Und natürlich erwähnte ich nie, daß ich ihn gesehen hatte. Wenn er mir erklärte, seine Frau wäre in Chile, dann konnte ich ja schlecht hingehen und sagen, daß ich wüßte, daß sie in Rom sei.

Aber während der letzten paar Tage vor unserem Spiel gegen Ravenna am 9. März schien Gigi völlig von der Rolle zu sein. Beim Training agierte er unkonzentriert und kapselte sich ab. Mit dem Herzen war er nicht dabei, und in Gedanken schien er meilenweit weg zu sein.

Beim Training am Mittwoch, zwei Tage vor unserer Abreise nach Ravenna, schrieb ich in mein Notizbuch: »Gigi ist entweder total angeödet oder hat eine Scheißangst, aber Fußball scheint in keinem Fall dafür verantwortlich zu sein. Ärger mit Vanessa? Das glaube ich immer mehr.«

Richtig, aber aus den falschen Gründen, könnte man sagen.

Gigi war am Donnerstagabend im *Marcella's* und blieb wie ich nach dem Essen noch da. Da ich es nicht für klug hielt, das Thema Vanessa anzuschneiden, fragte ich ihn, ob er auch das Gefühl habe, daß sich seine Leistung in den letzten Wochen verschlechtert habe.

Während der andata war er in achtzehn von neunzehn Spielen dabeigewesen, mehr als jeder andere Verteidiger in der Mannschaft, und auch wenn er mit einer Gesamtnote von 5,92 in der Leistungstabelle am schlechtesten abgeschnitten hatte, war seine Leistung doch zumindest konstant gewesen und nie schlechter als mit 5,5 benotet worden. Doch in den fünf Begegnungen der ritorno hatte er so selten gespielt, daß er allein für Cosenza eine 5 und für Cremonese eine 6 erhalten hatte.

Er zuckte mit den Schultern, als sei das nur von peripherer Bedeutung. Dann platzte er plötzlich mit einer Haßtirade gegen Jaconi heraus, »den Volltrottel, den Kürbiskopf«, der seiner Meinung nach das größte Hindernis auf dem Weg zu la salvezza darstellte.

»Aber ist es nicht immer so, Gigi«, sprang ich meinem Nachbarn zur Seite, »daß die Mannschaft den Trainer und der Trainer die Mannschaft beschuldigt, wenn ein Verein in den Keller rutscht? So wie es auch jeder für sein Verdienst hält, wenn man ganz oben steht?«

»No!« sagte er mit schon fast erschreckender Heftigkeit. So wie hier wäre es noch bei keinem anderen Klub gewesen, für den er gespielt habe, und er habe über die Jahre schon für wirklich schlechte Klubs gespielt. Jaconi wäre senza dubbio der mit Abstand schlechteste Trainer, für den er je gespielt habe. Er wäre durch und durch falsch.

Aber das beträfe nicht allein Jaconi, beeilte sich Gigi hinzuzufügen. Alles in Castel di Sangro wäre so: falsch, verlogen und ganz anders, als es auf den ersten oberflächlichen Blick erscheine. Darunter sei alles sordido, besonders La Società und ganz besonders dieser arruffone und arruso Gravina. (Ich bekam schnell heraus, daß die erste Bezeichnung »Betrüger« bedeutete, aber es dauerte Wochen, bis mir jemand erklären konnte oder wollte, was die zweite bedeutet. In Sizilien ist das eines der übelsten Schimpfworte, mit denen man einen Mann belegen kann: es umschreibt einen Mann, dem es Spaß macht, von hinten genommen zu werden.)

Von seinen wüsten Anschuldigungen ganz außer Atem, bat mich Gigi um mein Notizbuch. Ich gab es ihm, und er fertigte eine Zeichnung an:

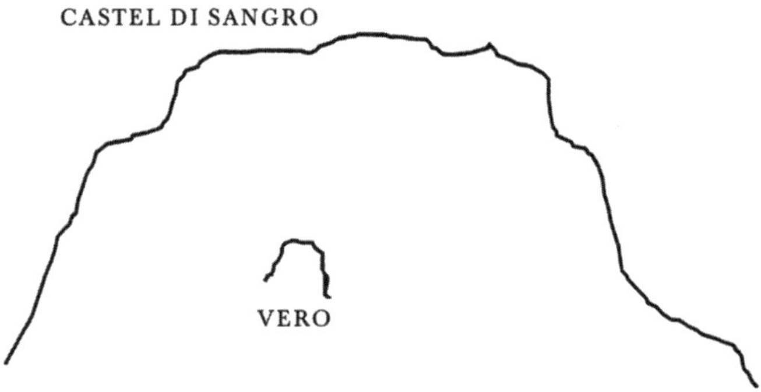

Das war nicht schwer zu verstehen: Die eigentliche Wahrheit sei unter dem großen Misthaufen begraben, als den er Castel di Sangro Calcio betrachtete.

Aber er war noch nicht fertig. Auf die nächste Seite schrieb er:

JACONI = FALSO n. 2
GRAVINA = FALSO n. 1

Und um etwaige Mißverständnisse auszuräumen, malte er von Gravinas Namen aus einen Pfeil, an dessen Ende er »PEZZO DI MERDA«, »Stück Scheiße«, schrieb.

Er klopfte mit dem Kuli auf Jaconis Namen. »Ein Lügner, Joe. Ein falscher Freund.«

Dann begann er, mit dem Stift auf Gravinas Namen einzuhacken. »Und zu dem«, sagte er plötzlich lauter werdend, »kann ich nur sagen: mortacci tua.« Ich habe nie eine genaue Übersetzung dieser schwerwiegenden Beleidigung erhalten, die eher römischen denn sizilianischen Ursprungs ist, aber sie bewegt sich in einer Preisklasse mit »arruso«. Es bedeutet in etwa, jemand soll seine tote Mutter ficken und danach den Rest seiner verblichenen Familienmitglieder.

»Im Juni«, erklärte Gigi, »wenn die Saison vorbei ist, kann man die Wahrheit erzählen. Denk dran: Im Juni verrate ich dir die ganze Wahrheit, und dann wirst du einiges erfahren, von dem du jetzt keine Ahnung hast, und einige Leute mit anderen Augen sehen.«

Er sprang auf, zog seine Winterjacke an, sagte knapp ciao und war weg. Ein aufgebrachter Mann. Aber mir war gänzlich entgangen, wie verängstigt er auch gewesen sein mußte.

KAPITEL 28

Um zehn Uhr am nächsten Morgen – an dem Freitag, an dem wir zum Sonntagsspiel in Ravenna aufbrechen sollten – trat ein Einsatzkommando aus Kriminalpolizei und Interpol, angeführt von Mitgliedern einer speziellen Anti-Mafia-Einheit aus Rom, die Tür zu Gigis Appartement ein, legte ihn in Handschellen und verfrachtete ihn in das berüchtigte Gefängnis Regina Coeli nach Rom.

Er wurde beschuldigt, Mitglied eines internationalen Drogenrings mit Sitz in Chile zu sein, der angeblich Kokain im Wert von mehr als 25 Millionen Dollar nach Italien geschmuggelt hatte. Vanessa war bereits verhaftet worden. Tatsächlich war sie schon am 30. Dezember, beim Verlassen eines Zuges aus Mailand, auf dem römischen Hauptbahnhof festgenommen worden. Gigi hatte unmittelbar davon erfahren und die Neuigkeit sofort Gravina und seinem besten Freund in der Mannschaft, Giacomo Galli, mitgeteilt.

Vanessa hatte keineswegs am Krankenbett ihrer Schwester gesessen, sondern war direkt nach Weihnachten von Santiago über Brüssel und Amsterdam nach Italien zurückgekehrt. Als sie in Rom festgenommen wurde, fanden sich anderthalb Kilo unverschnittenen Kokains in ihrem Gepäck. Sie war umgehend in ein Frauengefängnis eingeliefert und immer wieder verhört worden, nachdem man ihr Haftverschonung auf Kaution verwehrt hatte.

Zur gleichen Zeit, als Gigi verhaftet wurde, waren Polizeibeamte mit einem Durchsuchungsbefehl bei Gravina erschienen. Ob er vorher einen Tip bekommen hatte, wurde niemals ermittelt, vielleicht war es auch nur Zufall, aber just an diesem Morgen war Gravina nicht zu Hause. Er war nach Rom gefahren, und später erfuhr man, daß er sich dort mit Rechtsanwälten beraten hatte, die ihn im Fall einer Anklageerhebung vertreten sollten.

Die Beamten durchsuchten jedenfalls sowohl seine Wohnung als auch die Büros der Società und beschlagnahmten Geldkassetten und -schränke, die – so ein Sprecher – »für die Untersuchung relevante Informationen enthalten könnten«. Einem Bericht zufolge soll Gravinas Haus »völlig auf den Kopf gestellt« worden sein.

Als man Gravina im Laufe des Tages ausfindig machte, wurde er nicht festgenommen, sondern erhielt eine avviso di garanzia, einen offiziellen Bescheid darüber, daß gegen ihn ermittelt werde. Der Leiter der Anti-Mafia-Brigade, Dr. Nicola Cavaliere, erklärte auf einer Pressekonferenz, daß »schwerwiegende Anschuldigungen wegen Begünstigung des Drogenrings« gegen Gravina erhoben würden. Auf eine diesbezügliche Nachfrage sagte Dr. Cavaliere, daß man Gigi und Gravina für »führende Köpfe« dieser kriminellen Vereinigung halte.

Die Behörden gaben ferner bekannt, daß schon über mehrere Monate hinweg als tifosi getarnte Undercover-Agenten in Castel di Sangro und den Diskotheken im nah gelegenen Roccaraso ermittelt hätten und daß seit dem 1. Januar auch Gravinas Telefonanschlüsse abgehört worden seien.

Eine weitere Untersuchung war hinsichtlich der möglichen Verbindung zwischen dem mutmaßlich von Gigi beschafften Kokain und den tödlichen Herzanfällen zweier ehemaliger Castel-di-Sangro-Spieler und enger Freunde von Gigi, dem 43jährigen Franco Grava und dem 37jährigen Giovanni Pennacchioni, eingeleitet worden.

So waren wir denn ein recht nervöser Haufen, als wir um ein Uhr mittags in den Bus nach Ravenna kletterten. So viele Pressevertreter hatten sich noch nie in Castel di Sangro versammelt, nicht mal beim Debüt von Robert Ponnick. Alle Tore zum Stadion waren verrammelt worden, was die Journalisten und Kameraleute nur in noch hellere Aufregug versetzte.

Drei Wachleute standen am Tor zum Parkplatz und ließen die Wagen der Spieler durch, während Tontechniker vom Fernsehen versuchten, Mikrophone durch geschlossene Fenster zu stoßen, Reporter Fragen schrien und Kameramänner ihre schweren Geräte wie Baseballschläger umherschwangen. Ich war zu Fuß unterwegs, doch glücklicherweise gabelte mich Spinosa ein paar hundert Meter vor dem Tor auf.

»Was für ein Schlamassel«, sagte er kopfschüttelnd.

»Stimmt die Geschichte?« fragte ich ihn.

»Nichts genaues weiß man nie«, erwiderte er und wandte einen Moment den Blick von der Straße, um mich fest anzusehen. So gab er mir höflich zu verstehen, keine dummen Fragen zu stellen oder zumindest keine wahrheitsgemäßen Antworten zu erwarten.

Als wir im Bus waren, lief Cei von Sitzreihe zu Sitzreihe und erklärte jedem, daß momentan die einzige Antwort auf alle und jede Frage, egal wer sie stelle, nur »Kein Kommentar« zu sein habe.

In früheren Zeiten hätte uns der Bus zumindest vorübergehend eine Zuflucht vor dem Chaos geboten, doch nicht mehr in den Tagen des Handys. Jeder der Spieler besaß eins, und es machte den Eindruck, als würden in dem Moment, in dem wir vom Parkplatz fuhren, alle gleichzeitig losklingeln. Ravenna liegt 50 Kilometer nördlich von Rimini an der Küste. Das hieß, daß uns eine nur fünfstündige Busfahrt bevorstand, aber selbst die genügte, um jede Ehefrau, Freundin und sonstwen jedesmal anrufen zu lassen, sobald eine Nachrichtensendung mit einer neuen Tatsache, Fast-Tatsache oder einem Gerücht gelaufen war: und keiner im Bus schien zwischen diesen dreien unterscheiden zu können.

In der ersten Stunde machte die Nachricht die Runde, daß Gigi schon drei bis fünf Jahre im Gefängnis schmoren müsse, bevor auch nur der Prozeß begänne. Aufgrund der Fluchtgefahr und der Schwere der Anschuldigungen würde er auch nie auf Kaution freikommen. Das bedeutete, daß niemand von uns im Bus ihn wohl je wiedersehen würde. Praktisch war er also genauso tot und aus der Welt wie Pippo und Danilo.

In der zweiten Stunde erfuhr man, daß die Telefonüberwachung bei Gravina es der Polizei ermöglicht hatte, eine ganze Liste der Versprechungen aufzustellen, die er Gigi gegenüber gemacht hatte, damit Vanessa sich weiterhin weigere, Namen zu nennen. Ohne jeden Zweifel, so einer der Strafverfolger, wäre Gravina beteiligt.

In der dritten Stunde gingen weitere Details über Gravinas mutmaßliche Beteiligung ein. Den Behörden zufolge hatte er in einem Telefonat mit Gigi gesagt: »Mach dir keine Sorgen. Wir regeln das.« Daß er das bis zum gestrigen Abend, als Gigi ihn im *Marcella's* so übel verfluchte, nicht getan hatte, schien mir die Wut des Spielers zumindest ansatzweise zu erklären.

Vorne im Bus fuhr ein Offizieller von der Società mit. Dieser Mann war ein Wasserträger von Gravina, ein cammello, ein Kamel, das in seinem Höcker Wasser trug, für den Fall, daß Gravina Durst bekam. Anscheinend hielt er während der gesamten Fahrt engen Kontakt zu seinem Chef.

Während der vierten Stunde unserer Reise kam er an meinen Platz und sagte, man wolle, daß ich einem Reporter der *Repubblica* aus Rom ein Telefon-Interview gewähre. Wer wolle das? fragte ich. Cei hatte doch nachdrücklich klargemacht, daß der Tagesbefehl »Kein Kommentar« laute. Der cammello antwortete nicht. Statt dessen führte er einen Finger an die Lippen, schlug die Augen gen Himmel und ruckelte mit dem Kopf auf und ab, als sei sein Kragen zu eng.

»Non capito«, sagte ich. Dieser cammello war mir nicht gerade sympathisch.

Dann beugte er sich so weit zu mir hinunter, daß ich dachte, er würde mir ins Ohrläppchen beißen. »Dall'alto«, flüsterte er so leise, daß ich nicht sicher war, ihn richtig verstanden zu haben.

»Dall'alto?« fragte ich in normaler Lautstärke. Der cammello sprang so erschrocken hoch, als hätte man ihn in den Hintern gekniffen, und blickte sich panisch um, ob irgend jemand im Bus meine Indiskretion mitbekommen hatte.

Rimedio hatte das zum Beispiel. Er lehnte sich über den Mittelgang zu mir herüber, sagte, »Von oben, Joe«, und zeigte zur Decke. Und dann beugte sich Spinosa, der hinter mir saß, vor und sagte leise: »Gehen wir davon aus, daß es Signor Rezza ist.«

Als er sah, daß Spinosas Lippen den Namen eines Mannes formten, der namenlos bleiben sollte, so, als ginge es um etwas aus dem Talmud, verbarg der cammello seine Augen hinter den Händen.

Diese ganze Farce wurde langsam lästig. Ich sagte, daß ich meine Anweisungen von Cei und nur von Cei entgegennähme. Der cammello winkte den Kapitän sofort herbei und flüsterte ihm etwas ins Ohr. Ich sah, wie Cei mit den Schultern zuckte. Dann gab er mir das OK-Zeichen. »Ist in Ordnung, Joe. Dieses eine. *La Repubblica.*«

Vermutlich hielt er mich für vertrauenswürdig. Immerhin hatte ich ihn davon überzeugt, daß sowohl West wie East Egg östlich von New York City lagen. Zumindest nach F. Scott Fitzgeralds Überzeugung.

Aber entscheidender war wohl, daß, wenn dies auf Geheiß von Signor Rezza geschah, zweifellos Absprachen getroffen worden waren; der Journalist würde keine Fragen stellen, die mich dazu veranlassen könnten, etwas für irgend jemanden Abträgliches zu sagen.

Ich bekam sofort ein Handy in die Hand gedrückt. Der Interviewer war bereits in der Leitung, oder wie immer das beim Handy heißt. Er sprach kein Englisch, daher fand das ganze Interview auf italienisch statt, während sich immer mehr Leute um meinen Platz drängten.

Am nächsten Morgen las sich das Ganze wie folgt in der Zeitung:

F: Sie wollten eine fröhliche Geschichte erzählen, doch nun …
A: Ich schildere die Realität, und das werde ich auch diesmal tun.
F: Glauben Sie, daß bereits vor den jüngsten Ereignissen ein Fluch auf Castel di Sangro in der Seria B gelastet hat?
A: Nein, ich hielt es für ein Wunder. Und das tue ich immer noch. Doch mit dem Tod zweier Spieler bei einem Autounfall im Dezember haben wir eine schreckliche Tragödie erlitten. Und jetzt erleben wir wieder eine unglückselige Geschichte. Natürlich ist es jetzt kein unbeschwertes Märchen mehr. Zur Zeit gleicht es eher einem Albtraum. Aber ich vertraue auf die Tapferkeit der Mannschaft, die ihresgleichen sucht.
F: Kennen Sie den Spieler, der verhaftet wurde, gut?
A: Gigi ist ein ganz besonderer Freund. Ein Freund, der jetzt in Schwierigkeiten steckt. Und ich würde alles Erdenkliche tun, ihm zu helfen. Ich glaube an seine Unschuld und weiß, daß er ein guter Spieler ist. Ich bin mir sicher, daß er schon bald Gelegenheit haben wird, beides zu beweisen.
F: Wußten Sie, daß seine Ehefrau seit Dezember im Gefängnis sitzt?
A: Ich habe Vanessa seit Dezember nicht gesehen. Ich glaubte sie in Chile. Ich habe nicht nachgefragt, da ich nicht glaubte, daß mich das etwas anginge. Gigi und seine Frau tun mir einfach sehr leid.
F: Und wie reagiert die Mannschaft darauf?
A: Sie konzentriert sich voll auf das Spiel gegen Ravenna. Wenn überhaupt, dann hat das alles ihre Sehnsucht nach la salvezza nur bestärkt.

Nun ja, die letzte Antwort war natürlich Quatsch. Das Spiel gegen Ravenna war wirklich das letzte, an das jetzt jemand dachte. Aber richtig war, daß ich alles getan hätte, um Gigi zu helfen. Obwohl er nun wahrlich nicht aufrichtig zu mir gewesen war, war er mir doch ans Herz gewachsen. Außerdem heißt es ja: im Zweifel für den Angeklagten.

Während der fünften Stunde erfuhr ich, daß im Radio berichtet wurde, ich besäße Beweise für Gigis Unschuld. (Tatsächlich verkündete am nächsten Morgen eine Schlagzeile: DER AMERIKANER KENNT DIE WAHRHEIT: PRETE UNSCHULDIG!)

Tja, das war nur die übliche Übertreibung der italienischen Presse. Aber was mir zunächst noch merkwürdig vorkam, war, daß der Journalist keine einzige Frage nach Gravina gestellt hatte. Ich begriff schnell, daß der cammello mich nie gedrängt hätte, das Interview zu geben, hätte der Journalist diese Absicht gehabt. Dann wäre das Interview niemals dall'alto, von oben, arrangiert worden.

Gegen Ende der Fahrt dachte ich noch einmal an das Abendessen mit Gigi und Vanessa im Herbst und an Gigis scharfe Gegenfrage, als ich mich beiläufig erkundigt hatte, wie er Vanessa kennengelernt habe: Warum willst du das wissen?

Was hatte er denn gedacht? Daß ich ein Undercover-Agent von Interpol sei, der so tat, als interessiere er sich für Fußball, nur um ihn und Vanessa enger beschatten zu können?

Es dämmerte bereits, und wir waren nicht mehr weit von unserem Hotel entfernt, als Roberto Alberti mir zuwinkte, ich solle mich zu ihm setzen. Seit er in Pescara »grazie« zu mir gesagt hatte, behandelte mich der alte Kämpe mit der sanften Stimme und dem ausdruckslosen Gesicht zwar deutlich freundlicher als zuvor, aber wir hatten uns trotzdem noch nie richtig unterhalten. Dennoch setzte ich mich nicht nur aus Höflichkeit, sondern auch aus Neugier neben ihn.

Kaum hatte ich Platz genommen, begann er zu reden. Allerdings blickte er weiter nach vorne und sprach so leise, daß nicht einmal jemand in der Reihe vor oder hinter uns hätte erahnen können, was hier vor sich ging.

»Du hast deine Eintrittskarte meinem Sohn gegeben«, sagte er. »Seit damals gehörst du für mich zur Familie, und nun werde ich dir etwas erzählen, und du hörst bloß zu, als wäre es eine Familiengeschichte. Es begann vor fünf Jahren, als Gigi in Kalabrien war und gerade erst Vanessa geheiratet hatte. Ihre Familie saß in Chile auf dem Kokain und suchte eine Pipeline nach Italien. Gigi war ein C1-Spieler ohne Geld, Zukunft und übermäßig viel Grips. Aber mit dicken Eiern.

Du hast Reggio Calabria ja gesehen. Die Stadt ist arm, aber dort laufen Drogengeschäfte im großen Stil. Große Bosse kontrollieren das Geschäft. Lange Zeit etwa Giacomo Lauro. Vielleicht hat Gigi die falschen Freunde gefunden.

Dir wird aufgefallen sein, daß Gigi seit Reggina nie länger als ein Jahr bei demselben Verein geblieben ist. Die Leute beginnen zu reden. Es passieren Geschichten. Vielleicht ist es das Risiko nicht wert. Aber manche Männer brauchen das Risiko. Wußtest du, daß Gabriele einen Hubschrauber fliegt? Ein zweites Mal ist noch keiner mit ihm geflogen.

Wenn man leichtsinnig ist, ist Hubschrauberfliegen eine riskante Sache. Es ist auch riskant, mit den Frauen anderer Männer zu schlafen. Und natürlich ist Kokain riskant. Aber Kokain verspricht unendlichen Reichtum. Gigi bleibt also ein zweites Jahr in Castel di Sangro. Warum? Um im Hubschrauber mitzufliegen? Damit wir in der Seria B erfolgreich sind? Du hast Gigi oft genug spielen sehen. Und du hast Vanessa gesehen. Was meinst du: Wen von beiden zieht Gravina vor?

Und wenn ein Mann Kokain hat, um besseren Sex zu haben, und das ganze Geld vom Kokain, dann kommt sich dieser Mann vor, als sei er ganz oben, im siebten Himmel. Und das sogar, ohne die Droge zu nehmen. Soviel ich weiß, fühlt man sich aber – für kurze Zeit – vor allem so, wenn man sie nimmt.

Lange Zeit sehen die Leute nur schweigend zu. Doch dann handeln sie. Vanessa wandert ins Gefängnis, und anderthalb Kilo Kokain kommen nicht bei denen an, die darauf warten.

Das ist eine Menge Geld, die da durch den Kamin gegangen ist. Das gibt Probleme. Plötzlich möchte man aussteigen. Aber vielleicht ist der Ausweg versperrt.

Verstehst du? Sobald Gravina erfahren hatte, daß Vanessa verhaftet wurde – also im Dezember, zur gleichen Zeit, als Gigi es erfuhr –, versuchte er Gigi an Avellino in der C1 zu verkaufen. Aber das brachte Gigi nur in Rage. Er erklärte Gravina: ›Glaubst du, du löst dein Problem, wenn du mich verkaufst? Nicht, bevor Vanessa nicht freikommt. Und sollte ich selbst jemals Schwierigkeiten bekommen, dann bekommst du auch welche.‹

Du fragst dich also vielleicht, was nun passieren wird, Joe. Zerbrich dir nicht den Kopf. Und es hat gar keinen Sinn, Fragen zu stellen, denn die, die dir etwas verraten, wissen gar nichts, und die, die etwas wissen, sagen nichts. Außerdem wird wahrscheinlich noch gar nichts entschieden sein.

Wußtest du übrigens, daß Signor Rezza, als er aus dem Süden nach Castel di Sangro kam, auf dem Rücken eines Maultieres gesessen hat? Das stimmt. Und falls man Gigi freibekommt, wird er vielleicht auch auf einem Maultier durch Castel di Sangro ziehen. Aber nicht so wie der junge Signor Rezza, eher so wie Jesus. Ja, wir werden noch Palmzweige aus dem Süden hochbringen lassen müssen, um seinen Weg zu schmücken.

Und wußtest du, daß Dante all seine großen Werke erst verfaßte, nachdem er aus Florenz verbannt worden war? Er hatte dummerweise zur falschen politischen Fraktion gehalten und die Stadt verlassen müssen. Zwanzig Jahre, bis zu seinem Tod, blieb er fort. Heute nennt sich Florenz die Stadt Dantes, aber meiner Meinung nach hat eher Ravenna einen Anspruch darauf. Dort ließ er sich schließlich nieder, dort vollendete er *Die Göttliche Komödie*, und dort liegt er auch begraben. So war das wirklich, aber das erzählt man den Touristen in Florenz nicht gerne. Aber du, Joe, du bist nicht länger ein turista, und daher erzähle ich dir dies alles. Oh, schau: Wir sind am Hotel.«

Während der ganzen Zeit hatte Alberti stur geradeaus geschaut, als gäbe es dort etwas Interessantes zu sehen. Nicht einmal hatte er die Laustärke oder den Tonfall seiner Stimme geändert. Und wie auf dem Platz war sein Timing unfehlbar, denn alle standen bereits und drängten zur Tür. Alberti war ein schlauer Fuchs.

Wenn man das ganze Drumherum bedachte, konnte man unsere Leistung durchaus ansprechend nennen. Wir verloren nur 0:1, durch einen Treffer, den Jaconi Altamura ankreidete, der meiner Meinung nach aber eher auf De Juliis' Kappe ging. Nach diesem Spieltag standen immer noch fünf Vereine hinter uns, aber wir waren der einzige mit einem Stammspieler im Gefängnis und einem Ex-Presidente, der öffentlich der Verwicklung in Drogengeschäfte mit einem Jahresumsatz von 25 Millionen Dollar verdächtigt wurde.

KAPITEL 29

Und es kam noch dicker. *Il Corriere della Sera*, neben *La Repubblica* die renommierteste Zeitung des Landes, berichtete, daß gegen Gravina nicht nur wegen der »Begünstigung« des Kokainschmuggels nach Italien ermittelt wurde, sondern auch, weil er gewisse Spieler mit Kokain für diverse feste a luci rosse, sogenannte »Rotlichtparties«, versorgt haben sollte.

An diesen Parties, so schrieb die Zeitung, sei auch seine deutsche Freundin, deren Mann zufälligerweise wegen Drogenschmuggels im Gefängnis saß, beteiligt gewesen. *Il Corriere* enthüllte sogar den Namen des Orts, an dem diese Parties stattgefunden hatten: Alfedena, nur zehn Kilometer von Castel di Sangro entfernt, gleichwohl in einer eher abgelegenen Gegend.

Am Montag ging Giacomo Galli ins Krankenhaus von Castel di Sangro, um sich den Fuß untersuchen zu lassen, den er sich beim Abschlußtraining vor der Begegnung gegen Ravenna verstaucht hatte.

Da Giacomo, wie allgemein bekannt, der einzige Mannschaftskamerad war, dem Gigi vertraut hatte, warteten am Dienstag alle auf dem Trainingsplatz – auch wenn niemand wußte, was zwischen ihnen beredet worden war oder welche Namen gefallen waren – überaus gespannt auf seine Rückkehr.

Bedauerlicherweise kam er nicht. Galli hatte eine Injektion mit einer verschmutzten Nadel erhalten, die sofort eine lebensgefährliche Blutvergiftung ausgelöst hatte. Er hatte in höchster Eile in eine Privatklinik nach Rom gebracht werden müssen und befand sich, wie es hieß, in kritischer Verfassung.

Als Gravina dies bekanntgab, benutzte er die Formulierung incidente inevitabile, ein unvermeidlicher Unfall, als sei dies ein weiterer tragischer Autounfall. Aber wir waren hier nicht in Burkina Faso oder Bangladesch. Und dies war das späte 20. Jahrhundert, nicht das 19. Zugegeben, das Krankenhaus in

Castel di Sangro mochte nicht auf dem neuesten Stand sein, aber man hätte trotzdem erwarten können, daß dort sterile Nadeln verwendet wurden. Und diese verschmutzte Nadel war auch noch von einem Arzt benutzt worden, der als leidenschaftlicher Fan des Vereins galt. Benutzt bei ausgerechnet dem Spieler, den die Behörden vielleicht gerne über seine Kenntnis von den Drogengeschäften befragt hätten, in die »verwickelt« zu sein Gravina öffentlich verdächtigt wurde.

Vor diesem Hintergrund schwang in Gravinas Rede von einem »unvermeidlichen Unglück« ein schriller Mißton mit, als sei die Blutvergiftung eine Schicksalsfügung und nicht der schreckliche und unerklärliche Fehler eines erfahrenen ortsansässigen Arztes. Die dritte Möglichkeit aber, daß Giacomos Unglück weder ein unvermeidlicher Unfall noch ein Kunstfehler war, kam niemandem auch nur im Flüsterton über die Lippen.

So erwartete die Spieler denn wieder einmal eine Flut beunruhigender Nachrichten, als sie am Dienstag in ein Liliput zurückkehrten, das gar nicht mehr so idyllisch und reizend wirkte. Das jüngste medizinische Bulletin aus der nicht näher genannten Privatklinik in Rom, in die Giacomo gebracht worden war, räumte ihm 50 Prozent Überlebenschancen ein. Außerdem hieß es, daß allein Gravina in Kontakt mit dem nicht namentlich genannten Leiter dieser Klinik stand und somit auf absehbare Zeit auch die einzige Informationsquelle über den Stand der Dinge war.

»Verstehst du jetzt, Joe«, fragte Luca D'Angelo, »warum ich mich in Pescara habe röntgen lassen?«

Ich rechnete mal kurz zusammen: Von der Originalbesetzung zur Zeit meiner Ankunft im September waren drei Spieler in die C1 verkauft worden, zwei waren tot, einer im Gefängnis, und einer kämpfte im Krankenhaus um sein Leben.

Es war erst März, und dennoch war bereits ein Drittel der Mannschaft Geschichte, während der zurückgetretene

Vereinspräsident schwerwiegender Verbrechen bezichtigt wurde. Da sollten der Kieferorthopäde, der sicherlich noch nie eine schmutzige Nadel für einen Patienten benutzt hatte, und sein undurchschaubarer padrone oben vom Berg doch wohl größere Sorgen haben als gelegentlich mal eine schwarzgallige Polemik aus meiner Feder.

Auch an der Via Peschiera war das Leben kein Zuckerschlecken. Beim Training am Mittwoch hackte Jaconi geschlagene 45 Minuten auf Antonello herum, dem er den Gegentreffer vom letzten Sonntag anlastete. Die Vorwürfe waren wüst und ausgesprochen beleidigend und kulminierten darin, daß Osvaldo zu Antonello sagte, er solle in Zukunft doch lieber mit seinem vierjährigen Sohn in die Kindertagesstätte statt zum Training gehen.

Antonello stürmte wutentbrannt vom Platz und lief direkt nach Hause. Als ich dort ankam, wartete Sabrina bereits im Foyer auf mich. Sie hatte Angst, daß Antonello etwas sagen oder tun könnte, was seine Profikarriere für immer zerstören würde.

»Rede du doch mit ihm, Joe! Du bist der einzige, auf den er hört!«

»Aber Sabrina«, meinte ich, »das liegt doch nur daran, daß ich der einzige bin, den er nicht verstehen kann!«

Derart verunsichert verloren wir zu Hause gegen Empoli mit 0:2. Das dritte Spiel in Folge ohne Torerfolg. Damit fielen wir punktgleich mit zwei anderen Vereinen und nur einen Zähler besser als das Schlußlicht Palermo auf den 19. Platz zurück.

Dann kam der Frühling. In den Abruzzen kündigte er sich wenige Tage später mit einem Sturm an, der Castel di Sangro die heftigsten Schneefälle des Jahres brachte. Osvaldo blickte aus dem Fenster und erkannte, daß es für den Rest der Woche unmöglich wäre, hier zu trainieren. Und so kletterten wir denn am Morgen des 26. März in einen Bus, der uns nach Padua bringen sollte, das zwar weiter nördlich, jedoch auf

Meereshöhe lag. Dort hatte es nicht geschneit, und das Gras sollte bereits grün sein. (Wir würden bereits am Samstag in Padua spielen, da der folgende Tag Ostersonntag war, der einzige Tag im Jahr, an dem in Italien die Religion Vorrang vor dem Fußball hat.)

Auf der Busfahrt erfuhr ich, daß die Spieler durch die Bank Gigis baldige Freilassung erwarteten. Was denn Anlaß dazu gäbe, fragte ich immer wieder und demonstrierte so auf peinlichste Weise meine abgrundtiefe Naivität. Niemand wollte natürlich offen damit herausrücken, aber schließlich ging trotz meiner typisch amerikanischen, engstirnigen Vorstellungen von Recht und Gesetz auch mir auf, daß Signor Rezza so etwas mit einem Telefonat erledigen konnte.

Wäre es nur um Gigi gegangen, hätte er wahrscheinlich keinen Finger gerührt. Und für Vanessa schon gar nicht. Aber für Gravina, den Vater von Maria Teresas beiden Söhnen? Die Rechnung schien einfach: Entweder kam Gigi raus, oder es bestand das Risiko, daß Gabriele reinkam.

Das Wetter in Padua war prächtig, unser Vorstadthotel unerwartet gut und der Trainingsplatz, nur ein paar Schritte vom Hotel entfernt, der beste, den wir im ganzen Jahr gesehen hatten.

Die Spieler schlenderten gerade in kleinen Grüppchen auf den Platz, während ich am Spielfeldrand die vielen Gänseblümchen, die schon im Gras erschienen, bewunderte, als ich exakt um halb elf am Gründonnerstag, dem 27. März, Osvaldos Handy klingeln hörte.

Ich stand einige Meter von ihm entfernt und konnte nicht verstehen, was er sagte. Das Gespräch dauerte keine Minute. Dann steckte er das Handy wieder ein und kam auf mich zu.

»Gigi ist frei«, sagte er. Weder sein Tonfall noch seine Miene verrieten die geringste Gefühlsregung.

»Das ist doch nicht möglich!« stieß ich hervor.

Osvaldo zuckte die Schultern. Dann schlug er den Blick gen Himmel. »Der Herr ist allmächtig.«

»Ein göttliches Wesen jedenfalls«, sagte ich. »Der Herr oder Signor Rezza.«

Er blickte mich scharf an. Dann sagte er: »Gigi ist die gute Nachricht, aber Signor Rezza hatte auch eine schlechte.«

»Und das wäre?« fragte ich und sah vor meinem geistigen Auge, wie Giacomo Galli die Decke übers Gesicht gezogen wurde.

»Von nun an soll Lotti spielen.«

»Evviva!« jubelte ich. Das mochte deplaziert gewesen sein, aber für mich war das ein wesentlich größerer Anlaß zur Freude als Gigis Haftentlassung.

Osvaldo schaute mich an und legte mir dann schwer die Hand auf die Schulter. »Frohe Ostern«, sagte er.

Und dann ging er, der Mannschaft die Neuigkeiten zu verkünden.

Lotti lieferte ein glänzendes Comeback. »Il Super-Lotti« nannte ihn eine Zeitung am folgenden Tag. Eine andere titelte: LOTTI: GRANDE PROTAGONISTA, UN VERO GIGANTE!

Seine Unerschütterlichkeit unter permanentem Druck – in seinem ersten Spiel nach viereinhalb Monaten Pause – hielt uns alle Chancen offen, bis Luca Albieri (der junge Mann, der Flugzeuge mit seinem Handy steuerte und seit November so selten auf dem Platz gestanden hatte, daß er nicht mal eine voto bekommen hatte) eingewechselt wurde und uns mit seinem ersten Saisontor ein 1:1 sicherte. »Sie haben die Beine von Brauereipferden, aber die Herzen von Löwen«, schrieb ein Blatt aus Padua.

Der nächste Tag, Ostersonntag, veranlaßte die Menschen von Castel di Sangro, von 1997 als dem »Jahr der zwei Auferstehungen« zu sprechen. Vergeßt die lazzarati, Gigi war wieder da! Der Stein war von des Grabes Tür gewälzt worden! Konnte es jetzt noch Zweifel geben? Hatte es je Zweifel geben können? Wunder waren unvergänglich.

Der 1. April, ein Dienstag, war frostig, und Schneeflocken rieselten vom Himmel. Eine noch größere Menschenmenge als am Tag seiner Verhaftung drängte gegen die Tore des Stadionparkplatzes, um Gigis triumphale Rückkehr zu feiern.

Der Empfang war zu einem gewissen Grad von Gravina inszeniert worden, der offensichtlich über Gigis Entlassung erleichtert war. (Übrigens erholte sich auch Galli schlagartig, als die Neuigkeit bekannt wurde). Den Kindern von Angestellten der Società hatte man Schilder in die Hände gedrückt, auf denen WIR LIEBEN DICH, GIGI! und WIR HABEN NIEMALS GEZWEIFELT stand.

Ich war nach dem Mittagessen im *Marcella's* zum Stadion geschlendert und bereits eine gute Weile vor Trainingsbeginn dort. Wie der Zufall es wollte, stand ich gerade auf dem Parkplatz, als ich Gigis unauffälligen Wagen herankommen sah. Kein Esel, keine Palmwedel, bloß wieder der alte ramponierte Fiat. Die Leute am Tor ließen ihn schnell und ohne viel Aufhebens rein.

Er hielt ungefähr anderthalb Meter vor mir an und stieg aus. Ganz spontan stürzte ich auf ihn zu, und wir fielen uns in die Arme. Es überraschte mich selbst, wie glücklich ich war.

Ich erklärte ihm, wie sehr ich mich über seine Freilassung freute, und er sagte, wie nett er es fände, daß ich im Interview gesagt hatte, ich wolle helfen, und dann stürzte sich die Menge mit gezückten Kameraobjektiven und Mikrophonen auf uns.

Am nächsten Tag zeigten zahlreiche Zeitungen das Bild, wie wir uns umarmten, und brachten dazu die Bildunterschrift oder Headline DIE ERSTE UMARMUNG VON MCGINNISS. Daß dem so war, war reiner Zufall, die Emotionen aber waren echt.

Sekunden später war Gravina da. Sofort schnappte er sich Gigi und schwenkte ihn, angespornt von den erwartungsvollen Fotografen, wie einen Tanzpartner herum und hielt ihn lange schon peinlich eng umschlungen. Gott allein weiß, was die beiden dabei empfanden oder wer von ihnen mehr erleichtert war.

Meine ursprüngliche Freude jedenfalls verpuffte, und ich fühlte mich plötzlich mißbraucht, war verbittert und wütend. Da dies wohl weder der Ort noch der Tag für solche Empfindungen war, verließ ich den Parkplatz und ging nach Hause. Zwei Wiederauferstehungen? Der verlorene Sohn? Oder die elegante, aber schmutzige Handschrift von Signor Rezza.

Nicht, daß ich Gigi seine Freiheit nicht gönnte. Und ich verstand auch die Freude der Spieler und Dorfbewohner. Pippo und Danilo waren uns plötzlich und gewaltsam entrissen worden und konnten nie wiederkommen. Auch Giacomo war über Nacht unter Umständen verschwunden, die – milde gesagt – mysteriös waren. Daher war Gigi der wahre lazzarato, und seine schnelle und unerwartete Rückkehr bewies uns, daß nicht alle Verluste endgültig sein müssen.

Dennoch schien die ungehemmte Festtagsstimmung zumindest verfrüht. Als er Gigis Entlassungsurkunde unterschrieb, hatte der zuständige Haftrichter betont, daß »die Beweislage einen hinreichenden Haftgrund« böte. Er habe, so schrieb er, Gigi nur entlassen, »weil die Beweislage zum gegenwärtigen Zeitpunkt nicht zwingend zu einer Verurteilung vor Gericht« führen würde. Das klang nicht gerade nach einer flammenden Unschuldserklärung.

Und die Staatsanwaltschaft betonte, daß die Ermittlungen sowohl gegen Gigi wie gegen Gravina fortgesetzt würden. Ja, sie rieten auch dazu, aus der Entscheidung des Haftrichters keine Rückschlüsse auf Schuld oder Unschuld der beteiligten Parteien zu ziehen. Und ich für meinen Teil konnte natürlich nicht einfach die detaillierte Zusammenfassung aus meinem Gedächtnis streichen, die mir Alberti während der Busfahrt zugeflüstert hatte.

Außerdem waren da noch die »ungeklärten« (i.e. auf Drogen zurückzuführenden) Herzanfälle, die die beiden engen Freunde von Gigi erlitten hatten. Aber darüber wollte in dieser Festtagslaune niemand etwas hören. Es bestritt auch niemand, daß es die beschriebenen »Rotlicht-Parties« in Alfedena gegeben hatte, ob Gigi nun dafür Kokain geliefert hatte oder nicht. Auch an Vanessas Schuld hegte niemand Zweifel, und nicht einmal Gigi zeigte sich in diesen frohgelaunten Stunden sonderlich betroffen darüber, daß sie weiter in Haft bleiben mußte.

Als wie tief sich Gravinas Verwicklung in dieser Angelegenheit auch immer erweisen mochte – falls es sie gab –, es gab jedenfalls keinen Zweifel, daß er über die Festnahme Vanessas seit dem Jahresersten Bescheid gewußt und (in den mitgeschnittenen Gesprächen) »Hilfe« angeboten hatte.

Auch nachdem er von Gigi erfahren hatte, daß Vanessa bei ihrer Festnahme mehr als ein Kilo Kokain bei sich trug, Kokain, das sie von Südamerika nach Italien schmuggeln wollte, hatte Gravina Gigi erlaubt, weiterhin zu spielen.

Zweifellos gilt vor einem ordentlichen Gericht die Unschuldsvermutung zugunsten des Angeklagten, doch in der Welt des Fußballs wiegt der Anschein unlauterer Machenschaften, gepaart mit der Vorstellung, daß man »den Sport nicht in Mißkredit bringen« dürfe, wie die Engländer es etwas drollig formulieren, mindestens ebenso schwer.

Nachdem Vanessa unter einem solch schwerwiegenden Verdacht festgenommen worden war, hätte Gravina zwischen drei Vorgehensweisen wählen können: a) er hätte dem Fußballverband detailliert Bericht erstatten und um Rat hinsichtlich Gigis weiterer Spielberechtigung bitten können; b) er hätte Gigis Wunsch, das Ganze so lange wie möglich als Privatangelegenheit zu betrachten, respektieren und einfach erklären können, Gigi sei aus persönlichen Gründen bei voller Gehaltsfortzahlung beurlaubt und würde so bald wie möglich zurückkommen; c) er hätte Jaconi unter vier Augen über das Vorgefallene unterrichten und veranlassen können, daß Gigi zwar weiterhin mittrainieren, aber bei keinem

Spiel zum Einsatz kommen dürfe, solange gegen ihn ermittelt wurde.

Statt dessen – und dabei war es irrelevant, ob Gravina direkt am Drogenschmuggel beteiligt war oder ob seine mutmaßliche coinvolgimento erst dann begonnen hatte, als Gigi ihm die Geschichte erzählte – hatte der patron und Ex-Presidente ein verdächtigeres Vorgehen gewählt: Er war mit Gigi eine geheime Allianz eingegangen.

Derweil hatte Gigi seit Vanessas Verhaftung sieben Spiele absolviert, während seine Mannschaftskameraden, Fans, die Offiziellen des Verbandes und die Millionen in ganz Italien, die in Lotterien wie Totocalcio und Totogol Wetten abschließen, im dunkeln gelassen wurden – ahnungslos, daß die Ehefrau eines noch aktiven Spielers wegen Kokainschmuggels verhaftet worden war.

Tatsächlich hatte Gravina es Gigi sogar gestattet, über den Verbleib seiner Frau zu lügen, und nichts getan oder gesagt, um die Geschichte von der »kranken Schwester« zu widerlegen, die so viele geglaubt und wegen der so viele Gigi ihre aufrichtige, wenngleich unangebrachte, Anteilnahme ausgesprochen hatten.

Gravinas Verhalten wirkte auf mich nicht wie das eines Mannes mit weißer Weste. Gigi hingegen hatte wenigstens ein schlechtes Gewissen, weil Galli beinahe an Blutvergiftung gestorben wäre. Der Frühling, la primavera, wirkte nicht gerade wie die Zeit der Erneuerung und des neu erblühenden Lebens – zumindest nicht in Castel di Sangro.

Doch am nächsten Tag erhielt ich von unerwarteter Seite einen Brief, der mehr als alles andere dazu beitrug, die Dinge wieder ins rechte Licht zu rücken und mich daran zu erinnern, warum ich eigentlich hergekommen und was der wahre Geist des calcio war oder sein sollte. Er war mit der Hand auf englisch geschrieben und stammte von Pippo Biondis Schwester:

Ich schreibe, um Ihnen für Ihre Anteilnahme zu danken: Daß Sie uns dieses Foto geschenkt haben, hat uns viel bedeutet, denn es hat uns gezeigt, wie beliebt Filippo war.

Sein Tod hat uns schrecklichen, fast unerträglichen Schmerz bereitet. Diese plötzliche und grausame Tragödie hat unser heiteres, friedliches Leben zerstört. Es ist ein Schmerz, den wir nur schlecht verarbeiten können.

Wir werden Sie nie vergessen. Wir werden uns Ihrer immer dank Pippos Schilderungen erinnern. Dank Pippo wissen wir ein wenig über Sie. Er sprach ständig von Ihnen: von Ihrer Klugheit und Direktheit, von Ihrer Freundlichkeit und Hilfsbereitschaft.

Ich weiß noch, wie Pippo erzählte, daß er diesen Sommer nach Amerika, nach Boston reisen wollte. Er war so aufgeregt und begeistert, weil er dort noch nie gewesen war, und wer weiß, was er sich vorgestellt haben mag.

Sie haben ihm Selbstvertrauen eingeflößt, und er schätzte Sie als guten Freund. Ich erinnere mich noch, wie meine Mutter und ich ihn besuchten: Er war so glücklich; glücklich darüber, daß wir alle zusammen waren und er uns seine neue Heimat und seinen neuen Verein zeigen konnte. Auch wenn er sich manchmal einsam fühlte, fühlte er sich doch wohl in Castel di Sangro. Er mochte es sehr. Er mochte die freundlichen, hilfsbereiten Menschen, die Berge, den Schnee und die klare Luft. Er liebte die Mannschaft, alle seine Kameraden.

Manchmal hatte er Heimweh. Er war nicht gerne alleine. Er war sehr sensibel und litt mit uns, wenn es uns schlecht ging. Mir gegenüber war er wie ein Vater, der mich immer beschützte. Wir liebten und schätzten uns, und ich weiß, daß dies immer so bleiben wird.

Es ist schwer, einen Bruder zu verlieren, der einem so lieb war, aber vielleicht ist es noch schwerer, einen Sohn zu verlieren. Sie als Vater werden das sicherlich verstehen. Wenn ich meine Mutter anblicke, sehe ich den tiefen Schmerz in ihren Augen, eine Trauer, die sie niemals verwinden wird.

Pippo war eine der wenigen glücklichen Erfahrungen in ihrem Leben und wird es für immer bleiben. Jetzt ist ein Teil von ihr selbst verloren. Aber für uns ist Pippo immer noch gegenwärtig, und das gibt uns die Kraft, weiterzumachen, weiterzuleben.

KAPITEL 30

April mag wie überall auf der Welt auch in Italien alles mögliche bedeuten, doch in der Seria B bedeutet er nur eins: Um es grammatikalisch auszudrücken, es ist die Zeit, in der man vom Konjunktiv zum Imperativ wechselt und vom Futur zum Präsens. Im April beginnen die Zeitungen, Infografiken abzudrucken, in der alle Spiele aufgeführt sind, die jene Mannschaften noch zu bestreiten haben, deren Klassenerhalt bislang nicht gesichert ist. Da mag die stagione lunga manchem plötzlich viel zu kurz erscheinen.

Da mir die Statistiken in den Zeitungen zu dürftig erschienen, entwickelte ich eine eigene. Ich hielt es für das Sachdienlichste, für jeden der gefährdeten Klubs die Gesamtzahl der Punkte zu ermitteln, die seine zukünftigen Gegner bislang eingefahren hatten. Wir zählten zu den sechs Teams am Tabellenende, von denen nur zwei dem Abstieg entgehen würden. Alle hatten noch elf Spiele auszutragen.

Am 1. April sah das Punktekonto der Schlußlichter so aus:

Cesena	29
Palermo	28
Lucchese	28
Cremonese	27
CASTEL DI SANGRO	27
Cosenza	26

Das schien nicht gerade vielversprechend zu sein, vor allem dann nicht, wenn man sich bewußt machte, daß drei unserer Konkurrenten sechs der verbleibenden elf Spiele zu Hause austragen durften, während wir und zwei andere Klubs nur noch fünf Heimspiele hatten. (Da unsere Vereinshymne gut und gerne »Why Can't We Do It on The Road?« heißen konnte, wog dieser Unterschied schwer.)

Aber das war noch nicht das Schlimmste, wie sich nach einem Blick auf meine Tabelle mit der Gesamtpunktzahl der zukünftigen Gegner zeigen sollte:

Cesena	358
Palermo	377
Lucchese	380
Cremonese	382
Cosenza	395
CASTEL DI SANGRO	407

Die elf Gegner aus unserem Restprogramm hatten also beim Stand vom 1. April insgesamt 407 Punkte geholt. Das waren zwölf mehr als bei Cosenza, dem Verein mit dem zweitschwersten Restprogramm; ein Unterschied, den ich nicht für unbedeutend hielt. Und Cesena, unser nächster Kontrahent, würde auf Gegner treffen, die sogar neunundvierzig Punkte weniger abgeräumt hatten als unsere.

Ich zeigte und erläuterte Fusco diese Statistiken. Er zuckte die Schultern. »Eccheffai?« sagte er, die neapolitanische Floskel für »Na und, was soll's?«.

Ich zeigte sie Lotti. Er studierte sie so aufmerksam, wie ich es bei ihm sonst nur bei den Rennergebnissen kannte. »Tja, wir stecken in Schwierigkeiten. Wären wir ein Pferd, würde ich nicht auf uns setzen.«

Ich zeigte sie Spinosa, und der schrieb sie tatsächlich ab und dankte mir dafür, daß ich sie zusammengestellt hatte.

Schließlich zeigte ich sie am Dienstagabend im *Marcella's* auch Jaconi. Ich erläuterte sie ganz ausführlich, damit er auch begriff, was die Zahlen zu bedeuten hatten. Er hörte zu und verzog keine Miene.

Dann blickte er mich beinah wütend an. »Da hast du viel Zeit vergeudet«, sagte er und zeigte dabei auf meine Berechnungen.

»Das macht nichts«, meinte ich. Ich dachte irrigerweise, er würde sich Sorgen machen, weil es mich so viel Zeit gekostet hatte, die Zahlen zusammenzustellen.

Doch dann riß er meine Unterlagen mitten durch. Er beugte sich über den Tisch und funkelte mich zornig an. »Mach hier bloß keinen Ärger«, sagte er, stand auf und war aus der Tür.

Ich vermutete, er sei sauer auf mich, weil Signor Rezza befohlen hatte, Lotti wieder ins Tor zu stellen. Als hätte ich so viel Einfluß auf Signor Rezza – magari! Aber ich hatte auch den Eindruck, daß Osvaldo wegen der Gigi-Geschichte überreizt war und nicht mehr den rechten Überblick hatte. Und ich wußte, daß abgesehen von Gravina und Rezza praktisch jeder im Ort Angst davor hatte, seinen Zorn zu erwecken.

Daher hatte ich den Eindruck, daß mir – ob ich wollte oder nicht – doch eine gewisse Verantwortung auferlegt worden war. Denn wer sonst erkannte oder wagte es auszusprechen, daß Bonomi seit dem geplatzten Deal mit Fiorentina immer schwächer geworden war? Oder daß Albertis Leistungskurve tief in den Keller ging, seit der Platz aufgetaut war? Und daß Spinesi nicht mal annähernd den Erwartungen gerecht wurde?

In dieser Verfassung steigerte ich mich wegen des bevorstehenden Spiels gegen Cesena in totale Hysterie. Wir würden zu Hause gegen eine Mannschaft spielen, an der wir in der Tabelle vorbeiziehen könnten, aber nur durch einen Sieg, etwas, was uns seit Spinosas (einzigem) Treffer gegen Palermo im Februar nicht mehr vergönnt gewesen war.

Natürlich mußte ich es noch einmal bei Osvaldo versuchen. Vielleicht hatte ihn mein Zahlenmaterial verwirrt. Diesmal würde ich mich an Namen halten, nicht an Zahlen. Aber der Mannschaft zuliebe, der Hoffnung auf la salvezza zuliebe, würden wir unsere Meinungsverschiedenheiten hintanstellen und ein offenes Gespräch von Nachbar zu Nachbar, von Mann zu Mann führen müssen. Schließlich wäre es ihm genauso dienlich wie mir.

Ich konnte es gut verstehen, wenn man sich beleidigt zurückzog. Schließlich hatte ich das während der Saison selbst einige Male getan. Aber nun zwang uns die Situation, den Weg der Vernunft einzuschlagen.

Trotz seines schlechten Tabellenplatzes war Cesena ein gefährlicher Gegner. Der Verein hatte in diesem Jahr bereits zwei Trainer gefeuert, doch mit dem dritten schien es besser zu laufen. Seit der neue Mann da war, hatten sie elf Punkte gesammelt (wir nur sechs) und lagen nun nicht mehr vier Plätze hinter, sondern einen vor uns. Und wenn man ihr Restprogramm mit dem unseren verglich, dann mußten wir sie einfach schlagen, um noch eine realistische Chance auf den Klassenerhalt zu wahren.

Sie würden vermutlich ein 5-4-1-System praktizieren. Ihr gefährlichster Mann war ein großer, kräftiger und außerordentlich guter Stürmer aus Triest namens Dario Hubner. Bislang hatte er noch nicht in der Seria A spielen dürfen, doch in den letzten vier Jahren hatte er erst zehn, dann zwölf, dann fünfzehn und im letzten schließlich zweiundzwanzig Tore für Cesena geschossen.

In jener Woche schlug ich mir in meiner Wohnung so manche nächtliche Stunde um die Ohren, um die geeignete Taktik gegen Cesena auszuknobeln. Am Freitag meinte ich sie gefunden zu haben, doch ich wußte, daß es nicht leicht sein würde, Jaconi zu überzeugen.

Nichtsdestotrotz sprach ich ihn am Freitagabend im *Marcella's* darauf an. Doch bevor ich auch nur anheben konnte, meine Vorschläge zu Aufstellung und Taktik zu erläutern, knallte Jaconi mit der Faust auf den Tisch. Er meinte, ich müsse nur zwei Dinge kapieren. Erstens, daß De Juliis richtig gut sei, während Lotti nur Glück gehabt habe. Zweitens, daß »mein Freund« D'Angelo auf unbestimmte Zeit auf der Bank bleiben würde, und zwar wegen der dummen Idee, sich seinen gebrochenen Kiefer professionell röntgen zu lassen, wegen seiner Feigheit, die ja durch die Sache mit dem Röntgen bewiesen wäre, und wegen seines modo arrogante, seiner arroganten Art.

Mir erschien das wie der helle Wahnsinn. Lotti rangierte in der Goalkeeper-Tabelle des *Corriere dello Sport* derzeit auf dem dritten Platz (weit vor Zenga, der Padua zugunsten des lukrativen neuen Jobs bei Revolution verlassen hatte), und Luca D'Angelo war Viertbester bei den difensori laterali. Ich war überzeugt, daß Luca vor allem dafür bestraft wurde, Kommunist zu sein, sozusagen als Retourkutsche dafür, daß der Papst Fidel Castro empfangen hatte. Doch ich behielt die Ruhe und versuchte mir vorzustellen, welche Zen-Technik Baggio in solch einer Situation angewandt hätte.

Als Osvaldo einmal Luft holen mußte, fuhr ich geduldig fort und erklärte, daß wir Cesena am Sonntag von Beginn an unter Druck setzen sollten. Das hieß angreifen, angreifen, angreifen – sich dabei aber gleichzeitig vor Hubner in acht nehmen und die Abwehr verstärken.

Für mich lag auf der Hand, daß wir das am besten mit einem 5-3-2-System erreichen konnten: Fusco, Cei, Altamura, D'Angelo und Franceschini in der Abwehr; Bonomi, Martino und Cristiano im Mittelfeld sowie Spinesi und Russo im Sturm.

Zugegeben, Russo und Franceschini waren bisher vornehmlich im Mittelfeld eingesetzt worden, aber für mich war Russo ein geborener Stürmer, während der antrittsschnelle und technisch versierte Franceschini auf jeder Position spielen und gerade als Außenverteidiger (normalerweise Gigis Position) schnelle Vorstöße über die Flügel unternehmen könnte.

Von allem anderen abgesehen, stand Gigi schon deswegen nicht zur Disposition, weil er noch nicht wieder zu seiner Form gefunden hatte. Zu den Kernpunkten meiner Strategie gehörten daher die Rückkehr von D'Angelo in die Abwehr (er war schnell und gut genug, um Hubner zu neutralisieren) und der Einsatz des agilen und quirligen Cristiano im Mittelfeld.

Mimmo hatte im November eine tolle Partie gegen Cesena abgeliefert, war aber bis zu seinem wirkungsvollen Einsatz gegen Padua in der Vorwoche fast ganz in der Versenkung verschwunden. Russo als zweite Sturmspitze sollte verhindern, daß sich Cesena ganz auf Spinesi konzentrierte, und würde Gionatha vielleicht genug Raum und Gelegenheit verschaffen, ein Tor zu machen. Ich hatte mir das Ganze Dutzende Male durch den Kopf gehen lassen, und es war hieb- und stichfest. Bis zum Freitagabend war ich völlig davon überzeugt, daß es gar nicht anders ginge.

Jaconi saß da und hörte mir zu, bis ich fertig war. Das allein war schon kein kleiner Erfolg. Aber noch bevor er etwas sagte, begann sein Schnurrbart zu zucken wie bei einem Stachelschwein, das Gefahr wittert.

»Ist das dein Ernst?« fragte er und wies auf meinen Stapel Notizblätter.

»Aber ja, absolut.«

»Tja, dann bist du ein absoluter Volltrottel.«

Er nahm einen meiner Bleistifte. So kräftig, daß ich glaubte, er würde die Spitze abbrechen, strich er den Namen D'Angelo durch. Nur unwesentlich sanfter tilgte er dann auch Cristianos Namen. Auf das Blatt starrend, schüttelte er den Kopf. Dann trug er die Namen von Di Fabio, Alberti und Michelini ein und verwies Russo mit einem kräftigen Pfeil wieder ins Mittelfeld.

»Sechs Mittelfeldspieler«, erklärte er. Dann tippte er mit der Bleistiftspitze auf den Namen Spinesi. »Nur ein Stürmer.« Danach legte er den Stift hin, verschränkte die Arme und blickte mich wütend an. Sein Schnurrbart bewegte sich tatsächlich, als seine Oberlippe vor Zorn zitterte.

»Mit welchem Recht willst du mir erzählen, wie ich meinen Job zu tun habe?« fragte er. In dieser Situation konnte die einzige Antwort darauf nur »keins« lauten.

»Osvaldo, ich –«

»Das lasse ich mir nicht bieten!« brüllte er plötzlich.

»Ich will doch nur –«

»Kümmer dich um deinen eigenen Kram!« Dann ließ er sich in seinen Stuhl zurückfallen, schlug wie so oft die Augen gen Himmel und stöhnte: »Guter Gott! Was soll ich mit dem bloß machen!« Jaconi stand auf, schnappte sich seinen Mantel, und noch während er ihn anzog, nahm er sich wieder den Bleistift und kritzelte so lange wütend auf dem Papier herum, bis der Name Lotti nicht mehr zu erkennen war.

»Fertig aus!« Und damit verschwand er ein weiteres Mal durch die Küchentür und durch die Hoftür nach draußen.

Wir schlugen Cesena trotzdem 1:0 und das auf eine Weise, mit der man wirklich nicht hatte rechnen können. Nach 85 Minuten des ödesten und frustrierendsten Herumgekickes des gesamten Jahres (obwohl die Konkurrenz in dieser Kategorie zugegebenermaßen immens war) schnappte sich Roberto Alberti, der seit 160 Spielen, seit fünf Jahren, kein Tor mehr geschossen hatte, den Ball in Cesenas Hälfte, trieb den Ball nach vorne, suchte eine Anspielstation, fand keine und lief weiter, bis er sich schließlich von keinem Verteidiger behindert an der gegnerischen Strafraumgrenze wiederfand.

Er schoß aufs Tor. Der Ball segelte am Keeper vorbei und landete im Netz. Plötzlich war aus einem weiteren Nachmittag von entmutigender Mittelmäßigkeit (abgesehen von Lottis Leistung im Tor, der Hubner mehrmals scheitern ließ) ein entscheidender, ja glorreicher Sieg geworden.

Mein lieber Schwan, erst Albieri und jetzt Alberti. Die letzten Krampen schossen bei uns die Tore. Aber sie zählten. Mit diesem Sieg (der mit meiner Aufstellung und Taktik wesentlich leichter erzielt worden wäre, was ich aber nicht mit Jaconi zu diskutieren gedachte) rückten wir vier Plätze vor und hatten nun in der zona terrore fünf Mannschaften hinter uns.

Niemand erwartete, daß wir am Sonntag noch eins drauflegen würden, und das taten wir auch nicht. Wir spielten in

Brescia, der trübseligsten Stadt im ganzen Norden, gegen einen Klub, der mit fünf Punkten Vorsprung vor Lecce die Tabelle anführte. Brescia würde zweifellos erneut in die Seria A aufsteigen, und wir stellten keinen ernstzunehmenden Stolperstein auf dem Weg dorthin dar.

Den eigentlichen dramatischen Höhepunkt jenes Wochenendes erlebten wir nicht während des Spiels, sondern schon beim Mittagessen am Tag davor, als ein Angestellter der Società mit einem gerade per Fax eingegangenen Artikel aus der *Repubblica* in den Speisesaal stürzte.

CALCIO & COCA: 11 ARRESTI IN CILE verkündete die Schlagzeile. Der Artikel, aus Santiago datiert, berichtete, daß während der »zweiten Phase« der »Operation Vanessa Diaz«, wie dieser spezielle Feldzug im Krieg gegen die internationale Drogenmafia mittlerweile genannt wurde, elf Mitglieder aus Vanessas Familie auf einen Schlag verhaftet worden waren.

Dem Bericht nach waren Vanessas anderthalb Kilo nur die Spitze des Eisbergs gewesen. Nach Angaben der chilenischen Polizei war geplant gewesen, Kokain im Wert von mehr als 100 Millionen Dollar nach Italien zu schmuggeln, wobei Vanessa als Kurier und Gigi als einer der zentralen Verteiler dienen sollten.

Gigi verließ die Tafel, kaum daß er das Fax gelesen hatte, und ich sah ihn erst am nächsten Tag wieder. Als ich ihn fragte, ob die neuen Verhaftungen überraschend gekommen waren, blickte er mich nur kalt an und sagte: »Kein Kommentar.« Langsam kamen mir Zweifel, ob er mir wirklich wie versprochen am Saisonende »die ganze Wahrheit« erzählen würde.

Im Spiel gingen wir nach einer torlosen ersten Hälfte zu Beginn der zweiten überraschend durch Claudios erstes Tor seit drei Monaten (Elfmeter nicht mitgezählt) in Führung. Aber wir spielten ohne Cei, der squalificato war, und D'Angelo war durch eine Grippe so geschwächt, daß er erst gar nicht hätte mitreisen sollen. In der Mitte der zweiten Halbzeit wurde Alberti wegen Handspiels des Feldes verwiesen. In der Überzahl rannte uns Brescia dann in Grund und Boden und gewann verdient 3:1.

Trotzdem wertete ich das Spiel als kleinen Sieg: Wieder hatte Luca D'Angelo gespielt. Es war die Atmosphäre rund um das Spiel, die mich verstörte. Insbesonders ein irritierendes Gespräch, das ich mit Roberto Alberti am Vorabend über Gigi geführt hatte.

Nachdem er in der Vorwoche sein Tor erzielt hatte, war Alberti demonstrativ erst zur Seitenlinie gelaufen und hatte Gigi umarmt, bevor er sich von seinen Mannschaftskameraden feiern ließ. Später hatte er der Presse erklärt, er habe das Tor Gigi gewidmet, wegen der unfairen Behandlung, die dieser hätte erleiden müssen. Angesichts der Geschichte, die er mir im Bus über Gigis Laufbahn als Drogenkurier erzählt hatte, war sein anschließendes Verhalten doch recht verwirrend.

Doch als ich ihn darauf ansprach, starrte er mich völlig verständnislos an. »Du bringst da was durcheinander, Joe«, meinte er. »Gigi ist frei; das heißt, Gigi ist unschuldig. Und er hat unnötig leiden müssen. Warum sollte ich ihm mein Tor nicht wegen der Not, die er ertragen mußte, widmen?«

»Aber Roberto, du hast es mir doch selber erzählt. Ganz klar und unmißverständlich. Daß Gigi schuldig war. Daß Gigi und Vanessa schon seit vielleicht fünf Jahren Kokain nach Italien geschmuggelt haben.«

Albertis Augen waren von einem ganz hellen Blau. In manchen Momenten schien die Farbe ganz aus ihnen zu verschwinden. Dies war solch ein Moment.

»Du irrst dich, Joe. Ich habe überhaupt nichts gesagt. Tatsächlich habe ich von Anfang an an Gigis Unschuld geglaubt.«

»Das ist nicht wahr.«

»Das hast du mißverstanden, Joe«, sagte er mit schon unnatürlich sanfter Stimme. »Aber dies hier solltest du richtig verstehen: Ich habe niemals etwas Negatives über Gigi gesagt. Daran mußt du dich immer genauso gut erinnern wie an deinen eigenen Namen. Ich habe Gigi immer geliebt und geachtet. Und ich heiße ihn als Bruder, Mannschaftskameraden und als Freund wieder willkommen.«

»Ich begreife das nicht, Roberto.«

»Und ich begreife nicht, wie Raketen zum Mond fliegen. Kein Mensch kann alles begreifen. Mach dir darüber keine Gedanken, Joe. Es ist nicht dein Problem.«

KAPITEL 31

Ich fuhr von Brescia nicht mit der Mannschaft zurück, da ich am folgenden Abend zur jährlichen Sportgala von *Guerin Sportivo* eingeladen war. In Italien ist das ein beinahe so großes Ereignis wie eine Oscar-Verleihung. In einem Schloß aus dem 16. Jahrhundert bei Bologna würden Hunderte geladener Gäste ein fürstliches Dinner zu sich nehmen, während Auszeichnungen wie »Spieler des Jahres« oder »Trainer des Jahres« verliehen wurden.

Ich vermute, daß die Zeitschrift mich eingeladen hatte, weil sie kürzlich einen Artikel über mich gebracht hatte und mich daher wohl als kleinere Berühmtheit ansah. Aber ich wollte aus ganz anderen Gründen teilnehmen. Wie ich bereits erwähnte, war Danilo Di Vincenzo in der letzten Saison zum »C2-Spieler des Jahres« gewählt worden und hätte bei diesem Dinner seinen Preis verliehen bekommen sollen. Seine Verlobte, von deren Wohnort er am Morgen des tödlichen Unfalls aufgebrochen war, würde ihn an seiner Stelle entgegennehmen. Außerdem sollte Jaconi als »Bester Trainer der unteren Spielklassen« geehrt werden, weil er Castel di Sangro in die Seria B geführt hatte. Aber in erster Linie wollte ich dabeisein, weil auch Baggio eingeladen war.

Der Unvergleichliche erlebte gerade eine schwierige Saison, wie übrigens auch schon im Vorjahr. Meiner Meinung nach hatte er das Trauma jenes vergebenen letzten Elfmeters bei der WM 1994, der Brasilien den Sieg gebracht hatte, nie ganz verwunden.

Ich war Baggio schon einmal kurz begegnet, als ich Alexi Lalas besucht hatte. Juventus war bereits am Samstagabend zum Sonntagsspiel gegen Padua in die Stadt gekommen. Indem ich eine schon an Wahnsinn grenzende Hartnäckigkeit an den Tag legte, hatte ich es erreicht, daß mir eine zehnminütige Audienz in der Cocktail Lounge des Holiday Inn, wo Juventus abgestiegen war, eingeräumt wurde.

Außenstehenden kann man die leidenschaftliche Verehrung, die Italiener Baggio entgegenbringen, kaum begreiflich machen. Ich habe nur zweimal eine vergleichbare Hysterie erlebt: einmal, als die Beatles zum ersten Mal in die Staaten kamen, und das zweite Mal während der kurzen Präsidentschaftskandidatur von Robert Kennedy. Baggio ist der einzige italienische Volksheld, der die tiefe Kluft zwischen dem Norden und dem Süden, die das Land teilt, vergessen macht, und es scheint, als würden sowohl seine Erfolge wie auch die nicht abreißende Kette von Demütigungen, die ihm ein kaltes, grausames Schicksal beschert hatte, die Verehrung, die ihm entgegengebracht wurde, gleichermaßen befeuern.

Auch die ekstatische Begeisterung, die er in anderen Ländern auslöst, ist schwer zu erklären. Als er im Rose Bowl den Elfer vergab, begingen Menschen in Sri Lanka Selbstmord. Vorher hatte es bereits Unruhen in Bangladesch gegeben, nachdem der Baggio nicht wohlgesonnene Trainer der italienischen Nationalelf ihn während der ersten Runde mitten im Spiel gegen Norwegen ausgewechselt hatte.

Dummerweise hatte ich mich 1994 während der kurzen Begegnung mit ihm ziemlich zum Affen gemacht. Aus irgendeinem Grund – zweifellos war der Wunsch oder vielleicht die unbewußte Erwartung, jeder, der Fußball auf so hohem Niveau spielen konnte wie Baggio, müsse auch jede Sprache der Welt sprechen, der Vater des Gedankens – war ich überzeugt gewesen, er spräche fließend Englisch.

»Ciao«, begrüßte ich ihn, als ich mich an dem runden Cocktailtischchen niederließ. »Ich höre, Sie sprechen Englisch.«

Er blickte mich mit seinen lebhaften Augen an und lächelte mir herzlich zu. »Kein Problem«, sagte er.

Aus der Nähe wirkte er wie ein ganz normaler Junge. Ein Kind Buddhas, 1,68 m groß, weniger als 75 Kilo schwer und eine umgedrehte Baseballcap aus schwarzem Leder auf dem Kopf, deren Schirm seinen Zopf verbarg.

Ich stürzte mich direkt in einen enthusiastischen Monolog, wie sehr Nancy, meine Frau, und ich ihn bewunderten, nicht nur seiner Qualitäten als Sportler wegen, sondern auch für seine Charakterstärke, in einem durch und durch katholischen Land wie Italien den Weg des Buddhismus zu beschreiten, für seine offenkundigen Liebe zu seiner Frau und den beiden Kindern, seine Loyalität gegenüber Mannschaftskameraden und Freunden, kurz, für all die zahllosen Qualitäten, die ihn in kürzester Zeit zu einem ganz besonderen Menschen für uns hätten werden lassen.

Er hörte scheinbar mit großer Aufmerksamkeit zu. Als ich schließlich innehielt, nickte er, lächelte wieder und sagte: »Kein Problem.«

In diesem Moment beugte sich ein Offizieller von Juventus zu mir und sagte: »Sie wissen doch sicherlich, daß Robi kein Wort Englisch versteht?«

Allora ... von da an ging's mit dem Gespräch ziemlich steil bergab und schließlich in die Sackgasse. Trotzdem schrieb er bereitwillig einen liebenswürdigen Gruß an Nancy nieder, posierte für ein gemeinsames Foto mit mir (der Film war noch in meiner Kamera, als sie mir am nächsten Tag im Stadion von Padua gestohlen wurde) und schien trotz meiner abgrundtiefen Dämlichkeit seine überirdische Gelassenheit nicht verloren zu haben.

Am nächsten Tag erzielte er mit einem wuchtigen Freistoß ein Tor, humpelte aber kurz darauf vom Platz, weil er sich wieder am selben Oberschenkelmuskel verletzt hatte, den er sich schon bei der WM gezerrt hatte. Diese Blessur plagte ihn für den Rest der Saison, an deren Ende Juventus die Fußballwelt damit schockte, daß es Baggio an den AC Mailand verkaufte.

Wenngleich ihn die Fans auch hier gleich auf Schultern trugen, schien der Trainer von Milan, ein barscher und autokratischer Ex-Verteidiger, sich und der Welt beweisen zu wollen, daß er ein wichtigerer Mann als Baggio war. Entweder ließ er il Divino Codino, den göttlichen Pferdeschwanz, auf der Bank, oder er zwang ihn, auf unmöglichen Positionen zu spielen, und ständig kritisierte er ihn in aller Öffentlichkeit.

Es folgte ein allgemeines Debakel. Der Trainer wechselte im Folgejahr, meinem Jahr in Castel di Sangro, nach Spanien. Sein Nachfolger aus Uruguay überlebte nur eine halbe Saison, und an seiner Stelle kam der ehemalige Milan-Coach (und Baggios ewige Nemesis als Nationaltrainer), der eitle, größenwahnsinnige, herzlose, kleinliche, schweinegesichtige und arrogante Arrigo Sacchi, dessen primäres Ziel es von Anfang an war, Baggio auf jede erdenkliche Weise zu demütigen. (Milan landete unter Sacchi auf dem elften Rang, und er verließ den Klub am Ende der Saison in Schande, während die Milan-Fans Baggio zu ihrem Lieblingsspieler wählten.)

Als Mitte Februar sein 30. Geburtstag anstand, sah es düster um Baggio aus. Die wenigen Interviews, die er gab, waren herzzerreißend. Er war unglücklich in Mailand. Nancy und ich hatten – in einer transatlantischen Fax-Konferenz – gemeinsam ein Glückwunsch-Schreiben für ihn aufgesetzt, das jede meiner Äußerungen in den italienischen Medien enthielt, in denen ich ihn als Halbgott gerühmt hatte.

Ich hatte ihm das zugefaxt, aber nicht wirklich damit gerechnet, daß er es zu sehen bekäme, denn schließlich erhielt er jeden Tag mehr als 5000 Briefe. Doch nur eine Woche nach seinem Geburtstag am 18. Februar kam ich vom Training nach Hause und fand dort ein Fax von Vittorio Petrone, Baggios bekanntem Agenten und Vertrauten:

»Robi hat mehrmals versucht, Sie telefonisch zu erreichen, um Ihnen und Ihrer Frau für die von Herzen kommenden Geburtstagsgrüße zu danken. Leider hat er nur Ihren Anrufbeantworter erreicht. Daher hat er mich gebeten, Ihnen dieses Fax zu schicken und Ihnen mitzuteilen, daß er erfreut wäre, Sie wiederzusehen, sollten Sie Gelegenheit haben, an der Preisverleihung des *Guerin Sportivo* im April teilzunehmen.«

Ich hätte an dem Dinner auch teilgenommen, wenn ich von Brescia aus auf allen vieren hätte dorthin kriechen müssen.

Und es wurde ein in jeder Hinsicht großartiger Abend. Es konnte einem das Herz brechen, Danilos Verlobte Silvia nach vorne gehen zu sehen, um seine Medaille entgegenzunehmen, während ihr die Tränen übers Gesicht liefen. Ich hatte seit der Beerdigung nicht mehr mit ihr gesprochen und auch damals nur kurz. Jetzt hatte ich die Gelegenheit, ihr zu sagen, wie sehr alle in Castel di Sangro Danilo vermißten, nicht nur den guten Fußballer, sondern auch den Menschen.

Silvia dankte mir, erzählte dann aber, daß keiner der Offiziellen aus der Delegation der Società (Gravina zählte nicht dazu, er war immer noch untergetaucht), die von Castel di Sangro wegen der Preisverleihung an Jaconi hochgekommen waren, sie auch nur gegrüßt, geschweige denn sich nach ihrem Befinden erkundigt oder auch nur ein Wort über Danilo verloren habe.

»Dilettante da mentalità. Die haben keinen Stil«, sagte ich. Sie nickte, fragte aber dann: »Warum ignoriert mich sogar der Mister?«

Das wußte ich auch nicht, doch ich hatte den Eindruck gewonnen, daß er es für weibisch hielt, Gefühle zu zeigen, und daß er, was noch brutaler war, Danilo zum Zeitpunkt seines Unfalls als Spieler bereits abgeschrieben und daher mittlerweile komplett vergessen hatte. Aber ich sagte nur: »Ich weiß auch nicht, Silvia.« Dann umarmten wir uns kurz, doch lang genug, daß ich mich Danilo zumindest für einen Moment noch einmal nahe fühlte.

Osvaldo nahm seinen Preis in Begleitung seiner Frau und seiner zwei Töchter entgegen, die während der Saison nicht besonders viel von ihm zu sehen bekamen. Später begrüßte mich der Moderator des Abends neben einigen anderen Gästen förmlich vor dem Publikum. Ich erhob mich, damit Baggio mich sehen konnte. Er winkte. Sobald der offizielle

Teil vorüber war, stieg er von der Bühne herab und umarmte mich wie einen alten Freund. Liebenswürdig drückte er sein Bedauern aus, daß Nancy nicht hier sein konnte, und schlug vor, daß wir alle gemeinsam in Mailand essen gehen sollten, wenn sie im Frühjahr zu Besuch käme.

Ebenso wie Jaconi nebst Frau und Töchtern übernachtete auch ich in dem Schloß. Am nächsten Morgen – die Frühjahrssonne schien, und der süße, schwere Duft der erwachenden Natur lag in der Luft – fuhren wir über Civitanova, wo wir die Töchter und die Ehefrau absetzten, zusammen nach Castel di Sangro zurück.

Es war seltsam, ihn im Kreis seiner Familie zu erleben. Seine nur auf ein Ziel gerichtete, mönchische Existenz in Castel di Sangro ließ mich oft vergessen, daß er Frau und Kinder hatte. Beide Mädchen wirkten lebhaft und sehr aufgeweckt. Seine Frau war schlank und ihr Auftreten so gelassen, wie seines impulsiv war, und auf den ersten Blick schienen die Jahre kaum Spuren bei ihr hinterlassen zu haben.

Civitanova machte als Stadt nicht viel her. Aber Jaconi störte das nicht. Hier hatte er im Alter von fünfunddreißig fußlahm seine Karriere beendet, ein altes Arbeitspferd, das im Geschirr schlappgemacht hatte. Doch statt ihn zu erschießen, hatte der Verein ihn zum Trainer gemacht, und so wurde in diesem reizlosen Küstenkaff mit 35.000 Einwohnern aus dem alten Arbeitspferd ein Bulldozer.

Obwohl Civitanova direkt an der Adriaküste liegt, wirkt es nicht wie ein Badeort. Industrie und nicht Tourismus, harte Arbeit, nicht Amüsement bestimmen den gleichförmigen Puls dieser Stadt. Sie ist eins der Zentren der italienischen Schuhproduktion. Allerdings nicht für Bruno-Magli-Schuhe, die O.J. Simpson so gerne trug, oder andere bekannte Designermarken: Die Schuhe aus Civitanova sind Arbeitsschuhe – für die Fabrik, fürs Feld oder sogar fürs Büro. Wie ein von Jaconi trainiertes Team sind sie nur dazu da, ihren Zweck zu erfüllen und eine Saison zu halten, nicht dazu, ihrem Träger einen glänzenden Auftritt zu verschaffen.

Die Familie wohnte in einem unpersönlichen Mietshaus, einem von Tausenden ähnlich langweiliger Häuser, die sich an der Adriaküste endlos aneinanderreihen und in ihrer Gesamtheit wohl das eindrucksvollste Mahnmal für den Sieg der Raffgier über den guten Geschmack im modernen Italien sind.

Jaconis Frau stammte wie er aus der Lombardei und sehnte sich nach ihrer Heimat im Norden zurück. Jaconi allerdings schien es egal zu sein, wo er oder seine Familie lebten. Seine Arbeit war sein Leben. Sein Zuhause war stets die Stadt, in der er gerade Trainer war.

So lebten sie jetzt also »vorübergehend« in Civitanova, auch wenn es für die Töchter das einzige Zuhause war, das sie kannten. Die Jahre waren ins Land gezogen und die Rückkehr in die Lombardei immer wieder verschoben worden. Mittlerweile besuchten die Mädchen die Oberschule, und an eine Rückkehr war auf absehbare Zeit wohl nicht zu denken. Außerdem war Civitanova, solange Jaconi in Castel di Sangro war, anders als die Lombardei mit dem Auto wenigstens schnell erreichbar.

Jedenfalls hatte seine Frau schon vor langer Zeit ihre Entscheidung getroffen: Das Vagabundenleben, die Kinder und Hab und Gut zusammenzupacken und ihrem Mann überallhin zu folgen, wohin ihn seine Karriere verschlug, war nichts für sie. Seit er Civitanova 1984 verlassen hatte, war Castel di Sangro sein sechster Job als Trainer und der erste Ort, an dem er länger als drei Jahre geblieben war. Und so stellte für sie und ihre Töchter nun mal Civitanova ihr Zuhause dar.

Wir blieben nur so lange, bis seine Frau und seine Töchter schnell einen Koffer für ihn gepackt hatten. Während sie damit beschäftigt waren, führte mich Jaconi in sein Arbeitszimmer, dessen Hauptattraktion eine Reihe von Sammelbänden bildete, in denen er jeden Zeitungsausschnitt über seine Zeit als Spieler und später als Trainer aufbewahrte, dessen er habhaft werden konnte. Wie eine Miniausgabe der Library of Congress mit nur einem Namen im Autorenkatalog. Ich sagte, ich müßte eines Tages noch einmal herkommen und alles genau studieren, um die vielen Facetten seiner Karriere als Spieler und Trainer richtig würdigen zu können. Er strahlte. Offenkundig würde das nicht schwer zu arrangieren sein.

Die frühlingshafte Atmosphäre hielt sich während der ganzen Fahrt entlang der Küste und sogar noch im Hinterland, bis wir schon weit oberhalb von Sulmona waren. Aber um von Sulmona nach Castel di Sangro zu kommen, muß man durch einen langen Tunnel. Dieser Tunnel führt hinauf auf eine Hochebene, die sich zu beiden Seiten der Straße auf fast acht Kilometern Länge erstreckt.

Zu dieser Jahreszeit durch den Tunnel zu fahren war wie eine unfreiwillige Reise zurück durch die Zeit. Zurück bis etwa Mitte Februar. Alle Blütenpracht, alle Zeichen des Frühlings waren verschwunden, als wir wieder ans Tageslicht kamen. Heftige Böen rüttelten plötzlich den Wagen durch, und düstere Wolken stürzten noch schneller auf uns nieder, als Jaconi fuhr. Dreißig Sekunden später schneite es schon.

Jaconi schüttelte neben mir den Kopf und verzog mißmutig den Mund. Am Abend zuvor hatten wir gemeinsam einen ganz besonderen Moment erlebt, der für ihn vielleicht der Höhepunkt einer langen und aufreibenden Karriere war. Aber das war nun Geschichte. Wir waren zurück.

»Eine andere Welt«, sagte ich und wies mit dem Daumen zurück.

Er machte einen Laut, der wahrscheinlich wie ein Lachen klingen sollte, aber mehr an ein Knurren erinnerte. »Sì, sì, certo«, stimmte er zu. »Eine andere Welt und eine bessere.«

KAPITEL 32

Der Schneefall hielt bis zur Mitte der Woche an, und mit jedem Tag wurde es kälter. Von den Bergen hatten sich graue Wolken herabgesenkt, und selbst mittags herrschte Dämmerlicht. Ein solches Wetter trug nicht gerade dazu bei, die Stimmung zu heben. Und die stagione lungo e dura forderte unverkennbar ihren Tribut.

»Montagne russe« heißt auf italienisch Achterbahn. Vor Monaten hatte Jaconi gesagt, daß die Saison wie eine Achterbahnfahrt werden würde, weil die Spieler in dieser Liga keine konstante Leistung brächten. Aber jetzt hatte man den Eindruck, als seien mehrere Achterbahnen gleichzeitig in Betrieb, und man hatte keine Ahnung, auf welcher man gerade mitfuhr.

Wie Jaconi gesagt hatte, war da sicuramente die Unbeständigkeit der Spieler. Lotti stand stets zuverlässig und manches Mal herausragend zwischen den Pfosten, aber bei keinem einzigen der Verteidiger konnte man davon ausgehen, daß er auch nur über zwei Wochen eine konstante Leistung brachte. Im Mittelfeld sah es noch katastrophaler aus, wobei sich Alberti und Di Fabio vielleicht noch am ehesten formbeständig zeigten, aber ihre Form taugte auch nur mit Ach und Krach für die Seria B.

Claudio ließ derweil auf echte Anflüge von spielerischem Genie Leistungen auf Bolzplatzniveau folgen und machte alles noch schlimmer, indem er sich während des Spieles ständig mit Jaconi unterhielt.

Claudio stürmte zum Beispiel mit dem Ball auf der Außenbahn nach vorn und trat ihn dann unbegreiflicherweise einfach ins Toraus, ohne daß sich irgendein anderer Spieler von Castel di Sangro in Sichtweite befand.

Darauf folgte dann ein Tobsuchtsanfall auf der Trainerbank. Worauf Claudio Osvaldo zumeist hilflos anblickte und fragte: »Ja, was soll ich denn machen?«

»Verpiß dich, du Flasche!«

Claudio glotzte dann weiterhin mit offenem Mund gen Seitenlinie, während er eine weitere Gelegenheit verstreichen ließ, sich in die Verteidigung zurückfallen zu lassen. Dabei schrieben wir nicht mehr September, sondern April. Und Claudio war unser Millionen-Dollar-Mann. Dennoch lobte Jaconi, da er ja sein Liebling war, weiterhin Claudios mentalità.

Spinesi war ebenfalls ein Kandidat, den Osvaldo in höchsten Tönen pries, egal wie schlecht er spielte. Auch hier kam er dann mit mentalità. Nur ein Beispiel, wie sie in Spinesis Fall aussah: Ganz der italienische Halbstarke im Testosteron-Rausch, hatte Gionatha beschlossen, sich zum Lohn für seinen Treffer gegen Palermo ein teures neues Auto zu bestellen. Der Wagen war gerade erst nach Castel di Sangro geliefert worden, als sich herausstellte, daß Spinesi gar keinen Führerschein besaß, ja nicht einmal fahren konnte.

Doch jetzt war der Wagen da, er gehörte ihm, und er konnte sich jederzeit dagegenlehnen und sein Spiegelbild auf der auf Hochglanz polierten Lackierung bewundern. Das gab ständig Anlaß, ihn zu veralbern. Jeden Tag fragte ich ihn, wann er denn mit den Fahrstunden beginnen würde.

»Irgendwann«, meinte er dann. »Bloß nichts überstürzen.«

Nach meiner Theorie zögerte er, mit einem teuren, neuen Wagen durch den Ort zu kurven, bevor er nicht zumindest ein oder zwei weitere Tore geschossen hatte, was zwar keinen überragenden Intellekt, aber immerhin ein vernünftiges Maß an Feingefühl verriet.

Dann gab es aber auch noch Jaconis persönliche Achterbahn, die scheinbar nach ganz eigenen Mechanismen funktionierte. Schien er morgens noch mürrisch und verschlossen, mittags gar vor Wut zu rasen, konnte er nachmittags plötzlich fröhlich und ausgelassen sein, um dann schlagartig wieder so wütend zu werden, daß ich oftmals fürchtete, er würde einen Spieler schlagen. Zwei Stunden später war er bei einem Abendessen im kleinen Kreis irgendwo in den Bergen wieder ganz der charmante Plauderer.

Falls er sich der Geringschätzung bewußt war, die manche Spieler ihm gegenüber empfanden, so erwähnte er das jedenfalls nie. Statt dessen sprach er ausschließlich und wiederholt von der Geringschätzung und Verachtung, die er für jeden einzelnen von ihnen übrig hatte, einmal abgesehen von dem halben Dutzend, das er als »die alte Garde« betrachtete.

Seine blanke Irrationalität konnte erschreckend sein. Eines Nachmittags griff er Franceschini beim Arm, zerrte ihn von den anderen Spielern fort und machte den jungen Kerl geschlagene fünfundvierzig Minuten nach Strich und Faden auf gemeinste Art zur Sau. Perche? Boh. Warum, das wußte niemand – am wenigsten Franceschini.

Andere strafte er einfach durch Mißachtung. So waren zum Beispiel schon Wochen vergangen, seit er das letzte Mal mit Russo gesprochen hatte, obwohl sie jeden Tag gemeinsam zu Mittag aßen, drei Stunden auf dem Trainingsplatz standen und auch gemeinsam zum Abendessen gingen. Gegenüber Cristiano verhielt er sich ekelhaft herablassend und unverblümt beleidigend gegenüber Luca Albieri, den er mit einer ganzen Reihe abfälliger Bezeichnungen für Homosexuelle belegte.

Ich hatte keine Ahnung, welche sexuellen Präferenzen Albieri haben mochte, aber ich schätze, daß die meisten anderen Spieler es gewußt hätten, wenn sie sich von den ihren unterschieden hätten. Weder in seiner Gegenwart noch in seiner Abwesenheit habe ich je eine Äußerung von ihnen gehört, die in diese Richtung zielte. Trotzdem fehlte nicht viel, und Jaconi hätte den armen Jungen auch noch angespuckt.

Luca D'Angelo war eine Idee zu groß und kräftig, um sich terrorisieren zu lassen, aber sobald er außer Hörweite war, erging sich Jaconi in Hetztiraden über ihn, die fast immer damit endeten, daß er mich anfunkelte und D'Angelo »diesen langhaarigen, weibischen Kommunistenfreund von dir« nannte.

Die Stimmung war noch nie so angespannt und eigenartig gewesen. Während die Tage immer länger wurden, schmolz die Zahl der verbleibenden Wochen bis Saisonende stetig dahin, und daher erschien der Frühling nicht als die Zeit der Wiedergeburt, des ersehnten Winterendes, sondern als die Zeit, in der sich die Schlinge um den Hals immer enger zuzog. Und niemand schien das schmerzhafter zu spüren als Jaconi. Wenn alles gutging, klopfte man dem Trainer vielleicht anerkennend auf die Schulter, aber viel häufiger bekam er nur einen kräftigen Tritt in den Hintern.

Zu der leicht unwirklichen und gehässigen Atmosphäre paßte auch der pompöse Festakt, den Gravina für Gigis Comeback am Sonntag gegen Reggina vorbereitete. Ich mochte Gigi zwar immer noch, doch wie er jetzt zum auferstandenen Christus stilisiert wurde, hatte mich einigermaßen skeptisch gemacht. Und die ganze Zeit fragte ich mich, wie es Galli nun wirklich ging und wo er steckte, auch wenn Gravina beteuerte, er sei auf dem Weg der Besserung.

Beim Abendessen am Samstag schlug ich Fusco und Martino vor, für einen so bedeutenden Anlaß wie der Rückkehr Gigis auf den Rasen bräuchten unsere ultras, unsere eingeschworenen Fans aus der Nordkurve, eigentlich einen neuen Schlachtgesang.

Beiden nickten reserviert.

»Also«, meinte Fusco abwartend, »wie soll der heißen?«

»Steht auf, wenn ihr Gangster seid«, erwiderte ich.

»Aaaaah!« Tonino klatschte sich die Hand vor den Kopf und krümmte sich vor Lachen. »Grande Joe! Grande Joe!«

Fusco allerdings, der gebürtige Neapolitaner, der Sohn eines Metzgers, der Hinterhofkicker, für den die Camorra in seiner Kindheit mehr als nur ein Mythos gewesen war, lächelte nicht einmal. Statt dessen legte er seinen Zeigefinger an die Lippen. Er blickte mir fest in die Augen und schüttelte langsam und mit Nachdruck den Kopf.

Als Gigi auf dem Platz erschien, brach, wie nicht anders zu erwarten gewesen war, der lauteste Jubel aus, den ich seit meiner Ankunft in Castel di Sangro gehört hatte. Verbrechen lohnt sich doch. Zumindest solange man jemanden kennt, der die richtigen Leute schmiert.

Gigi spielte über die gesamte Spieldauer, und er spielte gut. Nach einem herrlichen Paß von Martino traf Spinesi nur Sekunden vor Ende der ersten Halbzeit für uns, und Lotti hielt an diesem Nachmittag hinten die Bude sauber. Und so gewannen wir 1:0. Ein glücklicher Ausgang einer unglückseligen Woche.

Aus irgendeinem Grund war ein Reporter da, der behauptete, vom *National Public Radio* aus den Staaten zu sein. Ich war mir seiner ehrlichen Absichten nicht ganz sicher, aber wenigstens ließ er mich während des kurzen Interviews Englisch sprechen.

»Wissen Sie«, erklärte ich, »wir hatten heute zehn weitere Spieler auf dem Platz, die niemals auch nur verdächtigt worden sind, Kokain für 25 Millionen Dollar in dieses Land zu schmuggeln. Es wäre nett gewesen, wenn man auch für einen von ihnen etwas Beifall gehört hätte.«

Am nächsten Tag schwelgten die Zeitungen trotzdem hemmungslos in Gigi-Mania. Von den fünf Blättern, die ich durchsah, hatten ihm zwei die Note 8 gegeben und zwei andere eine 7. Meiner Meinung nach hatte er eine 6,5 verdient, genauso wie Cei in der Abwehr. Aber bei Gigis Benotung hatte man offensichtlich seine Leistung und seine Haftzeit zusammengerechnet.

Hätte er vier Wochen gesessen, schrieb ich an Nancy, hätte er wohl eine 11 bekommen.

Der Montag war ein so scheußlicher Tag, wie ich ihn seit dem tiefsten Winter nicht erlebt hatte. Am frühen Abend schrieb ich einem Freund:

Das Grau einer unwirtlichen Dämmerung senkt sich wieder einmal auf dieses frostige Bergnest herab, der Dauerregen des Tages geht in den tückischen Schneeregen der Nacht über, und die leidgeprüften und verarmten Dorfbewohner, die ihre Holzvorräte für den Winter längst aufgebraucht haben, stehen erneut vor der schweren Wahl, ob sie ein weiteres Möbelstück kleinhacken oder noch ein Tier aus ihrer dahinschwindenden Herde von Schafen töten sollen, um unter ein zusätzliches blutgetränktes Fell kriechen zu können, während sie mit eisigem Atem und schwindender Hoffnung darum beten, daß der morgige Tag die erste warme Sonne seit einem launischen Sonntag im Februar bringen möge.

Aber hört man sie klagen? Von wegen! Denn gestern haben wir Reggina 1:0 geschlagen. Dreißig Spiele liegen hinter uns, noch acht vor uns, und trotz unserer zahllosen Probleme gibt es sechs Vereine in der Seria B, die ein noch schlechteres Punktekonto haben als wir (und wir müssen nur Fünftletzter werden, um dem Abstieg zu entgehen).

Nachdem jeder Nachmittag frostige Nordwinde mit Schneeböen gebracht hatte und schwere, düstere Winterwolken selbst die nahen Hügel verhüllten, kapitulierte unser lange vernachlässigter Trainingsplatz schließlich vor den Unbilden der Witterung.

Seit Anfang Dezember waren alle Mittel für das Spielfeld im neuen Stadion aufgewendet worden, doch es blieb trotzdem sensibel wie eine Mimose und brauchte nach jedem Spiel volle zwei Wochen, um sich wieder zu erholen. Dort zu trainieren kam nicht in Frage, und nun war auch der Traininingsplatz unter einer fünf bis acht Zentimeter dicken Schicht von halbgefrorenem, glitschigem Schmodder verschwunden, der jedes Fußballspielen unmöglich machte.

Zehn Kilometer weiter aber gab es neben einer Sozialbausiedlung namens Villa Scontrone einen verlassenen, steinübersäten Ascheplatz. Es war ein gemeingefährlicher Platz, auf dem selbst die Leute aus der Nachbarschaft schon seit Jahren nicht mehr zu spielen versucht hatten.

Überall lagen Glasscherben, Autoreifen und weggeworfene, verrostende Haushaltsgeräte herum. Im Boden steckten Steine, an denen man sich sofort den Knöchel brechen konnte. Darüber hinaus hieß »scontrone« auch noch soviel wie »Schauplatz eines blutigen Zusammenstoßes« oder Ort, an dem »Verdrießlichkeit, Gereiztheit, Mißmutigkeit, Grobheit und schlechte Laune herrschen«.

Man sollte meinen, daß der Sieg über Reggina, der uns haarscharf einen Platz oberhalb der Abstiegszone sicherte und Spinesi zudem in die Lage versetzt hatte, endlich mit seinen Fahrstunden anzufangen, zumindest vorübergehend etwas von der zermürbenden Anspannung und Konfusion von uns nehmen sollte, die seit der Nachricht von Gigis Verhaftung regiert hatte. Doch außer im Falle von Roberto Albieri, dessen 180-Grad-Wendung ich ebenso fasziniert wie verstört zur Kenntnis genommen hatte, hatte Gigis schnelle Haftentlassung nicht dazu beigetragen, diese Gefühle zu lindern, sondern sie bei vielen sogar verschlimmert. Diese ganze Geschichte trübte das Bild von einer Mannschaft, die durch Mumm, Entschlossenheit und Uneigennützigkeit den Aufstieg geschafft hatte.

Blut wurde während der mißmutigen, gereizten, mürrischen, übelgelaunten – und völlig nutzlosen – Trainingswoche in Villa Scontrone nicht vergossen, aber die trostlose Umgebung vermittelte jedem Spieler das Gefühl, die Seria B sei nur ein Trugbild gewesen, und er sei am Tiefpunkt seiner Karriere angelangt, wo er für immer zu bleiben verdammt sein würde, während ihn Jaconi von der Seitenlinie aus verfluchte. Auch meine Stimmung näherte sich, nachdem sie beim Dinner von *Guerin Sportivo* schwindelnde Höhen erreicht hatte, rapide dem Nullpunkt.

Diesmal war es Pietro Spinosa, der mich wieder aufmunterte. Gegen Ende der Woche fuhren wir von Villa Scontrone zurück in den Ort. Der magische Moment, in dem er den Strafstoß gehalten hatte, lag nun mehr als neun Monate zurück, doch je weiter die Saison voranschritt, desto mehr wuchs meine Überzeugung, daß er es war, der über den carattere, das cuore und die mentalità verfügte, die diese ganze wackelige Angelegenheit noch zusammenhielten.

Ohne seinen beruhigenden Einfluß auf die Spieler hätte es vielleicht schon eine offene Revolte gegen Jaconi gegeben. Ohne seinen beruhigenden Einfluß auf Jaconi wäre die Mannschaft vielleicht schon längst ein Trümmerhaufen gewesen. Außerdem hatte ich ihn über die Monate so ins Herz geschlossen, daß er mir wie ein Bruder erschien.

Da er jedoch ein äußerst diskreter Mensch und völlig loyal gegenüber Jaconi war, hätte er mir nie seine Gefühle oder auch nur einen Bruchteil seiner Kenntnisse von dem offenbart, was in diesen chaotischen Tagen nach dem Freikauf von Gigi um uns herum vorging. Statt dessen betonte er immer wieder hartnäckig, daß alles Gerede darüber zwangsläufig reine Spekulation sei, und eine unbesonnene Spekulation noch dazu. Dennoch hatte ich das Gefühl, daß Pietro Spinosa der erste wäre, dem ich vertrauen würde, falls es je hart auf hart ginge.

An diesem Nachmittag wollte er mir ein paar Zeitungsausschnitte über das Spiel vom letzten Juni leihen, darum steuerte er im letzten Tageslicht geschickt durch die engen, kopfsteingepflasterten Straßen zu seinem Haus gegenüber der Kirche aus dem 13. Jahrhundert, die den Krieg unversehrt überstanden hatte. Er war völlig aufs Fahren konzentriert und schrammte oft haarscharf und ohne vom Gas zu gehen durch übermauerte Gäßchen, die so eng wirkten, daß ich erst gar nicht den Versuch gewagt hätte.

»Wie machst du das bloß?« fragte ich ihn, als wir vor seinem Haus hielten. »Du fährst durch diese Torbögen, als hättest du auf beiden Seiten endlos viel Platz.«

»Ich bin Torwart«, grinste er. »Ich habe ein gutes Augenmaß.«

»Und gute Ohren«, sagte ich bedeutungsvoll.

»Ja, Joe, und mein Mundwerk ist auch gut, denn es klappert nicht so laut.«

»Wie meins«, erwiderte ich.

Da lächelte Spinosa und legte mir flüchtig die Hand aufs Knie. »Ich weiß, daß die Uhr abläuft. Und ich weiß, daß niemand weiß, was kommen mag. Und ich weiß, daß es für dich und mich besser ist, nichts zu sagen.«

Er hielt inne und blickte mich mit seinen scharfen Torhüteraugen prüfend an. »Selbst wenn unser Wunder nicht deinen Erwartungen entspricht«, meinte er schließlich, »hast du trotzdem viel Glück. Denn eine Mannschaft wie diese gibt es im ganzen Fußball kein zweites Mal, und dabei spreche ich nicht vom Talent, sondern von cuore e grinta e carattere, die jeder der Spieler hat, egal wie sauer er auch sein mag.

Und für dich, Joe, ist es das eigentliche Wunder, die Saison mit diesen Männer verbringen zu können.«

KAPITEL 33

An einem Frühjahrsmorgen im Jahre 1893 nahmen einige britische Matrosen, die sich an Bord ihrer Schiffe im Hafen von Genua zu langweilen begannen, einen ledernen Ball mit von Bord und kickten ihn herum. Wie stets war die Hafengegend voll mit italienischen Müßiggängern, die Kaffee tranken, unflätige Bemerkungen über Frauen machten und nach locker sitzenden Brieftaschen Ausschau hielten. Nachdem sie ungefähr fünfzehn Minuten zugesehen hatten, wie die Matrosen den Ball hin und her traten, meinten die Italiener: »Cazzo! Das können wir aber besser.« Und so war il calcio geboren.

Heute, 104 Jahre später, war es elektrisierend und ehrfurchtgebietend, in die Stadt zu reisen, in der alles begonnen hatte, und gegen einen Verein anzutreten, der auf eine mehr als hundertjährige Tradition zurückblickte. Die Tatsache, daß wir Genua im Hinspiel 1:0 geschlagen hatten (dank Antonellos unglaublichem Fallrückzieher), nahm der Sache nichts von ihrer Brisanz. Wenn überhaupt machte es das nur noch etwas spannender.

Auch für Genua stand viel auf dem Spiel. Nachdem der Verein vor zwei Jahren ein Relegationsspiel gegen Padua verloren hatte, war er in die Seria B abgestiegen. Seit der Gründung der Seria A 1929 war Genua auf die erste Liga abonniert gewesen und zählte zu den zehn besten Teams aller Zeiten in Italien. Für den Klub und seine Anhänger stellte die Seria B ein verhaßtes Exil dar, eine Schande, einen Fleck auf der weißen Weste, und es galt als Skandal, daß man nicht den sofortigen Wiederaufstieg geschafft hatte.

Nachdem der Klub die Saison mit einem siebten Platz abgeschlossen hatte, waren Köpfe gerollt, und einige weitere saßen auch nicht mehr allzu fest auf den Schultern. Ein Sieg über uns würde Genua aber wieder unter die ersten vier bringen, und damit auf den Weg dorthin, wo man nach eigenem Dafürhalten hingehörte.

Wir fuhren mit dem Bus nach Fiumicino. Nachdem ein Funktionär der Società die Flugtickets verteilt und sich vergewissert hatte, daß sein Fußvolk genügend Exemplare des Gabriele-Gravina-Vanessa-Diaz-Comics mitgebracht hatte (dessen Plot allerdings nicht aktualisiert worden war), marschierten wir durch das Inlands-Terminal zu unserem Flugsteig, als wir uns plötzlich einem Gespenst gegenübersahen.

Ganz in Weiß gekleidet – nicht in Krankenhausweiß, sondern in einem ausgesprochen eleganten weißen Leinenanzug – stand da Giacomo Galli! Hier, direkt vor uns, quicklebendig!

Das überraschende Wiedersehen fiel ausgesprochen überschwenglich aus. Selbst ich hatte ihn mehr vermißt, als mir bewußt gewesen war. Vielleicht waren uns durch sein Fehlen nicht viele Tore durch die Lappen gegangen, doch das Lachen im *Marcella's* fiel ohne seine frei assoziierenden Monologe deutlich gedämpfter aus.

Galli sah nicht krank, aber bei näherem Hinsehen auch nicht kerngesund aus. Da wir aber angenommen hatten, er hinge immer noch an Schläuchen und Beatmungsgeräten, waren wir erfreut und erleichtert, ihn hier in sommerlicher Garderobe wie einen ganz normalen Reisenden auf dem Flughafen von Rom auftauchen zu sehen.

Er erklärte, er sei einfach zum Flughafen gefahren, um uns Hallo zu sagen, mal wieder im Kreis seiner Mannschaftskameraden zu sein und uns etwas von der Sorge zu nehmen, die wir seinetwegen hegten. Aber vor allem, um uns »in bocca al lupo« für Sonntag zu wünschen. Meiner Meinung nach war das kurze Wiedersehen mit ihm das beste Omen, das wir uns wünschen konnten.

Allerdings brachte er auch schlechte Nachrichten. Er würde in dieser Saison nicht mehr spielen. Es gäbe immer noch ernsthafte Probleme mit seinem Blut. Die würden mit der Zeit schon auskuriert, aber nicht schnell genug, um bis Juni wieder fit zu werden. Sein Hallo war also gleichzeitig ein Auf Wiedersehen.

Er wollte versuchen, unsere restlichen Heimspiele auf der Tribüne zu verfolgen, aber allen war klar, das würde nicht dasselbe sein. Was auch in Wirklichkeit hinter seinem bizarren Mißgeschick stecken mochte, Giacomo war ein weiterer herber Verlust in dieser langen, harten Saison, und ich glaube, uns allen war weh ums Herz, als wir den Alitalia-Jet bestiegen, uns noch einmal umdrehten und ihm zuwinkten. Er stand am Schalter, winkte zurück und versuchte, ein fröhliches Gesicht zu machen.

Im Flieger saß ich neben Fusco, einem Spieler, der Jaconi noch nie kritisiert hatte, jedenfalls nicht in meiner Gegenwart. Fusco schien den allenatore tatsächlich zu mögen. Außerdem schien er dankbar dafür zu sein, daß er die ganze phantastische Reise von der C2 hinauf in die Seria B hatte mitmachen dürfen; dabei hatte sich Fusco sein Ticket wirklich redlich verdient.

»Fünf Jahre, Joe«, sagte er. »Für mich wird es Zeit, die Zelte abzubrechen.« Er wies aus dem Kabinenfenster. Wir saßen auf der linken Seite, und da wir entlang der Küste nach Norden flogen, konnten wir deutlich die wunderschöne Küstenlinie, die Insel Elba und dahinter Korsika sehen. Fuscos Vertrag lief zum Ende der Saison aus, und er hatte nicht vor, ihn zu verlängern.

Doch Fusco betonte, sein Wunsch, sich zu verändern, rühre nicht etwa daher, daß er verbittert oder desillusioniert sei. Er liebte Castel di Sangro. Aber nach fünf Jahren war er es leid, immerzu im selben kleinen Bergnest nur zwei Autostunden von seiner Heimatstadt Neapel entfernt zu spielen. Die Reisen zu den Auswärtsspielen in der Seria B hatten in ihm mit 24 den Wunsch gestärkt, noch mehr zu sehen: und wenn schon nicht von der Welt, dann zumindest von Italien.

Das konnte ich verstehen. Aber dann sagte ich Dummkopf: »Dann ist la salvezza für dich also gar nicht so wichtig, weil du ja ohnehin weggehst.«

Schlagartig trat ein Funkeln in seine Augen. Ich kannte niemanden, dessen Stimmung so schnell von Gelassenheit in grimmige Schärfe umschlagen konnte, und umgekehrt, wenn sich die Aufregung gelegt hatte.

»Kapierst du denn gar nichts, Joe? Selbst jetzt noch nicht? Für mich ist la salvezza jetzt noch wichtiger, gerade weil ich weggehe.« Der Ort und die Mannschaft hätten ihm so viel gegeben, meinte er, daß er es ihnen zumindest schuldig sei, den Verein in der Seria B zu verlassen – und nicht als Mitglied einer Mannschaft, die versagt hatte.

Nicht zum ersten Mal hatte sich jemand, der nicht mal halb so alt war wie ich, als doppelt so klug erwiesen. Ich entschuldigte mich, so gut es ging, grübelte jedoch weiter nach: Wenn Spieler wie Fusco – sozusagen die jüngeren Vertreter der alten Garde – abwanderten, dann war diese Saison wirklich einzigartig. Selbst wenn die Mannschaft la salvezza erreichen würde, wären doch die Spieler, die Castel di Sangro in die Seria B geführt und dort gehalten hatten, zukünftig nicht mehr da. Nicht nur die murrenden, sondern auch die loyalen Spieler wie Claudio würden die Abruzzen verlassen, während Spieler wie Cei, Alberti oder Michelini zweifellos vor dem Ende ihrer Karriere stünden. Und würde la salvezza erreicht, bekäme höchstwahrscheinlich auch Osvaldo einen besseren Job bei einem größeren Verein.

So bekam die Reise nach Genua einen fast wehmütigen Charakter. Die Fahrt vom *Novotel Ovest* zu unserem Trainingsplatz führte uns durch Dutzende von Tunnels und über zahllose Brücken kreuz und quer durch die Berge. Ein leichter Nieselregen setzte während des Trainings ein, und man konnte tatsächlich das frische Gras riechen, so weit war der Frühling hier schon fortgeschritten.

Dieser Geruch, der scheinbar auf der ganzen Welt identisch ist, erinnerte mich schmerzhaft daran, daß in zwei Monaten mein Abschied bevorstand. Ich mochte gar nicht daran denken, den ragazzi Lebewohl sagen zu müssen.

Am Nachmittag fuhr ich mit einem Linienbus von unserem Hotel ins Stadtzentrum von Genua. Auf den Straßen des Hafenviertels wimmelte es von Menschen. Ich spazierte zwei oder drei Stunden einfach herum, um mich mit der Gegend vertraut zu machen. Der Himmel verdunkelte sich, und die Luft wurde schwer und bedrohlich still. In allen Gassen herrschte derselbe Trubel. Der Lärm war enorm, doch war es kein Verkehrslärm, sondern das Geräusch Tausender Fußgänger auf engstem Raum.

Genua hatte etwas an sich, das ich unmöglich zu bestimmen oder definieren vermochte. Natürlich verglich ich Genua ganz automatisch mit Venedig, da beide Städte über Jahrhunderte die großen seefahrenden und kriegführenden Stadtstaaten des Nordens gewesen waren. Venedig schien mir wie die gediegene und elegante Upper East Side von Manhattan, während Genua mich an die Quirligkeit, Energie und Unberechenbarkeit der West Side erinnerte.

Schließlich stieß ich auf ein Antiquariat, in dem ich für den Rest des Nachmittags in abgegriffenen italienischen Büchern stöberte, die von einer Kenntnis der nationalen Kultur und Geschichte zeugten, die ich niemals erlangen könnte.

Als ich einen Blick nach draußen warf, sah ich, daß der Himmel fast pechschwarz geworden war, obwohl es noch keine fünf Uhr war. Eilig verließ ich den Laden, um mich auf den langen Rückweg zum Hotel zu machen; bei mir trug ich eine alte und wunderbar illustrierte Ausgabe der Reisen des Kolumbus.

Ich wußte, daß Alberti heute seinen 36. Geburtstag hatte und er einer der wenigen Spieler war, der ein solches Geschenk wirklich zu schätzen wüßte. Seine Kehrtwendung, was Gigi anging, störte mich noch immer, aber ich wußte ja nicht, welchen Repressalien er in dieser Angelegenheit vielleicht ausgesetzt gewesen war.

Wieder im Hotel, das ich gerade noch rechtzeitig erreichte, bevor das Unwetter losbrach, schrieb ich auf italienisch eine Widmung in das Buch, die zu meiner Überraschung fehlerlos gelang. Sie lautete: »In der Stadt, aus der Kolumbus zu der Eroberung einer neuen Welt aufbrach, wünsche ich Dir Erfolg und Glück in der neuen Welt, die Du nach dem Abschied vom Fußball erobern wirst.«

Als ich am Sonntag erwachte, herrschte das schlechteste Fußballwetter, das ich je erlebt hatte, abgesehen vielleicht von der ersten Begegnung zwischen Castel di Sangro und Genua, die dann ja auch wenig mit Fußball zu tun hatte.

Es schien, als würde der gesamte Regen, der seit Anbeginn der Zeiten auf Genua gefallen war, an diesem Morgen noch einmal herunterkommen. Und das nicht etwa senkrecht. Ich blickte aus meinem *Novotel*-Fenster, von dem man einen herrlichen Ausblick auf eine Autobahnauffahrt hatte. Ein beleuchtetes Schild warnte die Autofahrer vor dem freddo vento forte, einem kräftigen, kalten Sturm, dem man auf der autostrada ausgesetzt sein würde.

Um Viertel nach zehn fuhr ich mit dem Aufzug hinunter in die Lobby, wo ich aber nur Pietro Spinosa antraf. Er schüttelte bloß den Kopf und meinte: »Üble Sache.« Dann entdeckte ich Luca D'Angelo, der allein in einer düsteren Ecke saß.

Aber Luca war so sconsolato, daß er nur abwinkte, als er mich sah. Er wollte mit niemandem reden. Draußen wurde der Himmel noch dunkler, was mich daran erinnerte, daß wir nicht vor drei Uhr am Montagmorgen wieder daheim sein würden und daß die Chance, uns könnte in der Zwischenzeit irgend etwas Angenehmes widerfahren, bei – um es mit Claudio zu sagen – unter Null lag.

Ich weiß nicht, wie tief ein Barometer fallen kann, aber sollte es noch tiefer fallen können als an jenem Sonntagmorgen in Genua, möchte ich nicht in der Nähe sein.

Ich schrieb in mein Notizbuch: »Das seltsamste Jahr meines Lebens begann gerade, als ich dachte, es ginge zu Ende.« Ich wußte nicht mal, was ich damit sagen wollte. Heute denke ich, daß ich vielleicht nach dieser Zeile aus Shakespeares *Der Sturm* – eindeutig das Stück für diesen Tag – suchte: »... was jetzt geschah, ein Vorspiel ist.« Keine Ahnung.

Ich blieb eine halbe Stunde in der Lobby. Jedesmal, wenn der Aufzug herunterkam, trafen weitere Spieler ein, die in dem merkwürdigen Licht dieses Tages blaß, verängstigt und gespenstisch zweidimensional wirkten.

Gegen Mittag hatte der Regen etwas nachgelassen, aber aus dem Fernseher in der Lobby klangen aufgeregte Stimmen, die davor warnten, daß dies nur das Auge des Sturms sei und die Stadt später am Nachmittag von wesentlich schlimmeren Unwettern heimgesucht werden würde. Als wir in den Bus zum Stadion stiegen, ließ sich kurz die Sonne sehen, doch während der ganzen Fahrt sprach niemand ein Wort. Zum ersten Mal in diesem Jahr hatte ich das Gefühl, daß wir nicht zu einem Spiel fuhren, sondern zu einer Hinrichtung – unserer eigenen.

Als ich später den Platz begutachtete, sah ich, daß das Stadion, das als das Schönste in ganz Italien gilt, seinem Ruf mehr als gerecht wurde. Ich bemerkte außerdem, daß der Platz überaus professionell mit Plastikplanen und einem ausgeklügelten System von Abflußrohren vor den schlimmsten Niederschlägen geschützt worden war. Vielleicht waren die Platzbedingungen doch nicht so schlecht, was von unserem Standpunkt aus nicht unbedingt ein Vorteil war.

Osvaldo, immer noch Sklave seiner konservativsten Instinkte, aber nicht in der Lage, durch das klassische 5-4-1-System von la paura seinem ebenso ausgeprägten Wunsch nach Altbewährtem nachzugeben, hatte sich statt dessen für ein 4-5-1-System entschieden.

Vor Lotti spielten die Außenverteidiger Fusco und Prete und dazwischen D'Angelo und Cei. Um das Mittelfeld abzuriegeln, stellte Jaconi Martino und Bonomi auf die Flügel und Di Fabio, Cristiano und Alberti nach innen (die Aufstellung von Mimmo für Michelini war Osvaldos einzige Konzession an die vielversprechende Jugend). Damit blieb im Sturm allein Spinesi übrig, was einem Jungen, der vor einem Monat erst 19 geworden war, eine ganze Menge abverlangte.

Der Himmel verdunkelte sich weiter, und gerade war der Ball im Spiel, da stürzte von Norden her eine kompakte Wand aus Regen auf uns ein. Anscheinend kam sie direkt vom Matterhorn, denn die Temperatur fiel innerhalb von zehn Minuten schlagartig in den Keller. Die Spieler hüpften herum wie Flöhe auf einer heißen Herdplatte, als heftige Sturmböen sie mal hierhin, mal dorthin wehten.

Während der ersten Viertelstunde kämpften sie eher mit den Elementen als gegeneinander. Doch in der 17. Minute holte Tonino Martino eine Ecke für uns heraus. Claudio führte sie aus und zirkelte den Ball in den Fünfmeterraum, wo inmitten chaotischen Stolperns und Schlidderns, Schubsens und Zerrens ausgerechnet D'Angelo wie ein Racheengel vom verdüsterten Himmel herabstieg. Er köpfte den Ball ohne viel Federlesens ein.

Ein Tor für Castel di Sangro! Gegen Genua! In Genua! Es war Lucas erstes (und letztes) Saisontor. Ich saß allein inmitten von Genua-Fans, und meine markerschütternden Jubelschreie brachten mir einige böse Blicke ein. Aber das war mir schnuppe. Mir war alles schnuppe, außer daß Luca uns in Führung gebracht hatte.

Das Tor schockierte jeden im Stadion. Aber nicht nur das; am nächsten Tag schrieb der *Corriere dello Sport*: »Es schien selbst die Götter wachgerüttelt zu haben, denn der Himmel tat sich auf, und während sich der Regen zu einer Sintflut steigerte, brach genau über dem Stadion ein ungeheures Gewitter los.«

Blitze zuckten mit solcher Heftigkeit über den Platz, daß mir die Idee von Blitze schleudernden, zornigen Göttern zum ersten Mal nicht nur rein metaphorisch erschien. Der Lärm der Donnerschläge im Stadion klang wie Artilleriefeuer.

Ehrlich gesagt hatte ich schreckliche Angst. Durch den Sturm sahen die Spieler auf dem Platz wie weit entfernte, kleine Figürchen aus. Eine Fortsetzung des Spiels schien ganz ausgeschlossen. Tausende von Zuschauern, die nicht unter dem schützenden Dach gesessen hatten, suchten panisch im hinteren Tribünenbereich Deckung.

Es herrschte totales Chaos. Blitz auf Blitz fuhr auf uns nieder. Wie den anstürmenden Elementen zum Trotz schaltete jemand das Flutlicht an. Der Himmel über uns blieb pechschwarz, als hätten wir tiefste Nacht, doch zumindest konnte man nun die Spieler sehen, und, was noch wichtiger war, die Spieler konnten den Ball sehen.

Nicht daß man den Ball bei diesen Bodenverhältnissen leicht unter Kontrolle bringen konnte. Es war in kürzester Zeit so viel Regen gefallen, daß das Wasser knöcheltief auf dem Rasen stand. Aber nicht für lange, denn als der Sturm nachließ, nahm das Seria-A-Drainagesystem unter dem Seria-A-Spielfeld seine Arbeit auf. Was für ein Unterschied zu Castel di Sangro!

Während die eisigen Sturzbäche in einen beharrlichen, alles durchweichenden Dauerregen übergingen, verbesserte sich die Platzqualität tatsächlich rapide. Für meinen Geschmack sogar etwas zu rapide. Gegen Mitte der ersten Hälfte konnte Genua einen »pausenlosen und kräftezehrenden Sturmlauf« (*Il Tempo*) auf unser Tor starten, der bis zum Halbzeitpfiff anhielt. Nur eine Reihe von Glanzparaden Lottis (»ein Außerirdischer unter Sterblichen«, schrieb *Il Tempo*, offensichtlich im Bemühen, die Bezeichnung »Gott« zu vermeiden) rettete unsere Führung.

Doch nur Sekunden vor dem Pausenpfiff war selbst Lotti machtlos, als Fusco einen Ball aus Genuas Trommelfeuer versehentlich ins lange Eck abfälschte. Damit stand es zur Halbzeit 1:1. Vom psychologischen Standpunkt aus hätte es dann auch gleich 3:1 sein können.

Ein weiteres Mal schien es uns einfach nicht bestimmt zu sein, ein Auswärtsspiel zu gewinnen, egal wie dramatisch die Umstände und wie »unvergleichlich« (*Il Corriere dello Sport*) Lottis Leistungen waren. Nach dem Ausgleich würde Genua in der zweiten Halbzeit bestimmt den Sack zumachen, und unsere erschöpfte Hintermannschaft würde einbrechen. Wir würden mit Spinesi als einsamer Sturmspitze vermutlich nicht mal eine einzige Torchance erzielen.

Vom Wiederanpfiff an führte Genua »unbarmherzige Schläge« (*La Gazzetta dello Sport*) gegen uns. Ein ums andere Mal drängten sie vorwärts, eroberten den Ball im Mittelfeld und attackierten unsere Außenverteidiger, den hart bedrängten Fusco und Gigi Prete, der an diesem Tag mit einer wilden Entschlossenheit kämpfte, wie ich sie bei ihm noch nie gesehen hatte.

Nach nur fünf Minuten erwischte es Luca D'Angelo im Rücken, und er mußte auf einer Bahre vom Platz getragen werden. Trotz seiner Abneigung gegen ihn warf Jaconi Antonello ins Getümmel. An die Leistung von Luca kam er vielleicht nicht ganz heran, doch Cei an seiner Seite war in Bestform, und so hielt unsere Verteidigung stand.

Dann mußte Cristiano nach seiner zweiten gelben Karte vom Platz, und wir waren in Unterzahl. Nun brachen wir wirklich ein. Für Genua begann ein regelrechtes Scheibenschießen. Schuß auf Schuß donnerte aufs Tor, Distanzschüsse, Schüsse aus kurzer Entfernung, von links, von rechts, aus der Mitte, hohe Bälle, flache Bälle, präzise plazierte Bälle und harte Gewaltschüsse. Doch Lotti zuckte nicht mit der Wimper und ließ nicht einen durch.

La Gazzetta dello Sport schrieb später: »Lotti zeigte in einem einzigen Spiel all die phantastischen Paraden, von denen er seit Monaten geträumt haben muß.« *Il Messagero* nannte ihn einen »Super-Lotti«. Und *Il Tempo* bescheinigte ihm zusammenfassend Seria-A-Qualität. Es war die erstaunlichste Torwartleistung, die ich je gesehen habe.

Lotti beherrschte sein Handwerk so perfekt, daß selbst die Fans von Genua zur Mitte der zweiten Halbzeit akzeptierten, daß sie hier Zeuge von etwas ganz Besonderem wurden. Und sie verhielten sich wie echte Sportsmänner. Jede neue Parade von Lotti wurde mit Aaahs und Oohs bedacht und schließlich mit »Olé!«-Gesängen, dem höchsten Lob, das tifosi vergeben können.

Ab einem bestimmten Punkt, vielleicht zwanzig Minuten vor Schluß, wußte ich einfach, daß Lotti keinen Treffer von Genua mehr zulassen würde. Zum ersten und einzigen Mal während der Saison hoffte oder bangte ich nicht, ich wußte es einfach instinktiv.

Dies war der Tag, an dem mit all den Enttäuschungen und Frustrationen, die sich bei Lotti während der Saison aufgestaut hatten, ein für allemal reiner Tisch gemacht wurde. Und dieser Tag würde noch mehr bewirken: Er würde die Aufmerksamkeit jedes Vereins in der Seria B und Seria A auf Lotti lenken, und er würde nie wieder übergangen oder nicht für voll genommen werden.

Wir würden ein Unentschieden gegen Genua holen. Wir würden einen lebenswichtigen Punkt aus der Geburtsstadt des calcio entführen. Diese Gewißheit war etwas ungemein Befriedigendes.

Es begann wieder wie aus Eimern zu gießen. Der Wind frischte erneut scharf auf. Der Himmel verdüsterte sich abermals bedrohlich. Doch als ich zur Gegengeraden hinüberblickte, erkannte ich, daß Jaconi, der unter seinem ganzen Regenzeug kaum zu erkennen war, von der geschützten Trainerbank an den Spielfeldrand getreten war. Als sich der Sturm mit fast biblischen Ausmaßen wieder erhob, da sah er bei Gott aus wie Noah!

In der letzten Viertelstunde des Spiels geschahen im Abstand von sechs Minuten die zwei Dinge, mit denen ich am wenigsten gerechnet hatte. Zuerst brachte uns Claudio wieder mit 2:1 in Führung.

Und dann schoß Pistella, der für Spinesi eingewechselt worden war, sein zweites Saisontor. Wir führten 3:1 gegen Genua! Und Lotti würde Genua nicht mehr herankommen lassen. Wir würden das Spiel gewinnen. Wir hatten noch kein einziges Auswärtsspiel in der ganzen Saison gewonnen und würden nun Genua in Genua schlagen!

Und so kam es auch. Castel di Sangro, das winzige und entlegene Bergnest in den Abruzzen, hatte den legendärsten Verein Italiens auf dessen eigenem Platz geschlagen.

An diesem 27. April, hier und unter diesen Bedingungen, hatte sich das Wunder entgegen allen Erwartungen wahrhaftig erneuert.

»Wackre neue Welt«, zitierte ich laut, da das Unwetter in mir die Erinnerung an den *Sturm* weckte. »Wackre neue Welt, die solche Bürger trägt.«

Und dann rannte ich so schnell ich konnte über das Spielfeld, um in der Kabine an der Siegesfeier teilzunehmen, die für jeden wohl unvergeßlich bleiben sollte.

Wir verließen das Stadion erst nach anderthalb Stunden. Niemand hatte Lust, früher zu gehen, alle wollten noch ein wenig länger an dieser historischen Stätte verweilen, in der sich Castel di Sangro, was immer auch die Zukunft bringen mochte, in die Annalen des italienischen Fußballs eingetragen hatte.

»Jetzt gehöre ich wirklich dazu!« rief Osvaldo aus und sank dann überraschenderweise schluchzend in meine Arme. »Zum ersten Mal fühle ich mich wie ein richtiger Trainer.«

Und dann geschah das vielleicht Erstaunlichste an diesem ganzen Tag – für mich der denkwürdigste Moment der ganzen Saison: Als unser Bus hinter der Polizei-Eskorte in die

Einbahnstraße bog, die vom Stadion wegführte, sahen wir, daß die Genua-Fans in Sechserreihen die Straße säumten, so weit das Auge reichte.

Irgendwer schrie: »Auf den Boden! Die werden uns steinigen!«

Doch das genaue Gegenteil trat ein. Als unser Bus langsam beschleunigte und an ihnen vorbeifuhr, brachen die tifosi von Genua in frenetischen Applaus aus.

Sie wußten es zu würdigen, wenn Geschichte geschrieben wurde, auch wenn es auf ihre Kosten geschehen war. Und sie hatten volle neunzig Minuten gewartet und ihre Enttäuschung heruntergeschluckt, nur um den Männern aus den Abruzzen, die nun niemand mehr für Zwerge halten würde, ihren Respekt zu bekunden.

KAPITEL 34

Wenn man in Italien sagt, etwas sei »wie in einem Film« gewesen, so ist dies das größte Kompliment, das man hinsichtlich einer Darbietung oder eines Ereignisses aussprechen kann. Und genau das schrieben mehrere große Zeitungen über das Spiel in Genua.

»Um die Eindrücke und die dramatischen Emotionen angemessen wiederzugeben«, hielt ein Journalist fest, »bräuchte man wohl einen Western aus den 50er Jahren.« Aber welcher Westerndarsteller hätte dann Lotti spielen sollen? John Wayne in seiner Glanzzeit? Nein, nicht einmal er hatte so schnelle Reflexe gehabt.

An jenem Abend, als wir auf unser Gepäck warteten – alle, Spieler wie bloße Zaungäste, völlig ausgelaugt und erschöpft –, lud Lotti mich ein, mit ihm und seiner fidanzata statt mit dem Mannschaftsbus zurückzufahren. Ich glaube, eigentlich hat er mich nur aus Höflichkeit gefragt, doch ich redete mir ein, daß er wirklich meine Gesellschaft suchte, vielleicht um die Ereignisse des Tages noch einmal mit mir durchzusprechen. Jedenfalls sagte ich sofort zu.

Von Lottis charakterlichen Qualitäten bewunderte ich vor allem seine Ausgeglichenheit. Es mangelte ihm nicht an Leidenschaft (auch wenn Jaconi ihn in dieser Hinsicht wohl unterschätzte), doch er wahrte in jeder Situation, der ich ihn während dieser Saison ausgesetzt sah, seine Haltung. Darin, genau wie durch seine große Statur, dem blonden Haar und den blauen Augen, glich er eher einem Nordeuropäer als einem Italiener.

Auf der Rückfahrt wirkte er so entspannt, als habe er den Tag nicht in Genua, sondern Musik hörend und lesend in der Hängematte verbracht. Er war natürlich zufrieden, sowohl mit seiner eigenen Leistung wie mit dem historischen Sieg, aber abgesehen davon, daß wir uns ein Fläschchen Weißwein aus einem Laden am Straßenrand teilten, legte er wenig Begeisterung an den Tag.

Das Gespräch plätscherte träge dahin. Wie soll ein Torwart auch schon eine tolle Parade beschreiben, geschweige denn ein ganzes Dutzend? Zuschauer können jubeln, Autoren schreiben, Kapellen können spielen, aber für einen Zauberkünstler liegt das Wesen seiner Zauberkunst jenseits alles Sagbaren.

Im Kassettenrekorder steckte ein Elton-John-Tape, das erst einmal ganz durchlief, dann ein zweites Mal und schließlich noch einmal, so daß schließlich fast nur noch die Stimme des Sängers im Wagen zu hören war, als uns die Müdigkeit übermannte.

I think it's gonna be a long, long time
Yes, I think it's gonna be a long, long time …

Ich wußte, daß es noch lange, lange dauern konnte, bis ich wieder eine Begegnung zu sehen bekäme wie die zwischen Genua und Castel di Sangro. Und vermutlich noch länger, falls überhaupt, bis ich noch mal an der Seite eines so begnadeten und charakterstarken Torhüters nach Hause fahren würde.

Am Flughafen von Genua hatten wir neunzig Minuten auf unseren Flieger nach Rom warten müssen. Die Mannschaft hatte gerade erst den phantastischsten Sieg der Vereinsgeschichte errungen, der vermutlich niemals übertroffen werden würde, und dennoch setzten sich die Spieler gelassen ins Flughafenrestaurant, wo sie natürlich interessiert die Höhepunkte des Spiels im Fernseher verfolgten, doch nicht einer verlangte lautstark nach harten Drinks oder veranstaltete irgendwelche anderen Mätzchen.

Mit ihren grauen Anzügen, blauen Hemden und Krawatten legten sie selbst in einem solchen Moment des Triumphs Wert darauf, wie seriöse Geschäftsleute aufzutreten. Erschöpft, aber in Hochstimmung, gönnten sich die meisten zu ihrem Essen lediglich ein Gläschen Wein. Als der Flug aufgerufen wurde, reihten sie sich unter die ganz normalen Passagiere vor dem Gate ein.

Sie nahmen dankbar die Glückwünsche von mitreisenden Genuesen entgegen, und es gab eine überraschend hohe Zahl solcher Glückwünsche. Sie gaben bereitwillig jedem, der danach verlangte, Autogramme (für die meisten von ihnen immer noch eine neue Erfahrung), und nur Claudio erlaubte es sich, seinen Krawattenknoten gelockert zu lassen, aber er trug ja auch seine lederne Baseballkappe zum Anzug. Das war halt Claudios persönlicher Stil.

Auf dem Flug nach Rom bestellten sich Antonello und ein Co-Trainer jeweils einen Piccolo Spumante, was pro Flasche drei halbvolle Plastikbecher ergab. Sie wurden an diejenigen verteilt, die in der Nähe saßen, doch es gab weder Trinksprüche noch Siegesjubel, und niemand verlangte Gratisgetränke von den Stewardessen oder flirtete mit ihnen. Jeder freute sich still für sich selbst, nicht weil sich die Freude in Grenzen hielt, sondern weil sich jeder bewußt war, daß es vielleicht Mitreisende gab, denen sie gänzlich unbekannt waren, die sich nicht für sie interessierten und sich womöglich durch eine laut feiernde Gruppe belästigt fühlen könnten.

Ein derart gesittetes Benehmen ist meines Wissens bei amerikanischen Mannschaften nicht unbedingt die Regel. Und sicherlich auch nicht bei britischen Teams, die gerade einen überraschenden Sieg errungen haben.

Obwohl die Spieler von Castel di Sangro wahrlich keine Engel waren und bisweilen recht unflätig und derb sein konnten, war ihnen dieses Gespür für das rechte Benehmen doch in Fleisch und Blut übergegangen. Es war einfach der Stil des giocatore, es gehörte zum professionellen Auftreten in Italien. Und wenn mal jemand davon abwich, wie etwa der junge Albieri, als er unerlaubt sein Handy auf dem Rückflug von Reggia Calabria benutzte, mußte er nicht lange darauf warten, von Jaconi zur Schnecke gemacht zu werden. Er würde auch von seinen Mannschaftskameraden gemaßregelt werden – und das nicht zu knapp, weil es ihm nicht nur an Reife mangelte, sondern auch an dem, was jedem von ihnen als Wichtigstes galt: an carattere.

Bei nur sieben verbleibenden Spielen hatten wir nun sechs Vereine hinter uns gelassen und waren am Elftplazierten Venedig so dicht dran wie der schärfste unserer Verfolger an uns. Und ausgerechnet Venedig sollten wir am nächsten Sonntag zu Hause empfangen.

Sollten wir gewinnen, stünden wir punktgleich mit Venedig auf dem elften Platz! Was für unerwartete Höhen! Da Venedig während der ganzen Saison bislang nur einen Auswärtssieg erzielt hatte und wir uns gerade im absoluten Stimmungshoch befanden, schien der Sieg schon so gut wie in trockenen Tüchern.

Aber offensichtlich nicht für Osvaldo. »Der Weg ist noch sehr weit«, muß er wohl ein paar hundert Mal in jener Woche gesagt haben. Und er murmelte so oft »Il Venice è molto difficile, molto difficile Venezia«, daß Luca D'Angelo ihn fragte, ob das sein neues Mantra sei. Osvaldo erwiderte, er schätze Kommunisten-Witze nicht. Luca entgegnete, es sei ein Buddhisten-Witz. »Das ist das gleiche«, knurrte Osvaldo.

Wieder einmal schien er vor la paura wie gelähmt, doch diesmal war es die Angst vor dem Erfolg. Und wieder einmal betonte er, daß er mit der Hoffnung auf einen Punkt an das bevorstehende Spiel herangehe, und zwar nur auf einen Punkt.

Offen gesagt, ich war verblüfft, und das erklärte ich ihm auch. Das regte ihn fürchterlich auf. Drei unserer nächsten vier Spiele wären Auswärtsspiele, argumentierte ich, daher könnten sich drei Heimpunkte als unbedingt notwendig erweisen. Aber für den Bulldozer gab's nur eins, und das hieß, unseren Triumph in Genua lediglich als glücklichen Sieg zu betrachten, und statt sich davon aufbauen zu lassen, stapelte er so tief wie möglich.

Das Resultat war ein glanzloses, ernüchterndes 1:1. Osvaldo hatte seinen Punkt, der aber meiner Meinung nach auf Kosten unseres wesentlich wertvolleren neuen Schwungs ging. Spinesi erzielte nach nur sieben Minuten ein herrlich herausgespieltes Tor, doch nachdem Venedig in der 39. Minute ausgeglichen hatte, schien unser Kampfgeist dahin. Wir waren senza sprint, ohne Schwung und Kraft, wie *Tuttosport* am nächsten Tag schrieb, und hatten auch jede Kreativität vermissen lassen. Tja, wessen Fehler war das wohl, Osvaldo?

Während der nächsten Tage lief ich herum und fragte das wohl häufiger, als ich es hätte tun sollen.

Um ehrlich zu sein, waren die nachbarschaftlichen Beziehungen in der Via Peschiera 10 auf dem Tiefpunkt angelangt. Während Signor Rezzas Vito, der Hausverwalter, weiterhin mit allen gut auskam, verblaßte Osvaldos Empörung über meine seiner Meinung nach ungehörigen und unerwünschten Ratschläge und mein noch ungehörigeres Nachkarten, wenn sie nicht berücksichtigt worden waren, gegen seinen völlig überzogenen Zorn auf Antonello.

Er hatte bereits aus nur ihm bekannten Gründen Franceschini und Russo, jene beiden vielversprechenden Newcomer, die so attraktiv aufspielten und einem Team senza sprint so viel zu bieten gehabt hätten, aus seinen Gedanken und Plänen verbannt. Und Albieri war trotz seines entscheidenden Tors in Padua praktisch abgemeldet.

Obwohl er fünf bis sechs Tage die Woche mit den fünfen am selben Tisch zu Mittag und zu Abend aß, gelang es Osvaldo, sie völlig zu ignorieren. Soweit das möglich war, tat er nun auch beim Training so, als existierten sie gar nicht. Manchmal schnauzte Jaconi einen von ihnen für einen Fehler, den nur er wahrgenommen hatte, kurz und heftig an, aber nachdem er

Franceschini Wochen zuvor noch nach Strich und Faden fertiggemacht hatte, tat er jetzt meistens so, als seien sie nur unnützer Krempel, der auf dem Platz herumlag.

Es war offensichtlich, daß er auch auf Antonello mörderisch sauer war, doch hier lagen die Gründe ebenfalls im dunkeln. In Genua hatte Antonello erst spielen dürfen, nachdem D'Angelo auf der Bahre vom Platz getragen worden war. In Venedig, als Osvaldo sich endgültig entschied, das Unentschieden zu sichern statt auf Sieg zu spielen, und dreißig Minuten vor Schluß Martino gegen einen Verteidiger ausgewechselt hatte, war Rimedio dieser Verteidiger gewesen und nicht Antonello.

Gleich zu Beginn des Abschlußtrainings für das Spiel gegen Lucchese knöpfte er sich nun Antonello vor; wie sich herausstellen sollte, zum letzten Mal. Antonello war kaum auf dem Platz, da ging das Gezeter los.

»Das ist alles deine Schuld!« brüllte er. »Es ist nur deine Schuld, daß De Juliis nicht mehr im Tor stehen darf! Das liegt nur an deinem dämlichen und stinkfaulen Einsatz gegen Ravenna!« Das Tor von Ravenna, das De Juliis eigentlich hätte verhindern müssen, Osvaldo aber sofort Antonello angekreidet hatte, lag jetzt schon acht Wochen zurück, aber offenkundig vergessen Bulldozer nie.

»Du warst schon immer bestenfalls bloß ein C1-Spieler und wirst es immer bleiben! Vielleicht bloß C2. Du hast der Abwehr in diesem Jahr mehr geschadet, als wenn Sabrina auf deiner Position gespielt hätte! Und du wirst ständig langsamer und blöder, immer nur schlechter und nie besser. Du solltest dich schämen, überhaupt Fußballschuhe zu tragen. Du bist kein giocatore, sondern ein giocattolo!« Das war ein Kinderspielzeug und eine unerhörte Beleidigung für einen Profi.

Die Tirade dauerte noch gut zehn Minuten, bis Osvaldo dann auf den ekelhaften Einfall kam, es sei das einzig richtige, wenn De Juliis jetzt vorträte und Antonello sich vor der versammelten Mannschaft bei ihm entschuldige.

Glücklicherweise – auch wenn es für Osvaldo ein Schock war, denn niemals durfte irgendein Spieler zu spät zum Training kommen – war De Juliis nicht aufzutreiben. Ich wußte warum, hielt aber den Mund.

Neben dem *Marcella's* gab es eine Bar namens *Il Pub*, deren Besucher Jaconi gerne als »zwielichtige Gestalten« verhöhnte. Offensichtlich wußte er nicht, daß dort häufig die Kinder und Ehefrauen gewisser Società-Funktionäre verkehrten, oft in der Gesellschaft von Spielern wie Gigi, Galli oder De Juliis.

De Juliis war auch am Abend zuvor dort gewesen. Sogar am frühen Morgen noch. Ich wußte das, denn ich war mit ihm und ein paar Freunden bis drei Uhr morgens dageblieben, um den Auftritt eines waschechten amerikanischen Blues-Sängers aus Chicago zu sehen. Ich war gegen drei Uhr gegangen, als ich den Eindruck gewonnen hatte, als Übersetzer nicht mehr benötigt zu werden, da in allen Zungen nur noch gelallt wurde. Doch De Juliis und seine Clique hatten noch keinerlei Ermüdungserscheinungen gezeigt. Daher war ich nicht übermäßig erstaunt, ihn nicht beim Trainingsbeginn um acht Uhr morgens zu sehen.

Es war schon beinahe neun, als Jaconi zum ersten Mal nach ihm suchte, damit er ihm bei der Demütigung Altamuras zur Hand ginge. De Juliis, dessen Sinn für Anstand in guten wie in schlechten Zeiten stets unerschütterlich blieb, war ein besonders guter Freund von Antonello, in dessen Wohnung er und seine Freundin schon so manchen langen Winterabend verbracht hatten. Es stand außer Frage, daß De Juliis bei Jaconis Vorhaben niemals mitgespielt hätte, aber er war halt nicht aufzutreiben.

Um zehn tauchte er schließlich mit blutunterlaufenen Augen auf. Aber selbst dieser krasse Verstoß gegen die Vorschriften wurde von Osvaldo direkt Antonello angekreidet. »Da!« schrie er und zeigte auf De Juliis, der sich offensichtlich mit Magenkrämpfen krümmte. »Siehst du das! Das ist deine Schuld. Deine Schuld! Alles ist deine Schuld seit Ravenna!«

Da ging Antonello einfach vom Platz und nach Hause.

Als ich gegen Ende der Woche zum Mittagessen in die Pizzeria ging, sagte mir Marcella, daß ich ein Päckchen aus Amerika erhalten hätte.

»Aus Amerika?« fragte ich. »Ist Vanessa nach Amerika entkommen?«

Marcella guckte mich wie jeden, der einen faulen Witz über Vanessa machte, böse an.

Das Päckchen kam jedenfalls von Nancy. Ich wußte sofort, was drin war. Zwei Wochen zuvor hatte der Mannschafts-Massaggiatore, ein kleiner und ziemlich zwielichtiger Mann namens Angelo, der seine Finger in vielen Dingen zu haben schien, abends vorsichtig an meine Appartementtür geklopft. So vorsichtig, daß ich erst beim dritten oder vierten Mal überhaupt sicher war, ein Klopfen gehört zu haben.

Kaum hatte ich die Tür geöffnet, hatte er schnell den Finger an den Mund gelegt und war in die Wohnung gehuscht. Er zeigte kurz auf die benachbarte Wohnung von Jaconi: »Der braucht nichts zu wissen.«

Ich forderte ihn auf, abzulegen und sich zu setzen, aber nein, er könne nur einen Moment bleiben. Dann legte er wieder einen Finger an die Lippen und blickte mich nickend an. Das machte er so lange, bis ich auch nickte.

Erst dann zog er einen säuberlich gefalteten Notizzettel aus seiner Tasche. Darauf standen vier Buchstaben: DHEA. Er las sie flüsternd ab und blickte dann zu mir auf.

»Kannst du besorgen? Aus Amerika?«

»Wovon zum Henker sprichst du, Angelo?«

Er hielt zwei Finger hoch. »Zwei Flasche, okay? Due.«

»Dein Englisch ist sehr gut, Angelo. Aber non ho capito. Ich weiß nicht, was du meinst.«

Ein Ausdruck der Verzweiflung trat auf sein Gesicht. Mehr

als 200 Millionen Menschen leben in den Staaten, und Castel di Sangro mußte so eine Flasche bekommen.

»Sind Pielen«, flüsterte er. »Una medicina.«

»DHEA?« sagte ich. »Hab ich noch nie von gehört.«

»Pst, pssst, psssst!« Er blickte über die Schulter, als könnte jeden Moment Jaconi hereinplatzen und das inkriminierte Papier an sich reißen.

Schließlich mußte er sich doch setzen, auch wenn er sich weiterhin weigerte, den Mantel abzulegen. Während meine Verwirrung wuchs, begann er mir behutsam zu erklären, daß es sich bei DHEA um eine Art Vitamin- oder Aufbaupräparat handele, daß in Italien noch nicht zugelassen sei, aber in den Staaten wie Aspirin über die Theke ginge.

In Italien sei es verboten, aber im liberalen und freizügigen Amerika könne diese geheimnisvolle Substanz senza ricetta, rezeptfrei, verkauft werden, meinte Angelo begeistert.

»Okay?« fragte er. »Deine Frau schickt? Zwei Flasche? Ich zahle. Nichte du. Ich zahle.«

»Nun mal langsam, Angelo. Ich weiß immer noch nicht, was das eigentlich ist.«

»Pielen«, wiederholte er. »Ich sage doch: Pielen.«

»Ja, aber was für Pillen? Wozu sind sie gut?«

Darauf errötete Angelo, senkte den Blick und fing tatsächlich an, mit der Schuhspitze nervös Kreise auf den Boden zu ziehen.

Schließlich blickte er wieder auf und sagte: »Privato.«

»Angelo«, hob ich an, »du kannst hier nicht einfach mit einem Zettel voller Buchstaben ankommen und mir erklären, das seien in Italien verbotene Pillen, die ich für dich in den USA bestellen soll, ohne mir zu sagen, was das für Pillen sind!«

»Okay, okay«, machte er und legte erneut einen Finger an die Lippen, als stünde Jaconi nebenan und würde an der Wand zu meinem Wohnzimmer lauschen. »Pielen für il sesso«, sagte er und deutete auf seinen Schritt.

»Sexpillen?«

»Sì, sì, sì, esatto.« Der Mann schwitzte, und zwar vor Nervosität, denn selbst im Mantel konnte man meine Wohnung kaum zu warm finden.

»Aber wie wirken die?« fragte ich. »Was machen die?«

Angelo holte tief Luft und entschloß sich dann offensichtlich, mit allem herauszurücken. »Keine Pielen«, erklärte er, »du fieckst und aus. Ciao, buona notte. Mit Pielen, du fieckst, du fieckste noch mal und noch mal. Ganze Nacht. Ganze Tag. Du fieckste wie die Fieck-Maschine. Alle Frauen glücklich.«

Jetzt hatte ich kapiert. (Was er allerdings mit der »Fieck-Maschine« meinte, wollte ich lieber gar nicht erst wissen.) Mich wunderte, daß ich von so einer Wunderpille wie DHEA (Viagra gab's noch nicht) nichts mitbekommen hatte.

Außerdem wunderte mich, daß ausgerechnet Angelo danach fragte. Er hatte eine hübsche Frau und drei der liebenswertesten, nettesten Kinder in der Stadt, und ich hätte nie vermutet, daß er ein Doppelleben führte und bereits derart unter der weiblichen Bevölkerung der Abruzzen gewütet hatte, daß er nun medizinische Aufbauhilfen brauchte.

Und das sagte ich auch. »Es geht mich ja nichts an, Angelo. Privatleben soll Privatleben bleiben. Aber ausgerechnet du? Das überrascht mich doch.«

Ehi! Mamma mia! Ich dachte schon, er bekäme einen Herzinfarkt. »No, no, no, no, no, no, no, no, Joe! Nicht per me!«

»Für wen denn?«

Er schüttelte den Kopf, hob hilflos die Hände und sagte wieder: »E privato.«

Ich gab ihm den Zettel zurück. »Tut mir leid«, meinte ich, »aber wenn du schon von mir verlangst, daß ich verbotene Tabletten ins Land schmuggele und dafür vielleicht wie Vanessa und Gigi ins Gefängnis wandere, dann solltest du mir wenigstens sagen, für wen die sind.«

Er nahm den Zettel und schüttelte betrübt den Kopf. »Kein Gefängnis. Non è come la cocaina. E solo una medicina.«

»Für wen?« Aber kaum hatte ich gefragt, ging mir ein Licht auf. Ja, ja, genau so hatte ich es doch gehört: Die tun dir einen Gefallen, und dann wollen sie, daß du ihnen auch einen Gefallen tust. Und ablehnen kann man das nicht. »Für Signor Rezza also«, sagte ich. »Na gut.«

Diese Vermutung stritt Angelo noch vehementer ab als meine vorherige, er selbst könne der Empfänger sein. »Non per il signor Rezza! Mai! Mai!«

»Okay«, sagte ich schulterzuckend. »Tut mir leid, Angelo. Kein Name, keine Pillen.«

Er blickte mich an und kräuselte abwägend die Lippen. Dann holte er einen Bleistift aus der Tasche. Er schrieb auf den kleinen Zettel mit den vier Buchstaben einen Namen. Ohne den Namen auszusprechen, hielt er mir den Zettel blitzschnell hin und zerriß ihn dann sofort in klitzekleine Stückchen, die er alle in seiner Manteltasche verstaute.

»Okay?« fragte er.

»Okay, Angelo. Okay.«

»Grazie, Joe. Però acqua in bocca, capito?«

Ich nickte. Zu niemandem ein Wort. Auf dem Zettel hatte Gravinas Name gestanden.

Und hier waren die Pillen nun. In ihrem Begleitschreiben schrieb Nancy, ein befreundeter Arzt habe ihr versichert, daß die Pillen weder einen Einfluß auf das sexuelle Verlangen noch auf das Stehvermögen hätten und zu der Handvoll modischer Potenzmittel für besonders Leichtgläubige auf dem Markt zählten.

Die Express-Zustellung war teurer gewesen als die Pillen selbst, die weniger als fünf Dollar die Flasche kosteten. Ich gab sie Angelo, als ich ihn das nächste Mal traf, und sagte, sie seien ein Geschenk von mir an »Mister X«.

Angelo schien die Vorstellung zu gefallen. »Meeester X«, meinte er grinsend. »Okay, Joe. Wie bei Spionen, no? Wie im Kino.«

»Sì, Angelo. Come in un film. Come a Genoa.«

Lucca zählt zu den beliebtesten Zielen amerikanischer Touristen in Italien, was in erster Linie der mittelalterlichen, gut erhaltenen Altstadt zu verdanken ist. Von den übelsten Auswüchsen moderner Architektur wird sie durch die höchste, längste und intakteste Stadtmauer geschützt, die man heute in der Toskana noch findet. Die Mauerkrone ist begrünt und umschließt mit schattenspendenden, hohen Bäumen wie ein Park die Altstadt.

Ein sonniger Maisonntag an einem solchen Fleckchen, kann es etwas Traumhafteres geben?

Tja, durchaus, wenn man statt dessen in der übervölkerten und reizlosen Stadtwüste ankommt, die außerhalb der Mauer liegt (und wo sich auch das Stadion von Lucchese befindet), und der einzige Grund für die Reise der ist, daß man wenigstens einen lebenswichtigen Punkt gegen eine Mannschaft holen will, die vier Punkte hinter einem in der Tabelle steht. Und besonders, wenn man Lotti zurücklassen mußte, damit der sich von der Grippe erholen konnte.

Gerade als ich meinen Platz einnehmen wollte, stand ich plötzlich vor Pippo Biondis Mutter und Schwester, die zum Spiel gekommen waren, um zu demonstrieren, daß sie Pippos Verein immer noch unterstützten. Ich hatte nichts mehr von ihnen gehört, seit ich auf den Brief von Pippos Schwester geantwortet hatte, und bei diesem unerwarteten Wiedersehen kamen uns allen dreien schnell die Tränen.

Erst als das Spiel begann, gingen sie zu ihren eigenen Plätzen, die etwa fünfzehn Meter rechts und drei Reihen hinter mir lagen, direkt neben denen der Eltern Rimedios, der so eng mit Pippo befreundet gewesen war. Ich war Rimedios Eltern schon bei zwei, drei Anlässen begegnet und hegte daher keinerlei Zweifel, woher er seine außergewöhnlichen charakterlichen Qualitäten hatte. Ich freute mich, daß Pippos Angehörige die passende Gesellschaft hatten, und wandte meine Aufmerksamkeit dem Spiel zu, das für uns gar nicht gut begonnen hatte.

Lucchese ging bereits nach zwei Minuten in Führung. Noch vor dem Genua-Spiel hätte ich jetzt gedacht, die Sache wäre trotz der verbleibenden 88 Minuten bereits gelaufen. Aber Genua hatte gezeigt, daß alles möglich und manches sogar zu schaffen war.

Und tatsächlich köpfte nur zehn Minuten später ein Spieler von Lucchese nach einer Ecke von Di Fabio den Ball ins eigene Tor. Dies war zwar die mit Abstand glanzloseste Art, ein Tor zu erzielen, aber immerhin stand es jetzt 1:1.

Auf dem Platz spielte sich in der ersten Hälfte nicht mehr viel Interessantes ab, doch kurz vor der Halbzeit hörte ich in der Nähe unterdrückte, wütende Männerstimmen, die überall auf der Welt Ärger bedeuten. Ich stand auf, um zu sehen, woher das kam.

Zu meiner Überraschung sah ich Rimedios Vater – diesen vornehmen römischen Herrn mit tadellosen Manieren, eleganter Kleidung, wunderbarer Frau und dem anständigsten aller Söhne, wie er mit rotem Kopf, unflätig fluchend und mit geballten Fäusten auf eine Gruppe von Lucchese-Fans losging.

Ich konnte mir nicht vorstellen, womit sie ihn so in Rage gebracht haben konnten. Noch bevor ich aus meiner Sitzreihe heraus war, um meine Hilfe anzubieten, waren bereits Ordner und Polizisten vor Ort, die eine Handvoll gemein aussehender Lucchese-Fans des Stadions verwiesen.

In der Halbzeit entdeckte ich Signor Rimedio neben einer Getränkebude auf dem Unterrang. Er hatte die Arme um Pippos Mutter und Schwester gelegt, die verweint aussahen.

Obwohl immer noch hochrot im Gesicht, hatte sich Signor Rimedio wieder so weit gefangen, daß er mir erklären konnte, was passiert war. Die Lucchese-Fans hatten irgendwie mitbekommen, daß die beiden Frauen in der Nähe des Trennzauns zu ihrem Block Mutter und Schwester eines unserer tödlich verunglückten Spieler waren, und sie auf die ekelhafteste und sadistischste Weise verhöhnt.

Ohne einen Gedanken an seine eigene Sicherheit zu verschwenden, hatte sich Signor Rimedio, ein Mann meines Alters, schätze ich, sogleich auf sie gestürzt, um dieses widerliche Geschmeiß, das aus unerfindlichen Gründen im Stadion frei herumlaufen durfte, zu zertreten.

Das sofortige Eingreifen der Sicherheitskräfte und der prompte Rauswurf der Krawallbrüder hatte verhindert, daß irgend jemandem etwas Ernsthaftes passiert war, aber Pippos Mutter und Schwester waren besorgt darüber, daß Signor Rimedios Gesicht immer noch rotfleckig war und ihm der Schweiß von der Stirn lief.

Er beteuerte, daß er keinen Herzinfarkt bekäme, und entschuldigte sich dafür, eine Szene gemacht zu haben. Aber es war klar, daß er sich die ewige Dankbarkeit der beiden Biondi donne erworben hatte. Dagegen zählte die Hochachtung, die ich für ihn empfand, kaum.

Dann begann die zweite Halbzeit. Sieben Minuten später mußten wir mitansehen, wie De Juliis hilflos auf der Nase lag, während Lucchese zum 2:1-Endstand einschoß und in der Tabelle bis auf einen Punkt zu uns aufschloß.

Am Sonntag, dem 11. Mai, sah der für uns relevante Teil der Tabelle somit wie folgt aus:

Reggina	38
Salernitana	37
CASTEL DI SANGRO	37
Cesena	36
Lucchese	36
Cosenza	34
Cremonese	31
Palermo	31

Vier von den acht würden drinbleiben. Vier nicht.

Nur noch fünf Spiele standen aus.

Drei davon waren für uns Auswärtsspiele, zwei davon gegen Lecce und Bari, zwei Spitzenklubs aus dem Süden, die auf dem dritten und vierten Tabellenplatz lagen.

In den beiden Heimspielen würden wir Turin und Pescara gegenüberstehen, die sich zusammen mit Genua einen erbitterten Kampf um den vierten Tabellen- und damit letzten Aufstiegsplatz lieferten.

Das hieß also, daß wir in vier der letzten fünf Spiele auf Gegner trafen, die unter den ersten sieben rangierten, während wir derzeit Sechstletzter waren. Es bedurfte schon mehr als la potenza della speranza, um da noch irgendeinen Hoffnungsschimmer sehen zu können.

KAPITEL 35

Plötzlich war der Sommer da. Es war erst Mitte Mai, doch die Berghänge standen plötzlich in einem so satten Grün, daß ich mich in der Karibik oder Südost-Asien wähnte. Überall in der Stadt mähten Männer mit nacktem Oberkörper Grasflächen, von deren Existenz ich gar nichts gewußt hatte. Der Geruch von Grillfeuern hing in der Luft.

Doch so sehr sich die Einheimischen auch über den Frühlingsbeginn freuten, mich erfüllte er mit Sorge. Zuerst würden wir in einem der seltenen Donnerstagsspiele gegen Turin antreten. Direkt am nächsten Morgen müßten wir uns für das Sonntagsspiel auf die endlose Reise nach Lecce machen, wo es höchstwahrscheinlich fast so heiß und feucht wie in Afrika war.

Danach würden nur noch drei Partien anstehen. Wir waren jetzt in der Schlußphase angelangt, und sie würde kurz und erbarmungslos sein.

Für mich war das Wissen, daß ich Castel di Sangro verlassen müßte, sobald sie vorbei war, noch schlimmer als die Furcht davor, daß sie keinen guten Ausgang nehmen könnte. Mit dem Ende der Saison, ob glücklich oder nicht, wäre auch das Ende meines kurzen Gastspiels in der Welt des calcio gekommen.

Für die anderen würde, egal in welcher Liga, im September eine neue Saison beginnen – das Training dafür schon im August. Ich würde zurück in die Staaten gehen und die ganze Leidenschaft und Kameradschaft zurücklassen, die mir seit September so viel gegeben hatte. Das »Ich«, das für neun herrliche, wenngleich turbulente Monate ein »Wir« gewesen war, wäre wieder einsam und allein.

Ich muß allerdings einräumen, daß meine Lage in Castel di Sangro zunehmend prekärer geworden war. Je besser ich die Sprache beherrschte, desto leichtfertiger benutzte ich sie.

Je besessener ich die salvezza ersehnte – mittlerweile hing mein Seelenheil davon ab –, desto lauter und öfter kritisierte ich Osvaldos Aufstellungen und Taktik. Während der gesamten zweiten Halbzeit des Venedig-Spiels hatte ich meine Hände als Trichter um den Mund gelegt und »Ruuu-sso ... Ruuu-sso« gebrüllt, damit Osvaldo Russo reinschickte und so unseren erlahmenden Angriffswillen stärkte. Statt dessen hatte er den Verteidiger Rimedio eingewechselt, und ich hatte nur böse Blicke von Gravina und Signor Rezza geerntet.

Dann war ich in unserem Hotel außerhalb von Lucca Jaconi begegnet, der allein im Speisesaal saß und zwanghaft mit einer Serviette einen Aschenbecher auswischte. »Nervoso?« hatte ich ihn gefragt und auf den Ascher gezeigt.

Für eine Sekunde hatte blanke Wut in seinen Augen gestanden. Dann hatte er die Zähne zusammengebissen und geknurrt: »Scrittore americano? Bestimmt nicht. Eher ein amerikanischer Irrer!« Es schien mir nicht der rechte Zeitpunkt, darauf hinzuweisen, daß das eine das andere nicht zwangsläufig ausschloß.

Es war auch nicht der rechte Moment, Osvaldo darauf hinzuweisen, daß auch Verrückte manchmal recht haben. Auch *Il Tempo* hatte unsere Niederlage einen »taktischen Offenbarungseid des Trainers« genannt, und selbst Roberto Albieri, einer von Osvaldos Lieblingsspielern, gab ihm die Schuld.

»Es kann nicht nur an der Mannschaft liegen, daß wir innerhalb von nur zwei Wochen so rapide abgebaut haben«, hatte er mir nach dem Spiel gesagt. Ein Großteil der Schuld an unserer Formkrise nach dem Genua-Spiel lag bei unserem ungeschickten, ungerechten und überängstlichen allenatore.

So wie ich daran glaubte, daß ich mich selber respektieren konnte, solange mich Spinosa respektierte, so glaubte ich auch, daß ich nicht völlig danebenliegen konnte, solange Alberti meine Ansichten zu Aufstellung und Taktik teilte.

Doch im großen und ganzen war es irrelevant, ob ich recht oder unrecht hatte. Jaconi war der Trainer und würde es auch bleiben. Ich war ein Gast aus einem Land, in dem die Leute nichts von Fußball verstanden. Daß ich mich so stark dafür engagierte, war eine Zeitlang vielleicht ganz lustig gewesen, aber mittlerweile war mein Fanatismus zweifellos ein echtes Ärgernis geworden.

Mit der Società sah es auch nicht besser aus. Mein Verhältnis zu Gravina hatte sich seit der Robert-Ponnick-Posse verschlechtert und mittlerweile praktisch aufgehört zu existieren. Trotz meines DHEA-Geschenks, für das er mir natürlich nicht danken konnte, da ich ja gar nicht wissen durfte, daß es für ihn gewesen war. Wenn Gravina mich sah, tat er so, als wäre ich Luft für ihn. Er sagte nicht einmal »ciao«, wenn er mich in Gesellschaft antraf.

Auch Signor Rezza verhielt sich mir gegenüber mittlerweile anders. Vorbei die Zeiten, da er ein »Salve« knurrte und zum Gruß die Zigarre hob, wenn wir uns auf dem Trainingsplatz über den Weg liefen. Und auch seine Bodyguards nickten mir nicht mehr lächelnd zu.

Um fair zu bleiben, beide hatten natürlich ihre Gründe. In den Wochen nach Gigis Verhaftung hatte ich öffentlich über das Ausmaß von Gravinas Verwicklung in die Drogengeschäfte spekuliert. Und nach Gigis überraschender Freilassung hatte ich sogar noch hemmungsloser gemutmaßt, daß Signor Rezza Bestechungsgelder gezahlt hätte, deren eigentliches Ziel nicht die schnelle Rückkehr Gigis in die Mannschaft war, sondern weitere Maßnahmen gegen Gravina zu unterbinden.

Es erschien mir logisch, doch echte Beweise hatte ich nicht. Aber natürlich äußern in ganz Italien die Leute jeden Tag etwas – vor allem wenn es um calcio geht –, für das es keinerlei echte Grundlage gibt und das zum guten Teil nicht mal logisch ist.

Aber in Castel di Sangro war ich eben kein Unbekannter. Ich war der scrittore americano, und deswegen achtete man darauf, was ich sagte. Außerdem sprach ich das, was andere nur zu flüstern wagten, laut aus. Ich selbst betrachtete das gerne als bewundernswerte Offenheit, doch andere mochten darin lediglich einen eklatanten Mangel an Fingerspitzengefühl sehen.

Ich weiß auch nicht, was in mich gefahren war. Ich weiß nicht, warum ich nicht einfach die Klappe hielt – wenn schon nicht über die Taktik, dann wenigstens über Bestechung. Glaubte ich etwa, Signor Rezza und Gravina würden mich noch einmal in das Bergdomizil einladen, um alles zu gestehen und mich um Verzeihung zu bitten, wenn ich nur lang und laut genug herumerzählte, daß ich sie für Gauner hielte?

So losgelöst von der Realität war ich denn doch nicht. Aber es frustrierte mich, daß so vieles diffus und vage blieb. Außerdem mußte ich geglaubt haben, daß ich, würde ich nur mit meiner amerikanischen Direktheit und Hartnäckigkeit weiterbohren, irgendwie diese Mauer des Schweigens durchbrechen könnte.

Statt dessen habe ich mich, fürchte ich, nur lächerlich gemacht. Aus Dummheit, denn viele Unannehmlichkeiten hätten vermieden werden können, hätte ich einfach die erste Lektion beherzigt, die ich in Italien gelernt hatte: daß ein indirektes Vorgehen, was keineswegs ein unlauteres Vorgehen bedeutete, seit Menschengedenken einfach zum Lebensstil in diesen Bergen gehörte.

Die ganze Saison lang hatte ich fälschlicherweise angenommen, daß Offenheit und Herzlichkeit jedes Kalkül ausschließen würden. Und jetzt redete ich mir auch noch ein, in den acht Monaten meines Aufenthalts Dinge begriffen zu haben, die den Einheimischen jahrhundertelang entgangen waren.

Zu meiner Entschuldigung kann ich nur den Fußball anführen. Tag und Nacht in nervösem Schweiß gebadet, begriff ich, daß er zu meinem Leben geworden war. Ich konnte mir eine Existenz ohne ihn nicht mehr vorstellen. Dabei hing das

Wissen darum, daß in nur einem Monat alles vorbei wäre, wie ein Damoklesschwert über mir.

Turin war wie Genua hoch zwei. Zugegeben, der Verein war erst 1906 gegründet worden, doch als Erstligist lag er insgesamt noch besser als sein Nachbar aus dem Westen. Er war hinter Juventus, Inter Mailand und dem AC Mailand der vierterfolgreichste Verein in der Geschichte des italienischen Fußballs und hatte siebenmal die Meisterschaft gewonnen. Die laufende Saison war erst Turins vierte in der Zweitklassigkeit seit Einrichtung der Seria A im Jahre 1929. Das Stadion (das man sich mit Juventus teilte) verfügte über mehr als 70.000 Sitzplätze. Erst vor vier Jahren hatte der Verein vom AC Mailand für einen einzigen Spieler fast 20 Millionen Dollar kassiert. Gegen Turin waren wir in jeder Hinsicht Zwerge. Niemals waren wir uns mehr wie Liliputaner vorgekommen als an jenem Donnerstag, an dem Turin in die Stadt kam.

Bis jetzt waren drei der vier Aufstiegsplätze bereits so gut wie vergeben. Brescia würde es mit Sicherheit schaffen, und Lecce und Empoli wahrscheinlich auch. Empoli galt als die Überraschungs-Elf der Saison, denn im Vorjahr hatten sie noch in der C1 gespielt, und in ihrer ganzen Vereinsgeschichte erst zweimal in der Seria A.

Der vierte und letzte Aufstiegsplatz war noch vakant. Bari (51 Punkte), Genua (50 Punkte) oder Turin (49 Punkte) würden das Rennen unter sich ausmachen. Bari war unser letzter Gegner in dieser Saison. Genua hatte uns unseren glorreichsten Erfolg beschert. Aber hier war nun Turin und forderte mit der ganzen Arroganz der Großstadt aus dem Norden drei Punkte auf dem Silbertablett ein.

Bei uns waren Fusco und Cristiano beide squalificati. Cristiano hätte wahrscheinlich ohnehin nicht gespielt, doch Fusco würde schmerzlich vermißt werden. Wie schmerzlich aber, ging mir erst beim Essen vor dem Spiel auf, als Rimedio mir anvertraute, daß er mit von der Partie sei.

Das konnte doch nicht wahr sein! Rimedio im Aufgebot gegen Turin? Mannaggia, das war ja, als würde man Christen den Löwen vorwerfen, ein kleiner Junge unter erwachsenen Männern! Rimedio war gerade 21 und hatte in dieser Saison nur in fünf Begegnungen so lange gespielt, daß er in die Benotungstabelle gekommen war. Ja gut, der Junge hatte alle Klasse, Courage und carattere, die man sich wünschen konnte, ganz wie sein Vater, aber bitte schön, Turin würde ihn mit Haut und Haaren wegputzen. Rimedio hatte während der ganzen Saison nur ein Spiel von Beginn an bestritten, und das war gegen Cremonese, mittlerweile das Schlußlicht der Tabelle. Selbst dafür hatte er nur ein 5,5 voto bekommen, und wir hatten verloren. Ihn heute abend auflaufen zu lassen, war weder ihm noch der Mannschaft und auch nicht unseren Tausenden von tifosi gegenüber fair.

Ich verließ das *Marcella's* mitten im Essen, und das hatte nichts mit dem Fisch zu tun. Rimedio! Bei einem guten Trainer und guten Mitspielern könnte Rimedio vermutlich in zwei oder drei Jahren zu einem Verteidiger heranreifen, der sich gegen Turin behaupten konnte. Aber dieser junge Bursche war erst – auf meine Empfehlung auch noch! – im letzten Herbst nach einem Testspiel gegen eine Amateurmannschaft verpflichtet worden. Heiliger Strohsack, das war ja wohl Osvaldos bislang katastrophalste Fehlentscheidung. Mir war egal, wie sehr er Antonello haßte, aber wir brauchten von der ersten Sekunde an Altamuras Erfahrung, Kampfstärke und nicht zuletzt körperliche Robustheit auf dem Platz.

Ich wartete vor seinem Büro in den Katakomben des Stadions auf Osvaldo. Ich würde höflich, aber bestimmt sein. Als er kam und sein Büro aufschloß, nickte er mir mit stechendem Blick zu, sagte aber nicht hallo. Ich trat mit ihm ein.

»Osvald«, erklärte ich, »mir wäre es lieber, du würdest Rimedio nicht einsetzen.«

»Leck mich am Arsch«, erwiderte er.

»Entschuldige, Osvald. Ich rede wirklich nicht gerne so, aber –«

»Leck mich am Arsch.«

»Du kannst Rimedio unmöglich einsetzen!«

»Du kannst mich kreuzweise.«

Wir schienen in eine Sackgasse geraten zu sein.

»Tut mir leid, aber ich kann mich deiner Entscheidung nicht anschließen«, sagte ich.

»Verpiß dich.«

In diesem Moment betrat Spinosa das Büro, das er sich mit Jaconi teilte. Ehe ich einen Freund in diesen Streit mit hineinzog, ging ich lieber. Immerhin wünschte ich noch Glück: »In bocca al lupo.«

Spinosa entgegnete korrekt: »Crepi il lupo.« Glücklicherweise hörte ich Jaconis Antwort nicht mehr.

Zum ersten Mal war das Stadion bis auf den letzten Platz ausverkauft. Mehr als 8.000 Zuschauer – das waren anderthalbmal soviel Menschen, wie der Ort Einwohner hatte – drängten sich auf den Rängen. Das war mit Abstand die größte Kulisse, die jemals ein Ereignis in Castel di Sangro angelockt hatte.

Außerdem war es auch die lauteste. Noch bevor die Spieler auf dem Feld waren, skandierte die Menge mit einer Stimme »Ca-stell-O! Ca-stell-O!« Und fünf Minuten nach Spielbeginn stimmte ich in den frenetischsten Jubel mit ein, den ich je gehört hatte.

Keine achtzehn Meter vor dem Tor hatte Turin uns gefoult. Wir erhielten einen Freistoß. Normalerweise ist das eine torgefährliche Distanz, doch wir hatten in der ganzen Saison noch keine derartige Gelegenheit nutzen können. Jaconi erklärte es damit, daß wir einfach Pech gehabt hätten. Ich hingegen damit, daß Jaconi einfach keine Standardsituationen trainierte.

Jedenfalls führte Claudio aus und zog voll durch. Zu unserem Glück fälschte ein Turin-Verteidiger, der sich nicht mehr ducken konnte, das Leder mit dem Kopf ab. Sein Schlußmann war geschlagen, und wir führten 1:0.

Keine halbe Stunde später sah es genau umgekehrt aus. Turin war die deutlich stärkere Mannschaft und hatte das nach unserem Treffer überzeugend unter Beweis gestellt. Nur eine weitere Reihe von Lottis Glanzparaden hatte den Anschlußtreffer bislang verhindert.

Das Problem war Rimedio. Ein ums andere Mal wurde er von seinen technisch versierteren und erfahreneren Gegenspielern überrannt und versetzt. Dadurch waren unsere anderen Verteidiger noch stärker gefordert, und schließlich kam es, wie es kommen mußte: Luca D'Angelo beging direkt an der Strafraumgrenze ein Foul.

Aus dieser kurzen Distanz hielt der torgefährliche Scarchilli sogar noch härter drauf als zuvor Claudio. Der Ball wurde von Alberti noch abgelenkt und landete zum 1:1 in unserem Tor.

Nur zwei Minuten später dann wieder ein Freistoß für uns, diesmal, genau wie vorher der für Turin, direkt von der Strafraumgrenze. Aus irgendeinem Grund verlangte Jaconi, daß Spinesi und nicht Bonomi ausführen sollte. Spinesi schoß gut plaziert, doch der Schlußmann von Turin kam mit einem Hechtsprung noch heran. Aber er konnte den Ball nicht festhalten, der direkt vor dem freistehenden Rimedio landete. Aus einer Torentfernung von nicht mal fünf Metern konnte sich Rimedio die Ecke aussuchen, doch irgendwie schaffte er es, den Ball danebenzuhauen. Ah, madonna, Panik unter Streß, die unvermeidliche Konsequenz mangelnder Spielerfahrung. Ein Grund mehr, warum Altamura auf dem Platz hätte stehen sollen.

Die erste Halbzeit endete unentschieden. Aber fünfzehn Minuten nach Wiederanpfiff wurde Rimedio das Opfer der übelsten Schiedsrichterentscheidung, die ich seit dem beschissenen Auftritt von Herrn Rossi aus Ciampino gesehen hatte. Der Schiedsrichter war ein gewisser Ceccarini aus Livorno, der mir damals unbekannt war, aber in der folgenden Saison traurige Berühmtheit erlangen sollte, als er Inters Ronaldo in einem entscheidenden Spiel gegen Juve einen Strafstoß verweigerte. Die Entscheidung war nicht nur eindeutig falsch, sondern wirkte so offenkundig parteiisch zugunsten von Juventus und der einflußreichen Agnelli-Familie, daß sie Grundlage für ein ganzes Buch wurde.

Über eine Ungerechtigkeit, die Rimedio oder Castel di Sangro widerfuhr, würde niemand ein Buch schreiben, doch die rote Karte, die Ceccarini plötzlich in der Hand hielt, konnte nur das Ergebnis geistiger Umnachtung und nicht irgendeines Regelverstoßes sein.

Wie sehr ich auch gegen die Aufstellung von Rimedio opponiert hatte, so stand ich doch jetzt ganz auf seiner Seite. Bei seiner wahrscheinlich ersten erfolgreichen Aktion am ganzen Abend hatte er einen gegnerischen Stürmer vom Ball getrennt, ohne den Mann auch nur zu berühren. Es gab keinerlei Grund, da auf Foul zu erkennen, geschweige denn einen Platzverweis zu erteilen!

In Überzahl versuchte Turin nun den Sack zuzumachen. Doch es gab zwei Faktoren, mit denen sie nicht gerechnet hatten: Der eine waren die 8.000 Castel-di-Sangro-Fans auf den bis ans Spielfeld reichenden Rängen. Es war nicht allein die Lautstärke, die unsere Spieler nach vorne peitschte, sondern die besondere Qualität unseres Lärmens.

La salvezza stand auf dem Spiel. Und es gab niemanden unter uns, ob Mann oder Frau, der nicht daran glaubte, sie für uns erreichen zu können, wenn er sich nur inbrünstig genug die Seele aus dem Leib schrie. Gott würde uns erhören! Und diesmal würde er, sie oder es uns nicht ein Wunder zubilligen, sondern schlicht und einfach Gerechtigkeit widerfahren lassen.

Nie zuvor war mir so sehr bewußt gewesen, daß die tifosi der mythische »zwölfte Mann« auf dem Platz waren. Einen Heidenlärm hatten wir schon von Anfang an veranstaltet, doch jetzt glaubte jeder einzelne von uns, daß genau er Rimedio ersetzen mußte und ihm dies durch nackte Willenskraft, zumindest aber Lautstärke gelingen konnte.

Der zweite nicht vorhersehbare Faktor hieß Super-Lotti. Die letzte halbe Stunde wirkte, als liefe immer noch das Genua-Spiel. Vielleicht hielt Lotti sogar noch großartiger als drei Wochen zuvor. Die Unermüdlichkeit, mit der Turin sein Tor berannte, forderte ihn sicherlich stärker. Turin zählte zu dem halben Dutzend Mannschaften in der Seria B, die zu diesem Zeitpunkt der Saison bereits mehr als 40 Tore geschossen hatten. Sie waren torgefährlich, und das stellten sie auch aus jedem Winkel und jeder Distanz unter Beweis.

Aber Lotti hielt stand. Mit einer Brillanz, Überlegtheit und Selbstsicherheit, wie sie die Menschen in Castel di Sangro noch nie zuvor erlebt hatten, wehrte er alle Schüsse von Turin ab, selbst als sie wie Hagel auf ihn niederprasselten. *La Gazzetta dello Sport* schrieb am nächsten Tag: »Sie sollten diesem Mann ein Denkmal auf ihrem Marktplatz errichten, und jeder, der den Fußball liebt, sollte sich täglich davor verneigen.« Doch, er war wirklich so gut.

Mitten während seiner unvergeßlichen Vorstellung passierte noch etwas, was wohl zu den verblüffendsten Ereignissen der ganzen Saison zählen muß. Als Turin gerade wieder mit sieben Mann stürmte, ergatterte Claudio Bonomi den Ball und schickte ihn mit einem weiten, genau plazierten Paß zum in der gegnerischen Hälfte lauernden Spinesi.

Nur ein Verteidiger von Turin war zurückgeblieben, und als er Spinesi attackieren wollte, paßte der Junge aus dem Norden cool und präzise auf – ausgerechnet – Guido Di Fabio. Di Fabio hämmerte den Ball umgehend »wie mit der Pranke eines Löwen«, so ein Zeitungsbericht, ins Netz – sein erstes Tor in der Seria B seit fünf Jahren, aber was viel wichtiger war: unser zweites an diesem Abend.

Der Endstand: Castel di Sangro – Torino 2:1.

Nach Abpfiff wollte niemand nach Hause gehen, also blieben wir. Fast eine ganze Stunde standen wir noch auf den Rängen, und 8.000 jubelnde Castel-di-Sangro-Fans versuchten auf englisch »We Are the Champions« zu singen, so wie man es von siegreichen Nationalmannschaften wie etwa Deutschland aus dem Fernsehen kannte.

Di Fabio widmete seinen Siegtreffer Pippo und Danilo und erklärte den versammelten Kamerateams, »daß sie verrückt vor Freude wären, wenn sie wüßten, daß ihre Entschlossenheit und ihr Engagement erst alles möglich gemacht haben«.

Lotti erklärte: »Heute abend haben wir uns alle die Note 8 verdient.« (Allerdings erhielt nur er am nächsten Tag diese Bewertung.) Außerdem sagte er, daß ihm die Begeisterung der Menge das Gefühl gegeben habe, mit einem zweiten Paar Hände zu spielen.

Vor dem Stadion hatten Fans bereits Bettlaken und Farbe herbeigeschafft und riesige Transparente gemalt, einige zeigten Superman, andere Batman. Aber über alle fast lebensgroße Comic-Helden hatten sie »Super-Lotti« oder, recht originell, »Batman-Lotti« geschrieben. Es war, als wären Dylan Dog und Diabolik von der Vorsehung geschickt worden, um gemeinsam unser Tor zu verteidigen.

Die ganze Nacht herrschte ausgelassene Freude. Nur Jaconi stimmte nicht mit ein. »Was heute abend geschehen ist«, erklärte er der Presse, »war nicht normal.« Und dann erinnerte er jeden daran: »Lotti und Di Fabio, das sind nur C1-Spieler. Turin ist von Rechts wegen eine Seria-A-Mannschaft.« Dann runzelte er die Stirn und schüttelte den Kopf. »No, non è normale.«

Aber beim Fußball spielt die Begeisterung eine genauso große Rolle wie alles andere. Vor allem die Begeisterung über das Unerwartete, ja sogar das Unvorstellbare. Genua hatte eine solche Begeisterung ausgelöst, doch das Spiel hatte weit weg stattgefunden, und als der Mannschaftsbus um halb drei nachts endlich die kalte und einsame Via Settembre herunterrollte, tanzte schon längst niemand mehr auf den Straßen.

Aber dies war hier passiert, hier in unserer Stadt. In dem Stadion, das für so viele Monate nur wie ein Hirngespinst ausgesehen hatte. Ein Mann weniger während der letzten halben Stunde, und dennoch hatte wir den größten Sieg errungen, der jemals in Castel di Sangro errungen worden war.

Und deswegen konnte Osvaldo unsere Begeisterung nicht dämpfen.

KAPITEL 36

Entgegen meiner über Monate entwickelten Gewohnheit war ich die ganze Woche über immer auf der schattigen und nicht der sonnenbeschienenen Seite der Straße zum Stadion gegangen. Aber erst am Freitag, dem 16. Mai, dem Morgen nach dem Sieg gegen Turin, war es zum ersten Mal seit meiner Ankunft in Castel di Sangro vor acht Monaten unangenehm heiß.

Wenn es um halb neun morgens hier schon so warm war, wie mochte es dann erst in Lecce sein, das nicht nur auf Meereshöhe, sondern auch noch 400 Kilometer weiter südlich lag? Die Antwort folgte prompt und eindeutig: Wir gerieten schon in die Hitzeglocke, bevor wir auch nur dreihundert Meter hinabgefahren waren.

Der Bus schaffte nicht mehr als 100 Stundenkilometer. Seine »Klimaanlage« war so schwach auf der Brust, daß mindestens ein halbes Dutzend Spieler vorne nachsehen ging, ob sie wirklich auf voller Leistung lief. Die Lautsprecheranlage allerdings war so robust wie gehabt. Dies sollte unsere längste Busreise der Saison sein, aber selbst wenn sie nur bis Villa Scontrone geführt hätte, wäre sie noch die strapaziöseste gewesen.

Die ersten paar Stunden war uns alles egal. Wir waren immer noch in der Hochstimmung vom Sieg gegen Turin. High vom Schlafmangel, aufgeputscht von dem wundersamen Sieg, interessierten sich die Spieler nicht für die Temperaturen: Die einzigen Zahlen, die sie interessierten, betrafen das Punktekonto in der Tabelle.

Von den acht Klubs, die noch um den Klassenerhalt kämpften, hatte am Vorabend nur Salernitana verloren. Cesena und Cosenza hatten beide unentschieden gespielt, während Reggina und Lucchese durch Siege Anschluß an uns hielten.

Und so sah das Tabellenende aus:

CASTEL DI SANGRO	40
Salernitana	40
Reggina	39
Lucchese	37
Cesena	37
Cosenza	35
Palermo	32
Cremonese	32

Vier würden es schaffen, vier nicht. Palermo und Cremonese schienen so gut wie aus dem Rennen, obwohl rein rechnerisch noch etwas drin war. Was immer geschehen mochte, wir hatten uns in der Seria B immerhin nicht blamiert. Wir waren nicht die ganze Spielzeit lang Freiwild gewesen, wonach es vor der Saison und noch im Dezember ausgesehen hatte. Egal ob wir in drei Wochen immer noch hinten ständen, wir waren zumindest nicht das einsame Schlußlicht.

Oh, mein Gott, ich begann schon wie Jaconi zu denken!

Der hatte mich übrigens vor der Abfahrt herzlich begrüßt. Zwar entschuldigte er sich nicht direkt für seine Beleidigungen vom Vorabend, doch wenigstens erklärte er weitschweifig, wie ihm der Streß zu schaffen mache und daß er vor einem solchen Spiel einfach nicht in der Lage sei, ein zivilisiertes Gespräch zu führen, egal mit wem und worüber.

Und obwohl auch ich mich nicht direkt entschuldigte, so äußerte ich doch wenigstens mein Bedauern darüber, zu solch einer Unzeit seine Aufstellung kritisiert zu haben, und deutete nicht einmal an, daß ich ja nun wußte, wie recht ich gehabt hatte. So standen wir nun also wieder auf halbwegs gutem Fuße, soweit das die Umstände erlaubten.

Die Hitze, die Aussicht auf eine endlos lange Busfahrt und die Erschöpfung nach der langen Nacht machten die Spieler ungewohnt ruhig. Trotz des Sieges war Rimedio am Boden zerstört. Er hatte für das Spiel nur ein voto von 4 bekommen, die schlechteste Bewertung, die ein Spieler von Castel di

Sangro während der ganzen Saison erhalten hatte. Er hatte genug Charakter, um eine derart miese Leistung wieder wettzumachen, doch Jaconi war nicht der Typ, der ihm diese Chance einräumen würde, nachdem sich seine Wahl als Fehlentscheidung erwiesen hatte. Für Rimedio war die lange Fahrt nach Lecce nichts weiter als eine ihm auferlegte Buße.

Eine Zeitlang saß Alberti neben mir. Er redete natürlich nicht von Gigi, aber doch über Jaconi. Ich sollte mir darüber im klaren sein, daß es nicht dank Jaconi, sondern trotz Jaconi wäre, sollte die Mannschaft la salvezza erreichen. Während er das sagte, vergewisserte er sich, daß ich das auch ja in mein Notizbuch schrieb: »Non a causa di Jaconi – malgrado!« Der Mann, von dem es hieß, er verkörpere vorbildlich die mentalità in der Mannschaft und von dem Jaconi so oft respektvoll sprach, wollte, daß es hinsichtlich seines Standpunktes in dieser Frage keinerlei Mißverständnisse gab.

Alle zwei Stunden hielt der Bus an. Der Fahrer erklärte, daß so der Motor vor Überhitzung geschützt werde, aber uns störte das nicht, gab es uns doch Gelegenheit, in die Tankstelle zu stürmen und alle gekühlten Wasserflaschen aufzukaufen, die auf Lager waren.

Auf dem Spielfeld hatte ich es oft genug gesehen, daß Spieler sich das Mineralwasser über den Kopf gossen, um sich abzukühlen, und in meinen aktiveren Tagen hatte ich das selber auch oft genug getan. Aber jetzt sah ich zum ersten Mal, daß sich erwachsene Männer den kompletten Inhalt einer Mineralwasserflasche über den Kopf gossen, bevor sie wieder in einen Bus stiegen. Erst nach acht Stunden Busfahrt mußte der erste aufs Klo.

Diese Hitze war für Mitte Mai nicht normal. Das erklärte mir jeder, als wäre mir dadurch weniger heiß. Aber ich hatte es selber im italienischen Wetterkanal gesehen: Ein für die Jahreszeit untypischer heißer, trockener Wind – wenn nicht gar ein ausgewachsener Scirocco – war von Nordafrika aufgekommen und hatte Süditalien so ausgedörrt, als schrieben wir August.

Fahrtrichtung und Reisedauer gaben mir das Gefühl, als würden wir gleich bis Tanger fahren. Aber das bewies nur, wie wenig ich immer noch von der Geographie Italiens wußte. Wegen des Wetters und der Landschaft hatte ich mich einfach in Nord-Afrika gewähnt. Lecce liegt natürlich nicht in Afrika. Wenn man allerdings danach fragen würde, welche Hauptstadt Lecce am nächsten liegt, dann wäre das nicht Rom, sondern eher Athen oder Sofia. Und die Entfernung zu Mailand? Lecce liegt fast genauso weit weg von Mailand wie von Beirut. Kein Wunder, daß Christus nur bis Eboli kam.

Während wir langsam zur äußersten Spitze des italienischen Stiefelabsatzes rollten, dösten die meisten von uns vor sich hin und wünschten sich nur, die Reise möge bald vorüber sein. Im Halbschlaf hörte ich allerdings, wie Cristiano und Spinesi angeregt über die Verdienste von Dylan Dog und Diabolik debattierten. Mimmo stand ganz auf Seiten von Dylan Dog, dem echten italienischen Superhelden. Doch Spinesi hielt dagegen, dies beweise nur, daß den Menschen aus Rom die intellektuelle Fähigkeit abgehe, die Cleverneß von Diabolik zu würdigen, der viel seltener als Dylan Dog zur Gewalt greife, wenn er in der Klemme säße.

Ich erwachte gerade rechtzeitig, um ihnen zu erklären, daß ich nach sechs Monaten sorgfältig vergleichender Lektüre auch für Dylan Dog stimmen müßte. Das brachte mir die Zustimmung Cristianos ein, aber nur Verachtung von seiten Spinesis, der meinte, er habe bis jetzt gar nicht gewußt, daß Amerikaner noch dümmer seien als Leute aus Rom. Dann blickte er auf meine Schuhe, die nun nicht gerade der letzte Schrei waren, und erklärte, er könne keinen Respekt vor jemandem haben, der in so was herumliefe.

Was für ein voto die wohl verdienten, fragte er.

»Meine Schuhe? Na, vielleicht 5,5.«

»Da träumst du von!« sagte er, dafür gäbe es höchstens eine 4. »Come Rimedio«, fügte er hinzu, beugte sich vor und zerstrubbelte Rimedios Haare.

Armer Fabio. Der Schlaf hatte ihn endlich sein Elend vergessen lassen, und dann weckte man ihn rüde wieder auf. Tja, das Leben auf der Straße ist kein Zuckerschlecken. Vor allem nicht gegen Ende einer Saison in der Seria B.

Man hatte mir erzählt, Lecce sei das Florenz des Südens, und in gewissem Sinne stimmte das auch, auch wenn es eher die Architektur der Stadt war, die begeisterte, denn ihre Kunstschätze. »Eine der schönsten Städte in ganz Italien, versteckt im Süden von Puglia, und nur selten von Touristen besucht«, schreibt ein Reiseführer. Soweit ich es beurteilen konnte, zeigte Lecce jedenfalls bestimmt »die extravaganteste Spielart des Barock in ganz Italien«, wie es im Internet unter »In Italy Online« heißt.

Unser Problem war nur, daß wir durch die Länge der Reise und die Hitze bereits völlig benommen waren, wenn nicht gar komatös. Als wir endlich eintrafen, kümmerte es uns nicht, ob die Griechen schon vor den Römern dagewesen waren, uns interessierte nur die Klimaanlage im Hotel.

»Die beste Klimaanlage in ganz Süditalien«, versicherte uns der Empfangschef, als wir eincheckten. »Unglücklicherweise wird sie erst am ersten Juni angestellt.« Porca miseria! Ich hatte gar nicht gewußt, daß das *Coradetti* zu einer ganzen Hotelkette gehörte!

Ein lautes Jammern, Wehklagen und Zähneknirschen hob an, und der Reise-segretaria der Società, der dieses Hotel für uns gebucht hatte, sah sich dem Zorn, der Verachtung und dem Hohn der Spieler preisgegeben.

Aber dann schritt Jaconi ein. Er baute sich mitten in der Lobby auf, in der jetzt um acht fast 40 Grad herrschten, und verkündete der Mannschaft, die am Tag nach ihrem größten Heimsieg aller Zeiten gerade eine zwölfstündige Fahrt in einem Bus ohne Klimaanlage (egal ob jemand das Gegenteil behauptete) hinter sich hatte, daß Klimaanlagen genau wie Knoblauch ungesund seien und er ohnehin das Hotel angewiesen hätte, sie abzustellen.

Später behauptete er, daß der ausgebliebene Protest die Kraft seiner Persönlichkeit unterstreiche, aber von mir kann ich zumindest behaupten, daß es nur an der Erschöpfung lag.

Ich fürchte, ich wußte Lecce nicht recht zu würdigen, obwohl schon ein einstündiger Spaziergang ins Stadtzentrum mir das Gefühl gab, hier wirklich im wunderbaren Land Oz zu sein. Am Samstag fuhren wir mit dem Bus zum ziemlich weit außerhalb gelegenen Trainingsgelände und kehrten recht beeindruckt von der Größe der Insekten zurück, die sich dort einquartiert hatten: Käfer, die es sonst nirgendwo in Italien gab und die so furchterregend aussahen, daß Cei sich nicht mal traute, einen mit dem Fuß zu zertreten.

Die Hitze blieb unerträglich, aber im Hotel war es schlimmer als auf der Straße, deswegen schlenderte ich am Samstagabend über die Boulevards, die von außergewöhnlichen Beispielen architektonischer joie de vivre gesäumt waren, und staunte darüber, daß es hier, wo ich mich mitten im Nirgendwo gewähnt hatte, etwas gab, das wie das Zentrum einer ganz eigenständigen Kultur aussah.

Als ich schließlich zum Hotel zurückkehrte, entdeckte ich Gigi hinten in der Lobby über einen Schreibtisch gebeugt. Wir waren seit unserer impulsiven Umarmung am Tag seiner Rückkehr nach Castel di Sangro etwas auf Distanz gegangen. Mittlerweile akzeptierte ich, daß es vieles gab, was er mir nicht erzählen durfte – aber auch vieles, über das er mich belogen hatte, daher war unser Verhältnis nicht mehr so wie früher.

Als er mich kommen sah, wies er trotzdem auf den Platz neben sich. Er erzählte, daß er gerade einen Brief an Vanessa schriebe, daß ihm jedoch für bestimmte Empfindungen einfach die rechten Worte fehlen würden.

Ich sagte ihm, daß ich ihn gut verstünde und, obwohl ich Schriftsteller sei, oft nicht wüßte, wie ich bestimmte Gefühle ausdrücken sollte. Das schien ihn zu überraschen. Wahrscheinlich hatte er angenommen, daß Schriftsteller genauso problemlos schreiben, wie calciatori Fußball spielen konnten. Manche wären vielleicht besser als andere, aber allein die Tatsache, daß man es als Beruf ausübe, müßte ja auf ein nicht unbeträchtliches handwerkliches Geschick schließen lassen.

Ja und nein, meinte ich. Ja und nein. Er nickte. Dann zog er unter einem Schreibblock ein Buch hervor und zeigte es mir schon fast verlegen. Es war eine Auswahl mit Gedichten von Pablo Neruda, der, wie er erklärte, Vanessas Lieblingsautor sei.

Er erzählte, daß er die letzten anderthalb Stunden damit verbracht habe, in dem Buch eine Formulierung oder einen Vers zu finden, der seine Gefühle am besten ausdrücken würde. Gerade erst meinte er den richtigen gefunden zu haben. Aber er wollte gerne wissen, was ich als Schriftsteller davon hielte.

Ich versuchte ihm klarzumachen, daß in Herzensdingen wie diesem sein Urteil wohl wesentlich mehr gelte als das meine. Aber Gigi ließ nicht locker. War dies das richtige? War dies gut? Sollte er dies Vanessa schreiben?

Er reichte mir das Buch. Die entsprechenden Zeilen waren unterstrichen:

Aus jedem Verbrechen werden Kugeln geboren,
die eines Tages den Sitz
eines Herzens finden werden.

Natürlich gab es da viel, von dem ich nichts wußte. Aber wenn Gigi nach mehr als einer Stunde des Grübelns meinte, daß diese Zeilen am besten ausdrücken würden, was er Vanessa mitteilen wollte, dann mußten sie das wohl tun.

»Perfetto«, versicherte ich. Und damit stand er auf, raffte seine Schreibutensilien zusammen, und wir fuhren hoch zu unseren brütendheißen Zimmern, um noch ein paar Stunden Schlaf zu finden.

Vielleicht lag es an der Hitze am Sonntag, die sogar noch schlimmer war als an den beiden Vortagen. Vielleicht mußten wir uns immer noch von dem Siegesrausch nach dem Spiel gegen Turin erholen. Vielleicht hatte es auch damit zu tun, daß Lecce seinen Aufstiegsplatz in die Seria A bereits sicher hatte und um nichts mehr kämpfen mußte. Jedenfalls war das Spiel so öde, daß jeder das Gefühl hatte, einen Sonnenstich zu bekommen, selbst wenn er im Schatten saß.

Aus seinen üblichen obskuren Gründen hatte Osvaldo sich dafür entschieden, mit Spinesi als einziger Sturmspitze zu spielen und im Mittelfeld Michelini statt Russo oder Franceschini zu bringen. Schon bevor das Spiel begann, war mir klar, daß wir so kein Tor schießen würden, und schon gar nicht gegen Fabrizio Lorieri im Tor von Lecce. Er hatte sechs Jahre in der Seria A für Turin und Rom gespielt und war der Garant für Lecces Aufstieg aus der C1 und prompten Durchmarsch auf einen Aufstiegsplatz in die erste Liga gewesen. In der Seria B war der 33jährige Lorieri – noch eher als Ielpo von Genua – der Torwart, der Lotti das Wasser reichen konnte.

Nach einer halben Stunde zog sich Cei eine Muskelzerrung zu. Mit einem Gesichtsausdruck, als habe er gerade eine komplette Knoblauchknolle verschluckt, schickte Osvaldo Antonello auf den Platz. Offensichtlich rechnete er mit dem Schlimmsten.

Und das Schlimmste trat auch direkt ein, allerdings nicht durch Antonellos Verschulden. Nein, Michelini war es, der zwei Minuten vor der Halbzeit ein völlig unnötiges Foul in unserem Strafraum beging.

Francioso, ein altgedienter attaccante, der in dieser Saison bereits 14 Tore gemacht hatte, trat den Elfer. Im Moment des Schusses hechtete Lotti nach rechts, was auch die richtige Ecke war. Trotzdem kam er nicht ran. Doch der Ball prallte vom Pfosten ab. Kein Tor. Halbzeitstand: 0:0.

In der zweiten Hälfte stand Castel di Sangro fast nur verzweifelt nach Luft schnappend in der eigenen Hälfte, während Lecce Chance um Chance vergab. Diesmal lag es nicht an Lottis Heldentaten, sondern einfach an Lecces eigener Nachlässigkeit, daß sie nicht zu Potte kamen.

Nachher erklärte ein strahlender Osvaldo das 0:0-Unentschieden zu einem »goldenen Punktgewinn« und erzählte der Presse, wie seine Taktik das erst ermöglicht habe. Angesichts der Tatsache, daß allein Francioso zweimal den Pfosten getroffen hatte, schien es mir mehr wie ein »Punktgeschenk«, aber zu diesem Zeitpunkt war ein Punkt einfach ein Punkt.

Obwohl völlig dehydriert und erschöpft, rasten die Spieler in Rekordzeit unter die Duschen und dann aus der Kabine zurück in den Bus. Sie wollten die anderen Ergebnisse im Radio nicht verpassen.

Reggina und Lucchese hatten jeweils gewonnen, Cosenza unentschieden gespielt und Salernitana und die anderen beiden verloren.

So konnten wir die Heimfahrt wenn auch ohne Klimaanlage, so doch auf einem beruhigenden Tabellenplatz antreten.

Bei noch drei verbleibenden Spieltagen sah unsere kleine Welt so aus:

Reggina	42
CASTEL DI SANGRO	41
Salernitana	40
Lucchese	40
Cesena	37
Cosenza	36
Palermo	32
Cremonese	32

Wir waren nicht vor zwanzig nach drei morgens in Castel di Sangro. Sowohl physisch wie psychisch waren die letzten vier Tage die anstrengendsten der ganzen Saison gewesen (abgesehen von der Trauer und emotionalen Belastung nach dem Tod von Pippo und Danilo), aber wir waren mit vier Punkten aus ihnen hervorgegangen, obwohl es vorher eher nach null Punkten ausgesehen hatte.

War es denkbar? Konnte es wirklich gelingen? Niemand kannte die Antwort, aber bei nur noch drei Spielen vor und bereits fünfunddreißig hinter uns war es schon mehr als genug, daß man die Frage überhaupt noch stellen konnte.

KAPITEL 37

Wenn doch nur …

Wenn doch nur das Spiel gegen Salernitana zwei Minuten kürzer gewesen wäre …

Wenn Osvaldo doch nur nicht darauf bestanden hätte, Pistella als einzige Sturmspitze zu bringen …

Wenn Lotti doch am Schluß einfach »Scheiß drauf« gesagt hätte …

Und vor allem: Wenn das Flugzeug, das Philemon Masinga von seinem Samstagsspiel mit der südafrikanischen Nationalelf aus England zurückbrachte, doch nur durch Nebel etwas länger am Boden festgehalten worden wäre …

Wenn irgend etwas davon passiert wäre, hätten wir gegen Salernitana vielleicht ein Unentschieden geholt, anstatt 0:1 zu verlieren und für den Rest der Saison auch noch auf Lotti verzichten zu müssen.

Die Seria-B-Saison besteht ohne Nachspielzeiten aus 57 Stunden Spielzeit, aber nun schien es, als würden die vier Schlußminuten unseres wackeren Kampfes in Salerno in die Geschichte eingehen, weil sie unser Schicksal besiegelten.

Damals im Oktober, als wir die Nacht vor unserem Spiel gegen Empoli im Trainingslager der italienischen Nationalelf in Coverciano verbrachten, da hatten ein paar Spieler und ich das Seria-B-anticipo-Spiel im Fernsehen verfolgt. Masinga war in den letzten zwanzig Minuten für Salernitana auf den Platz gekommen, und ich hatte ihn als heißen Tip genannt, da ich ihn schon in England hatte spielen sehen. Aber besonders Fusco war skeptisch geblieben und hatte gesagt: »Nicht für die Seria B, Joe. Zu egoistisch.«

Masinga hatte seit damals wohl ein dutzendmal gespielt und sogar ein paar Tore gemacht, aber er hatte wenig Aufsehen erregt, und ich hatte ihm keine große Beachtung geschenkt. Mit 27 war er bereits ein cleverer und energischer Spieler, der, bevor er nach Italien kam, nicht nur in seiner afrikanischen Heimat, sondern auch in England und der Schweiz Erfahrung gesammelt hatte.

Als wir am Sonntag, dem 25. Mai, vor die fanatisierte Menge von fast 40.000 Salernitana-Fans traten, die größte, vor der wir in der ganzen Saison aufgelaufen waren, da dachte ich noch gar nicht an Masinga. Bei noch drei ausstehenden Begegnungen hatten wir einen Punkt Vorsprung vor Salernitana und Lucchese sowie vier und fünf Zähler Vorsprung auf Cesena und Cosenza. Bei einem Sieg hatten wir die salvezza rechnerisch praktisch in der Tasche, aber selbst mit einem Unentschieden wäre die Sache schon fast in trockenen Tüchern.

Mehr als andere Gegner schien Salernitana anfällig für taktische oder aufstellungstechnische Überraschungen. Mit nur 28 Saisontoren waren sie im Sturm kaum besser als wir mit unseren 26, dem Minusrekord der Liga. Genau wie wir hatten sie 40 kassiert. Und wir hatten sie schon einmal 1:0 geschlagen, und das mit De Juliis im Tor. Zugegeben, zu Hause hatten sie noch nie verloren, dafür aber in siebzehn Heimspielen achtmal nur ein Remis geholt.

Für mich lag die Marschrichtung auf der Hand: gleich von Anfang an aggressiv auftreten und ihre selbstsichere Heimstärke dadurch erschüttern, daß man Spinesi, Russo und Franceschini stürmen ließ; von denen hatten sie im Januar keinen erlebt. Mit Lotti als Schlußmann konnten wir uns das Risiko erlauben.

Va da sè, es verstand sich von selbst, daß Jaconi das anders sah. Er begann mit einer 4-5-1-Formation, in der aus mir schleierhaften Gründen Spinesi fehlte, der immerhin im letzten Monat zwei Tore geschossen hatte, ständig an Form gewann und dessen Biß für so ein kniffliges Auswärtsspiel genau das richtige war. Statt dessen stürmte der langsame und berechenbare Pistella, der in der ganzen Saison nur zwei

Tore gemacht hatte, dessen Durchschnittsbewertung in der pagelle mit 5,68 die mit Abstand schlechteste von all unseren Stammspielern war und den Jaconi seit September unverhohlen mit Verachtung gestraft hatte.

Mir lag es fern, durch Einwände in letzter Minute einen weiteren häßlichen Zwischenfall heraufzubeschwören, doch ich mußte zumindest fragen: Warum nicht Russo, Franceschini oder Albieri, sondern ausgerechnet Spinesi?

»Es lohnt das Risiko nicht«, sagte er.

»Welches Risiko?« fragte ich.

»Das Verletzungsrisiko. Ich brauche ihn gegen Pescara.«

Ammazza! War das zu glauben? Spinesi würde in diesem äußerst wichtigen Spiel nicht dabei sein, weil Jaconi Angst hatte, daß er verletzt werden und dann im nächsten äußerst wichtigen Spiel gegen Pescara fehlen könnte? Und was, wenn er sich im Spiel gegen Pescara verletzte und dann im letzten Saisonspiel gegen Bari nicht spielen könnte, das vielleicht das allerwichtigste sein würde? Das war la paura hoch drei und haute mich wirklich um.

»Capito?« fragte Jaconi, als ich konsterniert guckte. »Wir schießen sowieso kein Tor, warum also ein Risiko eingehen?« Das schien mir doch zumindest dicht am Catch-22 – warum den Spieler einsetzen, der noch am ehesten ein Tor schießen kann, wenn wir ohnehin kein Tor schießen? –, doch gleichzeitig war es auch die »Bulldozer-Logik« in Reinkultur, und ich hatte nicht mehr die Kraft, mich dem zu widersetzen.

»Capito, Osvaldo«, sagte ich. »E grazie.«

Trotzdem überstanden wir die erste Halbzeit, vornehmlich dank Lotti, ohne ein Tor zu kassieren. Und zehn Minuten nach Wiederanpfiff ließ Jaconi alle Vorsicht fahren und wechselte Spinesi für den ineffektiven Di Fabio ein. Aber zwanzig Minuten vor Schluß, es stand immer noch 0:0, verlor er die Nerven und brachte für Cristiano, der großartig gespielt hatte, den fußlahmen Veteranen Michelini. Und in diesem Moment kam auch Masinga auf den Platz.

Mit Masinga hatte man überhaupt nicht gerechnet. Am Vorabend hatte er noch im altehrwürdigen Old-Trafford-Stadion in Manchester gespielt und Südafrikas Ehrentor beim 1:2 gegen England geschossen. Nach solch einem Auftritt hätten die meisten Spieler gar nicht erst versucht, innerhalb von zwölf Stunden vom Norden Englands in den Süden Italiens zu gelangen, bloß um einer Seria-B-Mannschaft zur Verfügung zu stehen, deren Trainer einen vielleicht überhaupt nicht einsetzen würde.

Aber Masinga war nicht wie die meisten Spieler. Er war der erfolgreichste Torschütze in der Geschichte des südafrikanischen Fußballs und ein Mann, dessen Stolz seiner Begabung in nichts nachstand. Nachdem er – mit Ausnahme von Heißluftballons vielleicht – jedes erdenkliche Verkehrsmittel benutzt hatte, war er zur Halbzeit im Stadion von Salernitana eingetroffen.

Fünfzehn Minuten machte er sich nur ein bißchen warm, während er sich einen Überblick verschaffte und cool die Stärken und Schwächen beider Seiten zu diesem späten Zeitpunkt des Spiels abschätzte. Dann, nur zwei Minuten vor Spielende, schlug er zu. Er stürmte durch eine Lücke in unserer Verteidigung, erhielt eine perfekt plazierte Flanke und köpfte den Ball genau ins Dreieck. Der Ball prallte tatsächlich exakt an den Winkel von Pfosten und Querlatte, hatte aber genügend Wucht und Effet, um von dort ins Netz zu trudeln.

Tja, damit war's ja wohl gelaufen: Salernitana – Castel di Sangro: 1:0, trotz einer erneuten Leistung von Lotti, die die *Gazzetta dello Sport* als »bravissimo per tutta la partita« beschrieb.

Doch dann entschied der Schiedsrichter, vier Minuten nachspielen zu lassen. Das war, als hätte man uns ein zweites Leben geschenkt – eine letzte verzweifelte Chance, ein Unentschieden rauszuholen. Könnten wir doch bloß irgendwie ein Tor machen!

Unglücklicherweise kam es andersherum: Da wir alles nach vorne warfen und hinten aufmachten, waren wir natürlich extrem anfällig für einen schnellen Konter, und genau den unternahm prompt Masinga. Zwei Minuten vor dem endgültigen Abpfiff stürmte er auf unser von der Abwehr entblößtes Tor zu.

Lotti tat das einzig Vernünftige: Er stürzte aus dem Tor, um Masinga von den Beinen zu holen, bevor er abziehen konnte. Wie er es erwartet hatte, bekam er dafür die rote Karte. Doch sein gewagter Einsatz hatte uns wenigstens einen zweiten Treffer erspart und die theoretische Chance zum Ausgleich bewahrt.

Aber vergebens. Völlig demoralisiert steckten wir danach auf und gingen schließlich nicht nur von einem Mann geschlagen vom Platz, den wir hier gar nicht erwartet hatten, sondern auch noch mit der Gewißheit, daß unser bester Mann, Massimo Lotti, für zwei Spiele gesperrt war und damit in dieser Saison nicht mehr spielen durfte. Gegen Pescara würden wir mit De Juliis im Tor antreten müssen.

Nun mußte die Neuauflage des Abruzzen-Derbys alles entscheiden: Castel di Sangro gegen Pescara. Doch diesmal stand für beide Teams alles auf dem Spiel; so wie wir für den Klassenerhalt einen Sieg brauchten, mußte auch Pescara gewinnen, um sich noch eine hauchdünne Chance auf den Aufstieg zu bewahren.

Von unserer Warte aus gesehen, konnten die anderen Ergebnisse dieses Sonntags gar nicht schlechter sein. Lucchese hatte durch ein Unentschieden gegen Turin mit uns gleichgezogen, Cesena und Cosenza hatten gewonnen.

Damit sah es Anfang Juni so für uns aus:

Lucchese	41
CASTEL DI SANGRO	41
Cesena	40
Cosenza	39
Palermo	32
Cremonese	32

Die Berghänge waren nun bis hoch hinauf grün. Wäre ich damals nicht im *Coradetti* gewesen, hätte sich mir im letzten September ein Ausblick wie heute aus meinem Hotelfenster geboten. In dieser Hinsicht hatte sich nichts geändert. Doch es war mir nur zu bewußt, wieviel sich geändert hatte und nicht mehr rückgängig zu machen war. Außerdem wußte ich, daß in weniger als zwei Wochen eine Zeit, die in vieler Hinsicht eine der aufregendsten meines Lebens gewesen war, nur noch wehmütige Erinnerung sein würde.

Momentan aber beschäftigte mich in erster Linie meine wiederaufgeflammte Wut auf die Società. Im verzweifelten Bemühen, auch noch die letzte Lira aus unserer möglicherweise einzigen Saison in der Seria B zu pressen, hatte Gravina angeordnet, das Stadion sofort um 2.000 Sitzplätze aufzustocken. Damit wäre seine Kapazität um 25% erhöht, was natürlich entsprechende Mehreinnahmen bringen würde.

Diese beiden Typen – Gravina und Signor Rezza –, die ihrer Mannschaft zugemutet hatten, die ersten drei Monate der Saison ohne eigenes Stadion zu absolvieren, während sie ihre Kosten-Nutzen-Rechnungen aufstellten, nagelten nun innerhalb von nur einer Woche 2.000 zusätzliche Sitze ans Stadion, wobei sie eine Bautechnik und ein Material benutzten, das aussah, als stamme es direkt aus einem Metallbaukasten der 50er Jahre.

Aber was noch viel, viel schlimmer war: Signor Rezza persönlich hatte angeordnet, daß 25 % aller Karten an die Fans von Pescara gehen sollten.

Gäste erhalten normalerweise ein symbolisches Kartenkontingent – meistens zwischen zwei und fünf Prozent der verkauften Karten –, aber niemals mehr, denn mehr tifosi des Gegners hereinzulassen würde nicht nur Sicherheitsprobleme aufwerfen, sondern die Gastgeber auch um ihren »zwölften Mann« bringen, der sich in unserem Spiel gegen Turin als Rettung erwiesen hatte.

Doch diesmal hatte Signor Rezza en bloc 2.000 Tickets für die Südkurve an Pescara verkauft (zu einem wesentlich höheren Preis, als er von den Leuten aus Castel di Sangro zu verlangen gewagt hätte). Weitere 500 Karten für Tribünenplätze wurden zu noch höheren Preisen in Pescara direkt an den Mann gebracht.

Daher würden sich statt der 10.000 Stimmen, die wie ein Mann jubeln, singen und anfeuern, diese ekelhaften Kreaturen aus dem Meer – oder jedenfalls von der Küste – auf unseren Plätzen breitmachen, um Schmähungen, Beleidigungen und höchstwahrscheinlich auch Flaschen und Metallgegenstände auf unsere Jungs niederprasseln zu lassen.

Aus Wut darüber, im nachhinein betrachtet vielleicht nicht die klügste Reaktion, hielt ich jeden, den ich auch nur entfernt kannte, auf der Straße an, denunzierte Signor Rezza in den unflätigsten Vokabeln, die ich kannte, und verbreitete ein Gerücht, das mir jüngst zu Ohren gekommen war: daß nämlich der wahre Grund, warum der alte Knabe nicht zu Auswärtsspielen fuhr, seine Angst sei, von seinen Feinden liquidiert zu werden.

Zur selben Zeit ließ Gravina via Giuseppe verkünden, daß »aus Gründen der Fairneß und des Sportsgeistes, an die er so fest glaube«, so enorm viele Eintrittskarten an unseren Gegner verkauft worden seien. Das sei nicht aus Profit- und Geldgier geschehen, wie manche cinici verbreiten würden, betonte er.

Außerdem bereitete mir auch Jaconi neue Sorgen. Seit unserer Niederlage gegen Salernitana hatte er sich angewöhnt, mit einer Bibel herumzulaufen und bei jeder sich bietenden Gelegenheit, eigentlich sogar ständig, daraus zu zitieren.

»Osvald«, fragte ich ihn, »warum jetzt plötzlich die Bibel?«

Er klopfte auf die goldgeprägten Buchstaben auf dem Cover und meinte: »Hier drin hat Gott bereits den Ausgang niedergeschrieben, Joe. Alles ist vorbestimmt. Durch die Lektüre versuche ich einfach Gott über die Schulter zu blicken, um zu sehen, was er prophezeit hat.«

Mir selbst spendete die Heilige Schrift keinen Trost, doch ich kaufte mir ein Computerspiel namens *PC Calcio 5.0*. Es rühmte sich, praktisch die allerneusten Statistiken zu jedem Verein und jedem Spieler der Seria A und Seria B zu haben. Ich lud es umgehend auf meinen Laptop, gab die Aufstellungen und taktischen Einstellungen ein, die jeder der beiden Trainer wahrscheinlich wählen würde (nicht die, die ich selbst gewählt hätte), stellte de Juliis ins Tor und verzichtete auf den wegen zu vieler gelber Karten gesperrten D'Angelo, und ließ den Computer die Partie Castel di Sangro – Pescara durchspielen.

Evviva! Urrà! Wir gewannen durch Tore von Pistella und Bonomi 2:1! Ich speicherte das Spiel ab, damit ich es so oft ich wollte abspielen konnte. Es war nicht nur gespenstisch realistisch in seiner grafischen Animation, es besaß sogar einen telecronista, der das Geschehen überzeugend aufgeregt kommentierte.

Ich nahm den Laptop am Mittwochabend mit ins *Marcella's* und ließ das Spiel, ohne das Ergebnis zu verraten, aber mit dem Hinweis, daß ich es »realistisch« programmiert hätte, bei voller Lautstärke ablaufen.

Osvaldo legte sogar seine Bibel beiseite und schloß sich den Spielern an, die fasziniert auf den winzigen Monitor starrten.

»Ooooh!« Ein Stöhnen ging durch den Saal, als gegen uns Abseits gepfiffen wurde. Dann Jubel, als Gigi hart gegen einen Stürmer von Pescara einstieg, ohne dafür Gelb zu sehen. Und dann ein markerschütterndes Geschrei, als der »Kommentator« aufgeregt rief: »Il pallone a Pistella … tira – Gooooll! … Castel di Sangro uno, Pescara zero.«

Es gab sogar eine echte Halbzeitpause. Die Spieler drängten mich aufgeregt, das irgendwie zu überspringen und weiterzumachen. Schließlich stand la salvezza auf dem Spiel!

Pescara glich kurz nach Wiederanpfiff aus, und Fusco begann sich mit Martino darüber zu streiten, wer den Mittelfeldspieler auf der rechten Seite durchgelassen hatte, der dann die Flanke zum Ausgleich geschlagen hatte. De Juliis fluchte bitterlich über sein Los.

Aber zwanzig Minuten vor Schluß zog der virtuelle Bonomi aus gut 27 Metern ab, und der Ball landete sauber im Netz. Den Jubel im *Marcella's* wird man wohl im ganzen Ort gehört haben.

Die Spieler wandten sich mit einer Zuversicht und Begeisterung ihrem Essen zu, wie ich sie seit Wochen nicht mehr erlebt hatte. Und selbst Osvaldo verschob für einen Abend das geplante Studium des ersten Buchs der Könige.

Die Wahrheit war schlicht und einfach, daß wir alle kurz vorm Durchdrehen standen. Die Saison war zu lang und zu hart gewesen, und jetzt war der Druck einfach übermächtig.

Alles, was mit dem Spiel gegen Pescara zusammenhing, war in dieser Woche eine Schlagzeile wert. Daher wurde auch das risultato meines Computerspiels unter einer schon grotesk großen Überschrift veröffentlicht, und aus dem Ergebnis, das ein 29 Dollar teures Stück Software ermittelt hatte, wurde die »analisi esperte dello scrittore americano«. Obwohl es mir schmeichelte, daß ich – und wenn auch mit einem Augenzwinkern – von Italienern als Fußballexperte eingeschätzt wurde, überraschte es mich doch immer noch, wenn ich las, was ich angeblich fühlte und dachte oder gesagt haben sollte.

»Wir werden siegen«, hatte ich dem *Messaggero* zuversichtlich erklärt. »Es wird kein Spaziergang werden, aber Castel di Sangro wird den Sieg davontragen. Daran zweifle ich keine Sekunde. Diese Mannschaft hat schon tausend Hürden genommen. Und Sie werden erleben, wie Pippo und Danilo ihren Kameraden am Sonntag zur Seite stehen werden. Das Endergebnis wird 2:1 lauten. Pistella und Bonomi werden für uns treffen. Wir werden gewinnen. Wir müssen gewinnen!«

Vielleicht hatte ich das ja tatsächlich gesagt. Ich wußte es nicht mehr. Ich konnte kaum noch zwischen Traum und Realität unterscheiden. Seit Wochen hatte ich mich verzweifelt an einen letzten Rest von Vernunft und Selbstkontrolle geklammert, aber langsam wurden mir die Arme lahm.

Il Messaggero schrieb über mich: »Er leidet, er zählt zu den glühendsten Fans, selbst wenn seine Stimme immer beherrscht klingt.« Damit marschierte ich sofort zu Osvaldo. »Hast du gelesen?« fragte ich ihn. »Es könnte schlimmer kommen. Stell dir bloß vor, ich reg mich auf.«

Das sollte ein Scherz sein, um für einen kurzen, heiteren Moment die unerträgliche Anspannung zu lösen, die von Stunde zu Stunde erdrückender wurde. Doch es war bereits zu spät. Osvaldo hatte dafür keinen Nerv mehr.

Er schnappte sich die Zeitung und riß sie entzwei. »Lügen, nichts als Lügen!« schrie er. »Die Zeitungen schreiben doch nur Lügen!« Dann stieß er mir einen Finger vor die Brust. »Und sag bloß nichts mehr über das Spiel, das bringt Unglück. Außerdem ist es verrückt von dir, zu behaupten, Pistella würde ein Tor schießen. Pistella ist scheiße! Ich hab dir das schon im Oktober gesagt, aber du hörst ja nicht zu. Du kommst immer mit Pistella, Pistella, also laß ich ihn spielen, bis alle Welt kapiert, wie scheiße er ist. Also kein Wort mehr über Pistella.«

»Aber am Sonntag spielt er doch, oder?«

»Natürlich. Aber nur, weil die anderen genauso scheiße sind!«

»Russo und Franceschini sind nicht scheiße«, erwiderte ich.

»Du kannst mir einen blasen!« brüllte er.

Ich schätze, das war ein deutlicher Hinweis, daß weder Russo noch Franceschini zur Startelf zählen würden. Außerdem war es ein deutlicher Hinweis, daß es keinen Sinn hätte zu fragen: Wenn Pistella so scheiße ist, warum hat er dann gegen Salernitana gespielt?

Wie sehr unterschied sich doch diesmal die Stimmung von der sonnigen, festlichen Atmosphäre, die das erste Derby in Pescara begleitet hatte. Nicht nur ich, ganz Castel di Sangro war über die Entscheidung der Società empört, 25 Prozent der Eintrittskarten an den Gegner zu verkaufen. Das hatte die Welt noch nicht gesehen, und das im wahrsten Sinne des Wortes. Ich fragte überall, und jeder sagte mir, daß noch niemals zuvor ein Verein, egal in welcher Liga, versucht habe, zusätzlichen Gewinn aus einem so wichtigen Spiel zu schlagen, indem man ein Viertel der eigenen Plätze den Anhängern des Gegners überließ.

Die Spieler – und das waren praktisch alle –, die mir während der Saison bereits erklärt hatten, die Società sei geldgierig, verlogen und unfähig, kamen jetzt wieder an und fragten mich: Na, siehst du jetzt, was wir gemeint haben? Als hätte ich mich ihrer Meinung nicht schon vor langer Zeit angeschlossen.

Und jeder von ihnen verlangte, daß ich das auch bestimmt in meinem Buch schreiben würde. Das war bemerkenswert, denn eigentlich war über mein Buch schon lange nicht mehr gesprochen worden. Seit Monaten schien es, als würde es gar kein Buch geben: Ich war einfach nur da, weil ich eben da war, ich gehörte einfach zu dieser Saison.

Unterdessen fachte in Pescara die große Zahl der zur Verfügung gestellten Eintrittskarten nur den Appetit nach weiteren Tickets an. Das Gerücht, daß pescaresi ohne Karten nach Castel di Sangro kommen und einfach das Stadion stürmen wollten, drang sogar bis zur Polizei, die 48 Stunden lang mit Lautsprecherwagen durch die Straßen fuhr und immer wieder die Anweisung durchgab: »Wenn Sie keine Eintrittskarten haben, fahren Sie nicht nach Castel di Sangro.« Es sollte ein Großaufgebot an carabinieri mobilisiert werden, die angewiesen waren, die Leute direkt festzunehmen und das Fragenstellen dem Untersuchungsrichter zu überlassen.

Es war allerdings nicht nur eine Frage von akademischem Interesse, daß für Pescara genausoviel auf dem Spiel stand wie für uns. Mit ihren bislang 54 Punkten lagen sie in Reichweite von Lecce und Genua, die mit 57 Punkten um den vierten und letzten Aufstiegsplatz kämpften. Würden die beiden verlieren, ginge Pescara bei einem Sieg gegen uns mit reellen Aufstiegschancen ins letzte Saisonspiel. Ein Unentschieden allerdings würde wohl die Hoffnungen beider Vereine zunichte machen. Daher hatte Osvaldo zum ersten und einzigen Mal während der ganzen Saison gar keine andere Wahl, als auf Sieg zu spielen, auch wenn sich sein konservatives Naturell noch so sehr dagegen sträuben mochte.

Am Donnerstagabend verkündete die Società, daß nur noch 600 Karten zur Verfügung stünden, trotz der zusätzlichen Metallbaukasten-Plätze. Die Karten sollten am nächsten Morgen ab neun Uhr in der Geschäftsstelle verkauft werden, die nur einen halben Block vom Büro der Società entfernt lag. Es würden nur zwei Karten pro Person abgegeben und bitte nur gegen Barzahlung.

Schon vor Mitternacht begannen die Leute sich vor der Geschäftsstelle zu versammeln, und während der Nacht wurden es immer mehr, obschon ein Dauerregen einsetzte. Das waren die wahren tifosi: zu arm vielleicht, um sich eine Dauerkarte zu kaufen, aber im festen Glauben an das Wunder und bereit, auch die größten Unannehmlichkeiten auf sich zu nehmen, um nur das Spiel nicht zu verpassen. Und hätte es nicht Signor Rezza und Gravina gegeben, hätte man sie auch alle zufriedenstellen können.

Es störte mich nicht, das der alte Knabe nicht mehr »salve« zu mir sagte. Ich war früher schon stolz auf die Feinde gewesen, die ich mir gemacht hatte, und nun zählte ich auch Signor Rezza und Gravina dazu.

Aber nicht Osvaldo, trotz unserer zahlreichen Streitereien. Vielleicht hielt ich ihn nicht für den tollsten und schneidigsten allenatore von Italien, und seine ausfallende Unfairneß gegenüber den Spielern stieß mich ab, doch ich respektierte seinen Sinn für persönliche Integrität und war zutiefst dankbar dafür, daß er mir während der ganzen Saison ein so ausgezeichneter Nachbar gewesen war. Immerhin war kein anderer allenatore im ganzen Land gezwungen gewesen, mit einem Fremden aus Amerika zurechtzukommen, der vielleicht anfangs noch ganz bescheiden gewesen war, sich dann aber zum vermeintlichen Fußballexperten aufgeschwungen hatte.

Die Szenerie in dem behelfsmäßigen Vorverkaufsbüro am Freitagmorgen war das größte Chaos, das ich je gesehen hatte. Nur gut, daß wir in Castel di Sangro waren. Hier zumindest waren die Menschen korrekt, rücksichtsvoll und uneigennützig genug, sich nicht um einen vorderen Platz in der Schlange zu prügeln.

Eigentlich war es gar keine Schlange, sondern eine wogende Menschenmenge, und hätte sie nicht aus so korrekten und rücksichtsvollen Menschen bestanden, dann hätte wohl jeder darin in der Gefahr geschwebt, erstickt oder totgetrampelt zu werden.

Gegen Mittag war die letzte Karte verkauft. Mindestens 1.000 Menschen aus dem Ort und der näheren Umgebung, die den Verein seit Jahren treu unterstützten, wurden abgewiesen. Es waren Übertragungswagen vom Fernsehen aufgefahren, die von dem erwarteten Tumult berichten wollten. Doch letztendlich wahrten die Menschen aus Castel di Sangro ihre Würde und zerstreuten sich einfach – zutiefst enttäuscht zwar, aber nicht bereit, sich dem Fernsehen zuliebe in einen randalierenden Mob zu verwandeln.

Ebenso wie die Spieler war ich der Ansicht, daß diese Menschen la salvezza verdient hatten.

KAPITEL 38

Der Samstag begann herrlich. Ich ging zum Stadion, um mir unser letztes Training vor der Stunde der Wahrheit anzusehen.

Wenn die übrigen Ergebnisse günstig für uns wären, würde uns rein rechnerisch auch ein Sieg in Bari die nötigen Punkte bringen, aber die Spieler waren einhellig der Meinung, daß wir keine Chance gegen das viel stärkere Bari hätten, sollten wir Pescara zu Hause nicht schlagen. Schließlich lief Bari vor 60.000 eigenen Fans auf und kämpfte immer noch um die Rückkehr in die Seria A.

Unsere Saison sollte also praktisch am kommenden Tag enden. Wenn sich die Mannschaft dann das nächste Mal hier treffen würde, war die Hoffnung, die uns die ganze Saison Kraft gegeben hatte, entweder befreiendem Jubel oder schierer Verzweiflung gewichen.

Das Stadion selbst hatte nie besser ausgesehen. Die für Castel di Sangro so typische klare, frische Atmosphäre war zurückgekehrt. Der Rasen präsentierte sich endlich wieder in einem satten Grün, und die Sonne glitzerte auf den frisch gestrichenen Wellenbrechern der Ränge. Der ganze Ort funkelte wie ein Juwel. Heute noch so friedlich, doch morgen schon ein brodelnder Hexenkessel. Als ich daran dachte, daß dies mein letzter Samstagmorgen hier sein sollte, durchfuhr mich ein so stechender Schmerz, daß ich nach Luft schnappen mußte.

Am späten Nachmittag machte ich einen langen Spaziergang durch den Ort. Ich begegnete vielen Bekannten. Den meisten zitterten vor Nervosität die Hände. Ein mir unbekannter alter Mann sprach mich an. In einer Mischung aus Italienisch und dem hiesigen Dialekt erklärte er mir gestenreich, daß er seit einem halben Jahrhundert nicht mehr eine solche Angst ausgestanden hätte. Seit dem Krieg nicht mehr, sagte er, wenn er die amerikanischen Flugzeuge hatte kommen hören und gewußt hatte, daß gleich wieder die todbringenden Bomben fallen würden und nirgendwo ein sicherer Platz war.

Als Christian an diesem Abend zur Arbeit ins *Marcella's* kam, hatte er rund 500 Valium 5 dabei. Ein »befreundeter Arzt« sei die Quelle gewesen, erklärte er. Natürlich wären sie nur für Zuschauer gedacht.

Laut Anweisung des Arztes, zumindest wie Christian sie interpretierte, sollte man zwei Tabletten heute vor dem Schlafengehen nehmen, zwei morgen früh direkt nach dem Aufwachen, zwei weitere vor dem Mittagessen, dann drei um 15 Uhr, eine Stunde vor dem Anpfiff, eine weitere bei Spielbeginn und die letzten zwei in der Halbzeit, egal wie der Spielstand sei.

Das wären sechzig Milligramm Valium innerhalb von 24 Stunden, und das bei Leuten, die im großen und ganzen keine Erfahrungen mit Beruhigungstabletten hatten. Ich erklärte Christian, die Dosierung sei vielleicht eine Spur zu heftig, doch er winkte geringschätzig ab.

»Du verstehst das nicht, Joe«, meinte er. »Entweder wir sind tranquillo von den Tabletten, oder wir sterben an Herzschlag.«

Er gab mir eine der Zwölfer-Packungen, die er an gute Freunde verteilte.

»Du siehst nicht gut aus, Joe. Du wirst sie brauchen.«

Wenn ich mir die Fotos von mir vom Tag des Spiels ansehe, muß ich Christian recht geben. Ich sah wirklich nicht gut aus. Ich fühlte mich auch nicht gut. Selbst nachdem ich zwei Valium vor dem Schlafengehen und zwei am nächsten Morgen genommen hatte – nicht daß ich mehr als zwanzig Minuten am Stück geschlafen hätte –, fühlte ich mich immer noch schrecklich nervös und verzagt.

Da D'Angelo ebenso wie Rossi gesperrt war, hatte Osvaldo mir bereits erklärt, daß er Rimedio statt Antonello für ihn bringen wollte. Wie in Turin! Das war so bescheuert, daß ich es nicht fassen konnte. De Juliis im Tor und Rimedio auf rechts, um den Pescara-Stürmer Giampaolo aufzuhalten, der in dieser Saison bereits 16 Treffer erzielt hatte und damit Platz vier in der Torschützenliste belegte. Und uns stünde der junge Morgan De Sanctis im Tor gegenüber, dem für die kommende Saison bereits ein Angebot von Juventus vorlag.

Ich ließ mir beim Mittagessen die Lage noch mal durch den Kopf gehen und schluckte zwei weitere Valium. Jeder im *Marcella's* hielt es genauso und spülte die Tabletten mit jeder Menge Wein herunter. Das war nun gänzlich untypisch, aber es war halt die allgemeine Hysterie. Marcella persönlich ließ keinen Menschen auf den zehnminütigen Fußweg zum Stadion, ohne ihn nicht mit mindestens einem Glas Grappa zu stärken.

Luca D'Angelo, der gesperrt und darüber zutiefst verzweifelt war, stand neben mir im *Marcella's*. Als Kommunist, meinte er, könne er keinen Alkohol trinken, aber er drängte mich, noch einen zweiten Grappa zu nehmen, was ich auch tat. »Einen für jedes Tor von uns«, sagte er. Das leuchtete ein.

Um 15 Uhr gehörte ich zu den Tausenden, die sich bereits durch die Stadiontore drängten. Irgendwas Wichtiges war doch um 15 Uhr? Ach ja, Zeit für drei weitere Valium!

Auf dem Flur, der zur Kabine führte, gab es neben Jaconis Büro auch noch eine Privatsuite, in der die Società Ehrengäste bewirten konnte. Stilvoll eingerichtet und mit dicken Teppichen ausgelegt, mußte sie sich hinter keiner anderen VIP-Lounges verstecken, die ich im Fußball bis dato kennengelernt hatte. Heute standen Platten mit Antipasti auf den mit makellos weißen Leinentüchern bedeckten Tischen. Dazwischen ein Tisch mit den edelsten Weinen, Likören und Spirituosen, die Italien zu bieten hatte.

Da ich dringend aufs Klo mußte, öffnete ich um fünf nach drei die Tür der Suite. Ungefähr ein Dutzend Leute war da. Nach seinem Foto aus der Zeitung erkannte ich den Präsidenten von Pescara. Außerdem entdeckte ich Gravina und Maria Teresa, die es vorgezogen hatten, diesen privaten Empfang ohne mich abzuhalten.

»Il bagno«, sagte ich, zeigte auf die Herrentoilette am anderen Ende des Zimmers und durchquerte den Raum. Als ich wieder rauskam, suchte ich nach etwas, mit dem ich die drei Valium runterspülen konnte, und steuerte auf den Tisch mit den Flaschen zu. Augenscheinlich hatten weder Gravina noch Maria Teresa Lust, mich ihren Gästen vorzustellen. Ein italienischer Likör oder Aperitif oder Digestif – ich hatte wirklich keine Ahnung, was das war – namens »Fernet Branca« stach mir ins Auge. Ich hatte das schon mal in Gesellschaft unseres Mannschaftsarztes in irgendeinem Hotel bei einem Auswärtsspiel getrunken. Er hatte ihn wärmstens empfohlen.

Außerdem, was konnte es Besseres geben, um drei Valium runterzuspülen, als ein Glas Fernet Branca? Na ja, Wasser zum Beispiel. Der Fernet brannte mir in der Kehle, ließ meine Augen tränen und brachte mich zum Husten. Ich erfuhr erst später, daß er 40 Umdrehungen hatte.

»Scusi«, murmelte ich in Richtung Gravina und Maria Teresa. Dann nickte ich ihnen hoffentlich noch mit einem letzten Hauch Würde zu, sagte »In bocca al lupo« und ging hinaus, um meinen Platz auf der tribuna d'onore einzunehmen.

Als die Mannschaften aufs Feld kamen, brannten die 2.000 Schwachköpfe aus Pescara, die in das Stadion, in unser Stadion, gelassen worden waren, bengalisches Feuer ab, das blaue Rauchschwaden produzierte. Blau! Ihre Farbe! Dieser geldgierige Drecksack von Rezza.

Einen Moment erwog ich, zu ihm hinzugehen – er saß nur achtzehn Meter rechts von mir – und ihm zu stecken, was ich von ihm, seinen Camorra-Verbindungen, seiner durch und durch verdorbenen Società und seinem drogendealenden angeheirateten Neffen hielt, und vielleicht auch noch einiges über Jaconis Aufstellung und Taktik.

Bevor ich das allerdings tun konnte, begannen sich die Pescara-Fans in der Kurve so übel aufzuführen, wie ich es erwartet hatte. Noch bevor das Spiel anfing, zerdepperten sie mit Flaschen die Plexiglasschutzwand vor ihrem Block, obwohl sie sich dadurch nur selbst die Sicht verschlechterten. Aber was sollte man anderes von den Fischköppen erwarten? Ihnen ging es nur ums Kaputtmachen. So viel von unseren Stadion kaputtzumachen, wie sie konnten, während ihre jämmerliche Gurkentruppe versuchte, unsere letzte Hoffnung auf la salvezza kaputtzumachen.

La salvezza! Die Vorstellung stach durch meinen valiumumnebelten Verstand wie ein Leuchtfeuer durch dichten Küstennebel. Zum Teufel mit Rezza. Zum Teufel mit Gravina. Zum Teufel mit den verblödeten Fischköppen. Jetzt ging es um la salvezza, und wie immer das Spiel ausgehen mochte, ein vergleichbares würde ich mein Lebtag lang nicht mehr erleben.

Bemerkenswerterweise nahmen wir von Beginn an das Heft in die Hand. Pescara wirkte pomadig und lustlos, gar nicht wie ein Aspirant für die Seria A. Nach fünfzehn zögerlichen Minuten gewannen wir Selbstvertrauen und drängten nach vorn. In der 16. Minute plazierte Tonino Martino seinen besten Torschuß der Saison, und nur eine Juventus-würdige Glanzparade des jungen De Sanctis bewahrte Pescara vor dem Rückstand. Zwei Minuten später zog Tonino erneut ab. Diesmal kam De Sanctis nicht mehr ran, doch der Ball prallte von der Querlatte zurück ins Feld.

Doch bereits jetzt schien eine noch dunklere Macht das Spiel zu gefährden. Und zwar der arbitro Trentalange aus Torino. Nicht daß er zugunsten einer Mannschaft pfiff, doch Trentalange hatte während der ganzen neunziger Jahre hauptsächlich in der Seria A gepfiffen. Angesichts der Bedeutung dieser Begegnung hatte der Fußballverband ihn ausgesucht. Von Beginn an schien er deutlich machen zu wollen, daß er als Seria-A-Schiedsrichter jedweden Regelverstoß durch Spieler, die er für unter seiner Würde hielt, streng ahnden würde.

Gigi zeigte er bereits nach fünf Minuten die gelbe Karte. Anscheinend war das mehr als Warnung an alle denn als Strafe für ein bestimmtes Vergehen gedacht. Fünf Minuten später traf es auch Giampaolo. Und als ein Mittelfeldspieler von Pescara deswegen protestierte, sah er auch den gelben Karton.

Nach nicht ganz einer halben Stunde dann die erste gute Szene des Spiels. Spinesi leitete einen langen Paß per Kopf an Pistella weiter, der unbedrängt durch die gegnerische Hintermannschaft gestürmt war, die ihm – wie es am nächsten Tag in einer Zeitung hieß – »eine spektakulär große Lücke« aufgemacht hatte. Aus weniger als neun Metern Entfernung hämmerte Pistella den Ball am machtlosen De Sanctis vorbei ins Netz.

Dank »Scheiß-Pistella« führten wir 1:0. Ich mochte den Kerl so gern – er war prima classe und trotz der für ihn albtraumhaften Saison völlig gelassen geblieben –, daß ich mich mehr noch für ihn als für mich selbst freute. Aber ich freute mich auch nicht zu knapp für uns alle.

Nur zwei Minuten später verlor Giampaolo bei einem Konter den Ball, was ihn prompt zu einem Foul verleitete: er grätschte von hinten in den Mann. Noch bevor er sich wieder aufgerappelt hatte, rannte Trentalange schon mit einer gelben Karte winkend auf ihn zu und zeigte ihm, da es schon seine zweite gelbe Karte war, gleich anschließend Rot. Giampaolo mußte vom Platz!

Den Rest des Spiels mußte Pescara ohne seinen besten Mann in Unterzahl bestreiten. Sie bekamen sich sofort untereinander in die Wolle und begannen mit einer Ruppigkeit zu Werke zu gehen, die Trentalange mit zwei weiteren gelben Karten innerhalb von nur fünf Minuten ahndete.

Immer noch uneins, gestattete Pescaras Abwehr Bonomi einen »Mordskracher«, wie es am nächsten Tag hieß, und nur eine weitere tolle Parade von De Sanctis verhinderte, daß wir mit einer 2:0-Führung in die Halbzeit gingen.

Nur noch 45 Minuten trennten uns vom Klassenerhalt. Trotzdem wurde mir in der Pause klamm ums Herz. Unsere beiden schwächsten Spieler, Rimedio und De Juliis, waren bislang noch gar nicht richtig geprüft worden, und selbst in Unterzahl mußte Pescara noch aggressiver stürmen, denn sie brauchten zwei Tore, um sich noch eine Aufstiegschance zu bewahren.

Ich befürchtete, daß wir nicht in der Lage wären, sie daran zu hindern. Außerdem fürchtete ich, daß wir selbst kein zweites Tor schaffen würden. Meine Sorge wuchs noch, als der Trainer von Pescara in der zweiten Halbzeit seinen schwächsten Verteidiger gegen den wesentlich aggressiveren Colonnello auswechselte, der während der letzten beiden Jahre von Castel di Sangro in der C2 noch für uns gespielt hatte.

Gleichzeitig – und das war völlig unbegreiflich, denn der weitaus erfahrenere Martino war vielleicht unser bester Mann im ersten Durchgang gewesen – erklärte Jaconi Tonino, für ihn sei das Spiel gelaufen, und schickte für ihn den talentierten, aber nervösen Cristiano auf den Platz.

Daher begann nun eine Phase im Spiel, in der Pescara, wie es *Il Messaggero* später beschrieb, »elegant tänzelnd mit feinem Skalpell attackierte«. De Juliis und auch Rimedio hielten stand, doch wie lange noch? Derweilen wurde Martino im Mittelfeld schmerzlich vermißt.

Doch die Zeit verrann, und mich herum blickten die Leute immer häufiger auf ihre Handgelenke, wie lange das Spiel wohl noch laufen würde; eine Stadionuhr besaßen wir nicht. Erstaunlicherweise lief schon die letzte Viertelstunde. Es konnte doch noch wahr werden!

Dummerweise schickte Jaconi unsere komplette Mannschaft zu diesem Zeitpunkt in il bunker, die extremste aller Defensiv-Formationen. Das bedeutete, daß wir nicht einmal gelegentliche Konter fahren würden, um den Druck von der Hintermannschaft zu nehmen.

Die ganze Saison über hatte ich beobachten müssen, daß diese Taktik nicht funktionierte, und das nicht nur, wenn Jaconi sie anwandte. Der Basketball-Grundsatz, daß Angriff die beste Verteidigung ist, läßt sich durchaus auch auf den Fußball anwenden, aber in der Trainerschule von Coverciano galt dieses Prinzip offensichtlich als Ketzerei.

Während sich immer mehr Spieler in und um unseren Strafraum versammelten, begann sich Pescara einzuschießen. In der 77. Minute staubte Pescaras Ersatzstürmer Di Giannatale einen von Cei nicht sauber geklärten Ball ab und schlenzte ihn an De Juliis vorbei zum 1:1 ins Tor. Ein Tor, das unser Todesurteil bedeutete, aber Pescara noch einmal neue Hoffnung einhauchte.

»Entsetzen machte sich breit«, schrieb *Il Corriere dello Sport*. »Zu diesem Zeitpunkt schien der Albtraum Abstieg Gestalt anzunehmen.«

Doch drei Minuten später, bei nur noch zehn verbleibenden Spielminuten und einer so extremen Anspannung, daß ein Massenherzinfarkt drohte, tankte sich Claudio vor das gegnerische Tor durch und zog aus achtzehn Metern zum härtesten Knaller seines Lebens ab.

Statt Morgan De Sanctis hätte auch eine Schaufensterpuppe im Kasten stehen können. Der Ball peitschte an ihm vorbei, als wäre er aus einer Bazooka abgefeuert worden.

Ein Tor für Claudio, das später als eurogol, das heißt der Champions League würdig, beschrieben wurde und für uns andere das »Zweite Wunder von Castel di Sangro« bedeutete. Claudio wurde von *Il Messaggero* als »Geschenk des Himmels« gepriesen, und wenn sein Name vielleicht auch nicht in Jaconis Bibel vorkam, so hätte doch niemand in Castel di Sangro dem widersprochen.

Zwei weitere Tore in der Restspielzeit traute sich Pescara nicht mehr zu und ließ die verbleibenden zehn Minuten einfach dahinplätschern.

Die Pescara-tifosi in der Südkurve allerdings drehten durch. Jetzt wollten sie das Plexiglas vor sich nicht mehr nur zertrümmern, sondern versuchten, es herauszureißen und die Trümmer aufs Spielfeld zu werfen. Von beiden Seiten drangen schlagstockschwingende Polizisten auf sie ein, und es entwickelte sich ein wüstes Handgemenge, während die letzten Sekunden des Spiels verstrichen.

Uns kümmerte das allerdings nicht im geringsten. Kaum hatte Trentalange nach drei Minuten Nachspielzeit abgepfiffen, interessierten uns nur noch die Ergebnisse der anderen Spiele. Sie wurden, noch bevor unsere Spieler vom Platz waren, durchgegeben und erfüllten all unsere Hoffnungen. Cesena hatte in Empoli verloren, und Cosenza hatte es in Padua nur zu einem Unentschieden gebracht.

Jeder begriff die Bedeutung dieser Ergebnisse schlagartig.

Wir hatten 44 Punkte.

Cosenza und Cesena hatten beide bloß vierzig.

Egal, was in Bari noch passieren sollte, wir waren durch.

Es war vorbei. Die Pforten des Paradieses standen offen, und mit Claudio Bonomi an der Spitze waren wir hindurchgestürmt.

Es war vorbei. Und come in un film, wie nach einem sehr, sehr langen Film ließ der Schluß alle, denen es vergönnt gewesen war, von Anfang an dabeizusein, vor Freude und Erleichterung in Tränen ausbrechen.

Es war vorbei. Die Spieler widmeten la salvezza einmütig Pippo und Danilo, die sie aller Wahrscheinlichkeit nach noch vor ihnen und für alle Zeiten erlangt hatten.

»Nächste Woche, Joe, wenn wir aus Bari zurück sind«, sagte mir Roberto Albieri während der wüsten Siegesfeier in der Kabine, »wollen ein paar von uns einen Besuch an den Gräbern von Pippo und Danilo machen, um ein letztes Mal Lebewohl zu sagen. Wir sähen es gerne, wenn du mitkämst.«

Ich glaube, ich hatte mich noch nie im Leben so geehrt gefühlt.

KAPITEL 39

Sorglos zu erwachen, frei von bohrender Ungewißheit, frei davon, nur auf gute Hoffnungen setzen zu müssen, das war eine Erfahrung, die ich bisher in Castel di Sangro noch nicht gemacht hatte. Nach einer Gewöhnungsphase hätte mir das durchaus gefallen können. Vielleicht war das die Art, wie normale Menschen lebten.

Tja, vielleicht auch nicht. Normale Menschen kennen eine derartige Glückseligkeit nicht. Und sie leben nicht in einer Stadt, die von oben bis unten, von Kopf bis Fuß in Rot und Gold geschmückt ist. Und sie verbrachten auch nicht wie die Einwohner von Castel di Sangro und ich den ganzen Tag damit, unter einem strahlendblauen Himmel von einem Ende der Stadt und zurück zu schlendern, nur um einander glückstrunken zu begrüßen und zu umarmen. Und für normale erwachsene Männer war es sicherlich auch nicht üblich, am hellichten Tage und in aller Öffentlichkeit zu weinen.

»Selbst in einem Hitchcock-Film hätte man sich solch ein Ende nicht vorstellen können«, schrieb *Il Corriere dello Sport*.

Und *Il Tempo* meinte: »Es war ein Film voller Freude, Bangen und Jubel, und dem Zuschauer schlug das Herz bis zum Hals.«

Im *Messaggero* hieß es: »Nach Tragödien, Pathos, Skandal und Verzweiflung endete der Film mit einem Wunder; ein Film, der den Titel *The Greatest Story Ever Told* wahrlich verdient hätte.«

Wo sie schon mal dabei waren, hätten sie »das Geschenk des Himmels« Bonomi auch gleich für den Oscar nominieren können.

Ich traf Claudio am Montag. Er war mit seiner hochschwangeren Frau in der Stadt.

»Ich wundere mich, daß Sie Ihr Kind nicht gestern bekommen haben«, sagte ich zu ihr.

Sie errötete und flüsterte Claudio etwas ins Ohr. »Sie sagt«, erklärte er mir, »daß sie gestern beim Spiel un orgasmo hatte, als ich das Tor schoß, non un bambino.«

Dann wurde Claudio für einen Moment ernst. Er wies auf die Menschenmenge, die sich auf dem Marktplatz hin und her schob, und sagte: »Denk immer an diese Menschen, Joe. Nicht nur, wie sie heute sind, sondern wie sie immer sind. Etwas ganz Besonderes. Ob wir siegen oder verlieren, das ändert gar nichts. Sie lieben uns dafür, daß wir uns so viel Mühe geben.

Du kannst das nicht wissen, aber glaube mir: so ist es in keiner anderen Stadt in Italien. Ich werde nun hier weggehen. Ich habe mein letztes Spiel für Castel di Sangro gemacht. In der nächsten Saison bin ich in Turin. Aber mein Herz wird immer bei diesen Menschen hier sein.

Il carrattere? Ja, die Mannschaft hat ihn besessen, aber noch stärker zeigt ihn jeden Tag diese Stadt. Das wahre Wunder von Castel di Sangro ist Castel di Sangro selbst, Joe.«

Erst als ich später am Tag dazu kam, die Zeitungen gründlicher zu studieren, fiel mir auf, daß wir exakt so gespielt hatten, wie ich es (genauer gesagt: mein PC Calcio 5.0) vorausgesagt hatte. Das Endergebnis war 2:1 gewesen, und Pistella und Bonomi hatten die Tore gemacht.

Am Abend brachte ich auf allgemeinen Wunsch meinen Laptop wieder mit ins *Marcella's* und ließ das Spiel stundenlang laufen. Come in un film gewannen wir jedesmal 2:1.

Am Dienstagmorgen feuerte Pescara come im wirklichen Leben seinen Trainer.

Zu den seltsamsten Eindrücken der neuen Woche zählte es, aus sicherer Warte die nun wie in jedem Jahr ablaufenden tektonischen Verschiebungen zu beobachten. Die vier Vereine, die in die C1 abstiegen, hießen Cesena und Cremonese aus dem Norden und Cosenza und Palermo aus Süditalien. Den Aufstieg in die Seria B aus der C1 hatten bereits Treviso aus dem Norden und Fidelis Andria aus dem Süden geschafft; die anderen beiden Aufsteiger wurden durch das gleiche Relegations-System ermittelt, das auch das erste miracolo möglich gemacht hatte.

Aus der Seria A herunter kamen Hellas Verona, Perugia und Reggiana, außerdem der Verlierer des Relegationsspiels zwischen Piacenza und Cagliari. Noch weitgehend unklar war, welche Klubs an ihrer Stelle aufsteigen würden. Nur Brescia hatte schon alles klargemacht. Empoli, Lecce, Bari und Genua lagen in dieser Reihenfolge mit je einem Punkt Abstand auf den Plätzen zwei bis fünf. Bari mußte uns also schlagen, um den Wiederaufstieg sicher unter Dach und Fach zu haben. Bei einem Unentschieden waren sie auf das Resultat von Genua angewiesen.

Zu behaupten, daß wir Glück hatten, nicht auf einen Punktgewinn in Bari für den Klassenerhalt angewiesen zu sein, wäre die Untertreibung der Saison gewesen. Schon bei dem Gedanken lief es mir eiskalt über den Rücken.

Dank Claudio, dank Pistello und auch dank Empoli, weil sie Cesena geschlagen, und Padua, weil sie unentschieden gegen Cosenza gespielt hatten, blieb uns solch ein albtraumhaftes Saisonfinale erspart. Wir hatten nur 29 Tore geschossen, die schlechteste Ausbeute in der ganzen Seria B, aber wir hatten uns das Recht erkämpft, es im nächsten Jahr noch einmal zu versuchen.

Zu diesem Zeitpunkt hätte ich ruhig schon nach Hause fliegen können. Das Spiel gegen Bari war nur noch eine Pflichtübung, und die Aussicht auf eine weitere endlos lange Busfahrt in den Süden war nicht gerade verlockend. Andererseits wäre es ein Vergnügen, noch ein paar völlig entspannte Tage in der Gesellschaft dieser Prachtkerle zu verbringen, die ich vielleicht nie mehr im Leben wiedersehen sollte.

Außerdem stand am Tag nach dem Spiel ja auch noch der Besuch an den Gräbern von Pippo und Danilo an.

Da sie einen zusätzlichen freien Tag bekommen hatten, trudelten die Spieler erst am Mittwoch wieder in der Stadt ein, viele von ihnen in sensationellen neuen Designer-Outfits. Cristiano – unser kleiner Mimmo –, der die ganze Saison lang mit zwei Paar Jeans ausgekommen war, erschien plötzlich von Kopf bis Fuß in Calvin Klein gehüllt. Selbst Luca Albieri kehrte mit soviel Ralph Lauren am Leib zurück, wie sein Konto hergegeben hatte.

Natürlich würde jeder von ihnen wie vertraglich vereinbart eine üppige Nichtabstiegsprämie von der Società erhalten. Und diesmal gab es Anlaß zu der Hoffnung, daß Signor Rezza das Geld auch planmäßig auszahlte, denn er und Gravina hatten gerade den größten Gewinn ihres Lebens im il calcio eingestrichen.

Am Mittwochabend verkündete Gravina, daß Claudio mit Wirksamkeit zum 30. Juni für drei Millionen Dollar nach Turin ginge. Das war mindestens das Zehnfache von dem, das jemals für einen Spieler von Castel di Sangro gezahlt worden war. Anscheinend entwickelte sich das Seria-B-Geschäft doch nicht so schlecht, wie Rezza befürchtet hatte.

Außerdem gab Gravina bekannt, daß Jaconi seinen Vertrag um zwei Jahre verlängert hatte. Während die Bevölkerung diese Entscheidung mit Erleichterung aufnahm, zeigte sich eine Reihe von Spielern deutlich weniger begeistert.

Dann gab es noch jene, wie zum Beispiel Guido Di Fabio, für die Neuigkeiten über den Verein keine Bedeutung mehr hatten. Er erzählte mir beim Abendessen am Mittwoch, daß sein Vertrag nicht verlängert wurde und daß Gravina keine Interessenten für ihn in der Seria B gefunden hatte. Daher war er mit 32 und trotz seines wichtigen Beitrags zum Klassenerhalt (31 Einsätze, nach Spielminuten an vierter Stelle in der Mannschaft, Schütze des entscheidenden Tores gegen Turin und in der pagelle eine Gesamtnote von 6,05) umgehend als entbehrlich erachtet worden und mußte zurück in die C1.

Ich äußerte meine Überraschung und mein aufrichtiges Bedauern, denn Guido hatte auch in den trostlosesten Momenten der Saison das vielbeschworene Element des carattere mindestens so gut wie alle anderen verkörpert.

»Ach, Joe«, meinte er, »das geht schon in Ordnung. Ich bekomme einen netten Bonus, mit dem ich nicht gerechnet habe. Ich hatte die Ehre, Mitglied dieses Teams zu sein, unter den anständigsten Kameraden, die ich beim calcio kennengelernt habe; und nächstes Jahr spiele ich in Fermana, wo ich bereits in dem Jahr, bevor ich herkam, glücklich und zufrieden war und das nur 50 Kilometer von meinem Zuhause enfernt ist.«

»Na schön, vielleicht ist das nicht so übel«, sagte ich. »Aber es stimmt mich trotzdem sehr traurig, daß du nicht mehr hier sein wirst.«

»Joe! Bitte verschwende bloß keinen Gedanken mehr daran. Kannst du dir nicht vorstellen, wie glücklich mich allein die Aussicht macht, nicht mehr für Jaconi spielen zu müssen?« Und damit brach er in schallendes Gelächter aus, und ich zweifelte nicht länger, daß er meinte, was er sagte.

Trotz der Neuigkeiten über Abgänge und Vertragsverlängerungen – die sich im üblichen Rahmen von zehn Gerüchten pro Tatsache hielten – und ungeachtet meiner Überzeugung, daß die Geschichte von Gigi und la cocaina noch nicht ausgestanden war, verlief die Woche bemerkenswert streßfrei.

Das Training war locker und nicht einmal Pflicht. Selbst Osvaldo war nicht immer anwesend. An einem Tag fuhren er und ich – mal wieder die besten Freunde und Nachbarn – zusammen zu einer Stadt in der Molise, wo Cei und Michelini die ersten Schritte auf dem langen und hürdenreichen Weg machten, lizensierte allenatori zu werden.

Unterwegs entschuldigte ich mich für mein häufiges Herummäkeln, für alle Kommentare, die respektlos gewirkt haben mochten, und für alle unerbetenen Ratschläge.

»Kein Problem«, meinte er. »Oft war das sogar ganz nützlich, weil ich mich dann dazu gezwungen habe, darüber nachzudenken, ob du vielleicht recht hattest.«

»Und? Hatte ich?«

»Nicht ein einziges Mal. Aber es war trotzdem gut, denn anschließend war ich mir meiner Sache um so sicherer.«

Cei und Michelini hatten für diesen Tag eine Reihe von Offensivtaktiken vorbereiten müssen, die nun in einem Spiel Fünf-gegen-Fünf erprobt wurden. Die ganze Angelegenheit wurde überaus ernst genommen, und kritisch dreinblickende Männer mit Krawatten trugen Stöße von komplizierten Diagrammen und Formularen auf ihren Clipboards herum. Angesichts der Tatsache, daß Osvaldo schon vor langer Zeit nicht nur diese Hürde genommen, sondern es sogar unversehrt durch das viel gefährlichere Minenfeld der Verbandszentrale in Coverciano geschafft hatte, fragte ich mich, wie jämmerlich die taktischen Konzepte eines Kandidaten sein mußten, damit er hier durchfiele. Doch man erklärte mir, daß im Schnitt einer von drei Aspiranten schon bei diesem Test aussortiert wird.

Bald bekam ich selbst einen Part bei der Übung zugewiesen. Niemand hatte an einen Torhüter gedacht, und so meldete ich mich, ein letztes Mal den Traum vom Ruhm vor Augen, freiwillig. Und bei Gott, fand ich das toll!

Jeder Ball, den ich fing, bereitete mir grenzenlose Freude. Zwar ließ ich gelegentlich auch welche durch, aber ich glaube, für einen 54 Jahre alten Amerikaner, der noch nie Fußball gespielt hatte, hätte ich mich auch blöder anstellen können. Als ich zum Schluß kurz vor dem Abpfiff schlammverschmiert und mit einem aufgescheuerten Knie fast waagerecht durch die Luft flog und einen Schuß aus kurzer Distanz abwehrte, war mir, als hätte ich vielleicht die letzte körperliche Ekstase meines Lebens erlebt. Jedenfalls tat es mir verdammt leid, als ich die Torwarthandschuhe zurückgeben mußte.

Osvaldo war schon früher aufgebrochen, weil er in Sulmona noch einen Preis entgegennehmen mußte, bevor er später wieder zu einer großen Party für die Mannschaft stoßen würde. So fuhr ich mit Cei und Michelini zurück, die beide die Prüfung bestanden hatten.

»Am liebsten würde ich dieses Leben nie aufgeben«, erklärte ich im Auto. »Und wißt ihr was? – ich glaube, ich hätte dabei sogar eine Zukunft.«

»Als ein allenatore?« fragte Michelini nur milde skeptisch.

»Nein, als ein portiere. Vielleicht kann ich nächste Saison die Nummer zwei in Castel di Sangro sein.«

Beide lachten und wünschten mir viel Glück. Aber Cei fügte hinzu, daß es nach meiner hektischen Saison als Co-Trainer von Jaconi vielleicht nicht einfach für mein Ego wäre, nur ein Ersatzspieler zu sein, der nicht jede Woche die Taktik kritisieren dürfte.

»Für diese Mannschaft«, meinte ich, »würde ich dieses Opfer bringen.«

An jenem Abend wurde in Barrea, einem an einem See gelegenen Dorf im Abruzzen-Nationalpark, eine Riesenparty für das Team veranstaltet. Sie fand im Freien unter Laternenlicht auf einer Wiese statt, die zum Seeufer abfiel, und ich meinte zu Cei: »Das hier ist wie eine Party bei Gatsby.«

Er blickte sich aufmerksam um, zwinkerte mir dann zu und schüttelte den Kopf. »Nein, Joe. Zu viele Kinder, die Autogramme wollen, und zu wenig hübsche Frauen.«

Außerdem paßte nicht, daß hier diverse Reden gehalten wurden: von Gravina, von Jaconi, von Claudio, von De Juliis (der ein viel größerer Publikumsliebling blieb als Lotti) und schließlich auch vom scrittore americano.

Ich hatte vorher noch nie eine Rede auf italienisch gehalten und schon gar nicht von einem Pult mit Mikrophon, zu einem Publikum, das an die tausend ging. Aber was ich sagte, kam mir von Herzen.

Ich erklärte der Menge, dies sei das denkwürdigste Jahr meines Lebens gewesen. In seinem Verlauf habe ich die Abruzzen lieben gelernt, und Castel di Sangro erschiene mir nun als mein wahres Zuhause. Darüber hinaus habe ich jedes einzelne Mitglied der Mannschaft von Castel di Sangro kennen- und liebengelernt.

Nun, erklärte ich, sei die Zeit gekommen, daß ich fortgehen müßte. Obgleich ich mich natürlich nach meiner Frau und meinen Kindern in Amerika sehnte, so bräche mir doch das Herz, denn nie wieder würde ich mit so großartigen Kerlen zusammen sein, wie es die Spieler von Castel di Sangro waren.

Ich verlieh meiner Hoffnung Ausdruck, daß die Menschen aus dieser Region auch zukünftig treue Anhänger Castel di Sangros blieben – »in tempi buoni e cattivi«, in guten wie in schlechten Zeiten. Und sollten sie je ihre Begeisterung schwinden fühlen, sollten sie sich einfach an den Amerikaner erinnern, der im September angekommen war und den Glauben während der gesamten Saison nie verloren hatte.

Vielleicht lag es an dieser Stimmung – ich konnte an nichts Böses denken, ich war emotional verausgabt und hatte nur das Happy-End im Kopf –, daß ich nicht richtig hinhörte, als kaum ein halbe Stunde später ein Spieler auf mich zukam und ein leises Gespräch mit mir begann. Seine Identität ist nicht so wichtig wie das, was er sagte.

»Vielen Dank, Joe. Das war sehr nett.«

»Gern geschehen. Es war aber auch redlich verdient.«

»Ja, aber irgendwann solltest du wirklich mal lernen, richtig Italienisch zu sprechen.«

»Vaffa ...«, begann ich in gespielter Empörung, doch er legte mir rasch die Hand auf den Arm.

»Joe«, meinte er, »tu dem Team und dir selbst noch einen weiteren Gefallen.«

»Und der wäre?«

»Komm nicht mit nach Bari.«

»Wie bitte?!«

»Bleib hier. Spann aus. Sieh dir das Spiel im Fernsehen an, wenn's sein muß. Aber stoß erst später wieder zur Mannschaft. Komm nicht mit.«

»Willst du mich auf den Arm nehmen? Natürlich komme ich mit nach Bari. Warum denn nicht?«

»Nur um dir das Leben ein bißchen einfacher zu machen. Und uns auch. Mehr kann ich nicht verraten. Aber laß dir das bitte noch einmal gut durch den Kopf gehen.«

Damit ließ er mich allein in der Dunkelheit zurück, mit einem halbvollen Weinglas in der Hand und ohne die blasseste Ahnung, wovon er eigentlich gesprochen hatte.

An den Tagen vor unserer Abfahrt nach Lecce war es heiß, ausgesprochen heiß gewesen. Aber im Vergleich zu der Hitze, die Castel di Sangro am Freitag durchglühte, war das noch ein mildes Frühlingslüftchen gewesen. Ein sengender, trockener Wind blies von Afrika zu uns herüber und traf uns wie eine kräftige Ohrfeige auf ein sonnenverbranntes Gesicht. Das war der echte Scirocco, der in Sizilien und an der Südküste Italiens nur allzu bekannt und gefürchtet, aber so hoch im Norden eigentlich unüblich war.

Wenn er aber einmal aufkam, erzählten die Alten und Weisen in der Stadt, dann brachte er das Böse auch an Orte, an denen man das Böse nicht kannte. Es war wirklich ein ungesunder Wind, der in den Abruzzen vielleicht ein- oder zweimal in einer Generation vorkommt: Doch wenn er wehte, konnte man seinem verheerenden Einfluß nicht entgehen.

Als wir am Sonntagmorgen in den Bus nach Bari kletterten, blies er mit voller Kraft. Der Spieler, der am Donnerstagabend mit mir gesprochen hatte, sah mich bloß an und schüttelte den Kopf. Dann fuhren wir los, mitten in den Schlund des Drachen.

KAPITEL 40

Wir waren etwa eine Stunde Richtung Süden unterwegs – die Außentemperatur lag bereits bei über 30 Grad, und der Gegenwind war durch den Scirocco so stark, daß er den Bus tatsächlich verlangsamte –, als sich ein Spieler neben mich setzte und fragte, ob er einen Blick in meinen *Corriere dello Sport* werfen dürfe.

Ich reichte ihm die Zeitung, in der ich bereits den Teil über die Seria B aufgeschlagen hatte. Der Leitartikel befaßte sich mit der außergewöhnlich engen Situation an der Tabellenspitze. Brescia hatte den Aufstieg bereits klargemacht, aber dahinter kamen Empoli (61), Lecce (60), Bari (59) und Genua (58). Nur einer der vier Vereine würde den Aufstieg verpassen, aber am letzten Spieltag war noch völlig offen, welcher.

Empoli und Lecce, die beide gegen Klubs antreten würden, die bereits als Absteiger in die C1 feststanden, sahen wie sichere Sieger aus. Genua, das zu Hause Absteiger Palermo empfing, ebenso. Nur Bari mußte mit Schwierigkeiten rechnen, wenn wir gewillt waren, ihnen welche zu machen. Selbst bei einem Unentschieden gegen uns war Bari zu einem weiteren Jahr in der Seria B verdammt, falls Genua gleichzeitig gewann.

Die Situation war »molta delicata«, wie es der *Corriere* formulierte, besonders wenn man bedachte, daß der Aufstieg in die Seria A einem Verein alles in allem gut zehn Millionen Dollar einbrachte.

Nachdem er die Seite einen Moment studiert hatte, meinte der Spieler: »Povero il Genova.«

»Armes Genua? Wieso?«

»Weil sie gewinnen und trotzdem verlieren werden.«

»Was meinst du damit?«

»Sie verlieren. Sie werden nicht aufsteigen.«

»Aber doch nicht, wenn Empoli oder Lecce oder Bari verlieren?«

»Das wird nicht passieren.«

»Es ist nicht sehr wahrscheinlich, aber –«

»Scusa, Joe. È impossibile.«

»Ach, der Ball ist rund«, meinte ich. »Im Fußball ist nichts unmöglich.«

»Kann das sein, Joe? Kapierst du das nicht? Es ist alles abgesprochen.«

»Wovon redest du?«

Er wirkte plötzlich beunruhigt und zögerte. Dann sagte er, »Scusami, Joe. Besser, du vergißt das Ganze.«

Er stand rasch auf, gab mir die Zeitung zurück und ging wieder in den hinteren Teil des Busses.

Irgendwie wurde mir flau im Magen, und das kam nicht vom Schlingern des Busses. Doch in der sengenden Hitze döste ich bald ein, obschon ein Film namens *Cage II: The Arena of Death* meine Trommelfelle strapazierte. Der Plot bestand aus einer Reihe von Kämpfen auf Leben und Tod zwischen Männern, die in Käfige zusammengesperrt waren. In meinem Halbschlaf verwandelte sich einer der Käfige in ein Fußballtor, und ich fand mich erneut als Torwart wieder, während aus den blutrünstigen Anfeuerungsrufen im Film tosender Jubel für jede meiner Glanzparaden wurde.

Durch eine besonders krawallige Szene wachte ich auf und entdeckte Lotti neben mir.

»Gefällt dir das nicht?« fragte er grinsend und zeigte auf den kleinen Bildschirm.

»Massimo«, sagte ich, »das ist doch was für Hirntote.«

»Infatti«, lachte er zustimmend.

Doch dann wurde er ernst und senkte die Stimme: »Joe, è importante. Hörst du mir auch zu?« Ich nickte und rieb mir den Schlaf aus den Augen.

»Ich werde mir immer wünschen, in dem Spiel gegen Pescara dabeigewesen zu sein. Aber ich danke Gott dafür, daß ich morgen nicht spielen muß.«

Jetzt war ich hellwach.

»Perchè?« fragte ich. »Hast du Angst?« Er konnte mich mittlerweile gut genug, um zu wissen, wann ich Spaß machte.

Doch er antwortete mir ganz ernsthaft. »Das ist keine Frage der Angst, sondern der Ehre.«

Und damit ging auch er wieder nach hinten, bevor ich noch etwas fragen konnte.

Wir fuhren nicht direkt bis nach Bari hinein, sondern in einen Urlaubsort 45 Minuten die Küste hoch und hielten vor einem Strandhotel mit riesigem Swimming-pool.

»Tranquillo«, meinte Jaconi zu mir, als ich eincheckte. Er lächelte und wirkte äußerst entspannt. »Molto tranquillo.« Statt mit dem Bus zu fahren, war er schon einen Tag früher mit seiner Frau, die ihn zum letzten Spiel der Saison begleiten wollte, hier heruntergekommen.

Ich war mittlerweile weit von »tranquillo« entfernt. Doch vielleicht war ich ja nur ein Opfer meiner überhitzten Phantasie. Jaconis Gegenwart und Auftreten wirkten beruhigend. Er würde doch bestimmt nicht seine Frau den ganzen Weg von Civitanova bis nach Bari herunterbringen, sagte ich mir, wenn er ihr nicht eine Mannschaft präsentieren wollte, die im letzten Saisonspiel noch einmal alles gab und vielleicht sogar vor 60.000 tobenden und ungläubigen Zuschauern wider Erwarten eine letzte unglaubliche Heldentat vollbrachte.

Falls überhaupt möglich, war die Hitze noch unerträglicher als in Lecce. Mittlerweile war es ja schon Juni, doch meine naive Hoffnung auf eine Klimaanlage wurde sogleich durch den Empfangschef zunichte gemacht: »Natürlich haben wir keine Klimaanlage. Die frische Seebrise kühlt uns doch.«

»Lo scirocco?« fragte ich.

Er zuckte die Schultern. »Mister«, meinte er, »wir werden doch keine Klimaanlage einbauen, bloß weil einmal alle zehn

Jahre der scirocco bläst. Wir sind hier in Apulien. Hier sitzt das Geld nicht so locker wie in Amerika.«

»Grazie«, sagte ich und ließ ihn stehen. Mein Italienaufenthalt hatte mit einem Streit mit einem Empfangsmenschen begonnen, und ich wollte ihn nicht genauso beenden. Tatsächlich wurde mir das zu einer Faustregel: niemals in Italien mit dem Mann hinter dem Empfangspult streiten. Denn weil er hinter dem Pult steht und nicht davor, weiß er, daß er recht hat. Hätte er nicht recht, stünde er ja nicht hinter dem Pult. Bulldozer-Logik.

Von der Hitze fast erschlagen ließen die Spieler ihr Abendessen Abendessen sein, steuerten direkt den Swimming-pool vor dem Hotel an und orderten jede Menge Bier und Wein. Das war ganz untypisch für sie und sicherlich kein Verhalten, das Jaconi durchgehen lassen würde. Vor allem nicht am Abend vor einem Spiel, doch Osvaldo hatte sich mit seiner Frau bereits zurückgezogen.

Kaum eine Stunde später beschlossen die Spieler, daß jeder, der auf der Suche nach etwas frischer Luft vor das Hotel trat, umgehend in den Pool geworfen werden mußte. Das war nicht annähernd so verwegen, wie es sich anhört, denn wir waren die einzigen Gäste, und die einzigen potentiellen Opfer – abgesehen von mir – waren Funktionäre der Società (allerdings nicht Gravina, der erst morgen zum Spiel kommen würde).

Um ihnen die Entscheidung abzunehmen, ob sie mich verschonen sollten oder nicht, sprang ich gleich freiwillig vollständig bekleidet in den Pool.

Das gab ein großes Hallo bei den Spielern, die »Bravo!« und »Grande Joe!« riefen. Bald würde ich ihre Stimmen nicht mehr hören, und sie würden mir fehlen.

Ich plantschte im Wasser herum und überlegte mir gerade, daß es erträglicher wäre, die Nacht im Pool statt in meinem Zimmer zu verbringen, als mir einfiel, daß ich außer einem sauberen Hemd für morgen nichts zum Umziehen dabeihatte. Ich kletterte wieder heraus, ging auf mein Zimmer und hängte die nassen Sachen auf den Balkon. Der Scirocco würde sie innerhalb einer Stunde getrocknet haben. Dann ging ich in Badelaken gehüllt wieder an den Pool.

Ich nahm mir ein Bier und einen Liegestuhl und ließ es mir gutgehen. Die Blätter hoher Palmen rauschten im Wind, und vom Rand des Pools wehten Gesprächsfetzen herüber.

»Höchstens drei Tore«, sagte ein Spieler.

»Ja«, meinte ein anderer, »aber nicht zu null.«

»Genau«, bekräftigte ein dritter, »eines müssen wir auch schießen.«

»Aber nicht zu früh«, schaltete sich ein weiterer ein. »Sonst wirkt das wie eine Drohung.«

Ich saß ganz still da und lauschte aufmerksam. Vielleicht tarnte mich meine neue Garderobe, vielleicht war es den Spielern aber zu diesem Zeitpunkt schon ganz egal, ob jemand zuhörte.

»Aber höchstens drei, so war es vereinbart.« Zustimmendes Gemurmel war zu vernehmen. Ich konnte nicht genau erkennen, wie viele Spieler sich an diesem Gespräch beteiligten, aber es war mindestens ein halbes Dutzend.

»Vielleicht wird Bari gierig und will noch mehr.«

»Keine Sorge. Die sind ja auch instruiert worden.«

»Wie fällt unser Tor? Und wann?«

»Das ist schon arrangiert. Ein rigore.«

»Ein rigore?« protestierte einer der Spieler. »Das heißt noch ein Scheißtorgeschenk für Claudio, der es nun echt nicht nötig hat.«

»Was soll's? Er hat's verdient. Denk dran, was er letzte Woche für uns getan hat.«

»Und wenn er verfehlt?«

»Das wird er nicht.«

»Und wenn er gehalten wird?«

»Wird er nicht. Fontana ist doch kein Idiot.« Fontana war der Schlußmann von Bari.

Das Gespräch versandete für ein paar Minuten. Ich konnte hören, wie Zigaretten angezündet, Wein nachgeschenkt und Bierdosen geöffnet wurden.

Dann sagte ein Spieler: »Das erste muß sofort fallen. Noch bevor die Leute auf ihren Plätzen sind. Dann fällt es nicht so auf. Und dann die anderen zwei, wie es sich gerade ergibt. Aber alle in der ersten Hälfte.«

»Und was ist mit der zweiten?«

Ein Spieler lachte. »In der zweiten legen wir uns alle hin und machen ein Nickerchen.«

»Aber wird das nicht komisch aussehen?« fragte ein junger Spieler besorgt.

Wieder lachte ein Spieler. »Für wen soll das komisch aussehen? Für die Bari-Fans, die vor Begeisterung über den Wiederaufstieg bereits durchdrehen? Oder für Matarrese, ihren Präsidenten? Oder später bei den Highlights im Fernsehen, die sich sowieso keiner anschaut? Mach dir keine Sorgen. Da achtet keiner drauf. Die gucken alle woandershin. Denk nur daran, morgen nicht aufs Tor schießen. Das wäre ein Fehler.«

Dann stand einer von ihnen auf und kam an meinem Stuhl vorbei. »Joe«, fragte er, »bist du das?«

»Ja.«

»Hast du alles gehört?«

»Ich sitze hier schon die ganze Zeit, da ließ sich das nicht vermeiden.«

»Kein Problem, Joe. Aber das hier war privato. Das ist nicht für il pubblico gedacht.«

»Fuck you«, sagte ich.

Sofort kam ein weiterer Spieler hinzu. »Diese Informationen müssen streng vertraulich behandelt werden.«

»Bullshit«, fauchte ich.

»Joe«, meinte ein dritter Spieler, »wir haben dir das ganze Jahr über vertraut, da kannst du uns jetzt nicht verraten.«

»Verraten?« sagte ich. »Pardon, aber ihr seid die Verräter.«

»Wir wurden gezwungen. Wir hatten keine andere Wahl. Uns gefällt das auch nicht.«

»Ihr macht mich krank!«

Dann trat einer der Spieler vor und setzte sich aufs Ende meines Liegestuhls. »Es tut mir leid, das zu sagen, aber Geschäft ist Geschäft, und dieses geht dich nichts an.«

»Für mein Buch geht mich alles an«, sagte ich.

Der Spieler holte tief Luft und warf den anderen einen Blick zu. Dann meinte er: »Das solltest du dir vielleicht besser noch mal überlegen.«

»Euer Ansinnen muß ich leider zurückweisen«, sagte ich geschraubt.

Plötzlich wurde der Spieler wütend. »Du darfst das unter keinen Umständen schreiben!« Noch nie hatte einer der Spieler in diesem Ton mit mir geredet.

Ich stand auf und raffte so viele meiner Handtücher zusammen, wie ich konnte.

»Ich fühle mich zum Kotzen«, erklärte ich. »Ihr aber seid durch die Bank genau solche Gauner wie Rezza und Gravina.«

Niemand erwiderte etwas.

»Merdacce!« fügte ich hinzu. Drecksäcke. »Buona notte, merdacce! Ich hoffe, ihr kriegt morgen, was ihr verdient.«

Nachdem ich das losgeworden war, ging ich zurück ins Hotel und direkt auf mein Zimmer. Ich verriegelte die Tür hinter mir und fragte mich, wie ich diese Nacht überstehen sollte, die wohl zu den gräßlichsten meines Lebens zählte.

Meine ragazzi. Diese Spieler, die mir mehr ans Herz gewachsen waren als irgendwelche anderen Männer in meinem Leben. Vor 60.000 Augenzeugen würden sie morgen wesentlich höhere Werte verkaufen als meine Achtung vor ihnen, dennoch fühlte ich mich persönlich zutiefst verraten.

Es wurde eine der wenigen Nächte in meinem Leben, in der ich wirklich kein Auge zubekam. Nicht mal für eine Sekunde. Mir war von dem, was ich gehört und gesagt hatte, schon elend genug, aber darüber hinaus meinte ich an der Luft in meinem Zimmer, oder besser: am Luftmangel, ersticken zu müssen.

Schließlich zerrte ich meine Matratze nach draußen auf den Balkon, wo es vielleicht ein paar Grad kühler war. Doch der Lärm aus einer Disco direkt neben dem Hotel dröhnte so laut wie die Videos in unserem Bus. Der Scirocco blies nicht mehr und hatte eine erstickende Hitze zurückgelassen, die ebenso schwer wie meine düsteren Gedanken auf mir lastete.

Am Morgen zog ich meine getrockneten, aber sandigen Sachen an und ging direkt an den Pool, an dem ich eine große Show daraus machte, mein größtes Notizbuch herauszuholen und darin zu schreiben. Auch wenn ich eigentlich nur auf jede Seite »Ich kann das einfach nicht glauben« setzte.

Schließlich kam Lotti und zog sich einen leeren Stuhl heran. Für eine lange Zeit saßen wir einfach nur schweigend da.

»Massimo«, sagte ich schließlich, »würdest du so etwas tun?«

»Du meinst: freiwillig einen Ball durchlassen?«

»Ja.«

»Wie gerne würde ich klar und deutlich nein sagen. Das wäre einfach, würde dich etwas beruhigen und sicherstellen, daß ich in deinem Buch als Ehrenmann erscheine.«

»Das wirst du ohnehin, Massimo. Aber sag mir jetzt bitte die Wahrheit.«

»Die Wahrheit ist, daß ich es nicht weiß, Joe. Ich bin noch nie in einer solchen Situation gewesen. Manche Vereine, die noch dringend Punkte brauchen, zahlen dafür. Und andere, denen die Punkte egal sind, gehen darauf ein. Dabei geht es nicht immer nur um Geld. Manchmal ist es eine Gefälligkeit, die ein Präsident einer Società von einem anderen einfordert oder zurückzahlt. Es kann alles mögliche sein. Bei uns in Italien heißt das ›il sistema‹, und für jemanden, der nicht damit aufgewachsen ist, muß das sicherlich sehr kompliziert sein.«

»Es ist nicht kompliziert, es ist bloß unlauter.«

Da tätschelte er mir tatsächlich den Arm. »Als dein Freund und mit der größten Hochachtung muß ich dir leider sagen, daß das wohl der Preis dafür ist, daß du ein americano bist. Es gibt einige Aspekte unseres Lebensstils, die du einfach nicht begreifen kannst. Weil es dir in diesem Fall so zu Herzen geht und du es nicht verstehst, kannst du es nur verdammen. Und du verdammst auch die Spieler, die dich so liebgewonnen haben wie du sie. Es wäre jammerschade, wenn die Saison mit einem so bitteren Mißverständnis zu Ende ginge.«

»Die Spieler reden von meinem Verrat«, sagte ich, »aber sie sind es, die sich selbst verraten.«

»Nein, Joe, so einfach ist das nicht. Die Spieler haben sich das nicht ausgesucht. Stell dir vor, wenn der Bari-Vorstand zu dem von Castel di Sangro sagt: ›Hier sind zwei miliardi für eure Hilfe, und wir werden uns beizeiten revanchieren.‹ Mißversteh mich nicht, Joe: Ich weiß nichts darüber. Ich sag das nur rein hypothetisch. Damit du la realtà begreifst. Aber eins ist nicht hypothetisch, Joe. Wenn Signor Rezza da mitspielt, dann müssen sich alle Spieler fügen.«

Damit ging Lotti weg, und ich war wieder für eine Weile allein.

Als nächster kam Spinosa.

»Willst du dir ansehen, wie das Wunder in den Dreck gezogen wird?« fragte ich ihn.

»Calma, Joe. Niemand ist glücklich damit. Aber niemand hatte eine Wahl.«

»Sì, sì, è il sistema«, winkte ich angeekelt ab.

»Ich bin nicht hier, um mich mit dir zu streiten, Joe. Ich hoffe, du begreifst, daß bestimmte Dinge einfach passieren, auch wenn alle Spieler wünschen, dem wäre nicht so. Bei allem Respekt: Du bist Amerikaner und nur eine Saison hier. Du fährst jetzt nach Hause, aber wir müssen hierbleiben. Für den Rest unserer Karriere. Unser ganzes Leben bleiben wir hier.«

»Aber ich kann einfach nicht akzeptieren, Pietro, daß eine Mannschaft, die das ganze Jahr um den Sieg gekämpft hat, jetzt aufs Feld geht, um zu verlieren.«

»Es ist einfach nur Pech, daß es uns erwischt, Joe. Jedem anderen Team, das heute gegen Bari spielen würde, ginge es genau so. So verlangt es il sistema. Du weißt doch, daß Signor Matarrese der Präsident von Bari ist, nicht? Wußtest du auch, daß sein Bruder der Präsident der Federazione war? Und daß ein weiterer Bruder Kardinal in Rom ist?

Wie auch immer, die Mannschaft ist erschöpft. Du weißt das. Sie ist müde in den Beinen, mental und emotional ausgelaugt. Schön, man hat ihr befohlen zu verlieren. Aber auch wenn niemand etwas ausgehandelt hätte, hätten wir keine Chance gegen Bari.«

»Warum dann das Ganze?«

»Weil Bari auch völlig ausgepowert ist. Vielleicht unterläuft ihnen ein Fehler. Vielleicht machen Claudio oder Spinesi ein Tor. Vielleicht trifft Bari ständig bloß den Pfosten, wie Lecce es getan hat. Und ein 1:1 wäre für Bari eine größere Katastrophe als ein Erdbeben. Bei einer so wichtigen Angelegenheit darf nichts dem Zufall überlassen werden.«

»Pietro, ich werde immer die größte Hochachtung für dich empfinden. Aber du wirst mich nie davon überzeugen, daß das hier richtig ist.«

»Nun ja, bedenke auch dies: Von der ersten Woche der Saison an lautete unsere Aufgabe, die salvezza zu erreichen. Und das haben wir getan. Wir haben diese Aufgabe erfüllt: für uns selbst, für die Menschen aus dem Ort, ja, selbst für dich, damit dein Buch ein Happy-End bekommt. Was danach noch passiert, ist nicht mehr wichtig.«

»Aber es ist nicht richtig.«

Spinosa grinste: »Wirst du nun plötzlich zum Priester, Joe? Ich bin nicht zum Beichten hier. Ich möchte nur, daß du es begreifst. Schön, das gelingt mir nicht. Aber eins sollst du dir merken: wir sind nicht die einzigen.

In jedem Jahr ist es am Saisonende so. Vor einem Jahr mußte Brescia am letzten Spieltag in Cesena gewinnen, um nicht abzusteigen. Pagano per i tutti. Sie haben für ihre drei Punkte bezahlt, zweimal leicht einschießen können und 2:1 gewonnen.

Und in diesem Jahr? Ich weiß es von Lucchese und Salernitana. Pagano per i punti. Am Schluß brauchten sie genau wie wir 44 Punkte. Aber sie haben nicht bis zum Schluß gewartet. Sie haben schon letzten Sonntag im Spiel gegen Schlußlicht Cremonese ihre Schäfchen ins Trockene gebracht. Du kannst sagen, sie hätten senza dubbio gewonnen. Aber auch da blieb nichts dem Zufall überlassen. Sie haben bezahlt und vier Tore geschossen. Schau in deine Statistiken, Joe: Abgesehen von letzten Sonntag hat Lucchese während des ganzen Jahres keine vier Tore in einem Spiel gemacht.

Und wer brauchte noch 44 Punkte und nicht bloß 43? La Salernitana. Da kannst du auch in deine Statistiken gucken. In der ganzen Saison hat Salernitana nicht ein einziges Mal fuori casa gewonnen. Am Sonntag auch nicht, aber sie haben ein 1:1 gegen Venedig in Venedig herausgeholt. Für Venedig war das Ergebnis bedeutungslos. Doch für Salernitana ging es um alles. Salernitana traf schon nach fünfzehn Minuten. Zwei Minuten später glich Venedig aus. Für den Rest des Spiels hieß es dann nur noch den Ball herumschieben.«

Wie zuvor mit Lotti verfielen wir in Schweigen, während die Hitze immer größer wurde und die Sonne in den Zenit wanderte.

»È molto complicato, Joe«, sagte Spinosa. »Ich kann es dir nicht erklären. Vielleicht kann das niemand. Vielleicht muß man hier geboren und aufgewachsen sein, um das zu verstehen. Das ist wie mit dem Italienischsprechen. Du hast darin große Fortschritte gemacht, aber selbst du wirst wohl zugeben, daß du noch lange nicht soviel verstehst, wie du gerne würdest.«

»Natürlich. Ich komme mir immer noch wie ein Volltrottel vor, wenn ich Italienisch spreche.«

»Du bist in keiner Sprache ein Volltrottel. Aber stell dir doch il sistema als unsere Sprache vor. Es würde viele Jahre dauern, sie halbwegs zu begreifen. Und selbst wenn du sie zwanzig Jahre lang studieren und üben würdest, würde schon nach einer halben Minute jeder Italiener sagen: Das ist ein straniero, der niemals richtig zu uns gehören wird.

Es tut mir leid, wenn dich das betrübt. Es tut mir leid, wenn dich das wütend macht. Aber als dein Freund muß ich dir sagen, daß es mir auch leid tut, daß du es gestern für nötig gehalten hast, die Spieler anzubrüllen und zu beleidigen. Wenn man etwas nicht versteht, dann sollte man auf seine Worte achten. Oder am besten vielleicht gar nichts sagen.«

Und damit ging auch Spinosa weg.

Trotzdem schienen mir all diese Erklärungen zu abstrakt. Nur la bustarella – das gezahlte Bestechungsgeld oder die eingegangene Verpflichtung oder beglichene alte Schuld –, deren Details wohl nur Matarrese und Rezza (und wahrscheinlich auch Gravina) bekannt waren, schien mir real.

Und so blieb es auch noch während der Busfahrt zum Stadion. Keiner der Spieler verlor ein Wort über den Vorabend. Nur Cei, der wegen einer roten Karte, die er in den Schlußminuten gegen Pescara kassiert hatte, nicht spielen durfte, blieb kurz neben meinem Platz stehen und sagte: »Denk dran. Italien ist nicht nur das Land von Dante, sondern auch von Machiavelli.«

Dann fuhr der Bus durch ein enges Tor und eine überdachte Rampe hinunter direkt vor den Hintereingang der Gästekabine. Ich hatte noch nie so strenge Sicherheitsvorkehrungen gesehen. Niemand, der nicht hierhingehörte, hatte eine Chance, durchzukommen. Und trotzdem starrte ich direkt in die Augen von Signor Rezza, als ich aus dem Bus stieg.

Er stand nur einen Meter von der Tür entfernt. Jeder Spieler, der ausstieg und in die Umkleide wollte, mußte sich seiner eingehenden Prüfung unterziehen.

Wie üblich hatte er seine beiden Leibwächter dabei. Aber er war auch noch von vier weiteren Männern abgeschirmt, die ich noch nie gesehen hatte.

Plötzlich war nichts mehr nur abstrakt. Signor Rezza war zu einem Auswärtsspiel gekommen. Zu einem bedeutungslosen Spiel, nachdem seinem Verein die salvezza bereits geglückt war. Es lag auf der Hand, daß er nicht aus sportlichem Interesse hier war.

Er sprach kein Wort mit den Spielern oder mir. Das brauchte er auch gar nicht. Sein kalter, gnadenloser Blick fixierte jeden, der aus dem Bus stieg. Falls noch jemand eine kleine Gedächtnisstütze benötigte, bitte, hier stand sie: Signor Rezza mit seinem schlaffen Gesicht und seinem Zigarrenstumpen in all seiner Korruptheit und Niedertracht.

Und das Spiel? Beim Anpfiff kickte Tonino den Ball direkt einem Mittelfeldspieler von Bari zu, der ihn zu einem ungedeckten Stürmer paßte, der ihn wiederum aus zwölf Metern ins Netz schoß, während De Juliis so lange wartete, bis das Leder über die Torlinie war, bevor er in seine Richtung hechtete. Das Ganze hatte keine zwanzig Sekunden gedauert.

Während der nächsten halben Stunde wechselten sich die beiden Mannschaften darin ab, den Ball ins Aus zu hauen. Dann schickte ein Spieler von Bari einen langen Paß zu einem Mannschaftskameraden, der von Luca D'Angelo gedeckt vor unserem Tor lauerte. Luca D'Angelo, der schon Tausende solcher Situationen geklärt hatte, sprang hoch, drehte aber gleichzeitig den Kopf weg, damit er ja nicht den Ball erwischte. Sein Gegenspieler köpfte ungehindert ein.

Zwei Minuten vor dem Pausenpfiff zog ein Mittelfeldspieler von Bari aus achtzehn Metern ab, während ein Trüppchen von unseren Jungs danebenstand und zusah. De Juliis winkte dem Ball noch höflich zu, als er an ihm vorbeirauschte. Das machte dann drei, und De Juliis wußte, daß seine Arbeit, falls man das so nennen konnte, für diese Saison getan war.

Nur Sekunden vor dem Halbzeitpfiff stürmte Claudio in den gegnerischen Strafraum, stolperte über seine eigenen Füße und ließ sich fallen, während ein Verteidiger von Bari neben ihm stand und zuguckte. Arbitro Treossi aus Forli, der vornehmlich in der Seria A pfiff und das auch weiterhin tun wollte, entschied auf Elfmeter.

Claudio schoß Elfer immer mit rechts. Das bedeutete, daß der Ball von ihm aus gesehen gewöhnlich in der linken Torhälfte einschlug. Da er offensichtlich dahingehend instruiert worden war, baute sich der Torwart nicht in die Mitte des Tores auf, sondern machte aus seiner Perspektive zwei Schritte nach links, also weiter weg von der Stelle, an der er den Ball erwartete.

Und genau dort kam er auch an, während der portiere hinhechtete, aber natürlich nicht drankam. Es war Claudios zehntes Saisontor (sein viertes durch Elfmeter), und damit stand es – che sorpresa! – zur Halbzeit 3:1.

Die alten Männer, die sich jeden Morgen vor der Bank von Neapel auf dem Marktplatz von Castel di Sangro in die Sonne setzten, zeigten selbst in ihren lethargischsten Momenten mehr Elan als die 22 Spieler während der zweiten Halbzeit.

Aber um auch jedes mögliche granello eines Zweifels zu zerstreuen, wechselte Osvaldo nach nur zehn Minuten Michelini für Claudio ein. Bei zwei Toren Rückstand und noch 35 verbleibenden Spielminuten nahm der Trainer von Castel di Sangro seinen einzigen Stürmer-Star zugunsten eines bejahrten Mittelfeldspielers vom Platz, der noch nie ein Tor in der Seria B geschossen und es fertiggebracht hatte, während seiner sechzehn Jahre in der C1 ganze zwei zu erzielen.

Der Endstand war – che sorpresa! – 3:1.

Genua hatte 4:1 gewonnen, aber Bari würde aufsteigen. Und Signor Rezza, der offensichtlich freies Geleit für den Tag bekommen hatte, konnte zufrieden zurück nach Castel di Sangro fahren.

KAPITEL 41

Ich muß gestehen, daß ich während der Busfahrt keine angenehme Gesellschaft war. Ich gab mir alle Mühe, das Erlebte zu rationalisieren und mir die Allmacht von il sistema ins Gedächtnis zu rufen, von dem ich offensichtlich nur eine ganz vage Vorstellung hatte, doch meinen Zorn und meine Empörung konnte ich nicht abschütteln.

Meiner Meinung nach hatte allein Rimedio sauber gespielt. Er saß direkt neben mir auf der anderen Seite des Ganges, aber starrte beharrlich aus dem Fenster und sprach für Stunden mit niemandem ein Wort. Vielleicht war es für ihn eine genauso häßliche Erfahrung gewesen wie für mich, doch ich wollte ihn nicht durch Nachfragen zu einer Lüge nötigen.

Irgendwann fragte mich Spinesi, ob etwas nicht in Ordnung wäre.

»Zwei Dinge stören mich, Gionatha«, sagte ich. »Zum einen bist du zu jung, um schon so korrupt zu sein, und zweitens bist du nicht mal ein guter Schauspieler.« Eine ganze Reihe von Spielern hatte das gehört, doch keiner, nicht einmal Spinesi, erwiderte etwas darauf.

Der einzige Spieler, mit dem ich ein Gespräch anknüpfte, war Luca D'Angelo.

»Jetzt hast du schließlich doch nicht den Mumm gehabt, nach deinen politischen Ansichten zu leben, Luca«, sagte ich.

»Du kannst dir einen Kommentar sparen«, meinte er.

»Ich weiß, will ich aber nicht. Du behauptest, die Leute von den Brigate Rosse wären deine Vorbilder. Aber vielleicht waren das ja auch nur Feiglinge, die Unschuldige und Wehrlose für ihr sistema umgebracht haben.«

»Paß bloß auf, was du sagst!«

»Luca«, erklärte ich, »Fidel Castro würde sich für dich schämen.«

Ich hätte ihn nicht schlimmer beleidigen können, wenn ich seine Mutter eine Hure genannt hätte. Noch nie hatte mich jemand so haßerfüllt angestarrt. Dieser Mann würde nie mehr mein Freund sein.

»ArrivederLa!« sagte er. Das ist die äußerst förmliche Art, »Auf Wiedersehen« zu sagen, der jegliche Wärme eines »arrivederci« fehlt. Es war das letzte Wort, das Luca je mit mir gesprochen hat.

Danach ließ ich mich auf meinen Platz fallen, drehte mein Gesicht zum Fenster und tat so, als würde ich schlafen.

Als wir um zehn nach zwei in der Nacht endlich auf dem Parkplatz vor unserem Stadion ankamen, sprach mich Roberto Albieri an: »Wir brechen morgen um neun Uhr auf, um zu den Gräbern zu fahren.« Ich blickte ihn an, und die Tränen traten mir in die Augen.

»Ich kann euch nicht begleiten«, sagte ich. »Nach dem heutigen Tag glaube ich nicht, daß ihr den beiden Ehre macht. Ich glaube, Pippo und Danilo würden sich für euch und die übrigen schämen. Aber vielen Dank, daß ihr mich eingeladen habt.«

»Wie du willst, Joe«, sagte er, ohne eine Miene zu verziehen. »Wie du willst.«

Ich wandte mich ab und ging durch die Dunkelheit zu meiner Wohnung.

Am Montagmorgen traf ich Vorbereitungen für meinen Heimflug am Dienstag. Marcellas Sohn Christian würde mich nach Rom fahren. Den Rest des Tages verbrachte ich mit Packen in meiner Wohnung. Am frühen Nachmittag huschte ich schnell über die Straße zum Markt, um mir etwas Käse, Brot und Wein zu kaufen. Ich wollte mit niemandem reden. Ich konnte es nicht über mich bringen, ins *Marcella's* zu gehen. Ich wollte nicht den Spielern begegnen, die mittlerweile von ihrem Besuch bei Pippo und Danilo zurück wären.

Mein Telefon klingelte ununterbrochen, doch ich ging nicht dran.

Am Abend schrieb ich eine Nachricht, die ich an Osvaldos Tür heftete.

Falls es Dich interessiert,
dann denke ich, daß Du Schande über Deinen
Berufsstand und den ganzen Fußball gebracht hast.
Der Sonntag war beschämend und abstoßend und
ein Verrat an allem, woran ich glaube.
In meinem Buch werde ich jedenfalls die Wahrheit
schreiben.
Ungeachtet Deiner Beteiligung an diesem häßlichen
Betrug bin ich Dir überaus dankbar für Deine
Hilfsbereitschaft während dieser Saison.
Alles Gute für die Zukunft und grüße bitte
herzlichst Deine Frau von mir. Und zeige diesen
Zettel bitte auch Gravina, dem Paten in diesem
kriminellen sistema.

Später am Abend blickte ich aus dem Fenster und sah Spinosa mit Frau und Sohn über den Parkplatz gehen. Das war eine Abkürzung zu der Eisdiele, vor der die Spieler gerne saßen.

Da ich das Wohnzimmerlicht anhatte und wegen der Hitze das Rollo oben war, konnte mich Spinosa deutlich erkennen. Er winkte und hielt sein Handy hoch. Sekunden später klingelte mein Telefon. Er lud mich auf einen letzten gemeinsamen Kaffee ein, und ich sagte zu. Auf dem Weg nach draußen bemerkte ich, daß meine Nachricht von Osvaldos Tür verschwunden war. Das war seltsam, denn Osvaldo wurde nicht vor Mittwoch in der Stadt zurückerwartet.

An der Eisdiele sah ich, daß dort nicht nur Spinosa wartete, sondern an einem anderen Tisch auch Gravina und Signor Rezza saßen.

»Wann war Signor Rezza denn das letzte Mal hier, um Eis zu essen?« fragte ich Spinosa.

»Noch nie«, meinte Spinosa.

Was würde nun wohl passieren? Ich mußte nicht lange warten. Keine fünf Minuten später baute sich Gravina vor mir auf und wollte offensichtlich mehr als nur Auf Wiedersehen sagen.

Ich erhob mich und blickte ihn an. Noch nie hatte ich ihn so sehr um Selbstbeherrschung ringen sehen. Er war so erregt, daß nicht nur seine Hände zitterten, sondern auch seine Stimme. Sein ganzer Kopf zuckte, als er hastig und lautstark zu reden begann.

Er erklärte mir, daß meine Nachricht an Jaconi nicht allein Jaconi beleidige, sondern die gesamte Società.

Ich sagte: »Wunderbar. Genau das war meine Absicht.«

Er erklärte, daß sie auch eine persönliche Beleidigung für ihn wie für Signor Rezza darstelle und daß derartige persönliche Beleidigungen nicht geduldet werden könnten. Das würde Konsequenzen haben.

»Tja, ich reise morgen ab, da werden Sie sich wohl beeilen müssen.«

»Sollten Sie in Ihrem Buch irgend etwas über una bustarella schreiben, darüber, daß mit dem Bari-Spiel irgend etwas nicht in Ordnung wäre, dann wird das Ihnen so leid tun, daß Sie nie wieder etwas schreiben möchten. Haben Sie das kapiert?« Dabei blickte er zu Signor Rezza hinüber, als wolle er mich dadurch einschüchtern.

Das gelang ihm auch, doch meine Wut war größer als meine Angst. »Warum gucken Sie zu ihm rüber?« brüllte ich. »Der kann ja nicht mal lesen.«

Gravina stieß mir den Finger vor die Brust. Ich schob ihn zur Seite. Mittlerweile hatte sich eine ziemliche Menschenmenge versammelt.

Er brüllte, daß es mir noch leid tun würde, jemals nach Italien gekommen zu sein, er würde dafür sorgen, daß ich nie wiederkäme und daß kein einziges Exemplar meines Buches jemals auf italienisch erschiene.

Da verlor ich den letzten Rest Würde und jegliche Selbstbeherrschung.

»Halt dein Maul, du Schwachkopf! Du bist mir doch scheißegal!« Dann lachte ich höhnisch und wies mit dem Finger auf ihn. »Du glaubst, mit DHEA würde dein Schwanz länger stehen. Was für ein Schwachsinn! Stronzo! Terrone!«

»Joe!« hörte ich Spinosa rufen.

Im selben Moment gab Signor Rezza einen Laut von sich. Gravina wandte sich sofort ihm zu. Ein schneller nonverbaler Meinungsaustausch zwischen ihnen folgte. Danach sagte Gravina nur noch, daß ich sehr, sehr großen Ärger mit seinen avvocati bekommen würde. Na und. Ärger mit Rechtsanwälten hatte ich früher schon gehabt. Es waren die guardie del corpo, die Leibwächter, die mir Sorgen bereiteten.

Aber die Szene war vorbei. Ich schätze, Gravina war nicht begeistert, daß zwischen 50 und 100 Leute gehört hatten, daß er seine sexuelle Leistungskraft mit DHEA zu steigern versuchte.

Signor Rezza und Gravina gingen, und Spinosa und ich tranken unseren Kaffee aus. Ich wollte lieber nicht wissen, was Spinosas kleiner Sohn von der ganzen Sache gehalten hat.

Spinosa schüttelte offenbar aufrichtig bekümmert den Kopf. »Jetzt ist es aus«, sagte er. »Jetzt sind alle Brücken zwischen Castel di Sangro und dir abgebrochen. Ach, Joe, nie hörst du zu. Manchmal muß man darauf achten, was man sagt. Und manchmal besser gar nichts sagen!«

»Ich war einfach zu wütend, Pietro.«

»Eben, Joe. Und genau dann sollte man besser den Mund halten.«

Ich beruhigte mich etwas und seufzte. »Du hast ja recht. Es war falsch, so mit ihm zu reden. Und es bricht mir das Herz, daß ich morgen abreise und niemanden von den Spielern je wiedersehen werde.«

»Vielleicht ja doch, Joe. Aber nicht hier. In Castel di Sangro wirst du nicht mehr willkommen sein.«

»Und dabei sollte mein Buch ein Happy-End haben.«

»Das hätte es auch haben können, Joe. Wenn du nur gewollt hättest. Doch nun hast du dir Feinde gemacht und die Atmosphäre vergiftet. Und wofür das alles? Glaubst du, du hast il sistema verändert?«

»Nicht um un granello«, gab ich zu.

»Es ist ein Jammer«, meinte er.

»Was kann man jetzt noch tun?« fragte ich.

Er schüttelte den Kopf. »Niente. Was geschehen ist, ist geschehen.«

Dann erhob er sich und meinte, es sei Zeit, nach Hause zu gehen und seinen Sohn zu Bett zu bringen. Ich umarmte den Jungen, ich umarmte Fabrizzia und dann besonders herzlich Spinosa.

»Ich hoffe, wenigstens du bleibst mein Freund«, sagte ich.

»Sempre«, erwiderte er. »Buon viaggio.«

Und dann ging er mit seiner Familie davon. Zurück über den Parkplatz zu der Treppe, die zu ihrem hübschen Haus gegenüber der Kirche führte, die im Krieg nicht zerstört worden war. Spinosa, der das Wunder hatte wahr werden lassen. Vielleicht der beste aus einem erstklassigen Haufen.

Bari hin, Bari her, ich würde sie alle für den Rest meines Lebens vermissen.

Ja, ich hätte ein Happy-End gehabt, wäre ich nur eine Woche früher abgereist. Aber nun war es zu spät. Quello che è fatto è fatto. Was geschehen ist, ist geschehen.

Va be', nicht alle Märchen gehen gut aus und nicht alle Wunder währen ewig.

ZAHLEN UND FAKTEN

Binnen sechs Wochen nach dem Bari-Spiel verkaufte Gravina vierzehn von den zwanzig Spielern, die zu Saisonende dabeigewesen waren. Nur Lotti, D'Angelo, Alberti, Christiano, Rimedio und Spinesi spielten im folgenden Jahr noch für den Verein. Selbst Marcella wurde »gefeuert«, weil Gravina ein Restaurant, an dem er finanziell beteiligt war, zum Vereinslokal ernannte.

In der Saison 97/98 wurde Jaconi im März nach fünf torlosen Niederlagen in sechs Spielen gefeuert. Nach nur fünf Siegen in der ganzen Saison landete der Klub schlußendlich auf dem letzten Tabellenplatz und mußte in die C1.

Zu Beginn der Saison 98/99 war von der Mannschaft, die la salvezza geschafft hatte, nur noch Rimedio dabei. Alberti und Michelini hatten ihre Laufbahn beendet. Di Fabio, De Juliis, Cei, Prete, Galli, Pistella und Albieri waren bei anderen C1-Klubs unter Vertrag. Ebenso Jaconi, der von Savoia verpflichtet worden war, einem Verein aus der Nähe von Neapel. Altamura spielte bei einem Klub in der C2.

In der Seria B spielten nur noch Lotti, Cristiano, Martino, Russo und Franceschini. Fusco und Bonomi hatten es in die Seria A geschafft und waren bei Empoli (wohin auch Bonomi von Turin verkauft worden war). Jüngst kam auch Spinesi in die Seria A – ironischerweise ausgerechnet mit Bari, dem Verein, gegen den er damals um keinen Preis ein Tor schießen wollte (Bonomi wurde übrigens der erste ehemalige Castel di Sangro-Spieler, der ein Tor in der Seria A schoß).

Alle Anklagepunkte gegen Prete wurden schließlich fallengelassen, während gegen Gravina erst gar kein Verfahren eingeleitet wurde. Pretes Ehefrau blieb allerdings weiterhin in Untersuchungshaft.

An der Nordseite des Stadions wurde ein Denkmal für Pippo und Danilo errichtet. Die Erinnerung an die anderen aber und an die dramatische Saison der salvezza lebt weiter in den Herzen der Menschen von Castel di Sangro.

SERIA B, SAISON 96/97

	G	U	V	TORE	PUNKTE
BRESCIA	18	12	8	49:34	66
EMPOLI	17	13	8	45:34	64
LECCE	16	15	7	52:39	63
BARI	15	17	6	52:35	62
GENUA	15	16	7	58:31	61
PESCARA	14	12	12	50:38	54
CHIEVO VERONA	12	18	8	44:40	54
RAVENNA	14	13	11	43:35	52
TURIN	13	11	14	45:48	50
REGGINA	12	13	13	40:43	49
FOGGIA	11	15	12	40:40	48
PADUA	11	15	12	41:43	48
VENEDIG	10	16	12	47:49	46
LUCCHESE	10	15	13	36:44	45
SALERNITANA	10	14	14	31:44	44
CASTEL DI SANGRO	12	8	18	29:45	44
COSENZA	9	14	15	44:55	41
CESENA	9	13	16	36:45	40
PALERMO	6	17	15	40:55	35
CREMONESE	7	11	20	30:55	32

Spieler	Einsätze	Minuten	Tore	Pagelle
ALBERTI, Roberto	32	2715	1	6,17
ALBIERI, Luca	15	313	1	6,33
ALTAMURA, Antonello	26	1751	1	6,05
BIONDI, Filippo	3	34	0	s.v.
BONOMI, Claudio	34	2921	10	6,31
CEI, Davide	27	2311	0	6,25
CRISTIANO, Domenico	20	1009	0	5,96
D'ANGELO, Luca	31	2571	1	6,05
DE JULIIS, Roberto	17	1521	–	6,18
DI FABIO, Guido	31	2572	1	6,05
DI VINCENZO, Danilo	9	656	2	5,78
FRANCESCHINI, Daniele	8	437	0	5,83
FUSCO, Pietro	30	2678	0	6,06
GALLI, Giacomo	17	1374	2	5,75
LOTTI, Massimo	19	1702	–	6,48
MARTINO, Tonino	34	2754	0	6,15
MICHELINI, Paolo	20	1256	0	5,88
PISTELLA, Andrea	34	1996	3	5,70
PRETE, Pierluigi	29	2356	0	5,98
RIMEDIO, Fabio	13	521	0	5,62
RUSSO, Daniele	11	462	1	5,92
SPINESI, Gionatha	20	1612	3	6,05
SPINOSA, Pietro	3	107	–	s.v.

DANKSAGUNG

Ich möchte folgenden Menschen danken, die mir – jeder auf seine Weise – bei meiner Beschäftigung mit dem italienischen Fußball überaus hilfreich waren: Alexi Lalas und Jill McNeal, Michele Kreek, Vittorio Petrone, Roberto Baggio, Pietro Leonardi und Serena Nalesso, Renato und Carla Groppo, Massimo Pacifico, Bill und Edvige Coleman, Barbara Giannini, Corrado Miraldi, Mario Giaquinto, Italo Cucci, Leopoldo Gasbarro, Andrea Schianchi, Leandro Leonardi, Vincenzo Frascone, Maurizio D'Angelo Petrarca, Glauco Balzano, den Mitgliedern des Little Club aus Genua, dem »Major«, wo immer er auch stecken mag, den fortissisimi e troppo gentile Menschen aus Castel di Sangro – jedem von ihnen – und vor allem natürlich den ragazzi von Castel di Sangro und ihren Familien, die mir das Gefühl vermittelt haben, eine Zeitlang einer der ihren zu sein.

Mein aufrichtiger Dank gilt auch Marcella und ihrer Familie und dem besten Nachbarn, den man sich wünschen kann, Osvaldo Jaconi.

Wir alle haben uns ein anderes Ende gewünscht.

JOE MC GINNISS
Williamstown, Massachusetts
15. Januar, 1999